权威·前沿·原创

皮书系列为
"十二五""十三五"国家重点图书出版规划项目

北京社会心态蓝皮书

BLUE BOOK OF BEIJING SOCIAL MENTALITY

北京社会心态分析报告
（2017~2018）

ANNUAL REPORT ON BEIJING SOCIAL MENTALITY
(2017-2018)

北京市社会心理服务促进中心／编

社会科学文献出版社
SOCIAL SCIENCES ACADEMIC PRESS (CHINA)

图书在版编目(CIP)数据

北京社会心态分析报告. 2017－2018／北京市社会心理服务促进中心编. ——北京：社会科学文献出版社，2018.12
（北京社会心态蓝皮书）
ISBN 978－7－5201－3036－3

Ⅰ.①北… Ⅱ.①北… Ⅲ.①社会心理－研究报告－北京－2017－2018 Ⅳ.①C912.6

中国版本图书馆CIP数据核字（2018）第155481号

北京社会心态蓝皮书
北京社会心态分析报告（2017~2018）

编　　者／北京市社会心理服务促进中心

出　版　人／谢寿光
项目统筹／陈　颖　邓泳红
责任编辑／陈晴钰

出　　版／社会科学文献出版社·皮书出版分社（010）59367127
　　　　　　地址：北京市北三环中路甲29号院华龙大厦　邮编：100029
　　　　　　网址：www.ssap.com.cn
发　　行／市场营销中心（010）59367081　59367083
印　　装／三河市龙林印务有限公司

规　　格／开本：787mm×1092mm　1/16
　　　　　　印张：29.75　字数：453千字
版　　次／2018年12月第1版　2018年12月第1次印刷
书　　号／ISBN 978－7－5201－3036－3
定　　价／128.00元

皮书序列号／PSN B－2014－422－1/1

本书如有印装质量问题，请与读者服务中心（010－59367028）联系

▲ 版权所有 翻印必究

《北京社会心态分析报告（2017～2018）》编委会

主　　编　张　坚　陈建领

副 主 编　龙斯钊

执行主编　张胸宽　朱晓颖　石孟磊

编　　委　（以姓氏笔画为序）

　　　　　　于晓琪　马欣然　王子杰　王丹妮　王处渊
　　　　　　王启忱　王　昕　王　健　王　惠　方　圆
　　　　　　甘　伟　任孝鹏　向媛媛　刘延峥　刘视湘
　　　　　　刘　静　阳彩频　杜晓鹏　李升阳　李冰月
　　　　　　李　勇　李　斌　辛志勇　汪卫东　汪艳丽
　　　　　　张　刃　张丽梅　张　玥　张　杰　张国礼
　　　　　　张菊玲　张雅文　张　斌　陈　珊　庞芳芳
　　　　　　官锐园　屈建伟　赵亚婷　赵　娜　耿胜男
　　　　　　郭军强　郭涯航　唐莹瑞　董　妍　蒋　奖
　　　　　　蔡　鑫　魏军平

主要编撰者简介

张　坚　曾任中共北京市委社会工委副书记，自 2010 年以来分管北京社会心理研究所，2013 年起担任北京市社会心理工作联合会会长，长期从事社会政策研究工作。在市政府研究室工作期间，曾专门研究人口、就业、社会保障三个领域的政策问题。进入北京市委社会工委工作以后，组织开展了"北京市'十二五'社会建设规划"的研究起草工作，组织撰写了"世界城市与北京社会建设研究"的课题报告，获北京市哲学社会科学优秀成果奖；组织开展了全市第一次市民心理健康调查，并以此组织撰写了研究报告，获全市调查研究优秀成果二等奖。

陈建领　中共北京市委社会工作委员会副书记，北京市第十五届人民代表大会代表，中央党校理论部党史专业研究生毕业，管理工程博士，研究员、高级政工师。曾任北京市海淀区人事局副局长，北京市委组织部研究室副处级调研员、研究室副主任、调研员、研究室主任，市委组织部副局级组织员兼研究室主任、人力资源研究中心主任，市委组织部副局级组织员兼区县干部处处长、人力资源研究中心主任，市委社会工委委员、副主任。多年来致力于人力资源、基层党建、社会建设理论研究与实践创新。在《党建研究（内参）》《思想政治工作研究》《中国特色社会主义研究》《北京支部生活》等刊物发表多篇论文和调研报告。

龙斯钊　北京市社会心理服务促进中心主任、北京市社会心理工作联合会秘书长，高级政工师。先后在街道、区委、市委从事基层党建实务工作，有着丰富的实践工作经验。编著《城市社区党支部建设》《党支部书记实用手册》《非公有制经济组织党支部建设》《机关党支部建设》等，成为中央党校、市委党校领导干部培训教材。撰写《北京市社会领域党建体系构架调研报告》《北京市"枢纽型"社会组织党建工作调研报告》等多篇党建研究报告，获中组部、市委组织部表彰。主持撰写的《2017年度北京居民心理健康调查报告》获全市维稳调研报告二等奖。

摘　要

本书是北京市社会心理服务促进中心"北京社会心态研究"课题组在北京市委社会工作委员会相关领导的指导下，组织编写的第五本"北京社会心态蓝皮书"。参与本课题研究和撰写的有来自中国科学院、中国社会科学院、北京社会科学院、北京社会建设研究基地、北京市社会心理工作联合会、各高等院校的专家和研究人员。本书基于大量实证研究，研究方法包括问卷法、访谈法等。

本书重点突出了"心理健康"研究，从正向情绪、心理症状与负向情绪、认知功能三个角度深入考察了北京居民心理健康的现状与影响因素以及北京居民对心理健康服务的诉求，为提升心理健康水平提出思考与建议。

在社会心态研究的基础上，本书还结合首都社会建设实际需要以及北京市社会心理工作联合会的工作，对社会心理建设工作进行了调查研究和经验总结，为未来一段时间首都社会心态培育、社会心理健康建设提供了参考。

前　言

习近平总书记在党的十九大报告中指出："要加强社会心理服务体系建设，培育自尊自信、理性平和、积极向上的社会心态。"把社会心理服务工作作为全党的任务提出来，可见中央对其重视程度之高。中央的要求为我们进一步做好心理工作指明了方向，营造了更加有利的社会环境。作为北京市社会心理工作的一员，我们感到备受鼓舞，使命光荣、责任重大。

由北京市社会心理服务促进中心、北京市社会心理工作联合会主编的《北京市社会心态分析报告（2017～2018）》再次与广大读者朋友见面了。本书以北京市民的心理健康为主题，对当前市民的心理健康状况进行了比较全面、深入的调查。

心理健康是我们大家都很关心的一个"重大"问题。尤其是近些年，对这个问题的关心程度可以说是与日俱增。媒体上、网络上经常出现的有关心理健康的话题，受到众多市民和网友的"青睐"。处在不同人生阶段的人，不论是发育成长中的儿童青少年，还是退休后回归家庭的老年人，或是正在职场"血拼"的中青年都会因成长中的烦恼、养老中的不如意、工作中的曲折而在心理上引起或大或小的波动。古语说"一人向隅，举座不欢"。一个家庭、一个单位、一个团队，大家相处得是否和睦愉快与这个群体的心理环境、情绪氛围直接相关。特别是在面对共同关心的问题时，成员的心理波动往往相互"传染"。由此可见，心理健康问题离我们并不远，生活中我们都可能与它不期而遇。

怎样的心理状态才是健康的？哪些情况超出了健康的范围？相信这是大家最想了解的。但说实话，这不是一个能够简单回答的问题。从专业角度讲，衡量心理状态的标准不止一两个，不同的学术"门派"有着不同的尺度和界

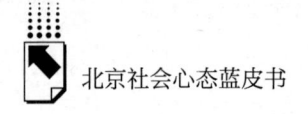

定,非专业人士一般较难理解和掌握。从经验角度讲,我们似乎具有一种来自生活本身的判断标准,但其可信度还需要经过专业方法的检验。

概括地讲,心理状态可分为健康、亚健康、病态三种情况。除少部分处于病态、需要接受专业心理治疗的人外,大多数人往往处于健康或亚健康状态之中。

心理活动比较隐秘,但是情绪和行为给人们提供了一探"虚实"的线索。人的喜、怒、忧、思、悲、恐、惊,这七情无一不与心理活动密切相关。"热情"、"阳光"、"积极"、"豁达"、"乐于助人"、"为人谦和"、"勤奋好学",这些形容正面情绪和行为的词汇,折射出的是健康的心理状态。与之相反,"阴暗"、"忧郁"、"偏执"、"冷漠"、"狭隘自私"、"睚眦必报"、"形影相吊"这些形容负面情绪和行为的词汇,从心理活动的角度看其反映的不是健康状态。

心理健康与否可以从情绪和行为上窥得一斑,但也不是仅凭一时一事就可下定论的。准确的判断需要通过一段时间的悉心观察,在掌握了相对稳定的心理常态才能给出。一般来讲,当一个人的情绪和行为总是超出人们通常的反应程度,或总是与周围人们的表现截然不同,那就应当引起注意了。比如,有的人总是处于亢奋中片刻不得安宁,有的人总是独处在自我的世界里,有的人对周围人的喜怒哀乐总是浑然不觉,有的人总是热衷于窥探别人的隐私,等等。

心理波动会发生在我们每个人身上,但如果这种波动的烈度较大或持续时间较长,就会导致心理陷入亚健康甚至病态。那么,哪些因素会使人们的心理脱离健康的轨道呢?

第一,生理状况。生理与心理两者密切相关且相互影响。心理不健康的人往往在生理上也存在异于常人的病痛。反过来,长期处于病患状态的人,心理健康情况通常也不好。一个比较突出的表现就是脆弱,情绪不稳定,稍有不如意就会导致情绪明显波动,心理承受力相对较弱。

第二,生活方式。日出而作、日落而息的生活距离我们已经非常遥远了。生活方式的变化不仅改变了人们的作息起居,也在不知不觉中影响着人们的心理。经常性的点灯熬油、通宵苦干已使不少职场人士身心俱疲、精神萎靡、情绪消沉。酒桌上的推杯换盏、纵情挥洒往往让一些人情绪失控、言行失态，久而久之就是嗜酒成瘾、神情恍惚、反应迟钝。整天沉溺于花样翻新的游戏、各色题材的大片，让一些人长时间足不出户、几乎与世隔绝，结果是社交能力大打折扣，性情变得孤僻偏执。

第三，认知水平。认知是心理学研究的基本内容。所谓认知就是人们对自身及周围事物的感觉和认识，是人们对各种感官信号进行加工整理从而认识事物的外表与内容的过程。人们的认知能力和水平在一定程度上决定着人们的心理素质，决定着维持良好心理、修复不良心理状态的能力。一般来讲，见多识广、经历过磨难的人心理素质较好，抵御刺激和变故的能力较强。而眼界狭窄、见识不多的人在面对意外或突发情况时往往惊慌失措、没了方寸，严重的甚至心理扭曲、精神崩溃。

怎样才能保持健康的心理状态或较快地从亚健康中恢复过来呢？这需要个人和社会的共同努力。第一，要建立起完整的健康观。生理健康与心理健康是人体健康的两大基石，缺一不可。保持良好的身体状态，积极预防各种疾病的侵害，本身就是健康心理的表现。第二，要自觉培养健康的生活方式。远离不良嗜好，养成良好的起居习惯，保持适宜的社会交往。研究表明，建立和保持适宜的社交圈子对心理健康非常重要。分享和分担是人作为社会性物种的自然需要。分享别人的快乐，自己也会乐在其中；分担别人的忧烦，自己的心境也会更加纯净。第三，自觉营造和睦融洽的心理环境。不论在家里、单位还是公共场所都要注意不把自己的消极情绪传染给别人，这也是一种基本的道德要求。家长或单位领导应把营造和谐融洽的心理环境作为自身建设的重要内容。多一些耐心、理解、鼓励，少一些焦躁、呵斥、处罚。第四，政府应鼓励专业组织和社会力量兴办心理服务机构，尤其在单位和社区层面，便于近距离为市民提供心理咨询和各种服务。

本书不仅有心理服务促进中心研究人员撰写的调查报告，还收录了不少心理研究领域专家学者的研究成果。在此，一并向各位作者的支持、指导表示感谢！祝这项工作能够持续开展，研究成果能为加强全市社会心理服务体系做出更大贡献！

目　录

Ⅰ　总报告

B.1 重视居民心理健康，加强社会心理服务体系建设
——2017年北京居民心理健康调查报告 ………… 石孟磊 / 001

Ⅱ　相关因素篇

B.2 北京居民自测心理健康与生活压力感、核心自我评价、
应对倾向的关系…………………………………… 陈　珊 / 023
B.3 北京居民体像与心理健康关系调查研究………… 屈建伟 / 042
B.4 北京从业居民的工作投入现状、影响因素及其对心理
健康的影响………………………………………… 王　惠 / 055
B.5 社区居民复原力与心理健康的关系研究………… 刘视湘 / 071
B.6 北京居民政策情绪预测特点及影响因素研究
………… 辛志勇　杜晓鹏　李升阳　刘　静　李冰月　王丹妮 / 084
B.7 北京居民心理健康水平对其社会信任的影响及其干预研究
………………………………… 董　妍　于晓琪　方　圆 / 115

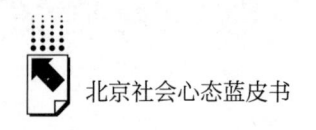

Ⅲ 专题研究篇

B.8 北京居民基本心理需求满足现状及其影响…… 蒋　奖　张　玥 / 153

B.9 2017年北京市居民心理和谐状况调查报告
　　　　　　　　　　　　任孝鹏　向媛媛　马欣然　王子杰 / 209

B.10 北京居民心理健康素养调查报告……………………… 张国礼 / 230

Ⅳ 特殊群体篇

B.11 北京市小学生家长对美育的功能性认知及参与度调查
　　……汪艳丽　李　斌　张菊玲　王　昕　王启忱　耿胜男 / 272

B.12 城市企业员工心理扭力、抑郁和自伤行为间关系研究
　　　　　　　　　　　　　　　　　　　　张　杰　刘延峰 / 295

B.13 居住流动性与人际信任的建立 …………………… 赵　娜 / 346

B.14 涉罪未成年人社会工作融合心理疏导试点研究
　　　　　　　　　　　　　　　　　　　　蔡　鑫　郭洭航 / 360

B.15 北京地区医务工作者工作压力、心理健康及医疗改革影响调查
　　…………… 王处渊　张丽梅　魏军平　王　健　汪卫东 / 372

B.16 北京市青少年人际交往能力与心理健康的关联研究
　　　　　　官锐园　庞芳芳　张雅文　甘　伟　赵亚婷 / 411

B.17 北京市青少年心理弹性状况调查…… 唐莹瑞　阳彩频　李　勇 / 429

Abstract ……………………………………………………………… / 446
Contents ……………………………………………………………… / 447

总 报 告

General Report

B.1
重视居民心理健康，加强社会心理服务体系建设
——2017年北京居民心理健康调查报告

石孟磊*

摘　要： 本次调查基于2460位北京居民的问卷调查数据，深入考察了北京居民心理健康的现状与影响因素以及北京居民对心理健康服务的诉求。本次调查的主要结果如下：(1) 多数北京居民的心理健康状况良好；(2) 个人因素（性别、年龄等）、家庭因素（婚姻状况等）、社会因素（社会支持等）影响着心理健康状况；(3) 北京居民心理困扰的因素由高到低依次是职业发展、学业/工作压力、子女教育与亲子关系。虽然76.3%的人认为心理健康工作比较重要或非常重要，但向专业机构求助的居民比例不高。北京居民愿意采取的三种心理援助方式由高到低依次是自

---

* 石孟磊，北京市社会心理服务促进中心助理研究员，主要研究方向是社会支持、社会心态。

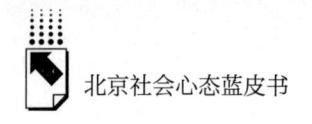

我调节、找亲朋好友倾诉、综合医院心理门诊。

关键词： 心理健康　心理健康服务　北京居民

随着经济的发展与社会的进步，人们越来越关注自身的健康。医疗水平的提升使人类的平均寿命不断延长，与此同时，人们开始意识到心理健康的重要性，于是，心理健康逐渐进入了普通民众的视野，心理健康已成为日常生活中经常使用的高频词。虽然个人、家庭与社会对心理健康的关注与投入不断增加，但这并没有降低心理疾病的发生率。据2010年北京市精神障碍流行病学调查显示，每10个居民中就有一名罹患过精神障碍。预计到2020年，精神障碍将占中国总疾病负担的20%[1]。2011年出版的《北京人健康指引》也提到"保持心理健康与良好的社会适应"，突出了心理健康的重要地位。因此，有必要进行一次全市范围内的大规模心理健康调查，以期反映北京居民的心理状况，为未来的心理服务与心理机构建设提供必要依据。

心理健康是整体健康不可或缺的组成部分，是个体正常生活与工作的重要条件。1948年，世界卫生组织提出健康的定义——"健康是一种生理、心理与社会幸福的完好状态，而不仅仅是没有疾病与虚弱"；1989年，世界卫生组织对健康的定义做出进一步的修正——"要实现身体、心理与社会幸福的完好状态，人们必须要有能力识别与实现愿望、满足需求以及改善或适应环境"[2]。世界卫生组织在2014年进一步指出，心理健康是一种健康或幸福状态，在这种状态下，个体可以实现自我、能应对正常的生活压力、工作富有成效和成果，以及有能力对所在社会做出贡献。可见，健康包括身体健康、心理健康与社会健康，三者是并列关系，心理健康是健康的一个子集。

---

[1] 刘洋：《十分之一北京居民患过精神障碍》，《北京青年报》2015年10月11日，A05版。
[2] 傅华、高峻岭：《健康是一种状态，更是一种资源——对WHO有关健康概念的认识和解读》，《中国健康教育》2013年第1期，第3~4页。

调查采取多阶段抽样方法，按照区－街道/乡镇－社区（居委）－住户顺序，以随机抽样与等距抽样相结合的方式进行。具体方法如下：①本次调查样本量为2460个，调查对象为16个城镇地区18～70岁的常住居民。在满足调查精度要求的前提下，以十六区城镇常住人口数量为基础，确定各区调查样本数。②按照平均每个社区抽取30户的要求确定各区调查社区数，依据北京市行政区划名录，采用简单随机方法抽选调查社区。③在抽中的社区居委中，按照右手原则，以"随机起点、等距抽样"的方式实地抽取被访户。样本基本信息见表1。

表1 调查数据基本信息

单位：%

项目		频率	百分比	项目		频率	百分比
性别	男	1217	49.5	户籍	北京城镇	1676	68.1
	女	1243	50.5		北京农业	135	5.5
	合计	2460	100.0		外地城镇	406	16.5
学历	初中及以下	360	14.6		外地农业	243	9.9
	中专或职高	178	7.2		合计	2460	100.0
	高中	512	20.8	收入	2000元以下	297	12.1
	大专	547	22.2		2001～7706元	1499	60.9
	本科	738	30.0		7707～15000元	423	17.2
	研究生及以上	125	5.1		15001～20000元	54	2.2
	合计	2460	100.0		20001元以上	50	2.0
婚姻状况	未婚	494	20.1		无收入	137	5.6
	已婚	1901	77.3		合计	2460	100.0
	离异	41	1.7	政治面貌	共产党员	427	17.4
	丧偶	24	1.0		共青团员	235	9.6
	合计	2460	100.0		民主党派	4	0.2
年龄	18～25	252	10.2		群众	1794	72.9
	26～35	744	30.2		合计	2460	100.0
	36～45	533	21.7	生育情况	有一个	1420	57.7
	46～55	462	18.8		有两个及以上	376	15.3
	56～70	469	19.1		未生育过	664	27.0
	合计	2460	100.0		合计	2460	100.0

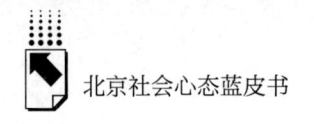

一 北京居民心理健康的总体特征

本调查采用《自测健康评定量表》以及《Kessler10 量表》。《自测健康评定量表》的心理健康子维度[①]包括：①正向情绪——个体对生活的满意程度、幸福感、安全感、生活信心等积极情绪的体验程度；②心理症状与负向情绪——个体对自身孤独、焦虑、紧张、害怕等消极情绪的体验；③认知功能——个体对自身记忆、精神集中能力、思考和处理问题能力的评价。《Kessler10 量表》含有十个项目，内容为在过去四周中经历的焦虑和压力水平等非特异性的心理健康状况相关症状的频率。

2017 年北京居民的心理健康总分是 113.11 分。进一步分析三个具体的维度，北京居民的正向情绪得分是 39.28 分，心理症状与负向情绪得分是 52.11 分，认知功能得分是 21.71 分。换算成百分制，北京居民的心理健康终得分是 75.41 分[②]。终得分为 70 分及以上，表明健康状况良好；终得分为 70 分以下，表明存在健康不良倾向[③]。本次调查得出，北京居民的心理健康终得分超过 70 分，说明多数北京居民拥有比较健康的心理状况。

二 影响心理健康的因素

诸多因素对人的心理发展有着极其重要的影响，不同层次的因素构成动态的影响系统。心理健康的因素主要包括个人因素、家庭因素与社会因素。限于篇幅，本文仅分析其中一些常见的因素。

---

① 汪向东等：《心理卫生评定量表手册（增订版）》，中国心理卫生杂志社，1999，第 41~45 页。
② 终得分 =（维度量表实际得分/组成某一维度的理论最高得分）×100。理论最高得分是 150 分。
③ 陈珊：《北京居民心理健康调查报告》，载《中国社会心态研究报告（2012~2013）》，社会科学文献出版社，第 26~51 页。

（一）影响心理健康的个人因素

个体自身的因素包括遗传特质、健康状况、个人经历、性格特质等众多因素。本次调查从个人特征因素和个性特质因素进行分析。

1. 个人特征因素

本次调查关注的个人特征因素主要包括性别、年龄、婚姻状况、学历、收入水平、户籍等。

（1）北京居民心理健康状况显现出性别差异以及年龄差异

北京居民的心理健康状况表现出性别差异。男性与女性的自测心理健康得分分别为114.15分和112.09分。经过统计分析发现，男性的总体心理健康状况显著优于女性的心理健康状况（$t = 2.49$，$p < 0.05$），具体体现为男性对认知功能的自我评价高于女性，即男性在记忆力、精力集中、问题处理能力上的自我评价更高；男性与女性在正向情绪、心理症状与负向情绪上没有显著的差异（见表2）。本次调查结果与深圳市居民调查结果一致[1]，与2011年的北京居民调查结果存在一定的差异[2]。2011年北京居民调查发现，男性与女性的心理健康总分不存在差异，但是，具体到分维度，女性正向情绪的健康水平较高；男性在心理症状与负向情绪、认知功能上的健康水平高于女性。

表2 心理健康得分的性别差异

单位：分

项目	分类	样本	均值	标准差	t值
正向情绪	男	1217	39.30	7.89	0.12
	女	1243	39.26	7.48	
心理症状与负向情绪	男	1217	52.49	13.04	1.41
	女	1243	51.74	13.13	

---

[1] 许军、罗乐宣等：《深圳市居民自测健康的人口学因素调查分析》，《广东医学》2006年第3期，第413~415页。
[2] 陈珊：《北京居民心理健康调查报告》，《中国社会心态研究报告（2012~2013）》，社会科学文献出版社，第26~51页。

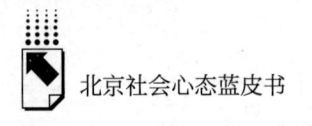

续表

项目	分类	样本	均值	标准差	t 值
认知功能	男	1217	22.36	4.65	6.54***
	女	1243	21.08	5.03	
总分	男	1217	114.15	20.62	2.49*
	女	1243	112.09	20.29	

北京居民的心理健康总分没有表现出明显的年龄差异。正向情绪维度表现出"两头高、中间低"的U型态势：18~25岁居民、56~70岁居民的健康状况显著优于其他年龄组。心理症状与负向情绪维度表现出年长者高、中青年低的态势：56~70岁居民的心理症状与负向情绪显著优于26~35岁组以及36~45岁组。认知功能维度呈现随年龄增长而逐渐下降的趋势：18~25岁与26~35岁组最优，36~45岁组显著优于46~55岁组与56~70岁组，56~70岁组最低。综合来看，年长者（56~70岁）的情绪体验更加积极，中年者（36~45岁）的情绪体验更加消极。认知功能与生理状况密切相关，因而呈现随年龄下降的态势（见表3）。

表3 心理健康得分的年龄差异

单位：分

类别	人数	正向情绪		心理症状与负向情绪		认知功能		总分	
		平均数	标准差	平均数	标准差	平均数	标准差	平均数	标准差
18~25岁	252	40.87	7.15	51.66	13.78	23.14	4.89	115.67	22.21
26~35岁	744	38.95	7.70	51.27	13.55	22.63	4.70	112.85	21.29
36~45岁	533	38.86	8.00	50.85	13.32	21.98	4.76	111.68	21.36
46~55岁	462	38.54	8.03	52.71	12.32	20.82	4.70	112.08	19.58
56~70岁	469	40.17	7.03	54.54	12.08	20.09	4.91	114.80	17.69
总计	2460	39.28	7.68	52.11	13.09	21.72	4.89	113.11	20.48

（2）北京居民心理健康状况显现出区域差异

在本次调查中，不同区域的居民在心理健康上表现出一定的差异[①]。具

---

① 受样本量的限制，这一结论仅反映出本次调查的结果。

体分析，城六区居民的心理健康总分是111.91分，远郊区的居民心理健康得分是114.43分，城六区居民的心理健康得分显著低于远郊区的居民心理健康得分（t = -3.06，p<0.01）（见图1）。从户籍来看，不同户籍居民的差异不太显著，仅北京农业居民的认知功能得分比外地城镇居民略低（见表4）。

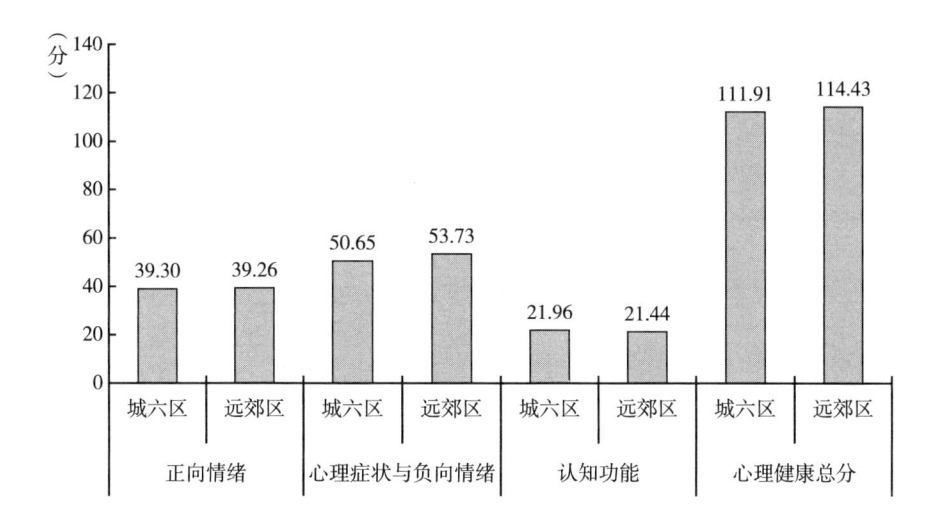

图1　不同区居民在心理健康得分上的比较

表4　不同户籍居民的心理健康得分比较

单位：分

类别	人数	正向情绪 平均数	正向情绪 标准差	心理症状与负向情绪 平均数	心理症状与负向情绪 标准差	认知功能 平均数	认知功能 标准差	总分 平均数	总分 标准差
北京城镇	1676	39.22	7.86	52.13	13.10	21.74	4.82	113.10	20.40
北京农业	135	39.01	8.36	53.24	12.61	20.64	5.85	112.90	22.39
外地城镇	406	40.09	7.07	52.52	12.76	22.11	4.93	114.72	19.73
外地农业	243	38.52	6.93	50.64	13.71	21.46	4.63	110.62	20.99
总数	2460	39.28	7.68	52.11	13.09	21.72	4.89	113.11	20.48

（3）北京居民心理健康状况显现出学历差异以及收入差异

不同学历的居民在心理健康总分、正向情绪上的差异不显著，在心理症状与负向情绪、认知功能上具有显著的差异。低学历者在心理症状与负向情绪上的表现优于高学历者：初中及以下群体的状况优于中专或职高、本科、研究生及以上等群体，而研究生及以上群体的状况比初中及以下、高中、大专等群体差。高学历者在认知功能上的表现优于低学历者：初中及以下群体明显低于其他群体，中专或职高、高中群体居中，而大专、本科和研究生以上群体状况最好（见表5）。

表5 不同学历居民的心理健康得分比较

单位：分

类别	人数	正向情绪 平均数	正向情绪 标准差	心理症状与负向情绪 平均数	心理症状与负向情绪 标准差	认知功能 平均数	认知功能 标准差	总分 平均数	总分 标准差
初中及以下	360	38.51	7.70	54.06	11.89	19.35	4.77	111.91	18.48
中专或职高	178	38.78	8.23	50.42	13.62	20.91	4.71	110.11	20.94
高中	512	39.34	7.70	52.68	13.04	21.31	4.91	113.32	20.10
大专	547	39.22	7.48	52.43	13.38	22.42	4.76	114.07	20.56
本科	738	39.84	7.70	51.38	13.32	22.57	4.74	113.78	21.48
研究生及以上	125	39.02	7.42	49.57	12.30	23.24	4.10	111.82	20.17
总数	2460	39.28	7.68	52.11	13.09	21.72	4.89	113.11	20.48

不同月收入群体在心理健康总分上存在明显的差异。2000元以下组的心理健康总分显著低于2001~7706元组、7707~15000元组。2001~7706元组、7707~15000元组的心理健康总分明显高于2000元以下组以及15001~20000元组。在正向情绪上，2000元以下组的状况明显低于2001~7706元组、7707~15000元组以及20001元以上组。在心理症状与负向情绪上，不同收入群体的差异不显著。在认知功能上，2000元以下组的状况明显低于其他群体（见表6）。

2. 个性特质因素

影响心理健康的个性特质因素包括内控性、自尊、压力感与压力应对等。

表6 不同月收入居民的心理健康得分比较

单位：分

类别	人数	正向情绪 平均数	正向情绪 标准差	心理症状与负向情绪 平均数	心理症状与负向情绪 标准差	认知功能 平均数	认知功能 标准差	总分 平均数	总分 标准差
2000元以下	297	36.91	8.61	52.73	12.69	20.09	5.29	109.73	20.25
2001~7706元	1499	39.41	7.38	52.22	13.11	21.58	4.75	113.21	20.07
7707~15000元	423	40.27	7.16	51.19	13.37	22.84	4.68	114.30	21.08
15001~20000元	54	36.89	8.49	48.52	13.34	22.09	4.50	107.50	21.12
20001元以上	50	40.74	7.17	51.54	12.34	22.66	4.65	114.94	20.77
总数	2323	39.22	7.60	52.00	13.10	21.65	4.86	112.87	20.37

（1）高内控者[①]的心理健康得分明显优于低内控者

内控性是指心理控制源的内在性，即人们认为自己能掌控生活的程度。研究发现，内控性是影响心理健康的重要因素[②]。内控性与心理健康总分的相关系数是0.437**，说明内控性越高，心理健康总分越高。进一步分析，内控性与正向情绪的相关系数是0.435**，内控性与心理症状与负向情绪的相关系数是0.296**，内控性与认知功能的相关系数是0.353**。内控性高的人拥有更积极的情绪，拥有更好的认知功能。

按照内控得分由低到高排序，前27%为低分组，后27%为高分组。结果发现，高分组的心理健康总分比低分组高（t=22.29，p<0.001）。进一步分析，高分组在正向情绪上的得分高于低分组（t=20.32，p<0.001），在心理症状与负向情绪上的得分高于低分组（t=14.95，p<0.001），在认知功能上的得分高于低分组（t=17.95，p<0.001）。内控性高的人能更有

---

① IPC量表中的内控性分量表（I）测量的是人们在多大程度上相信自己能够驾驭自己的生活。由于调查被试中有部分老年人，反映无法回答"我是否出车祸主要取决于我的驾驶技术"这道题，在正式施测时删去这道题。因此，这一分量表的分值范围是0~45分。
② 谭先明、王玉昕：《体院大学生自尊、个性、应对方式、心理控制源与心理健康关系的研究》，《广州体育学院学报》2003年第3期，第44~46页；闻吾森等：《社会支持、心理控制感和心理健康的关系研究》，《中国心理卫生杂志》2000年第4期，第258~259页。

效地处理突发的外界事件，具有较强的自信心和角色认同能力，行为较少受外界影响，能够正确对待和处理所面临的问题，心理顺应正常，外控者则相反①。

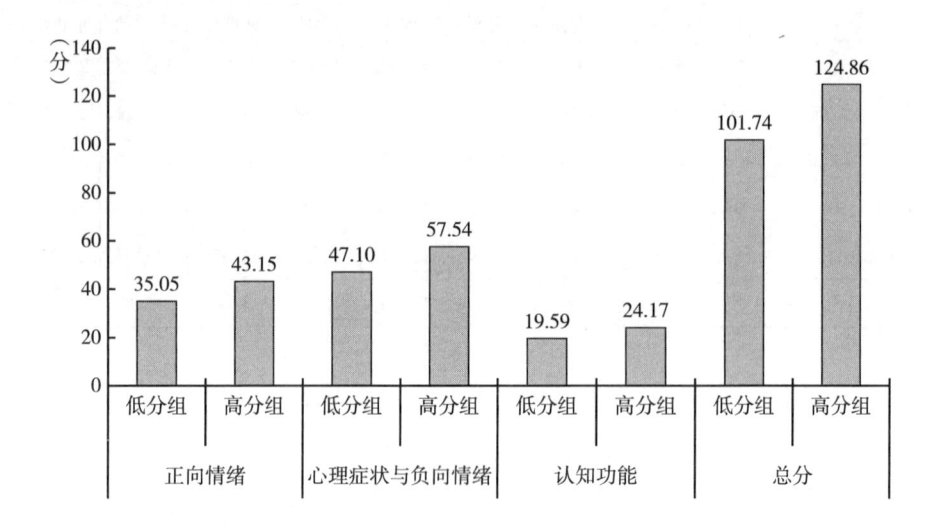

图2 高内控者与低内控者在心理健康得分上的比较

（2）高自尊群体的心理健康状况略好于低自尊群体

自尊是一个人对自己价值、优点、能力等方面的评价。个体的自尊水平对心理健康产生重要的影响，高自尊与良好的心理品质（理性、创造性、应变能力、善良等）有关，低自尊与消极的心理品质（盲从、固执、无视现实等）有关。

按照自尊得分由低到高排序，前27%为低分组，后27%为高分组。结果发现，高分组的心理健康总分比低分组略高（$t=1.94$，$p=0.053$）。进一步分析，高分组在心理症状与负向情绪上的得分明显高于低分组（$t=2.13$，$p<0.05$）。高自尊的个体更少表现出心理症状与负面情绪，因此，拥有更好的心理健康水平（见图3）。

---

① 郑全全：《社会认知与心理控制研究》，《应用心理学》1994年第2期，第145~148页。

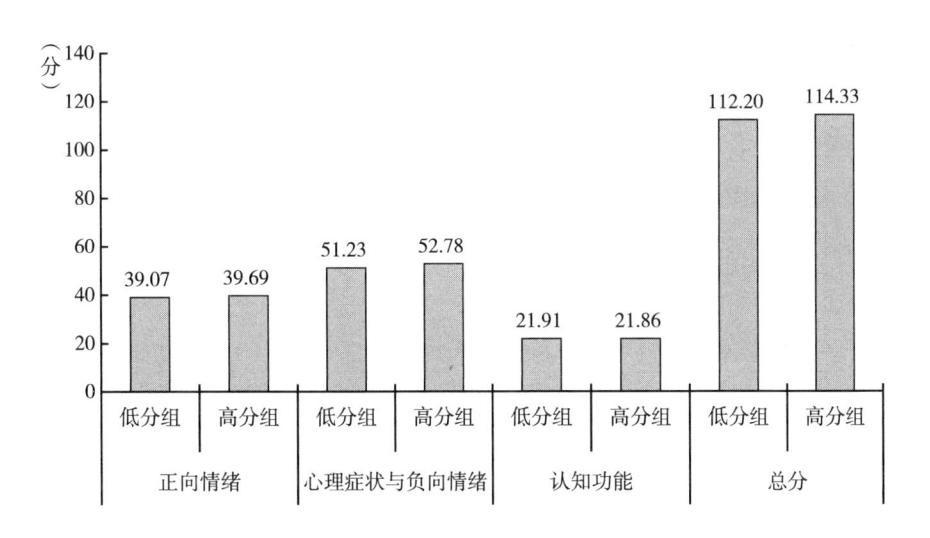

图 3　高自尊者与低自尊者在心理健康得分上的比较

（3）生活压力感越高，心理健康状况越差；压力应对越积极，心理健康状况越好

2017 年北京居民的生活压力感得分是 2.85 分（满分是 5 分，压力越大，得分越高），说明北京居民处于中等压力状态。从三年的调查数据来看，北京居民的生活压力感略有下降。生活压力感与心理健康总分成负相关。其相关系数系数是 -0.29**，说明压力感越高，心理健康状况越差。进一步分析发现，压力感与正向情绪得分的相关系数是 -0.30**，与心理症状与负向情绪的相关系数是 -0.25**，与认知功能的相关系数是 -0.09**。

不同的压力应对方式与心理健康存在不同的关联。压力应对可分为积极应对与消极应对。积极应对与心理健康总分的相关系数是 0.25**，与正向情绪得分的相关系数是 0.22**，与心理症状与负向情绪的相关系数是 0.17**，与认知功能的相关系数是 0.24**。这说明积极应对与心理健康成正相关：压力应对越积极，心理健康状况就越好。消极应对与心理健康总分的相关系数是 -0.14**，与正向情绪得分的相关系数是 -0.08**，与心理症状与负向情绪的相关系数是 -0.14**，与认知功能的相关系数是 -0.12**。

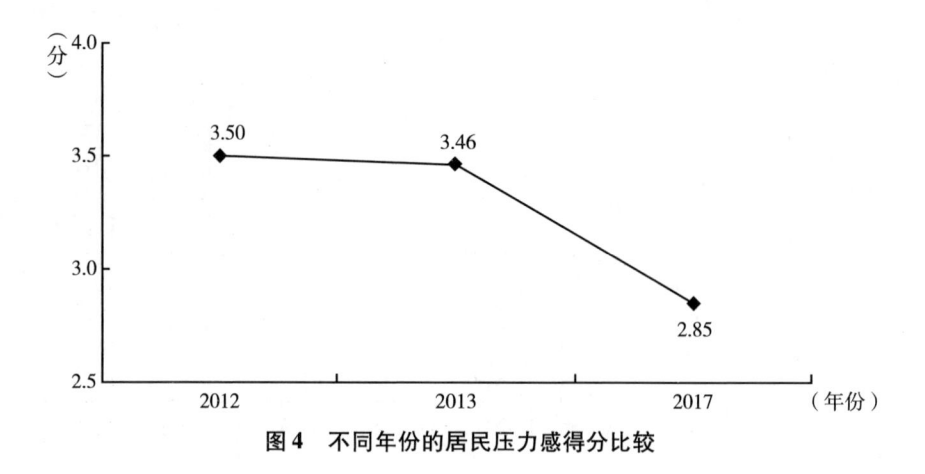

图4 不同年份的居民压力感得分比较

这说明消极应对与心理健康负相关：压力应对越消极，心理健康状况就越差。

（二）影响心理健康的家庭因素

家庭是个体所处的生活环境，是社会的功能细胞。家庭功能影响着家庭成员的身心健康，正向积极的家庭功能为个体提供有力的精神支撑。在社会快速发展的背景下，家庭规模呈现小型化与核心化的态势。家庭状况同样影响着个体的心理健康。本次调查关注的家庭因素包括家庭结构、家庭关系和家庭功能等。

1. 不同家庭类型的个体在心理健康状况上存在差异

按照夫妻双方是否为独生子女，家庭结构类型分为双独家庭、非独家庭以及单独家庭[①]。就心理健康总分而言，来自双独家庭的个体得分是113.61分，来自单独家庭的个体得分是111.85分，来自非独家庭的个体得分是114.15分，经统计分析发现其差异并不显著。具体分析，非独家庭在正向情绪、心理症状与负向情绪上的状况优于单独家庭；非独家庭在认知功能上的状况显著低于双独家庭与单独家庭（见图5）。

---

① 非独家庭是指夫妻双方均非独生子女，双独家庭是指夫妻双方均是独生子女，单独家庭是指夫妻有一方是独生子女。

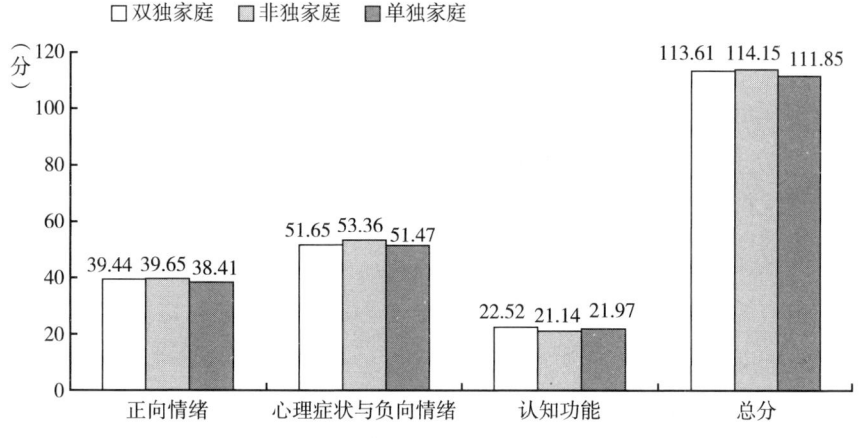

图 5 不同家庭结构的心理健康状况比较

2. 未婚者与已婚者的心理健康状况优于离异或丧偶者

不同婚姻状况者在心理健康上有明显的差异。总体来看，未婚者的心理健康总分是 113.00 分，已婚者的心理健康总分是 113.69 分，离异或丧偶者[①]的心理健康总分是 96.97 分，未婚者与已婚者的心理健康状况优于离异或丧偶者，未婚者与已婚者之间的差异不显著。具体分析发现，在正向情绪上，未婚者与已婚者显著优于离异或丧偶者；在心理症状与负向情绪上，已婚者的状态优于未婚者，未婚者的状态优于离异或丧偶者；在认知功能上，未婚者的状态优于已婚者，已婚者的状态优于离异或丧偶者（见表 7）。

表 7 不同婚姻状况居民的心理健康得分比较

单位：分

类别	人数	正向情绪 平均数	正向情绪 标准差	心理症状与负向情绪 平均数	心理症状与负向情绪 标准差	认知功能 平均数	认知功能 标准差	总分 平均数	总分 标准差
未婚	494	39.56	7.85	50.37	14.44	23.06	4.76	113.00	22.43
已婚	1901	39.42	7.52	52.79	12.58	21.49	4.82	113.69	19.74
离异或丧偶	65	33.23	8.91	45.55	13.86	18.18	5.00	96.97	19.78
总数	2460	39.28	7.68	52.11	13.09	21.72	4.89	113.11	20.48

① 由于离异者与丧偶者的人数较少，所以把离异或丧偶归为一类。

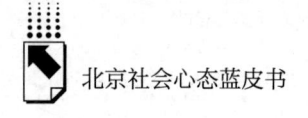

3. 个体的家庭功能越好，心理健康水平越高

家庭关怀度指数问卷（APGAR）了解个体对自己家庭功能满意程度的主观评价，包括家庭适应度、合作度、成长度、情感度以及亲密度。量表得分在 7 分以上，说明家庭功能无障碍。本次调查发现，北京居民的家庭功能得分是 7.54 分，北京居民的家庭功能状态较好。此外，超过 3/4 的人具有较好的家庭功能：76.0% 的人（7~10 分）家庭功能无障碍，19.5% 的人（4~6 分）家庭功能存在障碍，4.5% 的人（0~3 分）家庭功能严重障碍。

家庭功能得分与心理健康得分成正相关。家庭功能得分与心理健康总分存在正相关（r = 0.273**），说明家庭功能越好，心理健康水平越高。进一步分析，家庭功能得分与正向情绪之间存在正相关（r = 0.201**），与心理症状与负向情绪之间存在正相关（r = 0.252**），与认知功能之间存在正相关（r = 0.153**）。这说明良好的家庭功能让个体产生更多的积极情绪、更少的消极情绪，并且拥有更良好的认知功能评价。

（三）影响心理健康的社会因素

影响心理健康的社会因素包括社会交往能力、社会阶层和社会支持等。

1. 社会交往能力好，心理健康水平高

北京居民的人际交往能力自评分是 3.57 分，人际关系满意度是 3.67 分，均介于"一般"与"较强"之间，反映出北京居民对自己的社会交往状况比较满意。北京居民的人际交往能力与心理健康的相关系数是 0.254**，与人际关系满意度的相关系数是 0.256**，说明人际交往能力越强，人际关系满意度就越高，则心理健康水平就越高。

2. 社会阶层感知高，心理健康状况好

本次调查发现，自评为"中层"的居民最多（48.5%），自评为"中下层"的居民次之（35.5%），自评处于两端的居民相对较少。与 2013 年、2016 年的数据相比，自评为"中层"的居民比例明显增加，自评为"中下层"、"最下层"的居民比例明显降低，反映出人们所认同的社会阶层慢慢攀升（见图 6）。

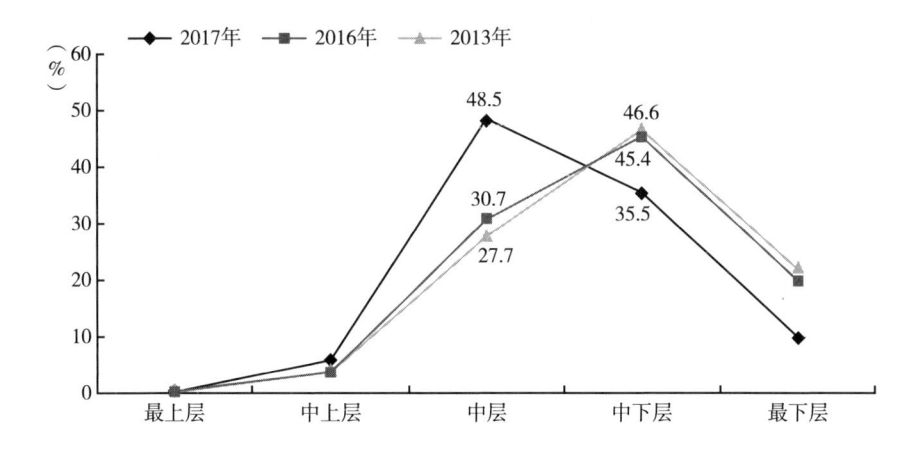

重视居民心理健康，加强社会心理服务体系建设

图6　2013年、2016年与2017年居民社会阶层认同感的比较

注：图中突出自评为中层、中下层的群体。

社会阶层认同感与心理健康状况有关。把"中下层"与"最下层"归为"偏下层"，把"最上层"与"中上层"归为"偏上层"，结果发现偏上层居民的心理健康得分是120.03分，中层居民的心理健康得分是116.68分，偏下层居民的心理健康得分是108.37分。不同自我阶层认同感的居民在心理健康状况上存在差异（F=15.494，p<0.001）。

3. 社会支持状况越好，心理健康状况越好

社会支持是支持性资源，从性质上可以分为两类：一是客观的实际支持，包括直接的物质援助、社会团体参与等；二是主观的情感支持，指个体在社会中受尊重、得到支持与理解的情感体验和满意程度[1]。在本次调查中，社会支持分为三个维度：客观支持、主观支持与支持的可利用度。

北京居民的社会支持水平有所提高：2017年北京居民的社会支持得分是40.04分，显著高于2011年社会支持得分[2]（36.2分）。人们较多得到非正式支持（配偶、家人、朋友的私人支持），而较少得到正式支持（工作单

---

[1] 汪向东等：《心理卫生评定量表手册》（增订版），中国心理卫生杂志社，1999，第128页。
[2] 陈珊：《2013年北京居民社会支持状况调查报告》，摘自《北京社会心态分析报告（2013～2014）》，社会科学文献出版社，2014。

位、党团工会、宗教团体的组织支持），这再次印证了2012年的调查结果——与正式支持相比，非正式支持是社会支持的主要来源（见图7）。进一步分析，家庭成员给予的支持由强到弱依次是夫妻（恋人）、父母、儿女、兄弟姐妹。可见，夫妻是社会支持的第一大来源，父母对儿女的支持力度高于子女对父母的支持力度。

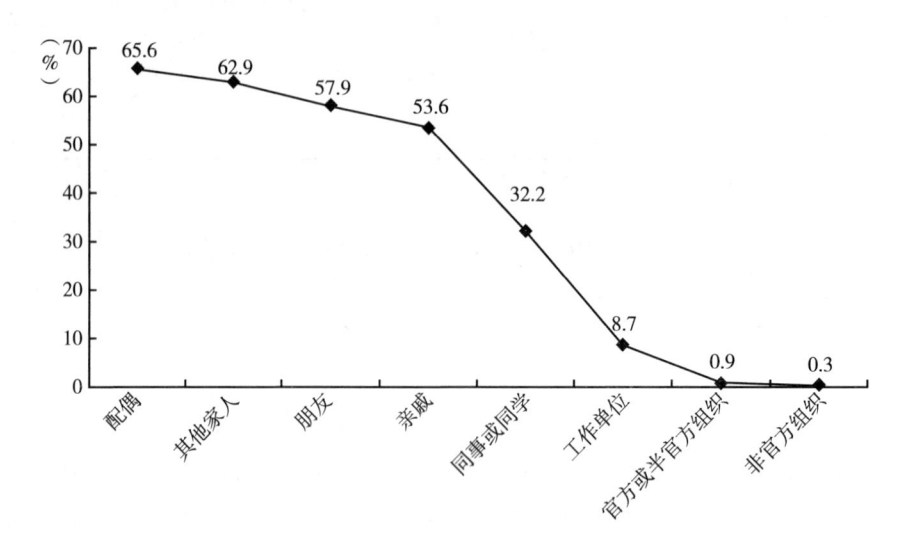

图7 不同类型社会支持渠道

北京居民的社会支持得分与心理健康的相关系数是0.223**，说明社会支持状况越好，心理健康状况就越好。个体的社会支持规模越大，支持来源就越多，支持强度越大，则社会支持更容易发挥缓解压力、排解心理困扰、提升幸福感的作用。

三 北京居民对心理健康服务的需求

近年来，各级政府、学术界以及社会组织大力推进心理健康筛查与心理知识普及工作。心理健康服务不断开展，逐步加深了民众对心理健康服务意义的认识。本次调查发现，超过3/4的居民认识到心理健康的重要意义：

76.3%的人认为心理健康工作比较重要或非常重要，仅有1.5%的人认为不重要（见图8）。

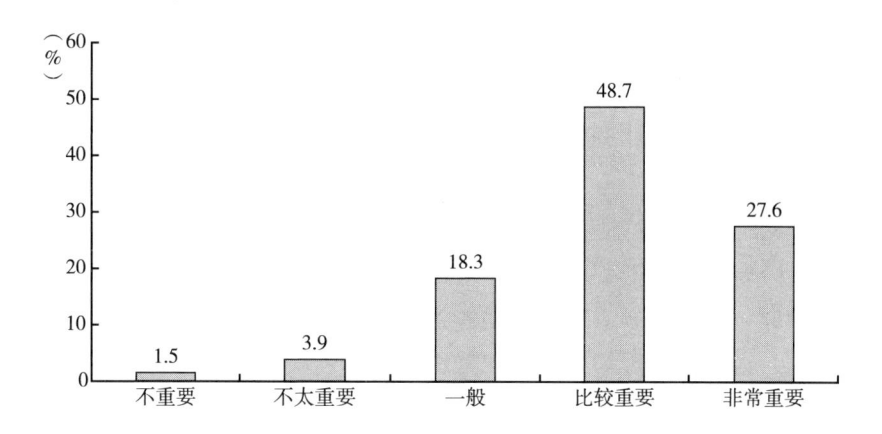

图8 居民对心理健康工作的评价

（一）北京居民对社会心理问题的认识

北京居民对身边心理问题与社会心理问题具有不同的看法。人们对身边心理问题的态度更积极：19.2%的人表示在认识的人当中"没有心理问题"，8.8%的人表示"比较多或非常多的人有心理问题"。北京居民对社会心理问题的认识更消极：6.1%的人认为"不严重"，31.5%的人认为"比较或非常严重"。这可能存在个体原因与社会原因。个体的自我知觉存在乐观性偏差，对内群体持有更积极乐观的态度，而对外群体持有更消极负面的看法。此外，媒体在报道社会新闻时强调当事人的负面心理状态，使大众产生社会心理问题严重的印象。值得关注的是，虽然认为社会心理问题严重的比例较高，但比2011年的调查数据有所下降。在2011年调查中，认为社会心理问题比较或非常严重的人数占48.9%。

居民对政府工作的侧重点有不同的诉求。71.7%的人希望政府能把心理咨询纳入医保，63.7%的人希望政府扶持公益性的社会心理服务组织，47.7%的人希望政府通过电视、报纸等媒体宣传普及心理卫生常识，46.4%

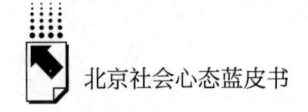

的人希望政府组织相关政府部门对全体居民进行心理健康筛查，33.0%的人希望政府组织高校心理学者提供针对性心理服务。可见，居民更希望政府能提供价格低廉的心理服务，比如"心理咨询纳入医保""公益心理服务组织"。相比之下，居民不太看重高校学者的心理服务。

（二）北京居民的心理困扰类型与求助意愿

人们对心理问题的看法经历了漫长的转变过程。在科学心理知识匮乏的时期，人们对心理疾病谈之色变，对心理疾病患者避之如瘟疫；当罹患心理疾病时，人们首先想到的是逃避或隐瞒，而不是就医。随着心理学知识的普及，人们的心理健康观念开始更新，渐渐接受"心理疾病也是一种疾病"的观念。在受访的2460人中，24.4%的人承认自己以前或现在有心理困扰。

北京居民心理困扰的因素由高到低依次是职业发展（46.3%）、学业/工作压力（43.3%）、子女教育与亲子关系（37.2%）、婚姻与家庭关系（26.3%）、人际交往（21.5%）、控制体重（16.0%）、自我认识（15.5%）、心理障碍（12.8%）、恋爱关系（9.8%）。前两项与个人发展有关，实现个人发展、发挥个人潜力成为心理困扰的重要来源之一。此外，随着民众越来越重视教育，子女教育与亲子关系也会影响人们的心理感受。

北京居民愿意采取的三种心理援助方式由高到低依次是自我调节、找亲朋好友倾诉、综合医院心理门诊。就心理问题而言，人们更加认可"求人不求己"，自我调节的人数占76.9%。在选择求助他人或机构时，人们更愿意求助亲友（65.0%），而不愿意求助专业机构。此外，人们对专业机构也会有不同的倾向性：选择综合医院心理门诊的人数显然多于精神专科医院。

（三）北京居民使用心理服务的情况

部分居民能在自身出现心理问题的情况下向心理医生或心理咨询师求助，但总体上北京居民对心理服务的利用率较低。在受访的2460人中，虽

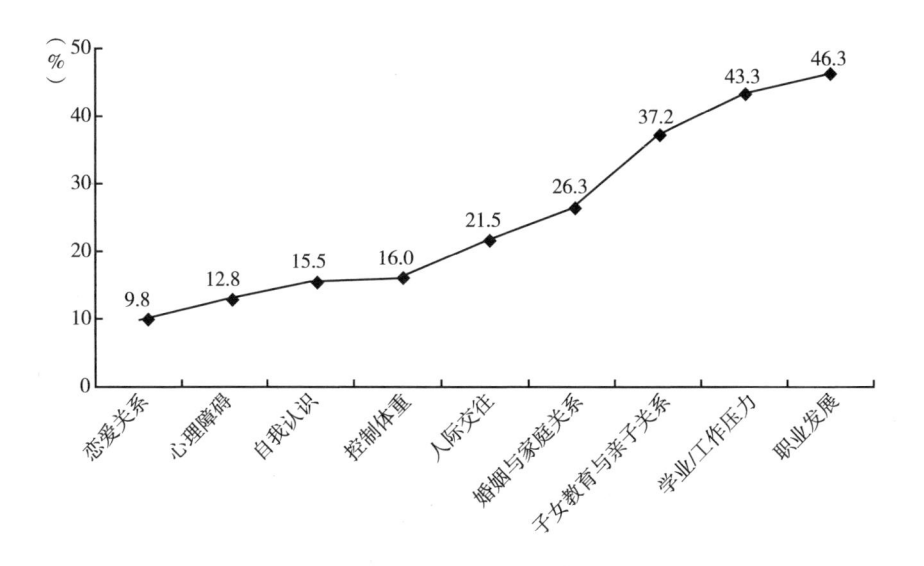

重视居民心理健康，加强社会心理服务体系建设

图9 居民心理困扰的来源

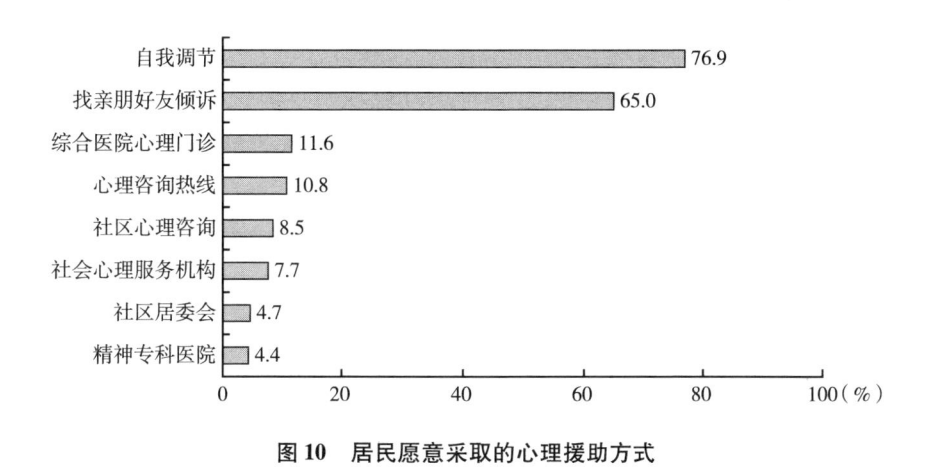

图10 居民愿意采取的心理援助方式

然 600 人正在遭遇或遭遇过心理困扰，但仅有 65 人求助过心理咨询，占总体的 2.6%，占心理困扰者的 10.8%。其主要原因可能是心理咨询费用过高，超出居民的承受范围。半数以上的居民认为心理咨询费用应在 50 元以下/小时，与心理咨询行业实际价格相去甚远。实际一次心理咨询的平均费用是 300 元/小时，远远超出居民的心理预期。

019

表8　北京居民可接受的心理咨询费用

	频率（人次）	百分比（%）
50元以下/小时	1273	51.7
51~100元/小时	869	35.3
101~200元/小时	231	9.4
201~300元/小时	63	2.6
301~500元/小时	24	1.0
合计	2460	100.0

在接受过心理咨询的65人中，近半数的人选择医院（31人），近三分之一的人选择网络心理咨询（20人），选择心理咨询热线、学校的咨询机构、社会心理服务机构、社区心理服务站的人数分别是14人、10人、9人与7人[①]。社区心理服务站具有公益性与易得性的特点，因此，我们进一步考察选择社区心理服务站的人们的评价。结果发现，无论是咨询师专业与态度还是咨询效果，这些居民都给出较高的评价：咨询效果的得分是7.71分，咨询师态度的得分是9.29分，咨询师专业水平得分是8.86分。

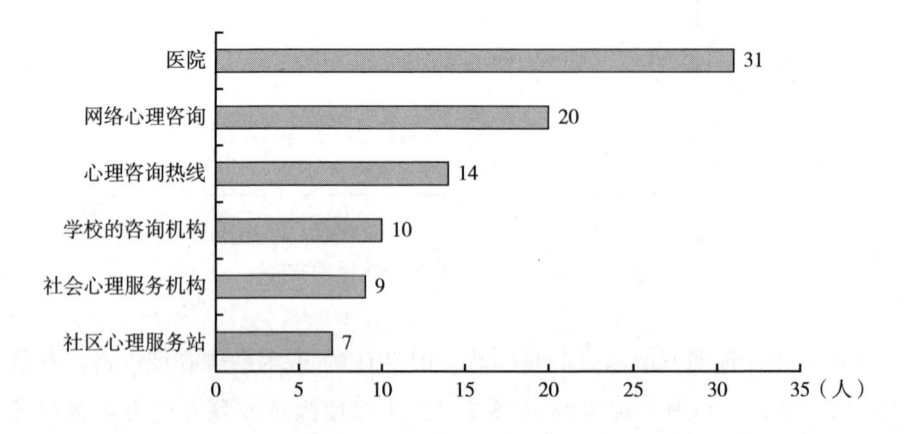

图11　北京居民愿意求助的机构

① 一些居民选择多家机构。

重视居民心理健康，加强社会心理服务体系建设

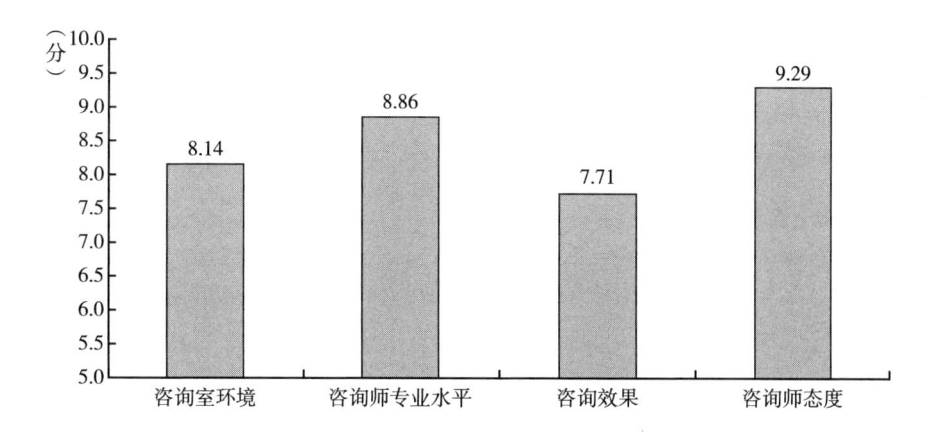

图12 北京居民对社区心理服务站的评价

四 相关建议

党的十九大报告指出"加强社会心理服务体系建设，培育自尊自信、理性平和、积极向上的社会心态。"个体心理健康是社会心态的基石，而居民心理健康筛查是社会心理服务体系建设的重要工作。本次心理健康调查一方面为社会心理服务体系建设奠定初步的数据基础，另一方面为社会心理服务工作提供一些启示。

（一）重视心理压力疏导，宣传心理正向能量，提升心理调适能力

人们在日常生活工作中面临着各种各样的挑战，经受着来自家庭、工作单位乃至整个社会的压力。在缺乏专业疏导的情况下，压力过大的个体容易出现严重的心理问题。本次调查显示，虽然北京居民的压力感比往年略有下降，但仍处于中等压力水平。

目前心理服务机构各自为政，社会心理服务缺乏具体的监管机构与行业细则。应发挥北京市社会心理工作联合会的优势，搭建全市范围内的心理综合服务平台，发挥北京市智力资源聚集的优势，普及心理健康知识，开展多

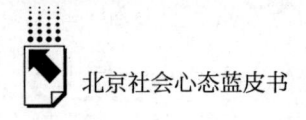

种形式的心理服务，缓解居民的负面生活压力，不断提升居民的心理调适能力。

（二）提升社区服务内容，掌握居民心理动态，培育积极社会心态

社区是人们所处的相对稳定的生活空间，处于同一社区的人们具有地理上的归属感与认同感。本次调查发现，社区心理服务站在居民的心理疏导工作中起到一定的作用，其咨询师的专业性与态度都得到较高的评价，但社区心理服务站现处于初步试行阶段，而且宣传力度不够，其作用还未充分发挥。

心理服务作为社区服务的重要内容之一，应充分发挥社区心理服务站的心理疏导作用与信息监测作用：一是提供适当的心理咨询服务，疏通情绪表达渠道，缓解生活压力带来的心理困扰；二是建立详细的心理档案，掌握居民心理动态，将社会心态纳入风险评估体系，建立信息报送制度，避免与预防恶性事件的发生，降低社会风险。

（三）加强各级政府支持，完善社会支持系统，提高社会支持力度

本次调查显示，北京居民的社会支持系统以亲朋好友提供的非正式支持为主，正式支持力度比较薄弱。一旦个体遭遇严重的生活困难或危机，容易陷入孤立无援的困境。正式社会支持系统的建立与维持，需要依靠政府、社会组织等多方力量。

发挥政府的引导作用，支持官方或民间组织开展公益性社会服务：一是提供普遍性援助，建立社会援助长效机制；二是提供针对性援助，特别是农民工、妇女、儿童、老年人、失业者、困难家庭等特殊群体，提供专门的社会救助渠道，构建不同人群的社会支持网络，保障这些群体的基本生活。

相关因素篇

Related Factors

B.2
北京居民自测心理健康与生活压力感、核心自我评价、应对倾向的关系

陈 珊*

摘 要： 为了解北京居民自测心理健康与生活压力感、核心自我评价、应对的关系，我们对北京16个区82个社区2455名居民进行抽样调查，结果显示：北京居民生活压力越大，其自测心理健康整体水平越低；居民核心自我评价越高，应对倾向越积极，其心理健康整体水平越高。进一步分析显示：核心自我评价对心理健康的影响作用受生活压力感因素的影响，核心自我评价部分通过应对倾向对自测心理健康产生影响。

关键词： 自测心理健康 生活压力感 核心自我评价

---

* 陈珊，北京市社会心理服务促进中心副研究员，研究方向为主观幸福感、心理健康。

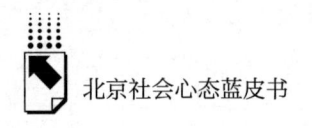

一 前言

核心自我评价与心理健康的关系在近期得到一定研究。核心自我评价这个概念是由 Judge 等提出的，是指个体对自身能力和价值所持有的最基本的评价，是一种潜在的、宽泛的人格结构。核心自我评价由自尊（self-esteem）、一般自效能感（generalized self-efficacy）、神经质（neuroticism）以及控制点（locus of control）四个基本特质组成，自尊是个体对自身最广泛的根本评价，一般自我效能感指个体在行动过程中对自有调配任务所需要的动机和认知资源能力的感知，神经质指个体的情绪稳定性和自我情绪调控能力，控制点反映个体在什么程度上认为自己能够控制生活中将要发生的事件。核心自我评价是总体性的自我评价，对各个特定具体领域的自我评价产生影响。

核心自我评价与心理健康的关系主要围绕心身症状和主观幸福感两方面展开研究。国外有研究指出，具有较高核心自我评价的个体体验到更少的压力和紧张感，较少采用回避性的应对策略，核心自我评价不仅积极地影响生活满意度，还能够调节幸福感与生理健康之间的关系，调节失业人员就业承诺与幸福感之间的关系[1]。国内研究发现，核心自我评价水平越高的大学生的 SCL-90 总分越低，更少出现社交焦虑和抑郁，体验到更高的积极情感和更低的消极情感[2]。北京居民的调查也显示：核心自我评价水平越高的居民，主观幸福感和生活意义感更强[3]。核心自我评价对工作、学业以及心理健康等都具有良好的预测作用和调节作用。

核心自我评价影响心理健康的心理机制研究认为：核心自我评价的预测

---

[1] 黎建斌、聂衍刚：《核心自我评价研究的反思与展望》，《心理科学进展》2010 年第 12 期，1848~1857 页。

[2] 黎建斌、聂衍刚：《核心自我评价研究的反思与展望》，《心理科学进展》2010 年第 12 期，1848~1857 页。

[3] 陈珊：《北京居民主观幸福感调查》，《北京社会心态分析报告（2017）》，社会科学文献出版社，2017，第 38~61 页、62~74 页。

作用和调节作用可用动机、图式、能力、应对与获益和自我验证五种机制进行解释。具有较高核心自我评价的个体产生更高水平的任务动机并获得更高的任务成绩,在头脑中形成了积极的自我图式,影响人对信息的选择、提取、加工以及个人的情感反应或行为取向,同时具有更高的能力应对变化。应对与获益机制也是核心自我的重要机制之一,个体对积极事件的反应是获益过程(capitalization),对消极事件的反应是应对过程(coping),应对具体指个体生活中遇到困难时可能采取的处理方法或态度,具有较高核心自我评价的个体在面对困难时会采用更为积极的应对倾向,从而保持心理健康。

人们普遍认同人格通过应对倾向影响心理健康的观点[1],这种观点在不同的人群中得到较为广泛的验证。大学生的研究显示:积极应对可正向预测心理健康、消极应对可负向预测心理健康,人格各维度直接或通过应对倾向间接作用于心理健康[2],在老年人、下岗职工、医科学生、军校学生和突发公共事件影响的人群中都得到验证[3][4][5][6][7]。本次调查考察北京居民群体的应对在核心自我评价与心理健康之间的作用。

生活压力感与心理健康有着密切关系。应激即紧张状态对心理健康有着重要影响,生活压力感是应激的重要表现,在不同的应激状态下,个体的核心自我评价对心理健康的作用是否有差别也有待研究。因此,本调查也考察

---

[1] 崔红、王登峰:《中国人的人格与心理健康》,《心理科学进展》2007年第2期,第234~240页。

[2] 胡军生、王登峰、滕兰芳:《人格和应对倾向与心理健康的关系》,《西南大学学报》(社会科学版)2007年第6期,第28~31页。

[3] 陈立新、姚远:《老年人心理健康影响因素的调查研究——从人格特征与应对倾向二因素分析》,《市场与人口分析》2006年第2期,第63~68页。

[4] 王娴、陈龙:《下岗职工的人格——应对倾向与心理健康的关系》,《中国行为医学科学》2004年第2期,第184~185页。

[5] 王渭玲、汪勇:《276名医科大学生应对倾向——人格与心理健康调查》,《中国心理卫生杂志》2003年第2期,第118~119页。

[6] 李俊丽、梅清海、丛建波:《军校大学生心理健康状况与人格及应对倾向的相关研究》,《中国学校卫生》2004年第5期,第600~601页。

[7] 杨黎、李乐光、陆愈实、杨程、齐双:《突发公共事件易感人群心理健康状况与应对倾向、人格特质的相关研究》,《中国健康心理学杂志》2010年第1期,第45~48页。

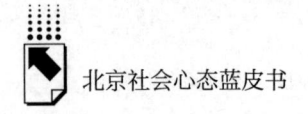

生活压力感与自测心理健康的关系，同时考察不同生活压力感状态下，核心自我评价与心理健康的关系是否有差别。

综上所述，本研究调查的主要内容有：一是北京居民的核心自我评价与自测心理健康的关系；二是北京居民生活压力感与自测心理健康的关系；三是北京居民应对倾向与自测心理健康的关系；四是探讨对居民自测心理健康的影响中，核心自我评价、生活压力感和应对之间的共同作用。通过对上述问题的探讨，本文对提高北京居民的心理健康提出一些决策建议。

调查所用材料如下。一是核心自我评价量表：核心自我评价量表（Core Self-evaluations Scale，简称 CSES）是由 Judge 等编制的，国内的杜建政等学者于 2012 年修订了该量表的中文版[1]，适用于大学生和已经工作者。该量表为一维量表，由 10 个项目组成，每一项目采用 Likert 五点计分，从 1 到 5 分别表示从"完全不同意"到"完全同意"。其中，除 2、3、5、7、8、10 为反向计分外，其余为正向计分。二是生活压力感测量：根据北京社会心理研究所历年居民生活压力调查单一条目编制而成，采用 Likert 五点计分，分数越大表示压力越大。三是简易应对倾向问卷[2]：由解亚宁等编制，由 20 个项目组成，采用从 0 到 3 计分方式，从 0 到 3 分别代表"不采取""偶尔采取""有时采取""经常采取"，项目 1 至 12 代表积极应对，项目 13 至 20 代表消极应对。应对倾向 = 积极应对标准分（Z 分）- 消极应对标准分（Z 分）。四是自测心理健康量表：《自测健康评定量表》由许军等编制，其心理健康子维度[3]包括（1）正向情绪——个体对生活的满意程度、幸福感、安全感、生活信心等积极情绪的体验程度，维度原始总分为 0~50。（2）心理症状与负向情绪——个体对自身孤独、焦虑、紧张、害怕等消极情绪的体验，维度原始总分 0~70。（3）认知功能——个体对自身记忆、精神集中能

---

[1] 戴晓阳：《常用心理评估量表手册》，人民军医出版社，2015，第 273~275 页。
[2] 戴晓阳：《常用心理评估量表手册》，人民军医出版社，2015，第 99~101 页。
[3] 汪向东等：《心理卫生评定量表手册（增订版）》，中国心理卫生杂志社，1999，第 41~45 页。

力、思考和处理问题能力的评价,维度原始总分为0~30,自测心理健康的原始总分为0~150。为了分析方便,各维度和自测心理健康得分都转化为100分制的终得分。根据有关资料,自测心理健康终得分≥70表示心理健康良好,70分以下为心理健康不良。

调查过程与数据分析:调查对象为16个区城镇地区18~70岁的常住居民。调查采取多阶段抽样方法,按照区-街道/乡镇-社区(居委)-住户顺序,以随机抽样和等距抽样相结合的方式进行,本调查从全市16个区选取城区共计82个社区,每个社区30个样本,回收样本2460本,其中有效数据2455个,调查抽样的置信区间为95%,抽样误差为正负2%。采用SPSS 16.0进行统计分析。

二 北京居民核心自我评价、生活压力感、应对倾向与自测心理健康的关系

(一)北京居民核心自我评价与自测心理健康的关系

1. 北京居民核心自我评价越高,自测心理健康整体水平越高

本次调查中核心自我评价的实际分数是20~50分,把20~30分,31~40分,41~50分分别定义为核心自我评价低分组、中等组和高分组。从自测心理健康整体水平看,不同核心自我评价水平居民的心理健康水平平均数呈现显著差异,随着居民核心自我评价水平的提高,心理健康的平均数逐步提高,由61.67分提高82.73分(见表1)。从自测心理健康的人数比例看,随着居民核心自我评价水平的提高,自测心理健康良好的人数比例也逐步提高,核心自我评价低、中、高三组中,心理健康良好的比例分别为27.60%、62.50%、88.70%,逐步提高;心理健康不良倾向的人数比例分别为72.40%、37.50%、11.30%(见表2)。说明居民的核心自我评价水平越高,其自测心理健康水平越高。报告中自测心理健康及各维度的平均数均是指以百分制为标准算得的终得分。

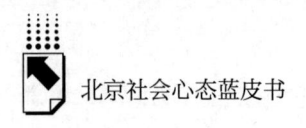

表1　不同核心自我评价水平居民的自测心理健康的平均数及标准差

单位：人，分

核心自我评价	人数	心理健康 平均数	心理健康 标准差
核心自我水平较低	272	61.67	14.51
中等核心自我评价	1350	73.62	12.55
核心自我评价较高	833	82.73	10.28
合计	2455	75.39	13.65
F检验*		F=344.022***	

注：F检验中的 * 表示 $P<0.05$，** 表示 $P<0.01$，*** 表示 $P<0.001$。下表同。

表2　不同核心自我评价水平居民的自测心理健康良好或不良倾向人数及比例

单位：人，%

核心自我评价	心理健康良好 人数	心理健康良好 比例	心理健康不良倾向 人数	心理健康不良倾向 比例	合计 人数	合计 比例
核心自我评价较低	75	27.60	197	72.40	272	100.00
中等核心自我评价	844	62.50	506	37.50	1350	100.00
核心自我评价较高	739	88.70	94	11.30	833	100.00
合计	1658	67.50	797	32.50	2455	100.00

2. 北京居民核心自我评价越高，正向情绪和认知功能越强，心理症状与负向情绪越弱

从自测心理健康各维度看，随着核心自我评价水平的提高，居民正向情绪显著增强，认知功能逐步提高，居民的心理症状减少，负向情绪逐步减弱。

不同核心自我评价水平的居民，在正向情绪、心理症状与负向情绪、认知功能各方面的得分在统计上都差异显著。随着居民核心自我评价水平的增强，正向情绪的平均分由67.30提高到85.00，心理症状与负向情绪平均分由43.45下降到17.73，认知功能水平平均分由64.24提高到80.03（见表3）。

表3 不同核心自我评价水平居民的自测心理健康各维度的平均数及标准差

单位：分

核心自我评价	正向情绪 平均数	正向情绪 标准差	心理症状与负向情绪 平均数	心理症状与负向情绪 标准差	认知功能 平均数	认知功能 标准差
核心自我水平较低	67.30	18.82	43.45	21.27	64.24	17.35
中等核心自我评价	76.85	14.56	26.83	17.78	69.28	15.84
核心自我评价较高	85.00	12.27	17.73	14.25	80.03	13.50
合计	78.56	15.38	25.58	18.70	72.37	16.30
F检验	F = 176.272***		F = 239.407***		F = 170.807***	

（二）北京居民生活压力感与自测心理健康的关系

1. 生活压力感越大，居民自测心理健康整体水平越低

从整体自测心理健康水平看，不同压力感居民的心理健康水平平均分在统计上呈现显著差异。随着生活压力感的增大，居民自测心理健康的平均分逐步降低，由82.50下降到68.48（见表4）。从自测心理健康与不健康倾向的人数比例看，随着生活压力感的增大，居民心理健康良好的人数比例逐步降低，由85.30%下降到51.80%，心理健康不良倾向的人数比例逐步增加，由14.70%上升到48.20%（见表5）。说明居民的生活压力感越大，其自测心理健康水平越低。

表4 不同压力感状态下居民的自测心理健康平均数及标准差

单位：人，分

压力感	人数	心理健康 平均数	心理健康 标准差
没有压力	273	82.50	11.40
压力较小	572	78.29	12.51
一般	942	75.66	12.43
压力较大	585	69.77	14.28
压力很大	83	68.48	18.24
合计	2455	75.39	13.65
F检验*		F = 60.498***	

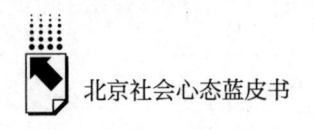

表5 不同压力感状态下居民的自测心理健康良好或不良倾向人数及比例

单位：人，%

压力感	心理健康良好 人数	心理健康良好 比例	心理健康不良倾向 人数	心理健康不良倾向 比例	合计 人数	合计 比例
没有压力	233	85.30	40	14.70	273	100.00
压力较小	434	75.90	138	24.10	572	100.00
一般	645	68.50	297	31.50	942	100.00
压力较大	303	51.80	282	48.20	585	100.00
压力很大	43	51.80	40	48.20	83	100.00
合计	1658	67.50	797	32.50	2455	100.00

2. 生活压力感越强，居民正向情绪和认知功能越弱，心理症状与负向情绪越强

从自测心理健康各维度看，随着生活压力感的增强，居民的正向情绪显著减弱，认知功能逐步下降，心理症状与负向情绪逐步增强。

不同压力感居民的正向情绪水平在统计上差异显著，随着居民生活压力的增大，正向情绪的平均分逐步降低，由85.93降到66.36；不同压力感居民的心理症状与负向情绪水平差异显著，随着居民生活压力感的增强，心理症状与负向情绪水平逐步增强，平均分由16.63上升到30.81；不同压力感居民的认知功能水平呈现显著差异，随着居民生活压力的增大，认知功能水平逐步降低，平均分由74.75降到70.36（见表6）。

表6 不同压力感状态下居民的自测心理健康各维度的平均数及标准差

单位：分

压力感	正向情绪 平均数	正向情绪 标准差	心理症状与负向情绪 平均数	心理症状与负向情绪 标准差	认知功能 平均数	认知功能 标准差
没有压力	85.93	12.45	16.63	15.22	74.75	16.27
压力较小	82.08	12.75	22.23	17.82	73.18	16.06
一般	78.96	13.69	25.56	17.61	73.04	15.75
压力较大	72.76	16.92	32.33	19.55	69.68	16.70
压力很大	66.36	24.11	30.81	22.54	70.36	18.84
合计	78.56	15.38	25.58	18.70	72.37	16.30
F检验	F=62.969***		F=43.769***		F=6.561***	

（三）应对倾向与北京居民自测心理健康的关系

1. 居民应对越积极，自测心理健康整体水平越高

本次调查的积极应对得分范围为 2～36 分，消极应对得分范围为 0～24 分，换算后的应对倾向范围为 -5.29～4.69 分，其中 50.8% 的居民为 0 分以下，49.2% 的居民得分为 0 分以上，说明 50.8% 的居民生活遇到困难时更习惯用较为消极的应对倾向，49.2% 的居民习惯采用较为积极的应对倾向。为了分析方便，把应对倾向得分 -5.29～-3 分（含），-3～0 分（含），0～3 分（含），3～4.63 分分别定义为"非常消极应对倾向""比较消极应对倾向""比较积极应对倾向""非常积极应对倾向"组。

从自测心理健康整体水平看，不同应对倾向居民的心理健康水平平均数呈现显著差异，随着应对倾向积极性的提高，自测心理健康的平均数逐步提高，非常消极应对倾向居民的心理健康平均分为 57.85，非常积极应对倾向居民的心理健康平均分为 83.94（见表7）。从自测心理健康的人数比例看，应对倾向越积极，心理健康良好的人数比例越高，非常消极应对倾向居民中有 16.70% 心理健康良好，而非常积极应对倾向居民中心理健康良好的比例达到 84.70%；非常积极应对倾向居民中心理健康不良倾向的人数比例为 15.30%，非常消极应对倾向居民中心理健康不良的比例为 83.30%（见表8）。说明居民的应对倾向越积极，其心理健康水平越高。

表7 不同应对倾向居民的自测心理健康的平均数及标准差

单位：人，分

应对倾向	人数	心理健康 平均数	标准差
非常消极应对倾向	18	57.85	16.87
比较消极应对倾向	1230	72.62	14.18
比较积极应对倾向	1148	78.19	12.14
非常积极应对倾向	59	83.94	12.04
合计	2455	75.39	13.65
F 检验		F = 53.866 ***	

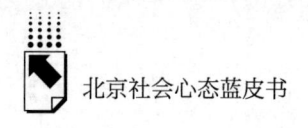

表8 不同应对倾向居民的自测心理健康良好或不良倾向人数及比例

单位：人，%

应对倾向	心理健康良好 人数	心理健康良好 比例	心理健康不良倾向 人数	心理健康不良倾向 比例	合计 人数	合计 比例
非常消极应对倾向	3	16.70	15	83.30	18	100.00
比较消极应对倾向	737	59.90	493	40.10	1230	100.00
比较积极应对倾向	868	75.60	280	24.40	1148	100.00
非常积极应对倾向	50	84.70	9	15.30	59	100.00
合计	1658	67.50	797	32.50*	2455	100.00

2. 居民应对越积极，正向情绪和认知功能越强，心理症状与负向情绪越弱

从心理健康各维度看，居民应对倾向越积极，居民的正向情绪越强，认知功能水平越高，其心理症状越少，负向情绪越弱。

不同应对倾向居民的正向情绪水平呈现显著差异，持非常消极应对倾向居民的正向情绪平均分为57.67，非常积极应对倾向居民的正向情绪平均分为84.78；持非常消极应对倾向居民的心理症状与负向情绪平均分为40.95，非常积极应对倾向居民的心理症状与负向情绪平均分为15.47；持非常消极应对倾向居民的认知功能平均分为55.37，非常积极应对倾向居民的认知功能平均分为81.19（见表9）。

表9 不同应对倾向居民的自测心理健康各维度的平均数及标准差

单位：分

应对倾向	正向情绪 平均数	正向情绪 标准差	心理症状与负向情绪 平均数	心理症状与负向情绪 标准差	认知功能 平均数	认知功能 标准差
非常消极应对倾向	57.67	26.26	40.95	26.31	55.37	20.33
比较消极应对倾向	76.18	15.75	28.50	20.20	69.30	16.08
比较积极应对倾向	81.11	14.14	22.73	16.16	75.48	15.75
非常积极应对倾向	84.78	13.10	15.47	16.22	81.19	12.95
合计	78.56	15.38	25.58	18.70	72.37	16.30
F检验	F = 36.158 ***		F = 29.673 ***		F = 42.846 **	

（四）居民核心自我评价、生活压力感和应对倾向对心理健康影响的整体分析

1. 核心自我评价、生活压力感和应对倾向对居民的心理健康都有显著的影响，核心自我评价是其中最重要的影响因素

从整体心理健康指标看，统计显示核心自我评价是自测心理健康的重要影响因素。以心理健康为因变量，以人口学变量（户口、婚姻、政治面貌，工作状态、收入水平）、核心自我评价、生活压力感和应对倾向为自变量的回归模型结果显示，人口学变量、核心自我评价、生活压力感和应对倾向能有效预测自测心理健康水平，解释量为32.5%。从标准化系数看，在上述所有影响因素中，核心自我评价的影响最为显著，其次为生活压力感和应对倾向。居民的自尊水平越高，自我效能感越强，对生活的控制感越强，情绪越稳定，其自测心理健康水平越高；同时，居民的生活压力感越低，应对倾向越积极，他们的整体自测心理健康水平也越高。详细统计结果见表11。

从心理健康的各维度看，核心自我评价、生活压力和应对倾向对居民的心理健康三个具体维度都有显著的影响，其中，从标准化回归系数看，核心自我评价是心理健康各维度最重要的影响因素。分别以正向情绪、心理症状与负向情绪、认知功能为因变量，以人口学变量、核心自我评价、生活压力感和应对倾向为自变量建立三个回归模型，结果显示，人口学变量、核心自我评价、生活压力感和应对倾向对于正向情绪的解释量为24.2%，对于心理症状与负向情绪的解释量为23.1%，对于认知功能的解释量为23.0%。居民的自尊水平越高，效能感越强，对生活的控制感越强，情绪越稳定，其正向情绪和认知功能越强，心理症状与负向情绪越弱。

自测心理健康及各指标的影响因素的综合结果如表10所示。具体回归结果见表11～表14。

2. 核心自我评价对心理健康的影响作用受生活压力感因素的影响，高生活压力感状态下，核心自我评价对自测心理健康影响大

生活压力感的调节作用具体表现为：不同生活压力感状态下，核心自我

表10　北京居民主观幸福感各维度及影响因素

各维度	心理健康	正向情绪	心理症状与负向情绪	认知功能
性别	—	—	—	女性高
年龄	—	—	—	显著负相关
学历	—	—	—	显著正相关
婚姻	离异丧偶较低	离异较低	离异丧偶较高	离异较低
户籍	外地城镇高	外地城镇高	外地城镇低	—
政治面貌	群众高	—	群众低	—
工作状态	其他工作状态低	无业,其他工作状态居民低	离退休低	其他工作状态低
月收入	15000~20000元较低	15000~20000元较低	15000~20000元较高	—
自我核心评价	显著正相关	显著正相关	显著负相关	显著正相关
生活压力感	显著负相关	显著负相关	显著正相关	显著负相关
应对倾向	显著正相关	显著正相关	显著负相关	显著正相关

注:"—"表示此变量不进入回归方程,或是回归系数统计学上不显著。

评价对心理健康的作用有一定差别,生活压力感较高时,核心自我对心理健康的影响更大。抽取生活压力感高分组和低分组的数据如图1所示,从图形看,生活压力感较高的直线斜率更大一些,生活压力感较低的直线斜率略小,这种差别在统计上达到显著水平。说明生活压力感较高状态下,核心自我评价较低居民更容易产生心理健康问题,而积极的核心自我评价更能减少压力感对心理健康的损害,对心理健康起到更为明显的保护作用。

3. 应对倾向是核心自我评价影响自测心理健康的机制之一

核心自我评价部分通过应对倾向对自测心理健康产生影响,应对倾向在核心自我评价和自测心理健康之间起着部分的中介作用。较高的核心自我评价会促使个体倾向于采用积极的应对倾向,从而提高自测心理健康水平。在综合考虑核心自我评价、应对倾向和心理健康三者关系的模型中,如果把核心自我评价对心理健康的影响作用定义为100,则其中有6%通过应对倾向对自测心理健康产生作用。

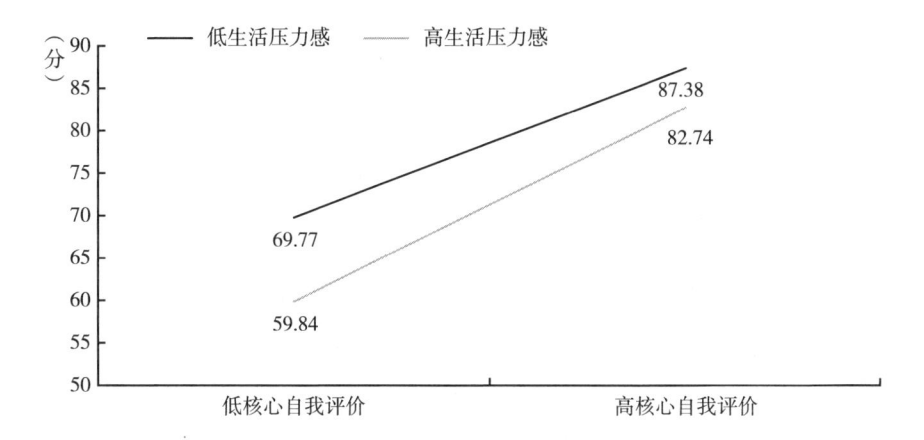

图1 不同核心自我评价居民在高、低生活压力感时的自测心理健康终得分

注：核心自我评价和生活压力感的高、低组的标准是取其平均数加减一个标准差，以下或以上为低、高组。

三 提高居民心理健康的若干建议

（一）弘扬积极的社会价值信念，引导居民建立理性的自我评价

核心自我评价高的居民，心理健康水平越高。居民越为自尊、自信、自控，其心理越容易保持健康，积极的自我评价，是居民心理健康的重要保证。人们的评价，与其价值信念密切相关，个人价值信念深受社会价值观念影响。因而，需要弘扬积极的社会价值信念，引导居民建立理性的自我评价。

如果全社会更认同功利性实用性的价值观念，仅以现实生活的利益结果作为行为的价值评价，以权力、财富作为个人成就的主要衡量，缺乏情怀的追求、理想的引导，则人们更容易在现实生活的各种物质标尺下进行自我评价和社会比较，个体很难普遍建立自尊、自信、自控的信念，在房价、教育、医疗等种种压力下，人们容易产生焦虑、抑郁、愤怒等消极情绪。因而，应采用宣传、教育等各种手段，充分利用社会工作的各种平台，弘扬爱国、敬业、诚信、友善等社会主义核心价值观念，弘扬平凡工作的社会意义

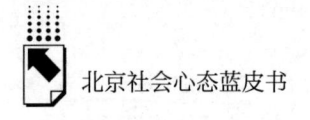

以及奉献精神。只有社会价值、精神意义的价值观念真正内化为人们的生活信念时，才能增强人们的生活意义感，有助于人们体验平凡生活的价值，建立客观的自我评价，克服消极情绪。

（二）推进心理健康文化建设，提高居民心理健康知识水平，降低其生活压力感

降低居民生活压力感应着力于两方面的工作。一是解决居民民生问题，从社会环境角度减轻居民生活压力；二是通过心理文化建设，让居民掌握更多的心理健康知识和调节方法，以缓解其压力感受。

客观生活状态的改善，是降低居民生活压力感的基础。据调查，民生方面，住房、教育、医疗和养老，是居民最主要的生活压力，多年来并未得到有效解决，在压力环境未能得到有效解决的社会环境下，心理的调节便尤为重要。而居民主动心理调节的基础，是其掌握一定的心理健康知识，并有较强的维护自身心理健康的意识。

从文化的角度看，我国传统文化中虽然没有心理健康的概念，但是在儒家、道教及其他文化中，都对心理健康有一定的论述，如强调情绪的平和、人际关系的和谐、人与环境的适应、自我实现的追求等。传统文化强调个体的道德层面要求，上述内容大多归入个人修养范畴，依赖于个人道德修养的提高。

现代健康的概念强调躯体健康、心理健康和社会适应的整合，对心理健康的分析更正视个体的内在需求、欲望和其主观能动性，心理健康受遗传因素、个体内在动机需求、学习、环境等各因素影响，现代心理健康的概念有更科学的内涵，因而，要提高居民心理健康的知识，提高其心理健康自我保护意识，要结合传统文化与西方文化的精华，推进现代的心理健康相关文化建设。在教育、科学、文学艺术、卫生体育、新闻出版各领域，通过宣传、教育等手段，普及心理健康的相关知识，同时，加强心理健康文化建设的投入、健全心理健康的教育制度。人们只有对心理健康有了科学的认识，才能理性地面对环境压力，积极进行自我调节和帮助家人进行压力调节。

（三）提高心理健康服务水平，帮助居民有效解决心理健康问题

心理服务工作主要包括居民一般性的情绪控制、认知和行为问题纠正，心理障碍的咨询与治疗工作，精神疾患的辅助治疗、危机干预等。现阶段，教育系统、心理科研系统、卫生系统、政法系统较为广泛地开展心理服务工作，此外，社会上还有商业性和公益性的心理服务机构。现阶段居民心理健康问题日益突出，心理服务需求不断增长，但专业人才稀缺，而相应专业的服务供给不足。政府可以通过基层组织充分了解居民的心理健康状态和心理服务需求，培养基层心理服务工作人员，通过专家授课、集中培训等多种形式，提高其专业素养，协调已有的专家力量，对基层心理服务工作进行督导，以点带面，整体提高居民心理服务水平。通过政府、社会的共同协作帮助居民在日常生活中进行有效的情绪调节，对有较严重心理障碍的居民进行专业的咨询和治疗，建立及时有效的危机干预机制，使社会心理服务工作更加有效有序。

表11 北京居民的自测心理健康的多元线性回归结果

Model	非标准化系数 B	Std. Error	标准化系数 Beta	t	Sig.
(Constant)	60.372	3.493		17.283	0.000
性别哑变量	1.116	0.704	0.027	1.586	0.113
北京农业	1.130	1.584	0.013	0.713	0.476
外地城镇	2.726	0.951	0.049	2.868	0.004
外地农业	1.055	1.201	0.015	0.879	0.380
已婚	-0.280	0.977	-0.006	-0.287	0.774
离婚	-13.170	2.803	-0.082	-4.698	0.000
丧偶	-9.619	3.626	-0.046	-2.653	0.008
共青团员	-0.702	1.492	-0.010	-0.471	0.638
群众	2.410	0.936	0.052	2.574	0.010
临时工作	-0.160	1.370	-0.002	-0.117	0.907

续表

Model	非标准化系数		标准化系数	t	Sig.
	B	Std. Error	Beta		
无业失业下岗	-1.734	1.421	-0.027	-1.220	0.223
离退休	-0.161	1.048	-0.003	-0.154	0.878
其他	-6.340	2.484	-0.044	-2.553	0.011
月收入2001~7706元	-0.745	1.170	-0.018	-0.636	0.525
月收入7707~15000元	-2.046	1.407	-0.038	-1.454	0.146
月收入15001~20000元	-7.999	2.573	-0.057	-3.109	0.002
月收入20001元以上	-1.521	2.743	-0.010	-0.554	0.579
核心自我评价	1.653	0.070	0.444	23.569	0.000
生活压力感	-3.800	0.359	-0.188	-10.582	0.000
应对倾向	1.207	0.268	0.082	4.496	0.000

注：自测心理健康的多元回归结果：因变量为心理健康，预测变量为户口、婚姻、政治面貌、工作状态、收入水平、核心自我评价、生活压力感和应对倾向。其中模型 $R^2 = 0.331$，调整 $R^2 = 0.325$，ANOVA 分析 $F = 60.126$，$P < 0.001$。各变量 VIF<3，说明变量间无显著共线性问题。

表12 北京居民的正向情绪的多元线性回归结果

Model	非标准化系数		标准化系数	t	Sig.
	B	Std. Error	Beta		
(Constant)	26.161	1.390		18.821	0.000
性别哑变量	-0.431	0.280	-0.028	-1.540	0.124
北京农业	1.052	0.630	0.031	1.668	0.095
外地城镇	1.181	0.378	0.057	3.120	0.002
外地农业	0.662	0.478	0.026	1.385	0.166
已婚	-0.202	0.389	-0.011	-0.519	0.604
离婚	-6.150	1.115	-0.103	-5.514	0.000
丧偶	-2.528	1.443	-0.032	-1.752	0.080
共青团员	0.911	0.594	0.035	1.535	0.125
群众	0.376	0.373	0.022	1.010	0.313
临时工作	-0.406	0.545	-0.014	-0.744	0.457
无业失业下岗	-1.724	0.566	-0.072	-3.049	0.002
离退休	0.153	0.417	0.007	0.366	0.714
其他	-3.007	0.988	-0.056	-3.043	0.002
月收入2001~7706元	0.371	0.466	0.024	0.796	0.426

续表

Model	非标准化系数 B	Std. Error	标准化系数 Beta	t	Sig.
月收入7707~15000元	0.673	0.560	0.033	1.202	0.229
月收入15001~20000元	-2.417	1.024	-0.046	-2.361	0.018
月收入20001元以上	1.382	1.092	0.024	1.266	0.206
核心自我评价	0.465	0.028	0.333	16.652	0.000
生活压力感	-1.652	0.143	-0.218	-11.559	0.000
应对倾向	0.289	0.107	0.053	2.708	0.007

注：居民正向情绪的多元回归结果：因变量为正向情绪，预测变量为户口、婚姻、工作状态、收入水平、核心自我评价、生活压力感和应对倾向。其中模型 $R^2=0.248$，调整 $R^2=0.242$，ANOVA 分析 $F=40.144$，$P<0.001$。各变量 $VIF<3$，说明变量间无显著共线性问题。

表13 北京居民的心理症状与负向情绪的多元线性回归结果

Model	非标准化系数 B	Std. Error	标准化系数 Beta	t	Sig.
(Constant)	47.837	2.384		20.069	0.000
性别哑变量	-0.825	0.480	-0.032	-1.717	0.086
北京农业	-0.627	1.081	-0.011	-0.580	0.562
外地城镇	-1.374	0.649	-0.039	-2.118	0.034
外地农业	-0.432	0.819	-0.010	-0.527	0.598
已婚	-1.020	0.667	-0.033	-1.530	0.126
离婚	3.863	1.913	0.038	2.020	0.044
丧偶	4.494	2.474	0.034	1.816	0.069
共青团员	1.892	1.018	0.042	1.859	0.063
群众	-1.810	0.639	-0.061	-2.834	0.005
临时工作	-0.913	0.935	-0.018	-0.977	0.329
无业失业下岗	-0.659	0.970	-0.016	-0.680	0.497
离退休	-1.401	0.715	-0.040	-1.959	0.050
其他	0.902	1.695	0.010	0.532	0.595
月收入2001~7706元	1.639	0.799	0.061	2.052	0.040
月收入7707~15000元	3.304	0.960	0.095	3.442	0.001

续表

Model	非标准化系数 B	Std. Error	标准化系数 Beta	t	Sig.
月收入15001~20000元	5.474	1.756	0.061	3.118	0.002
月收入20001元以上	3.330	1.872	0.035	1.779	0.075
核心自我评价	-0.904	0.048	-0.380	-18.891	0.000
生活压力感	1.914	0.245	0.148	7.813	0.000
应对倾向	-0.543	0.183	-0.058	-2.963	0.003

注：居民心理症状与负向情绪的多元回归结果：因变量为心理症状与负向情绪，预测变量为户口、婚姻、政治面貌、工作状态、收入水平、核心自我评价、生活压力感和应对倾向。其中模型 $R^2 = 0.237$，调整 $R^2 = 0.231$，ANOVA 分析 $F = 37.788$，$P < 0.001$。各变量 VIF < 3，说明变量间无显著共线性问题。

表14　北京居民的认知功能的多元线性回归结果

Model	非标准化系数 B	Std. Error	标准化系数 Beta	t	Sig.
(Constant)	12.261	1.058		11.589	0.000
性别哑变量	0.939	0.182	0.096	5.164	0.000
北京农业	-0.237	0.408	-0.011	-0.579	0.562
外地城镇	0.106	0.243	0.008	0.437	0.662
外地农业	0.033	0.314	0.002	0.105	0.916
已婚	-0.272	0.286	-0.023	-0.952	0.341
离婚	-2.218	0.731	-0.058	-3.035	0.002
丧偶	-1.359	0.945	-0.027	-1.439	0.150
共青团员	0.029	0.389	0.002	0.074	0.941
群众	0.408	0.247	0.037	1.651	0.099
临时工作	-0.127	0.359	-0.007	-0.354	0.723
无业失业下岗	-0.272	0.367	-0.018	-0.742	0.458
离退休	-0.228	0.355	-0.018	-0.643	0.520
其他	-1.675	0.642	-0.049	-2.608	0.009
月收入2001~7706元	0.353	0.301	0.035	1.172	0.241
月收入7707~15000元	0.149	0.371	0.011	0.401	0.688
月收入15001~20000元	-0.718	0.668	-0.022	-1.076	0.282

续表

Model	非标准化系数 B	Std. Error	标准化系数 Beta	t	Sig.
月收入20001元以上	-0.069	0.709	-0.002	-0.097	0.923
核心自我评价	0.278	0.018	0.313	15.536	0.000
您的最高学历:	0.340	0.083	0.103	4.121	0.000
应对倾向	0.354	0.068	0.101	5.166	0.000
您的实际年龄:	-0.051	0.012	-0.140	-4.252	0.000
生活压力感	-0.302	0.092	-0.063	-3.286	0.001
您的最高学历:	0.340	0.083	0.103	4.121	0.000

注：居民认知功能的多元回归结果：因变量为认知功能，预测变量为性别、年龄、学历、婚姻、工作状态、核心自我评价、生活压力感和应对倾向。其中模型 $R^2=0.237$，调整 $R^2=0.230$，ANOVA 分析 F=34.403，P<0.001。各变量 VIF<3，说明变量间无显著共线性问题。

B.3 北京居民体像与心理健康关系调查研究

屈建伟[*]

摘　要： 体像是指个体对自己形象尤其是外貌的认识，以及对自己性别特征吸引力的看法。它对于个体的心理健康会产生一定的影响，并影响着个体的行为。本研究通过调查抽样，对全市2460名18~70岁居民进行调查。调查结果显示，全市居民对自身体像满意度较高。其中，婚姻状态、年龄、日均上网时长对体像有显著影响。同时，对体像和心理健康进行相关分析，发现两者呈中等程度的显著相关，进行简单的线性回归分析后，发现体像对心理健康的解释度可以达到18%。根据此次调查结果，建议从培养居民良好媒体精通力、塑造多元社会审美标准以及通过心理知识普及的方法提升居民对自我的悦纳感等方面着手，进一步提升居民心理健康水平。

关键词： 体像　心理健康　北京

一　引言

健康可以说是每个人毕生的追求。随着时代的进步，人们已经越来越能认识到，健康不仅指身体层面的健康，更包含着心理层面的健康。

---

[*] 屈建伟，北京市社会心理服务促进中心助理研究员，研究方向为法律心理学、女性心理学。

21世纪伊始,世界卫生组织就对心理健康进行了描述:心理健康是一种健康或幸福的状态,在这种状态下,个体可以实现自我、能够应对正常的生活压力、工作富有成效和成果,以及有能力对所在社会做出贡献。①

近十年来,党和国家对全民心理健康愈加重视,在各类文件中多次对心理健康问题做出过重要的指导性阐述。2006年,《中共中央关于构建社会主义和谐社会若干重大问题的决定》指出"注重促进人的心理和谐,加强人文关怀和心理疏导,引导人们正确对待自己、他人和社会,正确对待困难、挫折和荣誉"。2010年,《中共中央关于制定国民经济和社会发展第十二个五年规划的建议》指出要"净化社会文化环境,保护青少年身心健康"。2016年12月,国家卫计委与中宣部、中央综治办、国家发改委、教育部、科技部、公安部、民政部、司法部、财政部等22部委联合发文,共同促进心理健康服务,出台了《关于加强心理健康服务的指导意见》。该文件是我国第一个对加强心理服务具有宏观政策指导性意义的重要文件,这对提升全社会对心理健康问题的重视度具有非常重要的意义。该文件指出:要大力发展各类心理健康服务、加强重点人群心理健康服务、建立健全心理健康服务体系、加强心理健康人才队伍建设以及加强组织领导和工作保障五大重点工作领域。值得注意的是,在中国共产党第十九次全国代表大会上,习近平总书记在报告中提到,"要加强社会心理服务体系建设,培育自尊自信、理性平和、积极向上的社会心态"。可见,在过去的十几年里,心理健康受到了党和国家的高度重视,并在专家学者、心理实务工作者的努力下取得了一定的成果,但我国的心理健康工作仍"任重而道远"。

国家在推进心理健康工作的同时,广大民众对自己身体健康的关注度也日益增加,很多人都投入健身的行列,每天进行一定的锻炼,例如跑步、瑜伽、练马甲线等。其实,对自身外形和体能的关注不仅仅有利于身体健康,它还能对个体的心理健康产生影响。心理学中将个体对自

---

① 俞国良、董妍:《我国心理健康研究的现状、热点与发展趋势》,《教育研究》2012年第6期。

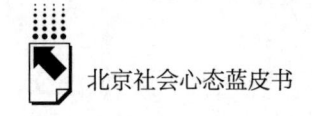

身体能和外形的看法、评价等称为体像。本文将探讨心理健康与体像之间的关系。

二 体像与心理健康

（一）体像概念

体像（body image）一词最早是由奥地利精神分析师 Paul Schilder 于 1935 年提出，并进行了如下描述，"一个人对自己身体的审美和性吸引力的看法，叫作体像"。自此，国内外学者展开了对体像的一系列研究。相关研究者分别从不同的角度，根据自身对体像的研究和理解提出了不同的定义。

以研究身体意向的权威学者 Thompson 为代表，他强调了体像对身体的表征功能。因此，Thompson（1999）将体像定义为"人们对自己外貌的内在表征"。而这种内在表征能够引发各类心理反应，例如感知觉、认知、情感以及态度的正确程度。[1] 我国学者张春兴（1989），认为体像包含了个体对自己身体特征的了解和满意情形[2]。

另外一些学者强调了体像和社会文化之间的关系。因此，很多学者直接从社会层面来定义体像。如 Sarge Grogan（1999）指出，体像是对自己身体的直觉、想象及感受，是一种受到社会影响而改变的主观经验。Rubin（1984）认为，体像是个体对自身身体特征的一种主观性、统整性以及评价性的概念。这一概念既包含了个体对自身各方面的了解和看法，也包含着个体感知到的他人对自身外形的看法。[3]

---

[1] 赵轶群：《艺体大学生身体意象状况与心理健康关系的研究》，四川师范大学硕士学位论文，2008。
[2] 张春兴：《张氏心理学词典》，台北东华书局，1989。
[3] 赵轶群：《艺体大学生身体意象状况与心理健康关系的研究》，四川师范大学硕士学位论文，2008。

随着对体像研究的不断发展和进步，越来越多的研究者倾向于将体像看作一个多维度概念，并对其维度进行了探索。

那么，什么是体像呢？体像是指个体对自己形象尤其是外貌的认识，以及对自己性别特征吸引力的看法（Cash，2012）。如果个体对自己身体的看法或评价是消极的，即认为自己的体像不符合社会文化审美或自身期许，那么，就会表现出对体重的过度关注，对自身不满、低自尊，并产生焦虑、沮丧等情绪，甚至会陷入体形焦虑。

（二）体像相关研究进展

自 20 世纪 30 年代以来，国外对体像的研究取得了十分丰硕的成果。特别是在 90 年代，体像在概念、测量以及心理治疗理论的发展方面都取得了长足的进展。他们还对体像与性别、种族、性格之间的关系进行了深入研究，并取得了相应的学术成果。

性别与体像。关于体像的研究，尤其是体形焦虑的研究，大多都是集中在女性群体之中。Lawler 和 Nixon 研究发现，与男性相比，女性对自己体像报告的不满意度更高。而且，随着年龄的增长，女性对体像的不满意度仍然要高于男性（Meghan M. Gillen&Eva S. Lefkowitz，2012）。[①] 但这并不意味着男性不存在体形焦虑。事实上，男性体形焦虑正呈现上升的趋势（Frederick，2007）。

种族与体像。体像在不同的文化环境和人群中也有着不一样的表现。Gillen 和 Lefkowitz 发现，非洲裔美国人与欧洲裔美国人相比，能更好地接纳自己的形象，对自己的满意度更高。同时，Parker 等人认为，同欧洲裔美国女孩相比，非洲裔美国女孩对外形吸引力的看法更为灵活，她们对"美"的认识并不局限于特定的形体。

性格与体像。研究表明，内向与较高的体像焦虑有一定的相关度。同时，

---

① Meghan M. Gillen & Eva S. Lefkowitz, "Gender and Racial/Ethnic Differences in Body Image Development Among College Students", *Body Image* 2012（9），pp. 126 – 130.

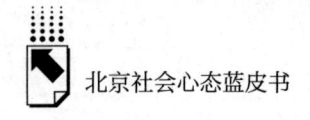

对审美非常敏感以及具有完美主义倾向的个体,更有可能产生体形焦虑。

总体而言,在对体像的研究方面,国外学者的研究已经形成了较为系统的理论体系和许多极富可行性的测量方法,并对体像障碍从心理学层面提出了预防和治疗的理论和方法,取得了不错的效果。

我国对体像的研究起步较晚,研究成果相对而言还不那么丰富,基本处于介绍国外相关研究、青少年体像研究、量表修订以及相关关系研究阶段。主要研究探讨了体像、身体自我、身体自尊等相关课题,并进行了关于身体评价与心理健康和行为的一系列研究。例如,李彬彬做了大学生运动身体自我的初步研究。

(三)体像与心理健康

致力于研究体形焦虑问题的 Frenderick 曾说,"对身体的满意度和我们生活的许多方面都联系在一起"。通过对国内外文献的梳理,我们会发现体像与心理健康之间存在着关联性。体像具有两极性,也就是积极的体像和消极的体像。其中,积极的体像与心理健康正相关,消极体像与心理健康负相关。

消极或负面的体像是对身体不满意的一种表现,而这种不满意是体形焦虑甚至是体像障碍的主要表现。体像障碍在个体身上从轻到重表现为:自我意识失调、焦虑、严重的抑郁甚至妄想。Thompson 等人以大学生为被试进行的研究发现,体像障碍会导致各类心身疾病,例如进食障碍、抑郁、社会焦虑、自尊降低等。此外,体像障碍是一种非常常见的精神障碍,在人群中的整体比例为 0.7% ~ 2.4% ,相比精神分裂症或厌食症更为常见。即使如此,这一数据仍可能被低估了。因为很多体像障碍者出现过因对自己的外形感到羞耻而拒绝就诊的情形(Bjornsson,Didie&Phillips,2010)。因此,体像障碍很可能比我们想象得更为普遍。

即使负面体像没有引发体像障碍,也会带来很多负面的情绪,进而对个体心理健康造成不良影响。黄希庭等人(2000)经过研究发现,不健康的身体自我会带来一系列的负性情绪,如强烈的自我否定、焦虑、自卑、抑郁、疑病倾向或其他心理问题。① 冯燕秋（2005）研究表明，大学生体像是造成抑郁、社交回避行为和社交焦虑的重要原因。②

Archerh 和 Cash 曾使用明尼苏达多项人格问卷对临床病人进行研究，发现对自己外表评价低的人更加焦虑、内向和抑郁。对自己身体形象不满意的女性通常都会产生寂寞和低自尊感（Cash, Winstead&Janda, 1986）。Frederick 认为，对自己外表感到更焦虑的个体，通常整体焦虑水平也更高，极易产生社交焦虑问题且更容易抑郁。这些个体非常容易陷入强迫性节食、强迫锻炼或蛋白质滥用的习惯当中；或是陷入长期的抑郁心境，从而引发严重的精神与行为问题，例如自杀等。

由此可见，心理健康与体像之间存在着较为密切的关系。但国内现有很多对它们两者之间关系的研究都是集中于艺术生或是体育特长生这类特殊群体，在研究的样本数量和所涉及的对象广泛性方面都非常有限。因此，本文从更广泛的样本群体出发来对体像和心理健康进行探讨。

本研究采用问卷调查的研究方法。本次调查从全市 16 个区选取 18~70 岁的城镇常住居民构成样本。以平均每社区抽取 30 户的标准，确定调查社区数量，并依据北京市行政区划名录，采用简单随机方法抽取社区。在所抽取的社区中，以"随机起点、等距抽样"的方式进行样本选取，共选取 2460 个样本。问卷发放 2460 份，回收 2460 份，回收率 100%，其中有效问卷 2459 份，有效率 99.96%。

三 北京市居民身体意向状况及其与心理健康的关系

（一）北京市居民身体意向基本情况

1. 北京居民体像总体情况

本次调查选用身体自尊量表（PSPP）中主观身体吸引力评价分量表

---

① 黄希庭、郑涌：《大学生心理健康与咨询》，高等教育出版社，2000。
② 冯燕秋：《大学生身体意象及其与抑郁、社交回避苦恼关系研究》，山西大学硕士学位论文，2005。

(AB)。该分量表测量的内容是是否拥有富有吸引力的体格、保持富有吸引力体形的能力以及对自身体貌的自信心。[①]

调查结果显示，北京市居民总体对自身体像的满意度高于平均水平（见表1）。对体像得分按照高低分进行分组（高分组27%，低分组27%）后，进行频次分布检验（见图1），可以得出，绝大部分分数落在了中间组内，但高分组得分人数多于低分组人数。由此可见，北京地区居民普遍认为自己的体像较富有吸引力。

表1　体像总体情况

体像（N）	平均数（M）	标准差（SD）
2459	48.30	7.22

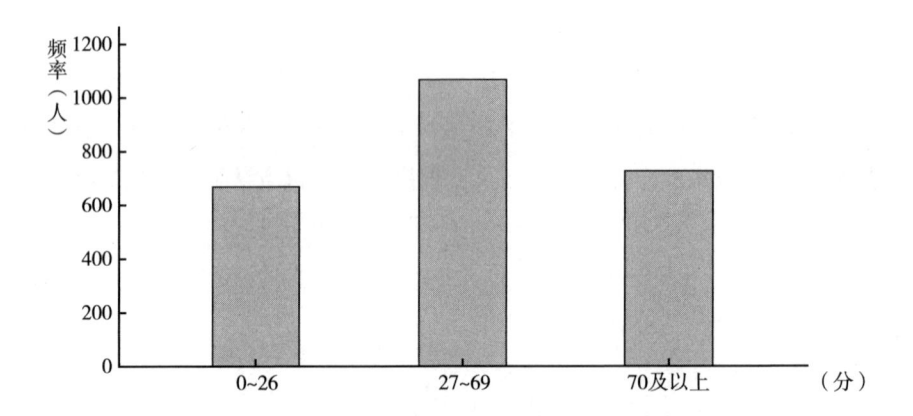

图1　体像得分分布频次

近年来，人们对于外形或是体态形成了多元的价值观，不再刻板地认为"足够瘦"才是最富吸引力的外形。当然，这并不是说追求极致瘦或是过度追求肌肉的情况已经完全不存在了，只是影响力有所降低。

[①] 徐霞：《大学生身体自尊量表的修订与检验》，《体育科学》2001年第2期，第78~81页。

2. 不同北京居民群体体像情况

不同性别居民的体像情况：并无显著差异，男性居民对体像不满意度较女性居民低（见表1）。自体像概念进入研究者的视野以来，一直集中于女性群体，这可能是受制于无话理论的影响。在很长一段时间内，女性都被作为"他者"，处于一种从属地位而缺少自身的主体性。而被物化了的女性形象使得女性更多地作为一种"物品"来被评价和比较。随着女性地位的提升，虽然这种被"物化"的情况得以扭转，但女性仍然会更为在意自己的外貌。

男性和女性对自身体像的关注点是不同的。Frederick 等人研究发现，对于许多男性而言，甚至是6岁的男孩都希望自己能够拥有更多的肌肉。当今社会男性对自身体像的关注度增高可能成了弥补性别之间差异的一个原因。

表 2　性别与体像

性别	男性 （N=1217）		女性 （N=1243）		F 值
	M	SD	M	SD	1.11
体像	48.69	7.32	47.91	7.09	

不同婚姻状况居民的体像情况：未婚居民对自己体像满意度显著高于其他群体。婚姻情况同体像之间关系的研究较少。调查结果显示，未婚群体对体像的满意度最高。已婚、离异、丧偶群体呈递减趋势（见表3）。未婚群体由于具有进入亲密关系的需求，可能更注重对自身外形的保持和修饰，这种长时间的投入使得自身吸引力提升从而对自己体形较为满意。

步入婚姻后的个体往往精力会被分散在很多家庭事务之中，管理自身体貌的时间和精力相比未婚群体而言会减少，但对于自己体像的关注度可能并未降低。Frederick 对处于长期亲密关系中的伴侣曾做过研究，发现男性在长期关系中会更加在意自己的外表。

对于离异和丧偶群体而言，他们极有可能会再次面临选择伴侣的问题，但相较于未婚群体而言可能会缺少很多自信。

表3 婚姻状况与体像

婚姻状况	未婚 M	未婚 SD	已婚 M	已婚 SD	离异 M	离异 SD	丧偶 M	丧偶 SD	F值
体像	46.84	7.81	44.98	7.03	43.41	5.27	42.25	7.41	11.26*

注：F检验中的 * 表示 $P<0.01$，** 表示 $P<0.05$，*** 表示 $P<0.001$。下表相同。

不同年龄居民的体像情况：年龄越低对自身体形满意度越高（见表4）。年轻总是一件令人羡慕的事情，象征着活力和可能性。进化心理学认为，年轻的女性通常被认为具有更好的生育能力，而这点被认为是男性进行择偶选择的一个重要因素。在狩猎时代，健壮的男性颇受女性青睐，因为这样的男性会获得更多的生活资源以供养后代。随着年龄的增长，男女两性这两方面的优势都在逐步下降。

Bucchianeri等人（2013）对体像满意进行过一个长达10年的追踪研究。研究结果发现，随着年龄的增长，男性和女性对自身体像的满意度都在持续下降，而不像有些学者认为的，度过青春期后，由于个体对自身形成了较为稳定的判断从而使得对体像的焦虑有所减少。[①]

表4 年龄与体像

年龄（岁）	18~25 M	18~25 SD	25~35 M	25~35 SD	35~45 M	35~45 SD	45~55 M	45~55 SD	55~70 M	55~70 SD	F值
体像	44.53	7.51	43.36	7.13	43.07	6.78	42.11	6.84	41.39	7.25	12.62***

不同上网时长居民的体像情况：上网时间越长对自身体形满意度越低。信息时代不仅给人们提供了丰富的信息也带来了很多问题。社交网站的异军突起同样也影响到了个体对自身体像的判断（见表5）。据国外研究发现（Gukier, 2013），在"脸书"（facebook）上，每小时就会更新至少1万张

[①] Michaela M. Bucchianeri, Aimee J. Arikian, Peter J. Hannan, Marla E. Eisenberg, "Body Dissatisfaction from Adolescence to Young Adulthood: Findings from a 10-year Longitudinal Study", *Body Image* 10 (2013): pp. 1-7.

新照片。热衷于使用社交媒体的个体有了更多与他人进行比较的机会，而不断与他人进行外貌等比较，会增加个体对自身形象的不满（Kerry，2004）。同电视、报刊等传统媒体不同，在社交网站上，个体的社会比较对象不是名人，而是自己的朋友，而当个体认为自己的同辈群体在体形上非常接近"理想型"时，对自身的不满就会增加。微信是国人普遍都会使用的社交软件，且好友基本是个体的熟人群体，因此其性质以及对个体产生的影响同facebook有着异曲同工之妙。

表5　上网时间与体像

上网时间（小时）	0~2		3~5		6及以上		F值
	M	SD	M	SD	M	SD	
体像	44.84	7.46	43.62	7.39	42.95	7.03	3.19**

（二）居民身体意向与心理健康的关系

本次调查选用的心理健康测量工具是心理健康评定量表（SRHMS）。调查数据显示，心理健康和体像具有显著的相关性。同时，体像同心理健康总分、心理症状与负向情绪维度以及认知功能维度呈中等程度相关，同正向情绪维度呈低相关（见表6）。通过对心理健康总分和体像得分进行简单线性回归发现，体像可以解释心理健康结果的程度为18%（见表7）。

表6　体像与心理健康的相关性

	心理健康总分	正向情绪	心理症状与负向情绪	认知功能
体像	0.44**	0.14**	0.42**	0.46**

表7　体像对心理健康的回归分析

Model	非标准化参数		标准化系数	t	Sig.
	B	Std. Error	Beta		
常量	18.48	1.52		8.91	0.000
体像	4.51	0.55	-0.18	-6.87	0.000
R = 0.42　R^2 = 0.18					

本次调查所得结果同以往研究者的研究结论基本相同，相关虽然显著但相关程度不高，这可能同本次调查所使用的心理健康量表有关。此前国内外学者在研究体像与心理健康之间关系时，在测量被试心理健康时较多选用SCL-90（症状自评量表）以及明尼苏达多项人格量表。这两个量表与本次选用的量表相比，更多的是从症状学层面探讨心理健康，而体像对饮食障碍、运动障碍以及体像障碍等心理症状有很好的预测效果，这可能是造成本次调查结果两者相关度不是很高的原因。但通过简单回归分析可以看出，体像对心理健康的解释度还是较好的，R^2可以达到0.18。

此外，对自身体像是否满意很大程度上取决于个体对自身外形的认知、评价，而这种认知或评价的形成除了受个体本身内化标准的影响，例如自我同情感、对自己自尊的评价以外；还会受到外界环境的影响，例如社会文化、朋友评价等。这些内容在今后的研究中都是值得进一步深入探讨的。

四 对策建议

对自身体像是否满意影响着个体的心理健康。对体像的不满意感会进一步发展或演化成体像焦虑甚至体像障碍，从而使个体出现一些强迫行为（例如，强迫进/节食、强迫锻炼等）。那么，如何避免产生体像焦虑呢？

首先，提升居民个体辨识能力，培养居民良好的媒体精通力（Media Literacy）。本次调查结果显示，上网时间越长的个体对自身体像的不满意感越高。但现代工作生活是无法完全避免使用网络的。在这种状况下，培养居民良好的媒体精通力就非常必要。媒体通识感是指进入、分析、评价以及理解媒体的能力。[1] 媒体精通力能够调节个体受网络影响而内化的体像认知，能

---

[1] Thoman, E., & Jolls, T.（2003），Literacy for the 21st Century: An Overview Orientation Guide to Media Literacy Education, Retrieved from http://www.medialit.org/cml-medialit-kit.

够减少在社交平台，个体通过社会比较而产生的对自身的不满意度。媒体精通力能够有效预防体像焦虑的产生，有研究者指出媒体通识感能够对内化以瘦为美的标准、外貌比较以及体像焦虑产生积极的影响（Richardson&Paxton, 2010）。Holmqvist 等学者的研究指出，媒体精通力高或好的个体会对媒体形成一种具有批判性的态度，从而减少媒体曝光对自己的影响。同时，不良的媒体精通力同酗酒和吸烟行为相关联（Primack&Hobbs, 2009）。因此，培养居民良好的媒体精通力，也就是认识、评价媒体的影响能力，能够认识到媒体宣传的"理想"身材或形象可能存在很多美化的成分，更能够坦然地认识到并非人人都可以达到所谓的"理想"标准，从而能够有效地预防不良行为以及体像焦虑的产生，减少个体对自身体像的不满意度，提升心理健康水平。对居民媒体精通力的培养可以纳入通识教育之中，成为日常学习的一部分。

其次，塑造多元审美的社会标准。在美国超过 75% 的女孩想要变得更瘦（Ricciardelli & McCabe, 2001）。虽然在国内并未找到相关数据，但很多女性想要变得更瘦已经成为一种共识。在这种单一审美标准的影响下，再加上媒体过度对明星消瘦身材的报道，很容易让人们陷入对自己体像不满的情绪之中。若社会审美能够多元起来，不仅尖脸好看，圆脸同样可爱，那么大众就不会对一种"理想化"的体像形成一种过分的执念。因为，个体可以将自身体像归类于不同的"理想"体像之中，从而有效降低自身的焦虑情绪，提高对自身体像的满意度，进而促进心理健康水平的改善。有学者曾经研究过不同种族女性对自身体像的满意度，非洲裔美国女性对自己体像的满意度较欧洲裔美国女性高的原因就在于她们拥有一种更为"宽泛"的审美观。一般而言，能较好地接纳体形的人都具有乐观主义精神，而且自尊水平也较高（Cash&Fleming, 2002）。

最后，通过在全社会推广、普及心理知识的做法，让居民学会悦纳自己。接纳自己是一件非常不容易的事情。时下，许多人对自己的要求非常高，这种高要求不仅体现在要求外形、体能等方面的出众，更表现在对控制自己情绪、提高自控力方面的要求。因此，要接纳不那么优秀的自己已经不

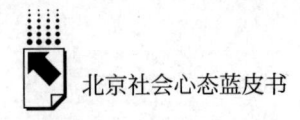

是一件易事，更何况是悦纳自己。但就是这种对自身近乎"严苛"的标准或要求，让个体会产生对自身体像的不满甚至焦虑的情绪体验。而自我悦纳度高的个体，对自己体像的满意度也更高，自尊水平也更高，心理健康状况也更好。学习心理学的一些知识，能够让个体更好地接纳自己的负面情绪以及自己的不完美，从而提升心理弹性，由此产生很多良性的心理感受。在心理咨询过程中，来访者之所以能够敢于敞开自我并最终获得进步，也是因为咨询师对于来访者的悦纳。因此，在居民中普及和推广心理学的相关知识，不仅能够让居民悦纳自己产生良好的心理体验，也能更好地接纳他人，在与他人接触的过程中产生愉快的体验，促进良好关系的建立。

B.4 北京从业居民的工作投入现状、影响因素及其对心理健康的影响

王 惠[*]

> **摘 要：** 为了深入分析北京从业居民的工作投入现状、影响因素及其对心理健康的影响，我们在全市16个区进行了分层抽样调查，共收集到1626个有效样本，调查发现北京从业居民的工作投入处于平均偏上水平，不同的社会角色、工作条件、心理资本和生活压力对北京从业居民的工作投入产生了影响，同时北京从业居民的工作投入对心理健康存在正向影响。根据调查数据，本文从政府、企业、居民个人角度对促进北京从业居民工作投入、提升职业健康水平提出了相应的对策建议。
>
> **关键词：** 工作投入 心理健康 心理资本

一 前言

美国职业心理学家舒伯（Super, D. E.）最著名的"生涯彩虹图"（Life-career Rainbow）理论认为，人在一生当中必须扮演九种主要的角色，依次是：儿童、学生、休闲者、公民、工作者、夫妻、家长、父母和退休

---

[*] 王惠，北京市社会心理服务促进中心助理研究员，研究方向为职业心理、经济心理。

者，工作者的角色要伴随大多数人从二十几岁到六十几岁半生，甚至大半生的时光。工作带给我们的到底是快乐和满足，还是痛苦与不满？对我们的生活有哪些影响？这些问题在20世纪下半叶引起了学者们的关注，最先进入学者们视野的是"工作倦怠"，1974年，美国精神病学家Freudenberger首次提出了"工作倦怠"（Job Burnout）这一概念[1]，并应用于心理健康领域，此后Maslach等人对工作倦怠进行了深入研究，将工作倦怠定义为因工作中长期压力和应激而产生的综合心理症状，主要包括情绪衰竭（Exhaustion）、玩世不恭（Cynicism）和成就感低落（Reduced Professional Efficacy）三个维度。[2] 到了20世纪末期，随着积极心理学思潮的兴起，越来越多的学者不赞同传统心理学过分关注疾病、痛苦等负性状态的研究范式。一部分学者开始从积极心理学的角度来探讨个人的状态，工作投入（Job Involvement）的研究就在这时悄然兴起。

Kahn（1990）最早提出工作投入的概念，他将工作投入定义为组织成员控制自我以使自我与工作角色相结合，将工作投入分为生理（Physical）、认知（Cognitive）和情绪（Emotional）3个维度。[3] 在工作倦怠研究方面颇有建树的学者Maslach等将工作投入和工作倦怠视为一个三维连续体的两极，其中投入以精力（Energy）、卷入（Involvement）和效能感（Efficacy）为特征，而这3个方面刚好分别是情绪衰竭、玩世不恭和成就感低落三个倦怠维度的直接对立面[4]。在前人研究的基础上，Schaufeli等将工作投入定义为一种与工作相关的积极、完满的情绪与认知状态，由三方面构成，即活力、专注和奉献。工作投入体现的是心理上对工作的认同。有研究表明：工

---

[1] Freudenberger H J., Staff Burn-Out, *Journal of Social Issues*, 1974, 30 (1): pp. 159 – 165.
[2] Maslach C, Schaufeli W B, Leiter M P, Job burnout, *Annu Rev Psychol*, 2001, 52: pp. 397 – 422.
[3] Kahn, W. A. (1990), Psychological Conditions of Personal Engagement and Disengagement at Work, *Academy of Management Journal*, 33: pp. 692 – 724.
[4] 李锐、凌文铨：《工作投入研究的现状》，《心理科学进展》2007年第2期，第366~372页。

作投入对员工的任务绩效、创新绩效、生活满意度有直接的正向影响。[①] 由此可见,良好的工作投入状况有利于促进社会的和谐稳定发展、有利于提升企业的组织健康水平、有利于促进个人的生活质量提升。本次调查主要围绕北京从业居民工作投入现状、影响因素及其对心理健康的影响进行分析探讨,并根据调查结果提出促进工作投入、提升职业心理健康水平的对策建议。

Schaufeli 等人于 2002 年开发了 Utrecht 工作投入量表(the Utrecht Work Engagement Scale,UWES),其因素结构在不同文化、不同职业群体中保持稳定,信度、效度良好。[②] 2005 年我国学者张轶文、甘怡群采用中学教师样本对该量表进行了修订,并发现修订后的中文版 UWES 信度和效度都比较高,可以应用于国内的相关研究。鉴于 UWES 良好的信效度,本研究采用该量表的中文版[③]作为测量工具来反映当前北京从业居民的工作投入状况,同时我们还采用了《自测健康评定量表》作为测量工具来反映当前北京从业居民的心理健康状况,利用回归分析法来探讨居民工作投入对心理健康的影响。

本次调查对象为十六个区的从业居民,不包括无业失业和下岗、离退休、学生群体,共收集有效样本 1626 个,样本构成如表 1。

表 1　调查样本构成情况

性别	男 55.5%,女 44.5%;
年龄	18~25 岁 8.9%,26~35 岁 40.5%,36~45 岁 27.9%,46~55 岁 18.6%,55 岁以上 4.1%
学历	初中及以下 7.3%,中专或职高 6.0%,高中 16.3%,大专 25.1%,本科 38.3%,研究生及以上 7.1%
户口	北京城镇 66.7%,北京农业 3.7%,外地城镇 18.6%,外地农业 11.0%

---

① 林琳、时勘、萧爱玲:《工作投入的影响因素及其作用机制》,中国社会心理学会 2008 年全国学术大会,2008,第 78~79 页。
② 建新、宋维真、张妙清:《明尼苏达多相人格测验中文版用户手册》,地质出版社,2004,第 17~44 页。
③ Wilmar Schaufeli、时勘、Pieternel Dijkstra:《工作投入的心理奥秘:活力·专注·奉献》,机械工业出版社,2014,第 106~107 页。

续表

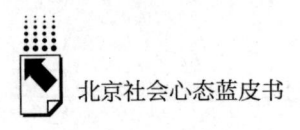

政治面貌	共产党员 18.4%，共青团员 9.7%，民主党派 0.2%，群众 71.7%
职业	国家公务员 2.5%，事业单位工作人员 18.8%，国企工作人员 23.5%，私企工作人员 37.6%，外企工作人员 5.9%，个体经营者 5.8%，自由职业者 5.2%，其他 0.8%
月收入（税前）	2000 元以下 3.9%，2001~7706 元 65.3%，7707~15000 元 24.8%，15001~20000 元 3.3%，20001 元以上 2.7%
所属区	东城区 5.5%，西城区 6.6%，朝阳区 14.1%，丰台区 10.3%，石景山区 5.2%，海淀区 14.9%，门头沟区 3.8%，房山区 4.5%，通州区 5.7%，顺义区 4.9%，昌平区 7.6%，大兴区 5.3%，怀柔区 3.0%，平谷区 3.3%，密云区 3.3%，延庆区 1.9%

二 北京从业居民工作投入的总体特点

调查结果显示，北京从业居民工作投入处于平均偏上水平。北京从业居民工作投入量表总分为 56.72 分，工作投入得分处于平均水平（31~60 分）中偏上的位置，活力维度得分 23.12 分（总分 36 分，中值 18 分），专注维度得分 17.39 分（总分 30 分，中值 15 分），奉献维度得分 16.22 分（总分 24 分，中值 12 分）。

工作投入得分处于 61~90 分的居民占到了 41.9%，这部分居民工作投入处于最好的状态，能以一种热情、充满活力的方式工作；工作投入得分处于平均水平（31~60 分）的居民比例为 53.6%，这部分居民有时会从工作中获得乐趣，但是对自己工作的热情和专注程度仍有待进一步提升；工作投入得分处于低水平（30 分及以下）的居民比例为 4.5%（见图 1），这部分居民对自己的工作毫无兴趣，工作中也缺乏活力和奉献精神，很难专注于工作。虽然这部分居民所占比例较低，但是也要引起高度重视，因为不良情绪会传染，如果组织中存在工作投入水平很低的员工，会对整个团队的工作投入产生不良影响。

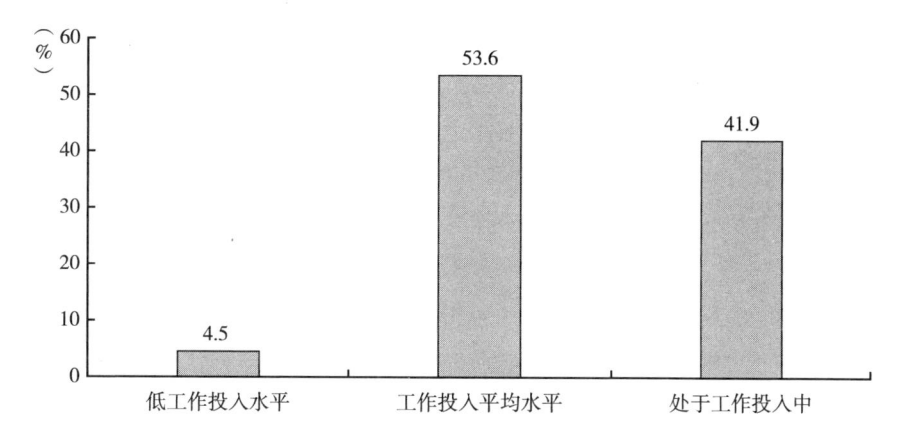

图1 处于不同工作投入水平的居民比例

三 北京从业居民工作投入的影响因素分析

（一）社会角色

社会角色分为先赋角色和自致角色。先赋角色，亦称归属角色，是指建立在血缘、遗传等先天的或生理的因素基础上的社会角色。通常无须努力而自动获得，因此也称自动角色。与之相对应的，称为自致角色，也叫自获角色或成就角色，指主要通过个人的活动与努力而获得的社会角色。自致角色的取得是个人活动的结果。

1. 先赋角色

本研究中先赋角色的影响主要体现在性别上（居民年龄的差异不显著），结果为男性的工作投入水平高于女性，经过t检验，男性居民的工作投入量表得分57.76分，显著高于女性居民的55.60分（t值为3.074）。进一步分析三个维度的差异，在活力和奉献两个维度上，男性的得分均显著高于女性（t值分别为3.80和3.11）。

2. 自致角色

经过统计分析，学历、政治面貌、工作稳定性、职业类别、收入水平这

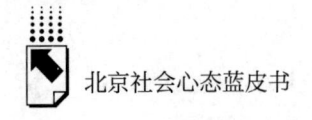

五个自致角色居民的工作投入水平存在显著差异。

学历：随着学历的提升，居民工作投入水平呈波动上升趋势。初中及以下学历到高中学历的居民，工作投入水平逐渐提升，大专学历居民，有一个明显的下降，然后一直到研究生及以上学历，工作投入水平又呈现明显的攀升（$F=3.568$，$P<0.01$）（见图2）。

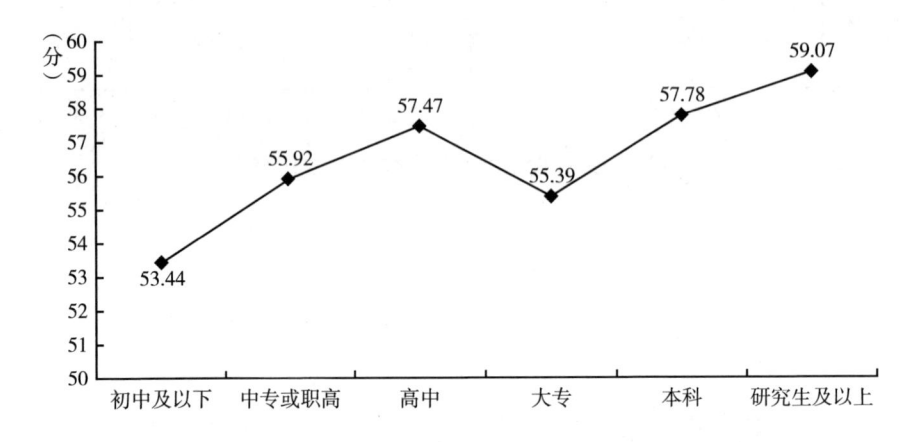

图2 不同学历居民工作投入量表得分情况

政治面貌：共产党员的工作投入水平高于共青团员和群众。党员的工作投入量表得分为58.62分，显著高于群众的56.45分和共青团员的55.99分。说明党员在实际工作中的确起到了先锋模范带头作用，在工作中确实无愧于工人阶级先锋战士的称号。进一步分析显示，共产党员在活力和奉献两个维度上的得分显著高于共青团员和群众（见表2、表3），在工作中传播着满满的正能量，但值得关注的是共青团员的活力维度分数要低于共产党员和群众，习总书记在十九大报告中曾掷地有声地讲到"青年兴则国家兴，青年强则国家强。青年一代有理想、有本领、有担当，国家就有前途，民族就有希望"。在工作中，作为青年人表率的共青团员应该发挥带头作用，散发更多的活力，为国家和社会创造更多的经济价值。

表2 不同政治面貌居民工作投入量表得分

单位：人，分

政治面貌	样本数	分数	标准差
共产党员	308	58.62	13.36
共青团员	158	55.99	14.55
群众	1200	56.45	14.43

注：F = 3.136，P < 0.05。

表3 不同政治面貌居民活力和奉献维度得分

单位：人，分

政治面貌	活力 样本数	活力 分数	活力 标准差	奉献 样本数	奉献 分数	奉献 标准差
共产党员	308	23.87	5.48	308	16.76	3.91
共青团员	158	22.49	6.33	158	16.37	4.24
群众	1200	23.06	5.76	1200	16.08	4.32
F值		3.569			3.234	

注：P < 0.05。

工作稳定性：工作稳定性高的居民工作投入水平显著高于工作稳定性低的居民。调查显示，有正式工作的居民工作投入量表得分为57.19分，临时工作的居民工作投入量表得分为53.98分，可见工作越稳定的居民工作投入水平越高。

职业类别：不同职业类别的居民工作投入量表得分存在显著差异（F = 3.047，P < 0.01），外企工作人员工作投入得分最高，其次是国家公务员和个体经营者，自由职业者和国企工作人员工作投入水平最低（见表4）。

收入水平：随着月收入水平的提高，居民的工作投入量表得分呈现明显的上升趋势。月收入2万元以上的居民工作投入量表得分高达60.88分，月收入2000元以下的居民工作投入量表得分仅为53.26分，说明一个人收入水平越高，就越能全身心地投入工作之中，尽情享受工作的乐趣（见表5）。

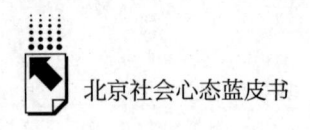

表4 不同职业居民工作投入量表得分

单位：人，分

职业	样本数	分数	标准差
外企工作人员	94	59.96	11.89
国家公务员	42	59.45	14.60
个体经营者	93	58.32	14.65
私企工作人员	596	57.33	13.84
事业单位工作人员	304	57.32	14.32
自由职业者	85	55.35	13.75
国企工作人员	402	55.28	14.29

注：$F = 3.072$，$P < 0.01$。

表5 不同月收入居民工作投入量表得分

单位：人，分

月收入	样本数	分数	标准差
20001元以上	43	60.88	13.92
15001~20000元	53	60.64	12.59
7707~15000元	402	59.49	13.28
2001~7706元	1094	55.69	14.37
2000元以下	65	53.26	16.71

注：$F = 8.214$，$P < 0.01$。

（二）工作条件、心理资本和生活压力

根据文献分析，除了人口学变量外，我们还选取了工作条件（16个项目）、心理资本（5个项目）和生活压力（1个项目）作为自变量，工作投入量表得分作为因变量，进行多元线性回归分析，考察三类自变量对工作投入的影响。$Sig. > 0.05$的选项被剔除掉，剩下的项目容忍度均大于0.5，方差膨胀系数（VIF）均小于2，说明进入回归方程的自变量间多元共线性问题不明显。

1. 工作条件

根据工作需求－资源模型（Bakker &Demerouti, 2007），工作条件可以

分为两大类，即工作需求和工作资源。①

工作需求的影响。在每个组织、每份工作中有些工作需求和职责，不管工作者喜欢与否，都要完成。这些工作需求本身绝大多数是"中立"的，即不带"积极"或"消极"的属性。工作任务一方面可以促进人们的个人成长、激发人们的积极情感，另一方面也会带来压力。但并不是带来压力就一定对工作投入有负面的影响。回归分析得出，工作需求中有四项对工作投入产生正向预测，即工作情感需求、工作中有冲突的任务或模糊的信息、工作心理需求、家庭生活影响了工作（见表6）。其他7项，如工作压力大、工作缺乏安全感、工作任务量大、经常加班、工作耗费太多体力、工作影

表6　工作条件、心理资本和生活压力对工作投入的回归分析结果

		项目	标准化系数	t	Sig.	容忍度	VIF
工作条件	工作需求	工作情感需求	0.065	2.924	0.003	0.685	1.46
		工作中有冲突的任务或模糊的信息	0.078	3.504	0	0.669	1.496
		工作心理需求	0.049	2.236	0.025	0.686	1.457
		家庭生活影响了工作	0.096	4.646	0	0.785	1.274
	工作资源	工作中有决策自主性	0.235	10.348	0	0.649	1.541
		能从领导那里得到帮助和支持	0.071	2.965	0.003	0.589	1.697
		能从单位那里得到帮助和支持	0.114	4.657	0	0.562	1.78
		能得到对实际工作有效的反馈意见	0.159	6.948	0	0.639	1.566
心理资本		我是一个积极乐观的人	0.083	3.465	0.001	0.582	1.719
		面对问题我总能从积极的角度去应对	0.093	3.934	0	0.593	1.686
		我是一个适应能力很强的人	0.075	3.16	0.002	0.589	1.697
		我是一个自信的人	0.096	3.805	0	0.527	1.899
生活压力		对生活压力的感受	-0.045	-2.336	0.018	0.917	1.090

$R = 0.667$　$R^2 = 0.445$　调整后的 $R^2 = 0.441$　$F = 110.793$ ***

注：已经剔除影响不显著的项目。

---

① Stavroula Leka、Jonathan Houdmont 主编《职业健康心理学》，傅文青、赵幸福主译，中国轻工业出版社，2014，第254页。

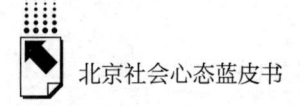

了我的家庭生活、能很好平衡家庭和工作的关系都没有进入回归方程，因为，Sig. > 0.05 被剔除，也就是这 7 项对工作投入的影响不显著。

工作资源的影响。每份工作都有人们可以依赖的工作资源。工作资源可以是上司的支持与反馈，也可以是同事的友谊，也可以是工作中培训与自我发展的机会。在我们根据文献总结的 5 项工作资源中，工作中有决策自主性、能从领导那里得到帮助和支持、能从单位那里得到帮助和支持、能得到对实际工作有效的反馈意见 4 项工作资源进入回归方程，对工作投入有正向预测作用（见表6）。"能从同事那里得到帮助和支持"对工作投入的影响不显著。

2. 心理资本

Luthans 和他的同事们将心理资本定义为"一个人积极发展的心理状态"，包括自我效能、乐观、希望和韧性四个核心要素。在此基础上，我们选择 5 个心理资本的要素，有 4 项对工作投入产生显著的正向预测作用。即积极乐观、积极应对问题的能力、适应力、自信（见表6）。

3. 生活压力

居民工作投入水平与生活压力感和预期生活压力水平呈显著的负相关（相关系数分别为 -0.115 和 -0.076），即随着感受到的生活压力的增加，居民的工作投入水平越低（见表7）；同样的，大体上看居民预期未来生活压力越大，居民的工作投入水平越低（见表8）。

表7　不同生活压力感受的居民工作投入量表得分

单位：人，分

压力感受	样本数	分数	标准差
没有压力	115	62.37	14.34
压力较小	379	57.30	14.62
一般	684	57.03	13.14
压力较大	440	54.71	14.72

注：$F = 7.211$，$P < 0.01$。

表8　不同生活压力预期的居民工作投入量表得分

单位：人，分

压力预期	样本数	分数	标准差
大幅减少	52	61.65	13.11
有所减少	407	58.08	14.16
没变化	517	56.16	14.53
有所增加	645	56.37	13.75

注：F=3.663，P<0.01。

四　北京从业居民的工作投入对心理健康的影响

以心理健康为因变量，工作投入的三个维度活力、专注、奉献为自变量，进行逐步多元回归分析，结果显示，三个维度对心理健康有正向预测作用，解释量为14.1%。以往也有研究表明，工作投入的员工较少患病，其生理与心理健康水平更高。[1]

表9　心理健康对工作投入的分层回归分析结果

单位：人，分

维度	标准化β	t	Sig.	R^2
奉献	0.195	7.761	0.00	—
活力	0.151	6.419	0.00	0.141
专注	0.149	-6.373	0.00	—
工作投入总分	0.307	12.99	0.00	9.4

注：F=8.104，P<0.01。

自测心理健康的原始总分为0~150。为了分析方便，各维度和自测心理健康得分都转化为100分制的终得分。根据有关资料，自测心理健康终得

---

[1]　钱瑞华：《临床护士积极心理健康与工作投入的相关性研究》，《临床医药文献》2014年12月第14期。

分≥70分表示为心理健康良好，70分以下为心理健康不良。随着工作投入水平的提升，居民的心理健康量表得分也显著提升（P<0.01）。低工作投入水平的居民心理健康量表均分仅为69.44分，还未达到心理健康状况良好的标准，处于工作投入之中的居民心理健康量表得分高达79.27分，说明了居民工作投入水平越高，其心理健康水平也越高（见图3）。

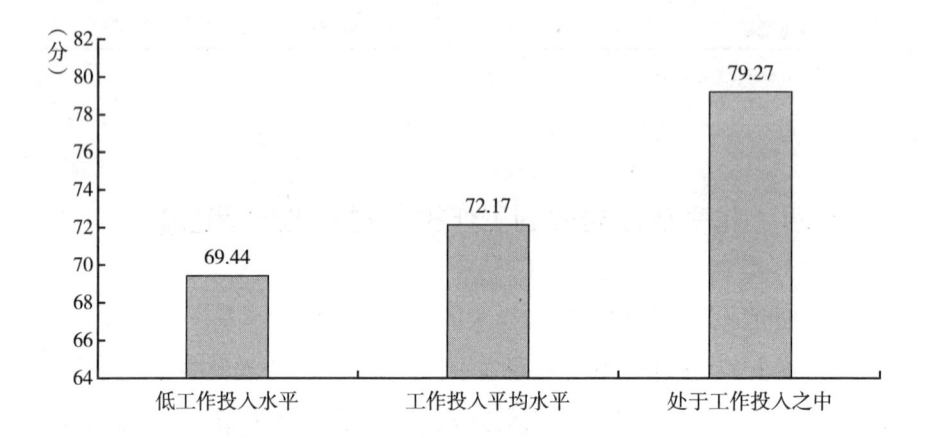

图3 不同工作投入水平的居民心理健康量表得分

五 对策建议

（一）政府层面

1. 健全职业心理健康法规和保障，营造工作投入的"肥沃土壤"

据有关统计，截至2016年底，我国职业健康安全法律法规涉及综合类、职业安全类、人员资格考核、女工未成年工保护、职业病防治类、餐饮类等15大类86个法律法规[1]，但专门针对职业心理健康的法规还没有出台。只有在2016年底22部委发布的《关于加强心理健康服务的指导意见》中提

---

[1] 《2016年职业健康安全法律法规清单》，https://wenku.baidu.com/view/eb9dc5563a3567ec102de2bd960590c69ec3d8b0.html?from=search。

到了要"普遍开展职业人群心理健康服务。各机关、企事业和其他用人单位要把心理健康教育融入员工思想政治工作,制定实施员工心理援助计划,为员工提供健康宣传、心理评估、教育培训、咨询辅导等服务,传授情绪管理、压力管理等自我心理调适方法和抑郁、焦虑等常见心理行为问题的识别方法,为员工主动寻求心理健康服务创造条件。对处于特定时期、特定岗位、经历特殊突发事件的员工,及时进行心理疏导和援助"[①]。在欧美,与职业心理健康相关的法规和保障要求更具体,比如在发达国家,EAP(员工帮助计划)大部分由社会保障机制承担,企业承担少部分,员工不花钱。美国心理学会设立了心理帮助的相关标准,在企业、政府、军队广泛应用EAP,全国有将近1/4企业的员工享受EAP服务,有些州规定超过70人的公司必须为员工购买EAP服务。英国有10%左右的员工享受EAP服务。日本推广的爱抚管理模式,通过设置放松室、发泄室、茶室来缓解员工的紧张情绪。相比之下,我国对职业心理健康的相关法规要求还不够具体,仍需在中国国情的基础上,结合中国职业群体的本土特征制定相关法律法规,为工作投入创造良好的法律法规环境。

2. 加大工作投入基础与实证研究,提供更多促进工作投入的方法

据世界卫生组织的一份调查数据显示:中国约有2亿~3亿人存在心理健康问题,其中抑郁、焦虑和失眠居前三位。这一特征在职业人群中尤为突出,焦虑、抑郁、忙碌的劳动者甚至被戏称为职场"焦郁碌"。职业心理健康的基础研究工作源于欧美等发达国家,我国当前的研究一大部分仍处于引介国外优秀的研究成果,并以国外理论为基础在国内开展实证研究的阶段。目前国内工作投入的研究也是在国外研究的基础上开展的,本土化的研究主要体现为引入国外成熟量表的中文版,然后针对我国不同特征群体施测。在工作投入的基础研究方面,我们仍要在政府的鼎力支持下加大投入,挖掘出更符合中国特色的研究成果,应用到实践中以促进职业群体工作投入水平的提高,从而促进组织效益的提高,为社会经济发展做出贡献。

---

① 《关于加强心理健康服务的指导意见》,国家卫计委网站。

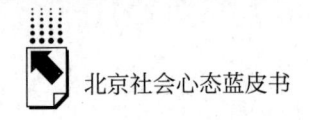

（二）企业层面

1. 建立积极干预体系，促进工作投入的良性循环

"积极干预"一词的意思是满足积极的组织行为标准的干预（Luthans，2002）[1]。积极干预的好处是激发人们把事情做得更好而不是总盯着有问题的方面，通过关注工作投入的积极目标来处理问题，组织面临的风险会更少一些，改变的过程也会更顺利。积极干预分为宏观干预和微观干预两个层面。宏观干预关注工作环境的结构性变化（例如增加工作资源），目标是培养员工的参与能力与解决问题的能力，本次调查结果也显示了，增加工作资源，比如提高职业群体的工作决策自主性、得到领导和单位的帮助和支持、得到对实际工作有效的反馈意见，能促进职业群体工作投入水平的提升。企业可以建立专业干预小组或者借助来自企业外部专业的力量进行积极干预，具体的干预手段有两种，一种是通过签署员工发展协议、员工身心健康评估等方法来进行有效的人力资源管理，另一种手段是针对具体问题建立员工问题解决组、制定行动计划，最终实现积极的既定目标。微观干预是从员工角度出发来关注心理资本的发展，本次调查的结果也显示职业群体拥有自信的品质与乐观的心态、较强的适应能力、积极应对问题的角度等心理资本，可以促进工作投入水平的提升，微观干预的主要手段是进行线上或线下的专业心理资本培训，如自我效能的培训可以促进乐观精神的发展。已经有研究表明，短期的网上培训是可以干预构建心理资本的。

2. 积极引入员工帮助计划，增强工作投入的动力

员工帮助计划（EAP）是企业为其员工设置的一套系统、长期的支持项目，通过专业人员为员工提供诊断、评估、培训、指导与咨询，帮助解决员工及其家庭成员面临的各种心理和行为问题，尤其是对于职业生涯规划的培训、职业价值观的澄清和职业兴趣的培养，有利于提升员工工作投入水平，

---

[1] Stavroula Leka, Jonathan Houdmont 主编《职业健康心理学》，傅文青、赵幸福主译，中国轻工业出版社，2014，第270页。

改善组织气氛与管理效能。其服务模式和内容包含工作压力、心理健康、灾难事件、职业生涯困扰、婚姻家庭问题、健康生活方式、法律纠纷、理财问题、减肥和饮食紊乱等，全方位帮助员工解决个人问题。在中国，虽然EAP的概念已被企业所知，但对EAP的印象大多是心理讲座、心理培训、心理测试、一对一心理咨询等，建立一套完善、长期的支持系统尚需时日。

（三）个人层面

1. 发现个人价值，追求工作价值

当一个人所做的工作与其个人价值观一致的时候，会促进这个人更加投入到所从事的工作中。当一个人从事的工作与自己的价值观不符的时候，工作投入必然会有障碍。有些人很清楚自己生活中重要的事情是什么？可有些人却并不是很清楚。所以能够及时发现自己的价值观，并以个人价值观为指导进行职业和岗位的选择，更有利于一个人进入到工作投入状态。当然，如果阴差阳错导致一个人未能从事与自己价值观相一致的工作，那也可以调整工作目标，使其与价值观保持一致，例如一个重视乐于助人的人，最适合的职业可能是医疗领域，但是如果从事了商业经营，那么就可以把工作目标调整为帮助同事或者客户，这样就可以将工作目标与自己追求乐于助人的价值观相契合，更利于工作投入。

2. 善于积极认知，学会帮助、欣赏他人

我们生活中总有消极的一面，同样也总有积极的一面。如果一个人总是认为自己的工作繁重、琐事太多、同事不友善、领导太严厉，那么肯定是难以进入工作投入状态的。反之，学会用积极的角度看待问题，比如学会感恩，发现别人身上的"小美好"，学会尽情享受工作带给自己的每一个小小的收获，就能改变自己看待事物的角度，有利于促进工作投入。

3. 正视自身问题，及时求助社会支持

当我们遇到问题，又难以应对，发现自己情绪持续低落，工作效率明显降低的时候，不要压抑你的负面情绪，可以寻求自己拥有的社会支持资源，

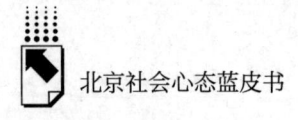

讲出自己面临的压力，这些社会支持可以是亲朋好友，可以是专业的心理咨询师，可以是同事领导，也可以是企业中专门负责缓解员工压力的人员，千万不要讳疾忌医，要及时解决这些问题，否则就会严重影响自身的工作投入与心理健康。

B.5 社区居民复原力与心理健康的关系研究[*]

刘视湘[**]

摘　要： 本文目的是了解北京社区居民复原力的基本情况及复原力与负性事件、心理健康的关系。采用整群取样的方法选取北京社区603名居民，运用居民复原力量表（RRS）、一般心理健康问卷（GHQ-20）和生活事件量表（LES）进行调查。结果显示居民复原力总体水平较高，在性别、婚姻状况、文化程度方面存在显著的差异。负性事件中的家庭生活问题、社交和其他问题是影响复原力的重要因素。居民复原力与心理健康及负性事件两两之间均存在显著的相关性，即复原力与负性事件、负性事件与心理健康存在显著的负相关，复原力与心理健康存在显著的正相关。复原力在负性事件对心理健康之间起到显著的调节作用。协助培养居民的复原力有助于提高社区居民的心理健康水平，提升居民幸福指数。

关键词： 社区居民　复原力　心理健康　调节效应

---

[*] 基金项目：北京市教育科学"十二五"规划一般课题"北京市中学心理健康教育教师胜任力测评工具研究"，项目编号：DFB15201。基金项目：教育部人文社会科学研究自筹经费项目"农转居社区居民的社区感研究"，项目编号：15YJE190001。

[**] 刘视湘，博士，北京联合大学师范学院副教授，研究方向为心理健康教育、社区心理学。

随着现代社会科学技术的迅速发展，竞争日益加剧，人们遭遇更多的生活压力事件，心理健康问题也日益突显。个体经历的负性事件越多，出现的心理问题就越严重。面对同样的负性事件，有些个体能够克服困境，显示出良好的适应能力，而有些个体却不能适应，出现各种心理障碍。从负性事件中表现出的抵抗能力和反弹能力是复原力研究的内容。复原力作为一种积极的心理品质被越来越多的学者所关注。复原力又被称为心理弹性（Resilience），是指个体面对挫折或压力时表现出来的积极态度，是个体应对压力情景时恢复良好适应所具备的关键的个人能力和一些外在的支持资源[1]。影响复原力的因素很多，可分为三大类，分别是个体因素，包括个人能力、性格特征和认知风格等；家庭因素，包括亲密关系、物质支持；社会因素，包括人际关系、社会环境等[2]。

负性事件是人们在日常生活、工作、学习和人际交往中遇到的各种社会的变动和不幸，如亲人的突然死亡、严重的意外事故、工作上的挫折、学习中的压力、难以解决的家庭矛盾和人际冲突等。总的来说，负性事件是一种应激源，对身心健康有重要影响，当负性事件的影响积累到一定程度时，个体就会出现躯体和精神方面的问题，进而产生严重的心理问题。有研究表明，个体经历的负性事件与其心理症状存在显著的正相关[3]，而复原力对心理健康有积极的作用[4]。张姝玥等[5]对汶川地震灾区中小学生的调查发现，复原力中的积极和信任两个维度对降低学生创伤后应激反应、促进学生心理健康恢复具有比较大的作用。陈瑜等[6]对自闭症谱系患儿父母的研究发现，

---

[1] 刘兰兰：《大学生复原力量表的编制及初步应用》，河北师范大学硕士学位论文，2007。
[2] 张丽：《初中生心理韧性与心理健康、学业水平的关系》，山东师范大学硕士学位论文，2012。
[3] 梁宝勇：《精神压力、应对与健康》，教育科学出版社，2006。
[4] 赵云龙、王自坤：《复原力在SCL-90阳性症状学生心理健康的作用》，《曲靖师范学院学报》2012年第3期，第85~89页。
[5] 张姝玥、王芳、许燕：《汶川地震灾区中小学生复原力对其心理状况的影响》，《中国特殊教育》2009年第5期，第51~55页。
[6] 陈瑜、裴涛、张宁：《自闭症谱系障碍患儿父母的复原力与心理健康》，《中国特殊教育》2015年第2期，第53~58页。

患儿父母的复原力与心理健康、负性事件存在密切的关系，其中复原力在负性事件和心理健康间起到重要的缓冲作用。

国内关于复原力和心理健康的研究越来越多，但以往有关复原力的研究对象大多数是发生过应激事件的人群，如贫困学生、自闭症患儿父母、癌症患者、经历过灾害等特殊群体，对普通人群的研究较少，并且大多数的研究集中在青少年群体，而现在复原力研究的对象逐步从单一的特殊群体扩展到普通群体[①]，并开始关注复原力的影响因素及其机制。因此，本研究在以往研究的基础上，旨在了解北京社区居民复原力的现状，分析社区居民复原力的影响因素及复原力在负性事件和居民心理健康间的作用机制。

一 对象与方法

（一）对象

本研究采用随机整群取样的方法抽取北京社区603名居民，进行集体施测。其中男性300人（49.8%）、女性303人（50.2%）；20~30岁有151人（25%）、31~45岁有150人（24.9%）、46~59岁有152人（25.2%）、60岁以上有150人（24.9%）；未婚的有95人（15.8%）、已婚的有492人（81.6%）、丧偶和离异的8人（1.3%）。本研究的调查时间为2017年8~10月。

（二）工具

1. 一般情况问卷

采用自编的一般情况问卷用以了解居民的基本信息，主要内容包括性别、年龄、婚姻状况、文化程度、职业类型和社区类型等。

---

① 雷鸣、戴艳、肖宵等：《心理复原的机制：来自特质性复原力个体的证据》，《心理科学进展》2011年第6期，第874~886页。

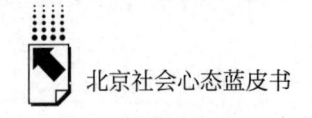

2. 居民复原力量表

该量表包括交互体验、内部资源、积极体验和自我认知4个维度。量表由51个项目组成，采用"1＝完全不符合；2＝基本不符合；3＝不确定；4＝基本符合；5＝完全符合"的5级评分，得分越高，表示心理复原力水平越高。本研究中各维度及总量表的内部一致性为0.90~0.95。

3. 一般心理健康问卷（General Health Questionaire-20，GHQ-20）

本研究采用的GHQ-20[1]是由李虹等学者在Goldberg的一般心理健康问卷（GHQ-30)[2]的基础上修订而成的复原力评估工具，包括自我肯定、忧郁、焦虑3个维度，共20个项目。量表采用"1＝是；2＝否"的2级评分。忧郁和焦虑量表得分越高，表明忧郁和焦虑程度越高；自我肯定量表得分越高，表明自我肯定程度越高；将自我肯定量表得分进行反向记分后，与忧郁、焦虑分量表得分相加得到总分，总分越高，表明心理健康水平越低。本研究各维度及总量表的内部一致性为0.64~0.85。

4. 生活事件量表（Life Event Scale，LES）

该量表是由杨德森、张亚林编制的[3]。量表包括三方面的问题。一是家庭生活方面28条，二是工作学习方面13条，三是社交及其他方面7条。根据调查要求，受访者将某一时间范围内，通常为一年内的事件记录下来。有的事件虽然发生在该时间范围之外，但如果影响深远并延续至今，可作为长期性事件记录填写。影响程度分为5级，从毫无影响到影响极重分别记为0分、1分、2分、3分、4分，影响持续时间分三个月、半年内、一年内、一年以上四个等级，分别计为1分、2分、3分、4分。总分越高反映个体承受的精神压力越大。本研究中的量表内部一致性信度为0.75。

---

[1] 李虹、梅锦荣：《测量大学生的心理健康问题：GHQ-20的结构及其信度与效度》，《心理发展与教育》2002年第1期，第75~79页。

[2] Goldberg DP, The Detection of Psychiatric Illness by Questionnaire, Oxford：Oxford University Press, 1972.

[3] 汪向东：《心理卫生评定量表手册》，中国心理卫生杂志社，1999，第101~106页。

(三)统计分析方法

采用 SPSS 17.0 数据分析软件进行数据处理和统计分析。计量资料采用(平均数±标准差)进行描述,采用独立样本 t 检验和单因素方差分析方法进行组间比较;采用多元回归分析对复原力及其维度的相关因素进行分析;采用相关和回归分析对复原力在负性事件和心理健康之间的中介作用进行分析。

二 结果

(一)社区居民复原力的现状分析

对社区居民复原力水平的分析发现,总体来讲北京居民的复原力水平较高,复原力总平均分为 3.57 分,均分超过中位数 3 分。另外复原力各个维度也都超过中位数 3 分,自我认知和积极体验两个维度高于均分,而交互体验和内部资源两个维度均低于均分,均分由高到低依次为自我认知、积极体验、内部资源、交互体验,表明居民在复原力各个维度上的水平都较高(见表1)。

表1 社区居民复原力量表总均分

单位:分

因子	交互体验	内部资源	积极体验	自我认知	总分
得分	54.10±0.53	55.93±0.41	41.75±0.33	30.45±0.23	182.23±1.09
平均	3.38	3.50	3.80	3.81	3.57

表2 居民复原力人口学变量差异分析

单位:分

		交互体验 M±SD	内部资源 M±SD	积极体验 M±SD	自我认知 M±SD	总分 M±SD
性别	男	54.46±12.52	54.43±10.99	40.39±9.04	29.93±6.40	179.21±28.27
	女	53.74±13.46	57.43±8.60	43.10±6.99	30.97±4.72	185.23±24.80
	t	0.68	-3.74**	-4.11***	-2.27*	-2.78**

续表

		交互体验 M ± SD	内部资源 M ± SD	积极体验 M ± SD	自我认知 M ± SD	总分 M ± SD
年龄	20~30岁	52.34 ± 13.40	55.56 ± 10.18	41.33 ± 8.71	29.85 ± 5.94	179.08 ± 27.97
	31~45岁	53.91 ± 12.11	55.85 ± 9.63	42.09 ± 7.24	30.74 ± 4.89	182.59 ± 26.33
	46~59岁	54.70 ± 13.12	56.84 ± 7.80	42.77 ± 6.46	31.58 ± 4.13	185.89 ± 24.38
	60岁以上	55.45 ± 12.98	55.47 ± 11.89	40.81 ± 9.86	29.61 ± 7.01	181.35 ± 27.93
	F	1.59	0.60	1.67	3.89**	1.72
婚姻状况	未婚	51.52 ± 12.06	52.31 ± 10.44	38.53 ± 9.04	28.59 ± 6.08	170.94 ± 26.25
	已婚	54.72 ± 13.04	56.74 ± 9.68	42.42 ± 7.81	30.91 ± 5.45	184.78 ± 26.05
	丧偶	45.38 ± 13.50	52.25 ± 12.82	38.38 ± 11.05	26.25 ± 6.41	162.25 ± 22.64
	离异	55.50 ± 16.22	53.25 ± 9.62	42.13 ± 8.48	28.63 ± 5.18	179.50 ± 37.86
	F	2.88*	5.97*	6.67***	6.46***	9.01***
文化程度	小学	58.00 ± 18.04	50.20 ± 16.13	32.80 ± 13.03	24.00 ± 7.31	165.00 ± 33.84
	初中	51.18 ± 13.38	53.27 ± 9.65	38.91 ± 8.08	28.18 ± 5.90	171.55 ± 27.64
	高中/中专	52.89 ± 13.81	55.76 ± 11.35	41.30 ± 9.61	30.20 ± 6.57	180.16 ± 27.30
	大学及以上	54.61 ± 12.67	56.24 ± 9.48	42.19 ± 7.60	30.76 ± 5.24	183.80 ± 26.23
	F	1.29	1.49	3.93*	4.57**	3.24*

注：* $P<0.05$，** $P<0.01$，*** $P<0.001$，下表同。

对社区居民的性别、年龄、婚姻状况和文化程度的差异进行分析（见表2），结果发现，在复原力总分上，女性得分显著高于男性（$t = -2.78$，$P<0.01$），其中内部资源（$t = -3.74$，$P<0.01$）、积极体验（$t = -4.11$，$P<0.001$）和自我认知（$t = -2.27$，$P<0.05$）三个维度上，女生得分显著高于男性，而交互体验的性别差异无统计学意义。

年龄方面，自我认知维度对不同年龄阶段的居民具有非常显著的差异（$F=3.89$，$P<0.01$），进一步进行事后检验。结果表明，20~30岁的群体在积极体验维度上的得分与46~59岁的得分有显著的差异，46~59岁的群体在积极体验维度上的得分与60岁以上的有差异，均达到0.01显著水平，即46~59岁的群体在积极体验维度上的得分高于20~30岁的，20~30岁的得分高于60岁以上的人群。

婚姻状况方面，不同婚姻状况的居民在复原力总分（F = 9.01，$P <0.001$）以及积极体验（F = 6.67，$P < 0.001$）和自我认知（F = 6.46，$P < 0.001$）两个维度上存在极其显著差异，而在交互体验（F = 2.88，$P < 0.05$）和内部资源（F = 5.97，$P < 0.05$）维度上存在显著的差异。进一步分析组间差异，进行了事后检验。检验结果表明，已婚人群在内部资源、积极体验、自我认知维度以及复原力总分上均与丧偶人群有显著的差异，在交互体验上与未婚人群有显著差异，均达到0.05显著水平。即已婚人群的得分在内部资源、积极体验、自我认知三个维度以及复原力的总分上高于丧偶人群，在交互体验上高于未婚人群。

文化程度方面，自我认知（F = 4.57，$P < 0.01$）和积极体验（F = 3.93，$P < 0.05$）两个维度对不同文化程度的居民有非常显著的差异，而复原力总分对于不同文化程度的居民则有显著的差异（F = 3.24，$P < 0.05$），进一步进行事后检验。检验结果表明，小学、初中、高中和大学及以上四组人群之间在积极体验和自我认知两个维度上具有显著差异（$P < 0.05$），即大学及以上群体在积极体验、自我认知上的得分高于初中和小学群体，高中群体高于小学群体；而初中和大学及以上两组人群在复原力总分上具有显著差异（$P < 0.05$），即大学及以上群体在复原力总分上的得分高于初中群体。

（二）社区居民复原力的影响因素分析

以社区居民复原力总分以及交互体验、内部资源、积极体验和自我认知四个维度作为因变量，以性别、年龄、婚姻状况、文化程度、职业类型、社区类型及负性事件中的家庭生活问题、工作学习问题、社交和其他问题作为自变量进行多元回归分析。结果显示，性别对复原力总分、内部资源、积极体验和自我认知有显著的预测作用。年龄对复原力总分和交互体验有显著的预测作用。文化程度对自我认知的预测作用显著，家庭生活问题、社交和其他问题对复原力总分有显著的预测作用，社交和其他问题对内部资源有显著的预测作用（见表3）。

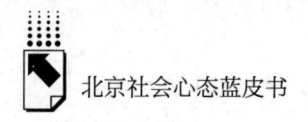

表3 复原力总分及各维度相关因素的多元回归分析

变量	复原力总分 β	T	交互体验 β	t	内部资源 β	t	积极体验 β	t	自我认知 β	t
性别	0.24	3.77***	0.03	0.41	0.23	3.52***	0.23	4.34***	0.21	3.28**
年龄	0.17	2.08*	0.18	2.23*	0.09	1.15	0.07	0.84	0.10	1.26
婚姻状况	1.00	1.34	0.04	0.51	0.09	1.16	0.12	1.56	0.04	0.54
文化程度	0.15	1.88	0.08	0.95	0.09	1.13	0.12	1.48	0.17	2.14*
职业类型	-1.11	-1.52	-0.03	-0.37	-0.12	-1.58	-0.12	-1.57	-0.07	-0.87
社区类型	0.08	1.30	0.10	1.49	0.04	0.64	0.04	0.68	0.03	0.49
家庭生活问题	-0.17	-2.30*	-0.20	-2.59*	-0.11	-1.41	-0.09	-1.22	-0.04	-0.51
工作学习问题	-0.07	-0.92	-0.11	-1.54	0.01	0.02	-0.03	-0.41	-0.02	-0.29
社交/其他问题	-0.16	-2.19*	0.03	0.37	-0.17	2.27*	-0.16	-2.16	-0.13	-1.74
调整后 R^2	0.10		0.06		0.06		0.08		0.04	

（三）复原力在负性事件和居民心理健康间的作用机制分析

对负性事件、复原力和心理健康进行双变量相关分析，见表4。结果发现，复原力与心理健康、负性事件三者之间均呈显著的相关，即复原力与心理健康显著正相关（$t = 0.62$，$P < 0.001$），负性事件与复原力显著负相关（$t = -0.17$，$P < 0.05$），负性事件与心理健康显著负相关（$t = -0.24$，$P < 0.001$）。

表4 各变量间的相关分析

变量	复原力	心理健康	负性事件
复原力	1		
心理健康	0.62***	1	
负性事件	-0.17*	-0.24***	1

表 5　复原力调节效应检验

因变量	自变量	R^2	R	F	β	t
心理健康	Y1 = W + X 负性生活事件 复原力	0.37	0.61	176.37 ***	 -0.09 0.58	 -2.67 ** 17.12 ***
心理健康	Y1 = W + X + WX 负性生活事件 复原力 负性事件×复原力	0.38	0.62	122.92 ***	 -0.75 0.57 -0.67	 -3.63 *** 17.17 *** -3.24 **

在上述相关分析的基础上，参考温忠麟等[1]学者所建议的调节作用检验程序，考察复原力在负性生活事件与心理健康之间的调节作用。其中负性事件是自变量，心理健康是因变量。将自变量和调节变量进行中心化处理，并生成自变量与调节变量的交互作用后放入方程。表 5 的结果表明，负性生活事件对心理健康有显著的负向预测作用（$\beta = -0.09$，$p < 0.01$），复原力对心理健康有显著的正向预测作用（$\beta = 0.58$，$p < 0.001$），复原力在负性生活事件对心理健康的影响上起显著的负向调节作用（$\beta = -0.67$，$p < 0.01$）。由此可见，复原力在负性生活事件对心理健康的影响上起负向调节作用。也就是说，遭受严重的负性生活事件时，高复原力的个体相对于低复原力的个体出现心理健康问题的可能性降低。

三　讨论

本研究调查结果显示，北京居民复原力总体水平较高，但仍有一定比例的居民复原力水平较低，而且高复原力与低复原力分数差异显著，说明个体间的复原力是存在差异的，也意味着不同居民所拥有的保护资源是不同的。因此，低复原力水平的居民需要得到更多的重视和关注。此外，在复原力的

---

[1] 温忠麟、杰泰、张雷：《调节效应与中介效应的比较和应用》，《心理学报》2005 年第 2 期，第 268~274 页。

各个维度中，得分最高的是自我认知，其次是积极体验，而内部资源和交互体验两个维度得分均小于均分。综合来看，居民外部复原力水平高于内部复原力水平，这与以往的研究结果一致[1]。在当今社会中，个体从外部环境中得到更多的关爱和支持，尤其是个体从家庭和学校得到更多的保护和支持，当个体遇到负性事件时，来自政府、家庭和学校等外部环境的支持相对比较多，这可能是社区居民外部复原力水平较高的原因，也提示我们要注重加强对居民内部复原力资源的关注。

居民复原力的人口学差异分析的结果显示，女性在内部资源、积极体验、自我认知三个维度以及复原力总分上的得分显著高于男性，符合以往的研究结论[2]。说明，女性比男性拥有更多的资源，这可能与传统观念中对男女性别角色的期待有关，男性被赋予社会强者的角色，不需要太多的关心和照顾，而女性依赖性和归属性较强，得到家庭和朋友的支持比较多。46～59岁的群体在积极体验因子上的得分高于20～30岁的，20～30岁的得分高于60岁以上的人群。这可能与居民的社会地位和自我认同感有关，46～59岁的群体在社会中有比较稳定的地位，相比于其他年龄阶段的群体，他们解决问题的能力较强，以乐观和积极的态度面对生活中的问题，人际圈子大，得到的外部支持也多，从而在积极体验上表现出较高的水平。已婚的居民在内部资源、积极体验、自我认知三个维度以及复原力总分上的得分高于离异、丧偶和未婚的群体，丧偶的分数最低，这与安采华[3]的研究结果一致。这可能与丧偶的群体容易敏感并且要忍受更多的孤单有关。因此需要对丧偶群体加强关注，给予更多的精神支持。在文化程度方面，大学及以上文化程度的群体在复原力水平上高于中学和小学文化程度的群体，这可能与小学和中学阶段的群体遇到困境时选择忍受而不与家人和老师沟通有关。此外，他们的

---

[1] 王洁、徐大真、郭俊风：《初中生生活事件与心理健康的关系：复原力的中介效应》，2015年第6期，第83～86页。

[2] 胡夏娟：《大学生压力知觉、复原和心理幸福感的关系研究》，河北师范大学硕士学位论文，2009。

[3] 安采华：《胃癌术后患者压力、心理复原力、一般自我效能感对癌因性疲乏的影响研究》，石河子大学硕士学位论文，2016。

认知和情感正处于发展阶段，感知到的积极体验和自我认知相对较低。

复原力影响因素的回归分析结果显示，负性生活事件中的家庭生活问题、社交和其他问题可以影响复原力水平，家庭生活问题、社交和其他问题越少，复原力水平越高，这与国内的研究结果一致[1]。对此我们认为，遭遇的负性事件的数量和严重程度影响个体适应消极事件并从中恢复的过程，面对的困难和逆境越少，就越能较快地从负性事件的阴影中走出来，因此个体表现出较强的心理复原能力。家庭生活问题对交互体验维度有显著的负向预测作用。这与面临的家庭生活问题越多，个体感知到的外部支持就越少，个体无法从外部环境中得到积极体验，从而影响复原力水平有关。

负性事件、心理健康和复原力之间的相关分析结果显示，三者之间均存在显著的相关关系。其中，负性事件与心理健康呈负相关，说明遭遇的负性事件越多，其心理健康水平越低，表明生活事件是影响心理健康水平的重要因素。负性事件与复原力间存在显著的负相关，表明个体的复原力水平越低，感受到的负性事件就越多。复原力和心理健康存在显著的正相关，说明复原力越高，心理健康水平就越好。以上的研究结果说明，负性事件、心理健康和复原力之间存在密切的关系，这与以往的研究一致[2]。

为进一步考察负性事件、心理健康与复原力三者之间的关系，本文做出了复原力在负性事件和心理健康中的调节模型。回归分析结果显示，复原力在负性事件与心理健康间起到调节作用。这一结果说明，复原力作为调节变量，降低负性事件对心理健康的影响，发挥重要的缓冲作用。具体来说，高复原力的个体面临相同的负性事件时相比于低复原力的个体感知到的痛苦和压力更少，一方面高复原力的个体利用内部资源进行自我调节，以乐观的态

---

[1] 杨彩霞：《大学生复原力与压力事件、心理健康的关系研究》，河北师范大学硕士学位论文，2008。

[2] 刘兰兰：《大学新生生活事件、复原力与心理健康的关系》，《开封教育学院学报》2016年第4期，第164~166页；董策欣、曹红萍、范佳丽：《大学生复原力与负性生活事件、心理健康之间的关系》，《科技视界》2016年第8期，第35~36页；唐海波、周敏：《大学生生活事件、认知情绪调节与心理弹性的关系》，《中国健康心理学杂志》2014年第3期，第441~443页。

度接受现实，正确认识事件的本质，对事件做出积极的反应；另一方面，他们通过寻求外部资源，如家庭和朋友的支持，缓解内心的压力和痛苦。所以，高复原力的个体应对逆境的内部和外部资源更多，从而维持在生理和心理上的相对稳定和健康[1]。

四 结论及建议

本研究结果显示，社区居民复原力总体水平较高，但仍有一定比例的居民复原力水平较低，个体之间存在差异。复原力与负性事件、心理健康的关系密切，复原力在负性事件与心理健康间起到调节作用。由此可见，复原力有效地减弱了负性生活事件对居民心理健康的负面影响。

居民在生活的过程中会遭受各种各样的负性生活事件，如果没有进行有效的干预和治疗将会对居民的身心健康带来严重后果。而复原力是个人内在的心理能力和人格属性，通过个人特质和外部环境的交互作用对它进行修补和调整。由此看来，复原力是可以改变的，培养和提高社区居民复原力水平是必要而且可行的，提高居民复原力可以减少居民出现各种心理问题和异常状态。

因此，为进一步提高居民心理健康水平，提升全民幸福指数，政府、社区、社会组织及相关工作人员等责任主体应注重居民复原力的培养，并重点关注复原力较低的社区居民，建议从以下几方面开展相关工作：首先，一方面开展心理健康教育宣传活动、心理咨询讲座等；另一方面加强社区的心理咨询室建设，为居民的心理困扰提供有效的疏导途径。其次，研究发现，团体辅导能够提高复原力，相关部门可根据上述的研究结论，在社区内开展团

---

[1] Zhang SY, Wang F, Yan XU, et al., "The Influence of Suffering Condition and Resilience on Posttraumatic Stress Response of Primary and Middle School Students in Earthquake-Striken Area", *Advances in Psychological Science*, 2009, 17（3）：556-561；Lee JS, Ahn YS, Jeong KS, et al. "Resilience Buffers the Impact of Traumatic Events on the Development of PTSD Symptoms in Firefighters", *Journal of Affective Disorders*, 2014, 162（3）：128-133.

体心理辅导活动。也就是说，对于复原力水平中等及以下的居民，有针对性地安排团体心理辅导活动，并且保证团体心理辅导活动的合理性、规律性、每次的持续时间和频次。再次，对于复原力水平很低的部分居民可以进行适当的心理治疗，给居民提供更多的关怀和支持。最后，鼓励居民在遇到压力事件时善于向周围的亲朋好友、社区机构求助，获得必要的外部支持和帮助。努力培养居民积极的生活态度，提高应对挫折的能力，不断优化心理素质，进而提升全体居民的生活质量和幸福指数。

B.6 北京居民政策情绪预测特点及影响因素研究

辛志勇 杜晓鹏 李升阳 刘 静 李冰月 王丹妮*

摘 要： 本研究以《北京市国民经济和社会发展第十三个五年规划纲要》（2016~2020）为主要政策内容编制了情绪预测问卷，抽取673名北京居民被试，调查了他们对在今后五年将陆续实施政策的情绪预测特点。结果表明，北京居民对"十三五"规划纲要中的政策情绪预测是正向积极的，总体得分由高到低的政策类别依次为：生态环境政策、居民生活政策、城市功能政策、城市建设政策。另外，经理人员、私营业主、个体工商户、农业劳动者等群体，年收入为15000~30000元及受教育程度低的被试其政策情绪预测得分相对较低。政策情绪预测影响因素研究的结果表明，个体的基本心理需要对政策情绪预测有直接影响作用，并通过政策与自我的关联性、未来信心、主观幸福感等中介因素影响政策情绪预测，也即个体基本心理需要满足可以通过提升个体对政策与自我相关性感知，提升个体对未来发展的信心，提升个体的主观幸福感，进而提升其对政策情绪的积极预测。研究还讨论了提高北京居民积极政策情绪

---

* 辛志勇，中央财经大学社会与心理学院副教授，企业与社会心理应用研究所副所长，中国社会心理学会理事，中国心理学会社会心理学专业委员会理事、秘书长；杜晓鹏，北京师范大学心理学部博士生；李升阳，中央财经大学社会与心理学院研究生；刘静，中央财经大学社会与心理学院研究生；李冰月，中央财经大学社会与心理学院研究生；王丹妮，中央财经大学社会与心理学院研究生。

预测的策略和建议。

关键词： 北京居民　情绪预测　政策情绪预测

一　问题提出

（一）情绪预测及政策情绪预测研究的意义

Wilson 和 Gilbert（2003）将情绪预测定义为个体预测未来将经历事件时的情绪反应，认为这是人们的一种普遍的心理过程。比如，计划买某款手机的人会预测自己买到这款手机后的情绪状况；没房子的人会预测自己有一天买到房子后的情绪状况；准备考大学的高中生会预测自己升入大学后的情绪状况，等等。情绪预测过程之所以普遍存在，是因为人们做出的每一项决策都是建立在对事件情绪情感结果的内隐或外显性预测的基础之上，人们之所以做出某一决定，是因为相信它会比其他选择带来更强的幸福感（March，1978；Shiv&Huber，2000）。

情绪预测由四部分构成：（1）预测有关未来情绪的效价（事件发生后会是积极情绪或消极情绪）；（2）预测将要经历的具体特定情绪（如事件发生后是生气、高兴还是恐惧）；（3）预测情绪的强度（假如事件发生后的情绪是生气，那是有些生气还是非常生气）；（4）预测情绪的持续时间（预测事件发生后的情绪将会持续多久）。

学者们不仅关注人们如何预测自己未来的情绪感受，而且还关注这种预测对他们的心理和行为所造成的影响。有许多研究结果表明，情绪预测结果会影响到人们对未来事件的认识、评价、决策和行为选择，还会影响到人们的满意度和幸福感。其根本机制就在于，人们都有寻求快乐回避痛苦的本性，更重要的是，对未来感受的期望可以在当前唤起快乐或者痛苦的感受。期望快乐时会产生积极情绪的改变，让人们在此刻感觉良好，类似的，预期

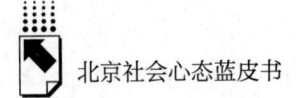

痛苦则会使人们产生消极情绪。Anderson 和 Oliver（1987）发现，预期消极的结果会使得人们在当前感到焦虑、沮丧，对积极情绪的预期则会帮助人们顺利应对日常问题。

情绪预测也普遍存在于政策实施实践领域，所谓政策情绪预测即指个体预测政府刚颁布的政策在未来实施时的情绪反应。常见的现象是，人们对政策的认知、评价、认同、满意度以及执行政策的力度，一定程度上取决于对政策实施后给自己所带来的情绪的预测。具体而言，一项即将实施的政策，如果个体对政策实施后的情绪预测是积极正向的，他将会给予该项政策以积极的评价，并产生认同感，会积极拥护支持该项政策，认真执行该项政策；反之，如果个体对政策实施后的情绪预测是消极负面的，他将会给予该项政策以消极的评价，并产生排斥感，进而会消极对待甚至拒绝履行该政策。

（二）本项研究的问题及研究价值

1. 研究问题

本项研究关注的问题主要有两个：一是北京居民的政策情绪预测现状和特点如何？包括总体特点和人口学差异特点。二是既然政策情绪预测结果会影响到居民对未来所实施政策的认识、评价、认同、支持程度，那么又有哪些因素会直接影响居民的政策情绪预测呢？换言之，如果能够了解清楚影响居民政策情绪预测的影响因素，是否就可以通过对这些因素进行改善或者干预，进而来促进北京居民的积极政策情绪预测，并最终提升北京居民对未来所实施政策的认同度和支持度呢？

2. 研究问题的意义和价值

以往有关情绪预测的研究很少涉及政策实施、实践领域。相关研究也更多关注的是情绪预测及情绪预测偏差对幸福感、事件评价以及行为决策等的影响，较少关注除认知等基础性因素之外的影响情绪预测特点的其他现实性因素。因此，本项研究的意义主要体现在以下三个方面：一是将情绪预测研究引入政策实施实践领域，拓展了情绪预测研究的领域和范围，具有一定的理论意义；二是首次较为全面地了解首都居民对市政府重要政策的情绪预测现状和特点；三是通过对影响政策情绪预测因素的探讨，可以在一定程度上探索并发现提高首都居民积极政策情绪预测的途径和方法，为有效促进首都居民对重要政策的认同度、配合度、执行度打下坚实的基础。研究具有重要的实践价值。

二 研究方法

本研究主要采用问卷法。

课题组自己编制了《北京居民政策情绪预测调查问卷》；选择了与情绪预测紧密相关的一些量表，如《主观幸福感量表》《基本心理需要量表》《不确定性容忍程度量表》《自我概念清晰性量表》《PANAS量表》。

1. 情绪预测问卷的编制

政策情绪预测问卷的条目内容主要来自《北京市国民经济和社会发展第十三个五年规划纲要》（2016～2020）（以下简称《规划纲要》）中的一些重要判断。已有文献指出情绪预测是有关日常决策和行为中重要且必要的组成部分，而政府规划的顶层设计与我国经济社会发展和广大人民群众期盼的美好生活息息相关，随着《规划纲要》的推行，未来五年，首都居民的生活会因此发生一些重要变化，这些变化会对首都居民的情绪产生一定的影响。因此经过讨论，我们从《规划纲要》中选取了紧贴居民日常生活行为的相关政策条目，从城市功能、生态环境、居民生活、城市建设4个维度入手进行了问卷的编制。

其中城市功能包括北京居民绿色出行、交通拥堵缓解、全民健身设施建设等方面的政策；生态环境包括北京居民人均绿地面积增加、北京清洁能源比重提升、绿化覆盖率、大气污染治理等生态环境质量显著提升等相关政策；居民生活包括人民生活水平和质量普遍提高、生活垃圾无害化处理、公租房推广、二孩政策、城乡居民收入增长等方面的政策；城市建设包括疏解非首都功能取得明显成效，部分教育医疗等公共服务机构、行政企事业单位有序疏解迁出等方面的政策。以城市功能为例，比如"北京中心城绿色出行比例将达到75%，城市交通拥堵将得到有效缓解。请估计政策实施或目标达成后你的情绪会是怎样的？"等条目，共计41题。

四个维度的Cronbacha系数分别为：城市功能0.916，生态环境0.964，居民生活0.949，城市建设0.923。问卷总Cronbacha系数为0.981。

条目编制完成后，由数名心理学专业教师和研究生讨论，对各题项表述进行规范。之后，邀请数名北京居民对问卷初始题项进行了审阅。问卷计分采用7点量表形式（"非常消极"～"非常积极"，分别计1～7分）。

2. 其他问卷介绍

为了探究北京居民对各类政策实施的情绪预测的影响因素，我们在调查时对多个影响因素进行了测量。这些因素涉及以下几个主要方面。

首先，考察了人口学因素对北京居民政策情绪预测特点的影响。

其次，考察了个体自身生存状态方面的影响因素。我们测量了主观社会经济地位、身体健康状况、基本心理需要满足以及主观幸福感等因素。以考察个体自身的生存状态对其对政策实施的情绪预测的作用。其中主观社会经济地位采用了经典的梯子测试。身体健康状况测量采用了Melzack, R.的痛觉感知量表，该痛觉感知量表共三道题，所有题目均为七点记分，痛觉感知得分即为3道题的平均分，对问卷进行可靠性分析，其Cronbacha系数为0.872。根据自我决定理论（Self-Determination Theory），人类具有三种根本性的心理需要：自主需要、关系需要和胜任需要（Ryan & Deci, 2000）。其中，自主需要是指个体希望自己决定自己的行为，不受他人控制；关系需要是指个体希望与他人建立起亲密联系；能力需要是指个体希望自己有完成重要事情的能力。本研究采用了Gagne编制的基本心理需要量表，共21道题，7点计分，其中9道题为反向计分，共3个因素，分别为自主需要，胜任需要和关系需要，其Cronbacha系数分别为0.734, .863, 0.791，总的Cronbacha系数为0.936。主观幸福感量表共13道题，分为两部分，第一部分为12道题，第二部分为1道题。主观幸福感的计分为前十二道题反向计分后加总平均乘以1加上最后一道题乘以1.1，即为个体主观幸福感总分。其Cronbacha系数为0.954。

最后，考察了个体的认知风格特征方面的影响因素。我们测量了的个体的自我概念清晰性、不确定容忍程度、对未来的信心以及其对各类政策与自身相关性的评估。考察个体在认知风格方面的因素对其对政策实施情绪预测的影响。自我概念清晰性（Self-Concept Clarity）是有别于自尊（Self Esteem）、反刍思维（Rumination）以及内在自我觉察（Internal State Awareness）的重要独立心理变量。自我概念清晰性表征了个体间对自己的了解的清晰程度的差异，它是指个体对自我概念内容的界定在多大程度上是明确的、跨时间稳定的和内在一致的。本研究采用的自我概念清晰性量表共12题，其中有2道题为正向计分，其余10道题为反向计分，自我概念清晰性即为其平均值，其Cronbach α系数为0.918。不确定容忍程度，描绘了个体在考虑到有负面结果有可能产生时的过度反应倾向，它描述了个体在多大程度上能够容忍生活中负面事件的发生。不确定容忍程度低的个体，会认为各种各样的不确定情境都是不可接受的，将所有的不确定性都认为是对生活的干扰。不确定容忍程度过低，会提升不良认知功能和不良行为发生的概率。采用的不确定性容忍程度量表共15题，所有题目均为5点计分，不确定性容忍程度即为15道题反向计分后的平均分，其Cronbach α系数为0.952。对未来的信心通过一道7点计分的题项直接测量。对各类政策相关性的评估是以"您认为该政策与您的相关程度？"一道题目直接测量获得，7点计分。

3. 问卷施测

本次问卷施测采用问卷星通过网络收集数据。

4. 施测被试基本情况

本次调查共通过问卷星发放问卷680份，收回有效问卷673份。所有收回的问卷均通过SPSS进行统计分析。问卷包含两个部分：第一部分为人口学变量，第二部分是政策实施情绪预测测量问卷。另外有500份问卷除上述两个部分之外还包含了主观幸福感、痛觉感知（健康）、不确定性容忍程度、自我概念性清晰性等量表。调查对象的基本人口学信息见表1。

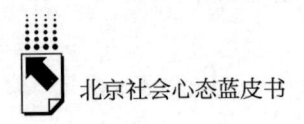

表1 被试基本人口学信息

	人数(人)	百分比(%)
性别		
男	243	36.1
女	430	63.9
年龄		
25岁以下	187	28.0
26~30岁	70	10.5
31~35岁	69	10.3
36~40岁	79	11.8
41~50岁	204	30.6
50岁以上	58	8.7
职业		
国家与社会管理者	41	6.1
经理人员	38	5.6
私营企业主	26	3.9
专业技术人员	132	19.6
办事人员	62	9.2
个体工商户	28	4.2
商业服务业员工	51	7.6
产业工人	55	8.2
农业劳动者	56	8.3
城乡无业、失业、半失业者	43	6.4
学生	141	21.0
在京居住年限		
1年及以下	48	7.1
2~5年	58	8.6
6~10年	48	7.1
11~12年	130	19.3
20年以上	389	57.8
户口所在地		
京籍	530	78.8
非京籍	143	21.2

续表

	人数(人)	百分比(%)
户口所在地		
东城区	72	10.7
西城区	41	6.1
朝阳区	74	11.0
崇文区	19	2.8
海淀区	91	13.5
宣武区	11	1.6
石景山区	19	2.8
门头沟区	14	2.1
丰台区	33	4.9
房山区	22	3.3
大兴区	18	2.7
通州区	33	4.9
顺义区	19	2.8
平谷区	18	2.7
昌平区	143	21.2
怀柔区	46	6.8
工作所在城区		
东城区	61	9.1
西城区	40	5.9
朝阳区	77	11.4
崇文区	11	1.6
海淀区	137	20.4
宣武区	14	2.1
石景山区	16	2.4
门头沟区	6	0.9
丰台区	23	3.4
房山区	23	3.4
大兴区	15	2.2
通州区	21	3.1
顺义区	13	1.9

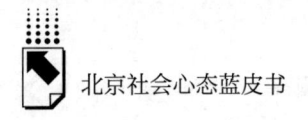

续表

	人数(人)	百分比(%)
工作所在城区		
平谷区	10	1.5
昌平区	102	15.2
怀柔区	33	4.9
无工作	77	10.5
年收入(元)		
低于5000	123	18.3
5001~15000	30	4.5
15001~30000	112	16.6
30001~60000	220	32.7
60001~100000	105	15.6
100001~300000	69	10.3
大于300000	14	2.1
受教育程度		
初中及以下	79	11.7
高中或中专	145	21.5
大专	119	17.7
本科	310	46.1
硕士	16	2.4
博士及以上	4	0.6

三 研究结果与分析

(一)北京居民政策实施情绪预测总体特点

政策实施情绪预测问卷共包含四个部分,分别为城市功能、生态环境、居民生活和城市建设,其中城市功能部分政策实施情绪预测有8道题,生态环境部分政策实施情绪预测有12道题,居民生活部分有13道题,城市建设部分有8道题。北京居民对各部分的政策实施情绪预测总体特点见表2。

表2 不同方面的政策实施情绪预测问卷得分

项目	N	均值	标准差
城市功能	673	5.77	0.98
生态环境	673	5.97	0.97
居民生活	673	5.89	0.96
城市建设	673	5.75	1.00
总分	673	5.85	0.91

数据分析结果表明，北京居民对政策实施的情绪预测得分在4个维度上都超过了中值4，说明北京居民对北京市十三五规划纲要中涉及的各方面政策情绪预测得分都是积极正向的，其得分由高到低排序依次为生态环境政策、居民生活政策、城市功能政策、城市建设政策。北京居民政策实施情绪预测得分在4个维度上存在差异，对其进行方差分析，符合球形检验，$F(3,2016)=44.26$，$P<0.01$，偏$\eta^2=0.06$。对其进行配对样本t检验检测其两两之间的差异，每个检验的α值为0.008。在居民对城市功能方面的情绪预测得分（M=5.77，SD=0.98）显著低于生态环境方面的情绪预测得分（M=5.97，SD=0.97），$t(672)=-9.514$，$P<0.008$；居民对城市功能方面的情绪预测得分显著低于居民生活（M=5.89，SD=0.96）方面的情绪预测得分，$t(672)=-4.934$，$P<0.008$；城市功能和城市建设（M=5.75，SD=0.91）两者之间的情绪预测得分不存在显著差异，$t(672)=0.69$，$P>0.008$；居民对生态环境方面的情绪预测得分显著高于居民生活方面的情绪预测得分，$t(672)=4.809$，$P<0.008$；居民对生态环境方面的情绪预测得分显著高于对城市建设方面的情绪预测得分，$t(672)=9.361$，$P<0.008$；居民对居民生活方面的情绪预测得分显著高于对城市建设方面的情绪预测得分，$t(672)=7.449$，$P<0.008$。

（二）北京居民政策实施情绪预测的人口学特点

1. 政策实施情绪预测在性别上的差异

从表3中可以看出被试整体得分为5.847分，高于中值4分，说明被试

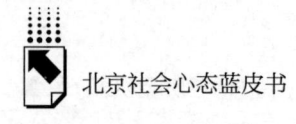

整体上对于北京市"十一五"规划的政策情绪预测是积极的,对不同性别的被试对政策的情绪预测得分做方差分析,发现不同性别对于政策情绪预测不存在显著差异,F（1671）=0.002,P>0.05。

表3　政策实施情绪预测在性别上的差异

性别	N	均值	标准差
男	243	5.849	0.876
女	430	5.846	0.931
总数	673	5.847	0.911

2. 政策实施情绪预测在年龄上的差异

表4　政策实施情绪预测在年龄上的差异

年龄	N	均值	标准差
25岁以下	187	5.938	0.847
26~30岁	70	5.802	0.926
31~35岁	69	5.884	0.963
36~40岁	79	5.809	0.858
41~50岁	204	5.773	1.014
50岁以上	58	5.880	0.724

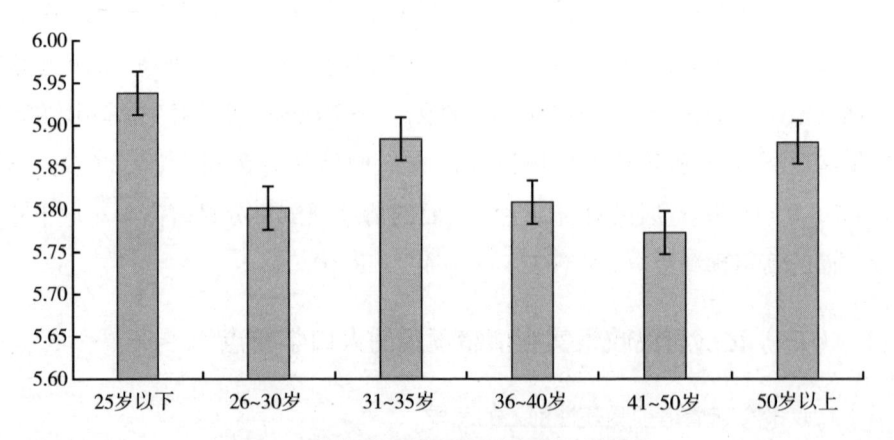

图1　政策实施情绪预测在年龄上的差异

不同年龄组的被试对北京"十一五"规划政策的情绪预测情况如表4和图1所示，对其进行方差分析发现 F（5，661）=0.740，P>0.05 表明不同年龄组的被试在政策实施情绪预测方面不存在显著差异。进一步对其进行以年龄为预测变量，政策实施情绪预期总分为因变量的回归分析，发现年龄并不能预测政策实施情绪预测得分。β=0.015，t（665）=0.385，P>0.05。

3. 政策实施情绪预测在不同职业上的差异

表5　政策实施情绪预期在不同职业上的差异

职业	N	均值	标准差
国家与社会管理者	41	6.049	0.957
经理人员	38	5.480	1.111
私营企业主	26	5.507	0.945
专业技术人员	132	5.951	0.811
办事人员	62	5.948	0.752
个体工商户	28	5.462	1.105
商业服务业员工	51	5.978	0.929
产业工人	55	5.875	0.915
农业劳动者	56	5.493	1.021
城乡无业、失业、半失业者	43	5.747	0.887
学生	141	5.998	0.816

表5和图2呈现了不同职业的被试对北京市"十一五"规划政策进行情绪预测得分的基本情况，对其进行方差分析得到 F（10，662）=3.444，P<0.01，η^2=0.05。表明不同职业的被试对十一五规划中政策的情绪预测存在显著差异。事后检验结果表明不同职业间两两存在显著差异。经理人员的政策实施情绪预测得分显著低于国家与社会管理者、专业技术人员、办事人员、商业服务业员工、产业工人和学生；私营企业主得分显著低于国家与社会管理者、专业技术人员、办事人员、商业服务业员工和学生；个体工商户得分显著低于国家与社会管理者、专业技术人员、办事人员、商业服务业员工、产业工人和学生；农业劳动者得分显著低于国家与社会管理者、专业技术人员、办事人员、商业服务业员工、产业工人和学生。

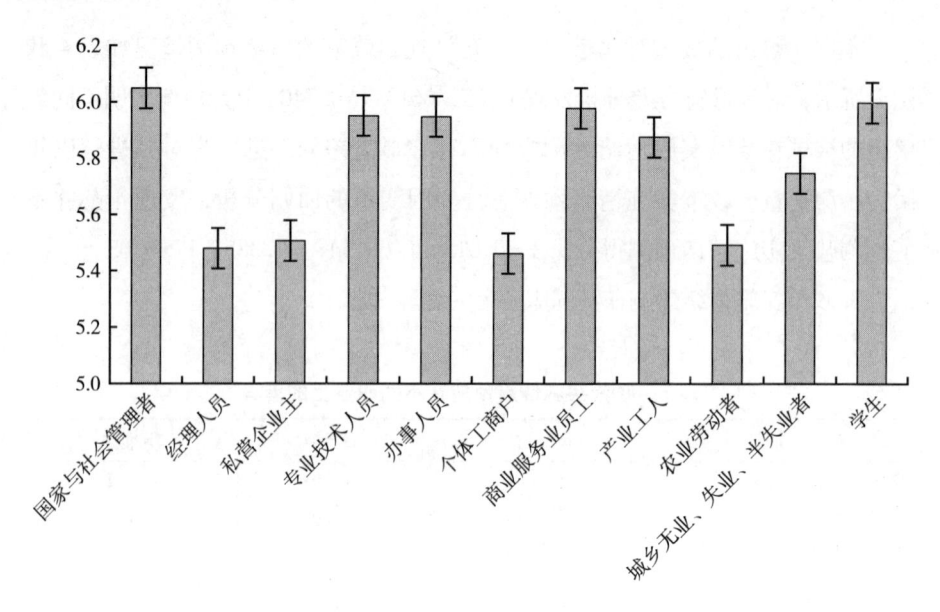

图 2　不同职业的政策实施情绪预期基本情况

经理人员、私营企业主、个人工商户及农业劳动者对政策实施的情绪预测较其他人群而言更为消极。

4. 政策实施情绪预测在居住年限上的差异

表 6　政策实施情绪预测在居住年限上的差异

居住年限	N	均值	标准差
1 年及以下	48	5.715	1.030
2~5 年	58	6.071	0.738
6~10 年	48	5.657	0.912
11~20 年	130	5.869	0.889
20 年以上	389	5.846	0.923

不同居住年限组的被试对北京"十一五"规划政策的情绪预测情况如表 6 所示，对其进行方差分析发现 $F(4,668)=1.676$，$P>0.05$，表明不同居住年限组的被试在政策实施情绪预测得分上不存在显著差异。进一步对其进行以居住年限为预测变量，政策实施情绪预测总分为因变量的回归分

析，发现居住年限不能预测政策实施情绪预测得分。$\beta = 0.058$，$t(671) = 1.40$，$P > 0.05$。

5. 政策实施情绪预测在户口所在地上的差异

表7 政策实施情绪预测在户口所在地上的差异

户籍	N	均值	标准差
京籍	530	5.847	0.903
非京籍	143	5.848	0.944

不同户口所在地的被试对北京市"十一五"规划政策的情绪预测情况如表7所示，对其进行方差分析发现$F(1, 671) = 0$，$P > 0.05$，表明不同户口所在地的被试在政策实施情绪预测得分上不存在显著差异。

6. 政策实施情绪预测在居住地上的差异

表8 政策实施情绪预测在居住在地上的差异

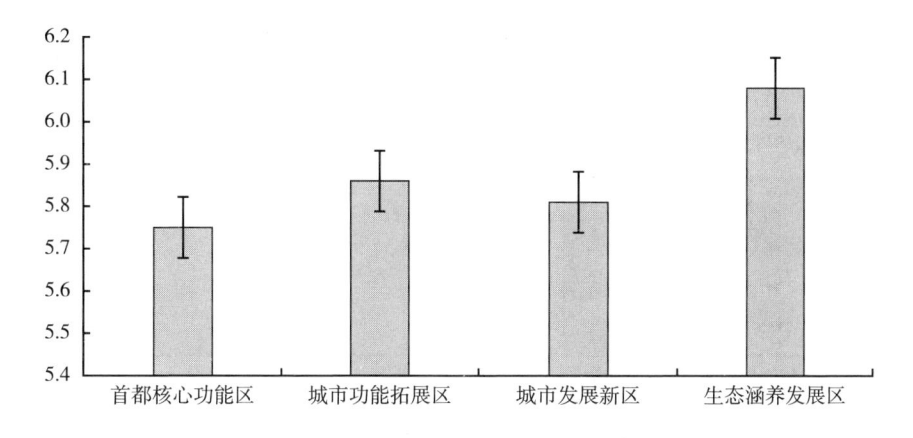

居住地	N	均值	标准差
首都核心功能区	143	5.75	0.96
城市功能拓展区	217	5.86	0.80
城市发展新区	235	5.81	0.99
生态涵养发展区	78	6.08	0.84

图3 政策实施情绪预测在居住在地上的差异

北京市共辖东城、西城、海淀、朝阳、丰台、门头沟、石景山、房山、通州、顺义、昌平、大兴、怀柔、平谷、密云、延庆16个区。根据北京市最新规划的城市四大功能区，东城区和西城区定位为"首都核心功能区"，朝阳、海淀、丰台、石景山4区被定位为"城市功能拓展区"，通州、顺义、大兴、昌平、房山5区被定位为"城市发展新区"，门头沟、平谷、怀柔、密云、延庆5区被定位为"生态涵养发展区"。以此为基础进行分析。

表8和图3呈现了不同居住地的被试的政策实施情绪预测得分情况，对其进行方差分析得到 $F(3,669)=2.35$，$P>0.05$，表明不同居住地被试的政策实施情绪预测得分不存在显著差异。

7. 政策实施情绪预测在不同工作地间的差异

表9 政策实施情绪预测在不同工作地间的差异

工作地	N	均值	标准差
首都核心功能区	126	5.73	0.96
城市功能拓展区	253	5.88	0.81
城市发展新区	174	5.85	0.97
生态涵养发展区	49	6.10	0.87
无工作	71	5.77	1.03

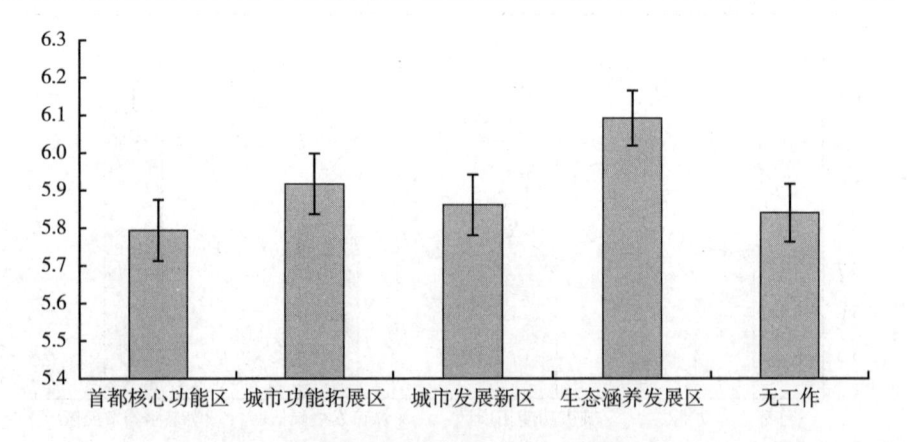

图4 政策实施情绪预期在不同工作地间的差异

如表9和图4所示，将城市分为4个功能区，对不同工作地被试的政策实施情绪预期得分进行方差分析，得到 F（4.668）= 1.67，P > 0.05，η^2 = 0.04，表明不同工作地被试的政策实施情绪预测得分不存在显著差异。

8. 政策实施情绪预测在不同年收入间的差异

表10　政策实施情绪预测在不同年收入间的差异

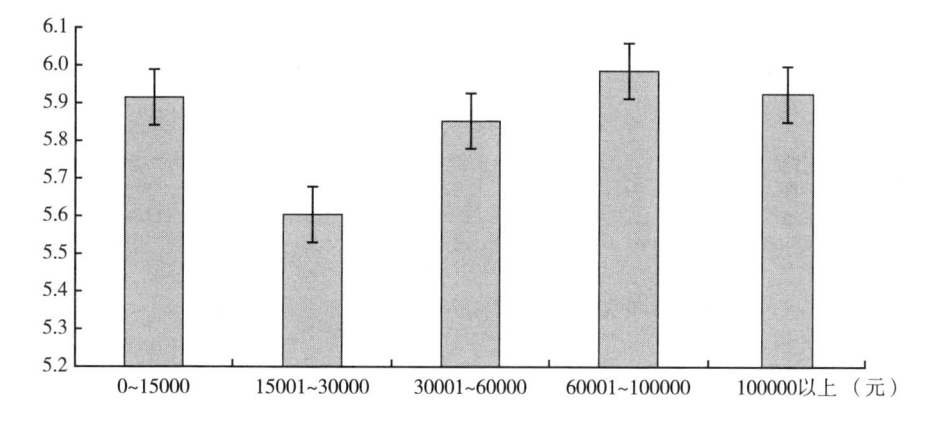

年薪(元)	N	均值	标准差
0～15000	153	5.91	0.86
15001～30000	112	5.60	1.04
30001～60000	220	5.85	0.88
60001～100000	105	5.98	0.86
100001以上	83	5.92	0.91

图5　政策实施情绪预测在不同年收入间的差异

表10和图5呈现了不同年收入被试的政策实施情绪预期得分的基本情况，对其进行方差分析得到 F（4668）= 2.872，P < 0.05，η^2 = 0.02。表明不同年收入被试的政策实施情绪预测得分存在显著差异。事后检验结果表明不同收入之间两两存在显著差异。其中收入在15001～30000元的被试其情绪预测得分显著低于其他各组被试的情绪预测得分。进一步地以年收入为预测变量，政策实施情绪预测总分为因变量的回归分析，发现年收入不能预测政策实施情绪预测得分。β = -0.064，t（671）= -1.667，P > 0.05。

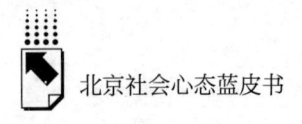

9. 政策实施情绪预测在不同受教育水平间的差异

表11　政策实施情绪预测在不同受教育水平间的差异

学历	N	均值	标准差
初中及以下	79	5.57	1.00
高中或中专	145	5.64	1.00
大专	119	5.89	0.94
本科	310	5.99	0.80
硕士及以上	20	6.06	0.84

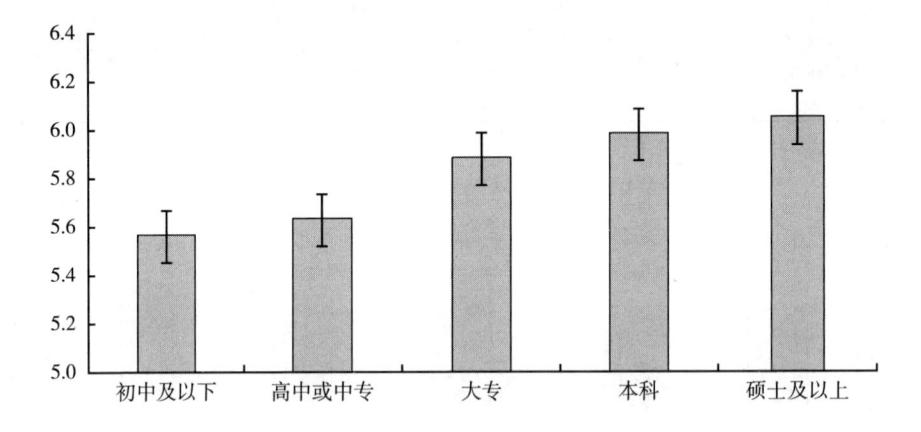

图6　政策实施情绪预测在不同受教育水平间的差异

表11和图6呈现了不同受教育水平被试的政策实施情绪预测得分的基本情况，对其进行方差分析得到F（4667） = 4.79，P < 0.01，η^2 = 0.03。表明不同受教育水平被试的政策实施情绪预期得分存在显著差异。事后检验结果表明不同受教育水平之间两两存在显著差异。初中及以下受教育水平的被试其情绪预测得分显著低于大专本科和硕士学历的被试，高中或中专受教育水平被试的情绪预测得分显著低于大专和本科学历的被试。

（三）政策实施情绪预测的影响因素及其机制探讨

1. 影响因素的描述性统计分析

各影响因素描述统计分析结果见表12。

表12 影响因素的描述性统计表

影响因素	N	最小值	最大值	M	SD
主观社会经济地位	671	1.00	10.00	4.18	2.10
健康状况（反向计分）	498	1.00	7.00	3.03	1.46
自主需要	498	1.86	6.14	4.31	0.70
关系需要	498	1.25	7.00	4.62	0.95
胜任需要	498	1.33	7.00	4.23	0.71
主观幸福感	498	2.60	13.70	9.62	2.40
自我概念清晰性	498	0.83	4.17	2.28	0.68
不确定容忍程度	498	0.00	4.00	1.53	0.83
未来信心	671	1.00	7.00	5.73	1.19
自我相关性_城市功能	671	1.00	7.00	5.69	1.09
自我相关性_生态环境	671	1.00	7.00	5.88	1.03
自我相关性_居民生活	671	1.00	7.00	5.67	1.04
自我相关性_城市建设	671	1.00	7.00	5.50	1.15
政策与自我相关程度	671	1.00	7.00	5.69	0.99

2.可能的影响因素与政策情绪预测的相关分析

为了甄别各个影响因素对政策实施情绪预测的影响是否存在，我们首先对各个变量与政策情绪预测的相关关系进行了探究，详见表13。

相关分析结果发现：（1）个体自身生存状态方面的影响因素：个体的健康状况、基本需要满足程度（分为自主需要、关系需要、胜任需要），以及主观幸福感均与个体对政策实施的情绪预测有显著正相关，相关系数分别为0.194、0.214、0.298、0.167、0.402。（2）个体的认知风格特征方面的影响因素：自我概念清晰性，对未来的信心，不确定性容忍程度以及政策与自我相关程度，其中对未来的信心和政策与自我的相关程度均与政策实施的情绪预测有显著正相关，相关系数分别为0.685、0.794，不确定性容忍程度和政策实施的情绪预测显著负相关，相关系数为-0.219。

与积极情绪预测相关系数较高的变量有（r>0.3）：主观幸福感、对未来的信心以及政策与自我相关性感知。

表 13 可能的影响因素和情绪预测的相关关系

项目	1	2	3	4	5	6	7	8	9	10	11
1 主观社会经济地位	1										
2 健康状况（反向计分）	-0.012	1									
3 自主需要	0.082	-0.009	1								
4 关系需要	0.055	-0.258**	0.499**	1							
5 胜任需要	0.119**	-0.272**	0.331**	0.579**	1						
6 主观幸福感	0.019	-0.310**	0.362**	0.383**	0.325**	1					
7 自我概念清晰性	-0.044	-0.473**	-0.063	0.232**	0.379**	0.181**	1				
8 对未来的信心	0.026	-0.151**	0.248**	0.192**	0.184**	0.450**	0.090*	1			
9 不确定性容忍程度	0.020	-0.131**	-0.302**	-0.138**	0.192**	-0.111**	0.439**	-0.140**	1		
10 政策与自我相关程度	0.054	-0.196**	0.222**	0.268**	0.175**	0.396**	0.076	0.600**	-0.211**	1	
11 情绪预测总分	0.034	-0.194**	0.214**	0.298**	0.167**	0.402**	0.074	0.685**	-0.219**	0.794**	1

注：**，$p<0.01$；*，$p<0.05$。

3. 回归分析及政策实施情绪预测影响机制探讨

(1) 各因素对政策实施情绪预测的回归分析

以被试主观社会经济地位为预测变量，情绪预测总分为因变量的回归分析，发现年收入不能预测情绪预测得分。$\beta=0.035$，$t(671)=-0.894$，$P>0.05$。

以个体健康状况为预测变量，情绪预测总分为因变量的回归分析，发现个体健康状况能预测情绪预测得分。$\beta=-0.196$，$t(498)=-4.456$，$P<0.05$。解释了情绪预测得分的变异性的3.6%。这表明了个体越不健康，对于"十一五"规划中政策的情绪预测得分越低。

以不确定性容忍程度得分为预测变量，情绪预测总分为因变量的回归分析，发现不确定性容忍程度得分能预测情绪预测得分。$\beta=0.22$，$t(498)=5.027$，$P<0.05$。解释了情绪预测得分变异性的4.6%。这表明了不确定性容忍程度得分越高，对于政策实施的情绪预测越高。

以自我概念清晰性得分为预测变量，政策实施的情绪预测为因变量的回归分析，发现自我概念清晰性得分不能预测政策实施的情绪预测。$\beta=0.074$，$t(498)=1.660$，$P>0.05$。

以主观幸福感为预测变量，政策实施的情绪预期为因变量的回归分析，发现主观幸福感能预测政策实施的情绪预期。$\beta=0.403$，$t(498)=-9.82$，$P<0.05$，解释了政策实施的情绪预测的变异性的16.1%。这表明了个体的主观幸福感越高对政策实施的情绪预期越高。

(2) 基本心理需要满足对政策实施情绪预测的影响：政策与自我相关性的中介作用

依照Bootstrap方法进行中介效应检验。Bootstrap样本量为5000，置信水平为95%。检验结果表明，基本心理需要满足可以提升个体对政策与自我相关性感知进而提升了个体对政策实施情绪预测的影响。政策与自我相关性的中介效应显著（β中介效应=0.30）；基本心理需要满足对政策实施情绪预测的直接效应显著（β直接效应=0.10）。基本心理需要满足的整体效应为0.41，详见图7。

具体作用路径系数见下图。

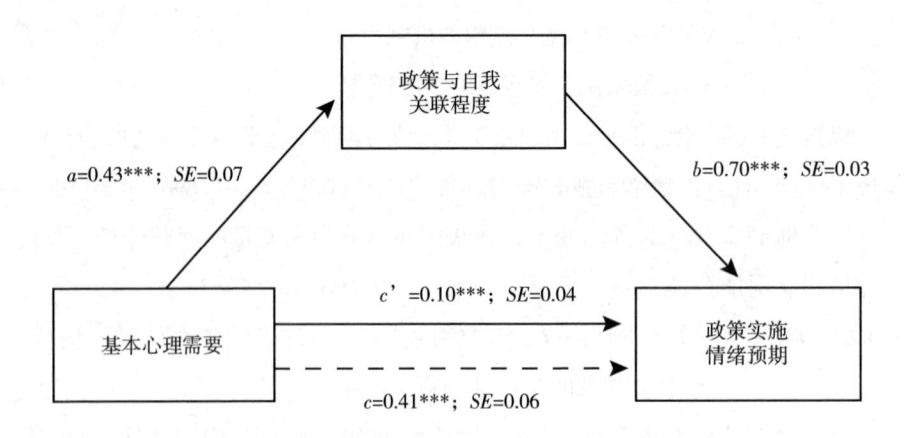

**图7 基本心理需要满足对政策实施情绪预测的影响：
政策与自我相关性的中介作用**

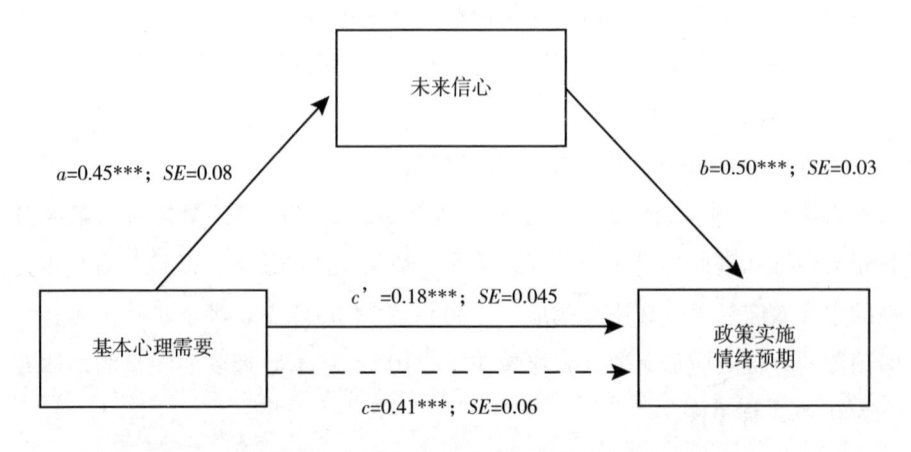

（3）基本心理需要满足对政策实施情绪预测的影响：未来信心的中介作用

依照 Bootstrap 方法进行中介效应检验。Bootstrap 样本量为5000，置信水平为95%。检验结果表明，基本心理需要满足可以提升个体的未来信心进而提升了个体对政策实施情绪预测的影响。政策与自我相关性的中介效应显著（β 中介效应 = 0.22）；基本心理需要满足对政策实施情绪预期的直接效应显著（β 直接效应 = 0.18）。基本心理需要满足的整体效应为0.41。

具体作用路径系数见图8。

图8 基本心理需要满足对政策实施情绪预测的影响：未来信心的中介作用

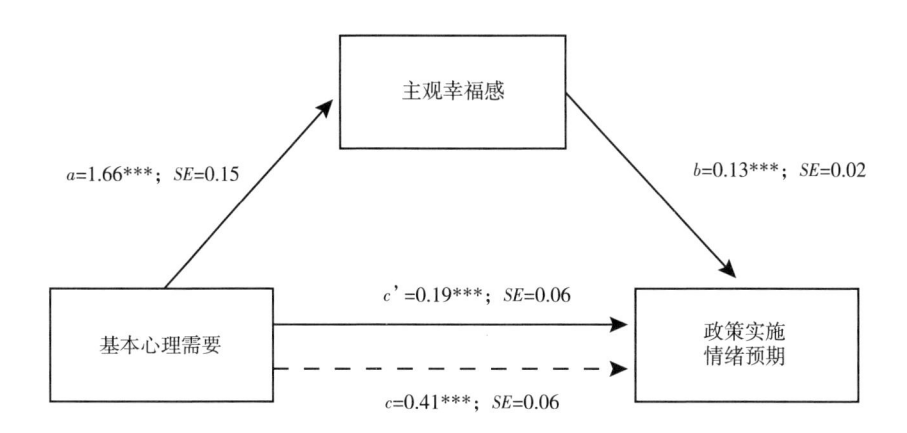

(4) 基本心理需要满足对政策实施情绪预测的影响：主观幸福感的中介作用

依照 Bootstrap 方法进行中介效应检验。Bootstrap 样本量为 5000，置信水平为 95%。检验结果表明，基本心理需要满足可以提升个体的主观幸福感进而提升个体对政策实施情绪预测的影响。政策与自我相关性的中介效应显著（β 中介效应 = 0.21）；基本心理需要满足对政策实施情绪预测的直接效应显著（β 直接效应 = 0.19）。基本心理需要满足的整体效应为 0.41。

具体作用路径系数见图 9。

图 9 基本心理需要满足对政策实施情绪预测的影响：主观幸福感的中介作用

(5) 三种不同基本心理需要满足对政策实施情绪预测的影响

上述分析结果表明，基本心理需要的满足可以通过影响个体对政策与自我相关程度的感知、个体的主观幸福感和个体对未来的信息，进而影响个体对政策实施情绪的预测。

为比较三种不同心理需要的影响，同时考察三种心理需要对政策实施情绪的影响。回归结果见表 14。

上述分析结果表明，同时考虑三种基本心理需要的情况下，关系心理需要对政策实施情绪预测的预测效力最强。

表14 不同心理需要对政策实施情绪预测的影响

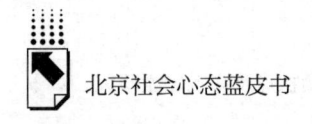

项目	模型1	模型2
常数项	5.96***	4.49***
性别	−0.14	−0.16*
年龄	0.02	0.001
主观社会经济地位	−0.001	−0.009
自主需要		0.111
关系需要		0.251***
胜任需要		−0.19
R^2	0.007	0.103***
ΔR^2	0.007	0.0096***

四 本研究主要结论

（1）本研究结果表明，北京居民对北京市"十三五"规划纲要中涉及的各方面政策情绪预测得分均为积极正向，其得分由高到低排序依次为生态环境政策、居民生活政策、城市功能政策、城市建设政策。

（2）研究表明不同职业的被试对规划纲要中政策的情绪预测存在显著差异。经理人员、私营企业主、个人工商户及农业劳动者对政策实施的情绪预测较其他人群而言更为消极。

（3）初中及以下受教育水平的被试其情绪预测得分显著低于大专本科和硕士学历的被试，高中或中专受教育水平被试的情绪预测得分显著低于大专和本科学历的。总体表现为受教育程度越高其政策实施情绪预测更积极的特点。

（4）北京居民对北京市"十三五"规划纲要中有关政策实施的情绪预测在性别、年龄、在京居住年限、户籍所在地、不同居住地、不同工作地等人口学因素上不存在显著差异。

（5）政策与居民的相关程度越高，居民对该类政策实施的情绪预测也越积极。

（6）个体的主观幸福感、对未来发展的信心以及个体对政策与自身相关性的评估是其对政策实施做出情绪预测的关键影响因素。

（7）个体的基本心理需要能够通过个体的主观幸福感、对未来发展的信心以及个体对政策与自身相关性的评估为中介，影响其对政策实施的情绪预测。

（8）三种基本需要中，关系需要的满足是影响个体对政策实施进行积极情绪预测的显著因素。

五　讨论

（一）政策实施情绪预测在人口学变量上的差异

1. 北京居民对四类政策实施的情绪预测中，对生态环境方面的政策情绪预测得分最高、最积极，其次为居民生活方面的政策

这一结果表明，政策与居民的相关程度越高，居民对政策实施的情绪预测就越积极。近年来，北京居民对城市生态环境质量及其改善问题越来越关注，迫切希望政府出台一些切实可行且行之有效的政策来解决这一问题。而且更重要的是，市民看到了以往已实行的一些改善生态环境的政策取得了明显的成效，所以更希望有新的制度、政策来维护这一良好发展态势。规划纲要中有关生态环境建设的政策恰好契合了市民的需求。当然，居民生活方面的政策涉及公租房建设、垃圾处理、居民收入提高等与居民切身利益相关的问题，也广受关注，对这方面政策实施将带来的影响也有更为积极的情绪预测。

2. 不同职业的居民对政策实施情绪预期有显著差异，经理人员、私营企业主、个体工商户及农业劳动者对政策实施的情绪预测较其他人群而言更为消极

经理人员、私营企业主、个体工商户这几类职业多处于激烈的市场竞争中，相对其他职业而言会面临更大的生存和竞争压力，工作负荷量也更高，其未来的发展也存在较大的不确定性，一定程度上影响到他们对未来政策实

施的情绪预测。而农业劳动者也是一种工作负荷量较大的职业，且影响收成收入的因素较多，从整体上看他们的收入和其他职业相比仍相对较低，对生产生活中风险事件的控制感也较低，导致了他们对政策实施的情绪预测更为消极。当然，这一结果还需要今后收集更多的样本数据来进一步验证。

3. 政策实施情绪预期在不同受教育水平上存在显著差异

整体上来看，受教育水平低的群体其政策实施情绪预测更为消极，受教育水平高的群体其政策实施情绪预测更为积极。这一结果可能有如下一些原因：一是受教育水平低的群体对政策的关注度不够，理解和认识的深度也不够，导致他们认为政策与自身的关联不密切，降低了其对政策的认同，进而表现为政策实施情绪预测相对消极。受教育水平高的群体则有相反的表现。二是受教育水平高的群体其收入以及整体社经地位要高于受教育水平低的群体，他们的幸福感受以及对未来发展的信心要相对更高，因此，表现为对政策实施的情绪预测更积极。

（二）影响政策实施情绪预测的因素

1. 个体的主观幸福感、对未来发展的信心以及个体对政策与自身相关性的评估是个体对政策实施做出情绪预测的关键影响因素

主观幸福感是一种主观的、整体的概念，同时也是相对稳定的，它反映的是个体根据自己的标准对自己幸福与否的一种主观的感受。当个体的主观幸福感较高时，他往往对生活有更高的满意度，在生活中会有更多愉快的情感体验，所以他们对政策实施情绪预测也会更加积极；当个体对未来发展更有信心时，个体往往倾向于积极乐观的去看待未来和事物，他们也会对政策实施更有信心，因而会对政策实施有更积极的情绪预测；政策与自我相关性反映的是个体认为政策与自身联系的紧密程度，以及自我在政策实施方面的卷入程度，当个体评估政策与自我相关程度较高时，个体会对政策实施更加关注，对政策实施情绪预测也更加积极。这启示我们，政府应该着力提高居民的主观幸福感，提升居民对未来发展的信心，并通过各种措施提升居民对政策与自身相关性的评估，进而提升居民对政府政策的积极关注、支持和认同。

2. 各因素对政策实施情绪预测的回归分析发现个体健康状况能预测情绪预测得分

个体越不健康,对于"十三五"规划的情绪预测得分越低;不确定性容忍程度得分能预测情绪预测得分,不确定性容忍程度得分越高,对于政策实施的情绪预测得分越高,说明对变革、变化的高容忍度有利于对政策实施做出积极的情绪预测,也提示我们培养提高居民改革开放意识的重要性;自我概念清晰性得分不能预测政策实施的情绪预测得分,表明个体自我概念清晰性对政策实施情绪预测没有影响。总结回归分析的结果可以看出,个体健康状况、不确定性容忍度和主观幸福感能够正向预测政府实施情绪预期。这可能是因为,当个体有较好的健康状况和较高的主观幸福感时,个体会对自己的生活更有控制感,能够更加积极乐观地看待事物和未来的变化,同时他们对社会生活有更高的兴趣,因此他们对政策实施的情绪预测会更加积极。因此,提高居民的健康和主观幸福感,培养提高居民的变革开放意识可能会对居民政策实施的情绪预测产生积极影响。

3. 个体的基本心理需要能够通过个体的主观幸福感、对未来发展的信心以及个体对政策与自身相关性的评估为中介,影响个体对政策实施的情绪预测程度

根据自我决定理论(Self-Determination Theory),人类具有三种根本性的心理需要:自主需要、关系需要和胜任需要(Ryan & Deci, 2000)。其中,自主需要是指个体希望自己决定自己的行为,不受他人控制;关系需要是指个体希望与他人建立起亲密联系;胜任需要是指个体希望自己有完成重要事情的能力。基本心理需要的满足状况会影响个体对未来的期望。在日常工作情境中,基本心理需要的满足会提升个体的效能感,其行为会表现得更为积极。基本心理需要的满足,还会使个体体验到更多的活力感,并能够缩小个体感知到的现实自我与理想自我之间的差距。由此,我们可以推论,基本心理需要的满足能够有效提升个体对未来的预期。这是因为基本心理需求满足之后,个体对自身目前的状况主观上感到满意,他也会对未来有更加积极的看法,相信自己的未来会更加美好,提升了个体对未来的信心,而对未来的

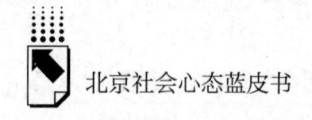

信心反映在政府政策层面上，便体现为个体对政策实施情绪预测更积极。基本心理需要满足可以提升个体的主观幸福感，基本心理需要的满足，会使个体对自己的生活主观上感到满意，从而提升自身的主观幸福感，个体的主观幸福感的提升则会使个体对自己和事物有更加积极的看法，进而对政策实施情绪预测产生积极影响。

基本心理需要的满足，同样还可以提高个体对政策与自我相关性的评估。"穷则独善其身，达则兼济天下"，这里的"穷"和"达"不指个体财富，而指的是个体的心理需求满足情况。当个体的心理需求得到更好的满足的时候，个体才更加认为公共政策与自身相关，进而对政策的实行报有更积极的情绪预测。因此，执政为民，政府应积极关注居民的基本心理需求满足情况，可能有助于提升居民对公共政策的积极关注与投入，最终实现政为民所谋，民为政助力的良性互动。

4. 三种基本需要中，关系需要的满足对政策实施积极情绪预测的影响最为显著

关系心理需求是指人会期待与他人产生情感上的联系，并因此确定自己的角色、地位和存在的价值。人是社会性的，个体渴望获得在情感上与他人的密切联系，这会给他们带来心理上的社会安全感，同时关系需求的满足可以为个体提供强有力的社会支持，在个体遇到挫折和困境的时候能够给予个体慰藉和帮助。关系心理需求的满足对于个体有非常重要的意义，对政策实施情绪预测有重要影响。这启示我们，未来，政府需要着重关心居民自身的关系需要满足情况、社会支持情况以及整个社会的和谐情况。

六 建议

北京居民对政府政策实施的积极情绪预测是认同、支持、拥护政府政策，进而坚定贯彻、执行政府政策的前提和基础，也是政府政策产生最优效果的保证。因此，根据本项研究结果及其讨论，从以下方面提出一些有效提高北京居民政策实施积极情绪预测的具体建议，供北京市政府相关部门借鉴

和参考。

1. 大力提高北京居民的整体文化素质

研究结果表明不同受教育水平被试的政策实施情绪预测存在显著差异，初中及以下受教育水平被试的情绪预测得分显著低于大专、本科和硕士学历的，高中或中专受教育水平的被试其情绪预测得分也显著低于大专和本科学历。事实上，北京作为首都，已经定位为要建设成以政治、文化、国际交流为中心的国际化大都市，提高市民的受教育水平和整体文化素质是实现三个中心目标的基础。因此，未来如何采取切实有效的办法和措施提高市民的整体文化素质，缩小市民之间的教育水平差距，尤其是大力缩小城市核心区居民与非核心区居民的教育水平差距，将会十分有利于北京国际化大都市的建设，也将有助于市民对政府政策实施的积极情绪预测及对政策的认同和支持。

2. 提高居民收入水平，缩小居民间的收入差距

研究结果表明，被试年收入水平也在一定程度上影响到其对政府政策的积极情绪预测，总体表现为年收入低的被试对政府政策实施的情绪预测得分相对较低。这提示我们，缩小北京居民收入差距，不断提高居民的整体收入水平，是提高北京居民对政府政策实施的积极情绪预测及对政策的认同和支持的途径和方法之一。

3. 政府应采取措施为经理人员、私营企业主、个体工商户及农业劳动者营造更为有利的制度和政策环境

研究结果表明不同职业的被试对"十一五"规划的情绪存在显著差异，经理人员、私营企业主、个体工商户及农业劳动者对政策实施的情绪预测较其他人群而言更为消极。所以政府应该更加关注这四类职业群体的生产生活环境，帮助他们营造更为有利的制度和政策环境，帮助他们加强对未来发展的信心，提高其主观幸福感，从而提高他们对政府政策实施的积极情绪预测以及对政策的认同和支持。

4. 关注北京居民基本心理需要的满足，更加重视居民关系需要的满足

所谓基本心理需要满足并非指个人财富及物质需要的满足，而是指包括

自主需要、关系需要和胜任需要在内的心理需要的满足。基本心理需要的满足不仅对居民政策实施的积极情绪预测有直接影响作用，还会通过提升居民主观幸福感、对未来发展的信心、政策与自身相关性评估等中介因素，进而影响居民对政策实施的积极情绪预测。因此，无论政府的政策制定，还是组织开展各种活动，也包括在居民的各种社会实践中，应充分尊重居民的独立性和自主性，提高居民的自我效能感（相信居民有能力、有觉悟把工作做好），尤其要注意建设和营造和谐健康的、强有力的社会支持环境，以及人际及群际间良性互动的社会环境（关系需要满足），这样将会有力提高居民对政府政策实施的积极情绪预测。

5. 提高北京居民对城市未来发展的信心

研究结果表明，提高个体对未来发展的信心有助于提升居民对政府政策实施的积极情绪预测，当然也会提高居民对政府政策的认同和支持。所以，从政府角度来看，不仅可以通过不断提高城市建设质量、提升城市文明程度、改善市民的物质生活水平等途径来提高市民对未来发展的信心，也可以通过构建清晰的令人向往的城市建设规划蓝图、市民未来生活前景，制定有效稳妥的发展政策来提升市民对未来发展的信心，当然，构建规划蓝图也好，制定合理的政策也好，都需要积极发动吸引市民的积极参与，蓝图和政策要实事求是，并需要市民理解和知晓。另外，让每位市民能充分发挥自己的能力和潜力，提高他们的自我效能感也是提升其未来发展信心的重要途径。

6. 加大主动宣传北京"十三五"规划纲要中各项政策内容的力度，扩大宣传范围，使北京居民深刻认识到政策与其自身福祉的相关性

研究结果表明，被试所认知到的政策与自身的相关性或密切程度会直接影响他们对政府政策实施的积极情绪预测。但事实上，很多北京市居民对于"十三五"规划纲要精神要领的了解动机不够强，对具体政策内容的了解程度自然也不够，这就成为政策实施过程中的阻碍，或者说至少没有为"十三五"规划纲要的实施起到很好的推动作用。政府应加大主动宣传"十三五"规划纲要中各项政策内容的力度，扩大宣传范围，使北京居民深刻认识到政策与其自身福祉的相关性，这将会有力促进对政策的积极情绪预测以

及对政策的认同和支持。但也要注意政策宣传中的实事求是，过度夸大的宣传虽然有利于提高居民政策实施前的积极情绪预测，但随着政策的实施，如果居民发现政策与宣传有差距或没有落实，将会产生较大的情绪预测偏差，从长远来讲将不利于对政策的认同以及对政府的公信力。

7. 重点关注生态环境及居民生活方面的政策的落实

研究结果表明，被试对"十三五"规划纲要中有关生态环境、居民生活类别的政策情绪预测更为积极和正向，这反映出了北京居民对这两类政策更为期待和关注。当然，另外也在一定程度上说明了生态环境、居民生活类别存在问题比较突出。因此，政府应该加强北京城市生态环境质量监控，倡导生产方式和生活方式绿色、低碳，促进单位地区生产总值能耗、水耗持续下降，碳排放总量、主要污染物排放总量下降，生活垃圾无害化处理，重要河湖水生态系统显著改善，提高森林覆盖率，空气优质天数稳步增加等。另外，随着经济的发展不断提高居民的物质生活水平。总之，生态环境和居民生活质量的改善将会有效促进居民对政府政策的积极情绪预测以及对政策的认同和支持。

参考文献

Anderson, E., & Oliver, R. L. (1987), Perspectives on Behavior-Based Versus Outcome-Based Salesforce Control Systems, *The Journal of Marketing*, 51 (4), pp. 76 – 88.

Gilbert, D. T., Brown, R. P., Pinel, E. C., & Wilson, T. D. (2000), The Illusion of External Agency, *Journal of Personality and Social Psychology*, 79 (5), p. 690.

Gilbert, D. T., & Ebert, J. E. J. (2002), Decisions and Revisions: The Affective Forecasting of Changeable Outcomes, *Journal of Personality and Social Psychology*, 82 (4), pp. 503 – 514.

Gilbert, D. T., Pinel, E. C., Wilson, T. D., Blumberg, S. J., & Wheatley, T. P. (1998), Immune Neglect: A Source of Durability Bias in Affective Forecasting, Journal of Personality and Social Psychology, 75 (3), pp. 617 – 638.

Lynch, M. F., La Guardia, J. G., & Ryan, R. M. (2009), On Being Yourself in

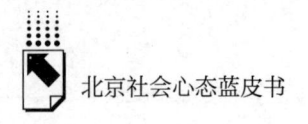

Different Cultures: Ideal and Actual Self-concept, Autonomy Support, and Well-Being in China, Russia, and the United States, Journal of Positive Psychology, 4 (4), pp. 290 – 304. doi: 10.1080/17439760902933765.

March, J. G. (1978), *Bounded Rationality, Ambiguity, and the Engineering of Choice*, *Journal of Economics*, pp. 587 – 608.

Ryan, R. M., & Deci, E. L. (2000), Self-determination Theory and the Facilitation of Intrinsic Motivation, Social Development, and Well-Being, *American Psychologist*, 55 (1), pp. 68 – 78. doi: Doi 10.1037/0003 – 066x.55.1.68.

Shiv, B., & Huber, J. (2000), The Impact of Anticipating Satisfaction on Consumer Choice, *Journal of Consumer Research*, 27 (2), 202 – 216.

Taylor, I. M., & Lonsdale, C. (2010), Cultural Differences in the Relationships Among Autonomy Support, Psychological Need Satisfaction, Subjective Vitality, and Effort in British and Chinese Physical Education, *Journal of Sport & Exercise Psychology*, 32 (5), pp. 655 – 673. doi: DOI 10.1123/jsep.32.5.655.

Van den Broeck, A., Vansteenkiste, M., De Witte, H., & Lens, W. (2008), Explaining the Relationships between Job Characteristics, Burnout, and Engagement: The Role of Basic Psychological Need Satisfaction, *Work and Stress*, 22 (3), pp. 277 – 294. doi: 10.1080/02678370802393672.

Wilson, T. D., & Gilbert, D. T. (2003), Affective Forecasting. Advances in Experimental Social Psychology, 35, pp. 345 – 411.

Wilson, T. D., Gilbert, D. T., & Salthouse, T. (2001), Predicted Emotional Reactions Across the Adult Life Span, Unpublished Raw Data, University of Virginia.

Wilson, T. D., Meyers, J., & Gilbert, D. T. (2001), Lessons from the Past: Do People Learn from Experience that Emotional Reactions are Short-lived? *Personality and Social Psychology Bulletin*, 27 (12), pp. 1648 – 1661.

B.7
北京居民心理健康水平对其社会信任的影响及其干预研究

董妍 于晓琪 方圆*

摘　要： 本研究在北京16个区县进行调查，考察了北京居民心理健康状况，并选取两个社区的居民开展了心理健康干预。结果显示北京市居民整体心理健康水平有待进一步提升，尤其是社会经济地位较低的居民更值得关注。北京居民的心理健康水平受到性别、居住年限、收入水平、受教育程度、婚姻状况、职业等人口统计学变量的影响。北京居民对心理健康有较为正确和客观的态度，愿意接受多种形式的心理健康服务，通过干预后，居民的心理健康水平有所提升。本文分析了北京居民心理健康的状况，并提出了决策建议。

关键词： 北京居民　心理健康　心理弹性　安全感　幸福感

一　引言

随着人们物质生活水平的不断提高，人们对心理健康的重视程度也越来越高。然而，当经济水平发展到一定程度、物质需求不再匮乏时，人们的精

---

* 董妍，中国人民大学心理学系副教授，博士生导师；于晓琪，中国人民大学心理学系硕士研究生；方圆，中国人民大学心理学系博士研究生。

神需要及心理问题就会越来越突出，社会上就容易出现越来越严重、越来越普遍的精神危机。党和国家也非常重视人民群众的心理健康，多次强调要加强心理健康的基础性研究，提高居民的心理健康水平。实际上，居民个人的心理健康水平不仅会影响到个体的主观感受，也会影响个体的社会信任水平，进而影响国家和社会的稳定与和谐发展。因此，加强心理建设不仅是人民健康、幸福的需要，更是国家发展的需要。我们有必要对居民的心理健康问题展开深入研究，并制定行之有效的干预方案，在社区中采取相应的措施，进一步提升居民的心理健康水平。

（一）心理健康的定义与测量

健康是人类幸福的前提条件，而心理健康是健康的重要组成部分。2001年，世界卫生组织指出（俞国良、董妍，2015）："心理健康是一种健康或幸福状态，在这种状态下，个体可以实现自我、能够应对正常的生活压力、工作富有成效和成果，以及有能力对所在社会做出贡献。"2012年 Forgeard 和 Seligman 提出了幸福引擎模型（the engine approach）（Forgeard & Seligman, 2012）。该模型将影响幸福的因素分为输入（inputs），过程（process）和结果（outcomes）。输入是指促成幸福的资源，具体指既定的或环境的因素，从国家的角度讲，包括国内生产总值（GDP）、政治自由、健康服务等；从个人角度讲，包括基因、受教育水平、收入、人格特质等。过程是指影响幸福的机制的内部状态，具体指影响个体决策的内部机制，包括情绪、心境、认知评价等。结果是指反映幸福的本质上有价值的行为，具体是指个体在自愿条件下做出的与幸福有关的行为，包括良好的人际关系、自控力、积极参与工作、锻炼、有价值的行为等。这一模型对开展心理健康研究，提升居民的心理健康水平和幸福感有一定的指导和借鉴意义。

在对心理健康的测量过程中，研究者们有两种取向，一种是采用综合性的量表对个体的心理健康进行测量，常用的测量工具有 SCL-90 量表等。这种综合性的量表有利于对个体的心理健康水平进行总体评估，并能够根据常模发现有心理健康问题的个体，即能够起到诊断和筛查的作用。另外一种取向是，将心理健康区分为不同的指标，分别对各个指标进行测量。比如，幸福感、安全感、抑郁、焦虑、心理弹性、自尊和自我同情都被认为是考察个体心理健康水平的重要指标。研究者也为此开发了一些相应的测量工具，如用于测量焦虑水平的 SAS 量表，用于测量抑郁水平的 SDS 量表。这种单一指标的心理健康测量工具，虽然不能给出综合性的评估，但是可以更为精准地了解个体某一方面的心理健康情况。本研究将对心理健康的不同指标进行测量，具体包括心理弹性、安全感、抑郁、领悟性社会支持、幸福感等。

（二）国内外心理健康研究的现状

最近几十年里，随着我国经济的快速发展，人们不论是物质生活，还是工作条件，都发生了非常大的变化，卫生医疗水平也大大提高，人们的生理健康状况得到了极大改善，但是居民的心理健康状况却一直不容乐观。研究表明，经济发展到一定程度、物质需要不再匮乏时，人们的精神需要及心理问题就越来越突出，社会上就容易出现越来越严重、越来越普遍的精神危机，且弱势群体的心理或精神危机尤其严重。在这种大环境下，人们会认为自己前途渺茫，感受不到生活的意义，精神不健康的人越来越多，他们在心理上、精神上普遍变得越来越焦虑，自杀率也随之攀升。联合国教科文组织曾指出，心理疾病和适应不良将会成为 21 世纪人类健康的最大威胁。世界卫生组织的报告显示，2007 年全球约有 10 亿人正受到精神疾病的困扰。据世界卫生组织 2015 年 7 月 14 日发布的《2014 年精神卫生地图集》，在全世界范围里，每 4 个人中就有 1 人可能存在精神健康问题。预计到 2020 年，抑郁症的疾病负担将仅次于冠心病，名列"全球疾病负担榜"第二位。

根据国家卫生部疾控中心 2009 年的统计数据，在我国，约有 17.5% 的人存在不同程度的心理问题和精神疾病。根据世界卫生组织 2012 年的统计结果，我国重症精神疾病患者已高达 1600 万人；70% 左右的人处于精神"亚健康"状态，1.9 亿人需要接受专业的心理咨询或心理治疗；在年满 20 岁的成年人中，心理障碍患者以每年 11.3% 的速度增加；17 岁以下的未成

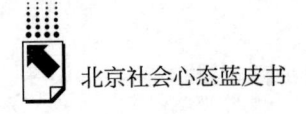

年人中,有各类学习、情绪、行为障碍的约 3000 万人;16%~25.4%的大学生存在心理障碍。

我国居民的心理健康问题根据不同的主体表现为不同的类型:独生子女的心理健康问题主要是娇气、任性、神经质、社交退缩、自我中心、缺乏独立性和责任心,这个群体已成为心理障碍和心理疾病的易感人群,甚至成为发生违法犯罪等恶性事件的高危人群;学生群体的心理健康问题主要包括焦虑、抑郁、厌学、恋爱问题、人际冲突、求职压力等,这些问题不仅会影响学生的个人发展,也会给其家庭和社会带来隐患;职场人员的心理健康问题主要涉及职业压力、幸福感、职业倦怠、职业认同、胜任力等方面。比如有研究表明高达 68%的警察存在心理压抑问题,70%的公务员有戒备心,教师中抑郁、精神不振、焦虑、过分担心、失眠等问题突出。根据北京市精神障碍流行病学 2010 年的调查,每 10 位居民中,就有 1 名曾患精神障碍。精神障碍虽然并不等同于人们印象中的精神分裂,但每个人都有可能在其不同的人生发展阶段发生不同程度的认知、情感、意志和行为等精神活动障碍,当机体受到内、外有害因素的影响导致脑功能活动失调时,就会出现各类精神疾病。例如,我们常见的失眠,也属于精神障碍的一种。根据中国社会科学院社会学研究所在 2013 年发布的《社会心态蓝皮书》,北京 16 个区县 18 岁以上 72 岁以下居民的整体心理健康水平偏低。

(三)心理健康与社会信任的关系

研究发现,个体的心理健康水平与其人际信任之间存在相互促进的关系。一方面,如果个体心理状况良好,那么他具有较好的人际关系,对他人的信任程度比较高(徐本华,庞彦翔,2004;彭代彦,闫静,2014);另一方面,个体如果具有良好的人际信任关系,说明他能打开心扉、坦诚面对他人,也反映了个体良好的心理健康状况(田可新等,2005;杨子珺,2006;Kim,Chung, Perry, Kawachi, & Subramanian, 2012)。实际上,心理健康不仅是影响个体人际信任的重要因素之一,而且个体的人际信任又与其社会信任有密切的关系。因此,研究心理健康对社会信任的影响具有非常重要的价值。

社会信任水平是社会发展的重要衡量指标之一。社会信任不仅能改善教育质量、增进个体健康、提高法制和政府管理水平、加强社会稳定、促进经济繁荣发展，还能准确预测公众社会信任水平对防范社会风险、预防社会危机的重要作用。简单来讲，社会信任是一种普遍信任，是对陌生人或社会上大多数人的信任。实际上，除此之外，社会信任还包括对各种社会制度以及各种社会职业群体的信任，如对政府、企业、媒体、公益组织的信任以及对医生、教师、警察、公务员等职业群体的信任。因此，社会信任反映了人们对社会、对政府、对国家以及对其他人的信赖程度。作为社会资本的重要组成部分，社会信任与国家的稳定发展和社会的持续进步密切相关。回顾以往的研究，社会学更倾向于从宏观视角解读社会信任，而心理学则更倾向于从微观视角分析影响社会信任的因素。因此，全面多层次地分析社会信任的影响因素，在理论上，可以帮助我们更加深入地理解社会信任，加深对我国社会信任现状的认识；在实践中，也为我们提供了多种提高社会信任水平的方法和思路，有利于我们更好地提升公众的社会信任水平。

　　田可新等发现，人际信任是影响大学生心理健康的重要因素，提高人际信任改善人际关系，有助于大学生心理健康水平的提高（田可新等，2005）。杨子珺发现人际信任对心理健康有一定的预测作用，个体的人际信任程度越高，越能反映个体良好的心理健康状况（杨子珺，2006）。Kim、Chung、Perry、Kawachi 和 Subramanian 发现人际信任水平的高低会影响个体的心理健康，具体来说，低水平的人际信任是影响个体长期抑郁的危险因素。彭代彦和闫静发现，对我国世界价值观调查的数据显示，与"认为大多数人不可信且需要特别小心谨慎"的人相比，"认为大多数人可以信赖"的人对生活满意度较高，这说明社会信任对个体身心健康起着促进作用。徐本华发现，人际信任水平较低的人与人际信任水平较高的人的抑郁程度存在显著差异。在人际交往中，对他人信任度低的人，往往抑郁水平较高；对他人信任度高的人，往往抑郁水平较低。由此可见，改善抑郁情绪有助于人际信任水平的提升，而人际信任水平的提升也有助于个体积极乐观地成长。

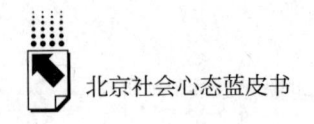

二 研究方案

（一）研究目的

本研究的目的首先在于通过对北京居民心理健康状况的调查，了解北京居民心理安全感情况、抑郁情况、心理弹性水平以及幸福感情况；其次，本研究拟考察心理弹性与北京居民社会信任的关系；再次，考察北京社区居民对心理健康的态度以及需求，以及心理健康对社会信任的预测作用；最后，本研究通过制定并实施居民心理健康干预方案拟提高两个社区老年居民的心理健康水平。

（二）研究内容

本研究一共分成四个子研究。研究 1 通过大样本的问卷调查考察了北京居民的心理安全感、抑郁、心理弹性的情况；研究 2 考察了北京居民心理健康水平与社会信任的关系；研究 3 考察北京社区居民对心理健康的态度以及对心理健康服务的需求；研究 4 制定北京居民心理健康干预方案并选取两个北京社区对其部分老年被试进行提高心理健康水平的干预。

（三）研究方法

本研究主要采用文献法和问卷法进行了研究。通过文献法，梳理了心理健康的概念、心理健康与社会信任的关系。通过问卷法考察了北京居民心理健康水平及其与社会信任的关系。

（四）研究的意义与价值

个体的心理健康水平不仅关系到居民自身的主观感受，也关系到个体对所处社会的信任程度，而一个社会的信任程度如何又关系到整个社会的和谐与发展。因此，本研究具有重要的理论意义与实践意义。首先，从理论上看，本研究可以从心理健康的视角深入探究影响社会信任的机制，对于揭示社会信任的影响因素有重要的理论价值。其次，本研究不仅揭示了北京居民心理健康的状况,而且还设计了行之有效的心理健康问题干预方案,并实施干预方案对两个社区的部分老年居民进行了心理健康的干预,这不仅有利于探索有效的心理健康干预措施,而且对未来进一步提高居民心理健康水平、制定有效的方案有重要的借鉴意义。

三 研究1 北京居民心理健康现状分析

(一)研究目的

通过对北京居民心理健康水平的大样本调查,了解北京居民的心理安全感、抑郁与心理弹性的状况。

(二)研究方法

1. 被试

本次调查在北京16个区县采取分层抽样方法,共收集2000份问卷,其中有效问卷有1927份,回收率是96.35%。被调查居民的重要个人基础情况见表1、表2和图1。

表1 样本人口统计学变量基本情况

单位:人,%

类别	特征	频数	百分比	类别	特征	频数	百分比
性别	男	969	50.3	居住年限	4年以内	587	30.5
	女	958	49.7		4~7年	463	24.0
年龄	15~24岁	426	22.1		8~11年	280	14.5
	25~34岁	1208	62.7		12~15年	74	3.8
	35~44岁	250	13.0		16~19年	48	2.5
	45岁及以上	43	2.2		20年及以上	417	21.6
受教育程度	初中及以下	64	3.3		缺失	58	3.0
	高中	209	10.8	婚姻状况	已婚	916	47.5
	高职高专	377	19.6		未婚	940	48.8
	本科	1060	55.0		离异	67	3.5
	研究生及以上	217	11.3		丧偶	4	0.2

续表

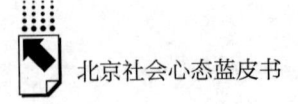

类别	特征	频数	百分比	类别	特征	频数	百分比
政治面貌	共青团员	648	33.6	个人月收入	1720 元以下	195	10.1
	预备党员	266	13.8		1720~7000 元	867	45.0
	党员	477	24.8		7001~10000 元	534	27.7
	民主党派	46	2.4		10001~15000 元	228	11.8
	无党派人士	88	4.6		15001~20000 元	68	3.5
	群众	402	20.9		20001 元以上	35	1.8

表2 样本户口所在地分布情况

单位：人，%

户口所在地	频数	百分比	户口所在地	频数	百分比
东城	214	11.1	顺义	28	1.5
西城	225	11.7	大兴	20	1.0
朝阳	496	25.7	昌平	54	2.8
海淀	301	15.6	平谷	20	1.0
丰台	130	6.7	怀柔	21	1.1
石景山	62	3.2	密云	13	0.7
门头沟	24	1.2	延庆	13	0.7
房山	52	2.7	外地户口	217	11.3
通州	37	1.9			

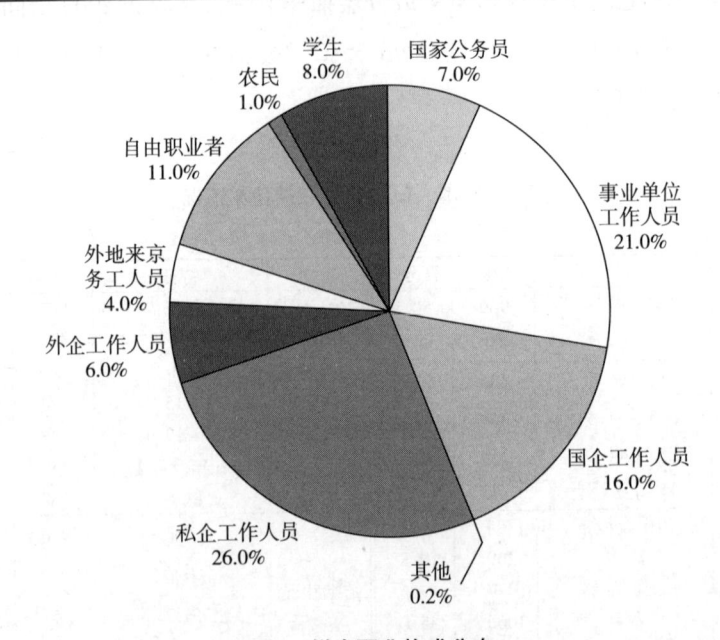

图1 样本职业构成分布

122

2. 研究工具

（1）中国成年人心理弹性量表（Resilient Trait Scale for Chinese Adult, RTS-CA）。该量表包括内控性、注重问题解决的应对风格、乐观性、接受和运用社会支持的心理倾向性以及接纳性5个因子30个项目，其中每个因子有6个项目。量表采用1~4级评分方式，1＝"几乎完全不符合"，2＝"不太符合"，3＝"比较符合"，4＝"几乎完全符合"，评分越高表示心理弹性越好。本次测量中该量表的内部一致性信度 Cronbach's α 系数为0.84，5个因子的 Cronbach's α 系数分别为0.82（内控性）、0.83（注重问题解决的灵活应对）、0.67（乐观性）、0.60（形成、维持和运用支持关系的能力）、0.83（接纳性）。

（2）贝克抑郁自评量表（Beck Depression Inventory, BDI-13）。该量表是一个含有13个项目的自评量表，13个项目分别是：抑郁、悲观、失败感、满意感缺失、自罪感、自我失望感、消极倾向、社交退缩、犹豫不决、自我形象改变、工作困难、疲惫感和食欲丧失。对每个类别的描述分为四级，按其所显示的症状严重程度排列，从"无"到"极重"，级别分为0~3分四级评分制，评分越高表示抑郁程度越严重。本次测量中该量表的内部一致性信度 Cronbach's α 系数为0.97。

（3）安全感量表（Security Questionnaire, SQ）。该量表包括人际安全感和确定控制感2个因子16个项目，其中每个因子有8个项目。量表采用1~5级评分方式，1＝"非常不符合"，2＝"基本不符合"，3＝"中性"，4＝"基本符合"，5＝"非常符合"，评分越高表示安全感程度越高。本次测量中该量表的内部一致性信度 Cronbach's α 系数为0.95，2个因子的 Cronbach's α 系数分别为0.90（人际安全感）、0.91（确定控制感）。

3. 研究程序

采用分层取样的方法，对北京16个区县的2000名居民进行问卷调查。所有参与调查的居民均签署知情同意书，问卷内容以及居民的个人信息严格保密，仅为研究所用。由心理学专业人员进行施测，问卷填答完毕大约需要20分钟。

4. 统计分析方法

采用SPSS 22.0进行描述性统计分析和方差分析。

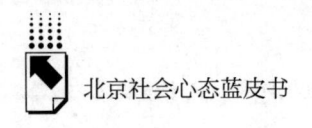

（三）研究结果

1. 北京居民心理健康状况的基本特点

（1）北京居民心理弹性的基本特点

北京居民总体心理弹性平均分为 2.77 分（$SD=0.28$），其中内控性的平均分为 2.96 分（$SD=0.50$），注重问题解决的灵活应对的平均分为 2.97 分（$SD=0.50$），乐观性的平均分为 2.90 分（$SD=0.43$），形成、维持和运用支持关系的能力的平均分为 2.80 分（$SD=0.40$），接纳性的平均分为 2.22 分（$SD=0.58$）。由此可见，北京居民心理弹性各维度得分和总分均低于中值分数，说明北京居民的心理弹性较低，需要进一步提升。

（2）北京居民抑郁状况的基本特点

北京居民抑郁状况总体平均分为 1.02 分（$SD=0.86$），虽然平均分低于中值分数 1.5 分，但还是有相当一部分居民的平均得分较高，值得进一步关注。

（3）北京居民安全感的基本特点

北京居民总体安全感平均分为 3.08 分（$SD=0.80$），其中人际安全感的平均分为 3.10 分（$SD=0.81$），确定控制感的平均分为 3.06 分（$SD=0.83$）。从得分上看，北京居民的安全感略高于中值分数 3 分，说明北京居民的安全感处于中等水平。

2. 北京居民心理健康状况的个体差异

（1）不同个体特征居民的心理弹性状况

男性的心理弹性均值为 2.75 分，女性的心理弹性均值为 2.79 分，女性的心理弹性显著高于男性（$t=2.94$，$P<0.01$）。具体表现为，女性注重问题解决的灵活应对（$t=2.18$，$P<0.05$）及形成、维持和运用支持关系的能力（$t=1.86$，$P<0.05$）显著高于男性。研究结果说明，女性的心理弹性水平高于男性（见图2）。

北京居民不同年龄组的心理弹性总体差异显著（$F=6.23$，$df=3$，$P<0.001$），得分由高到低依次是 45 岁以上（2.853 分）、25～34 岁（2.782 分）、35～44 岁（2.765 分）、15～24 岁（2.721 分）。由此可见，随着年龄的增长，北京居民的心理弹性水平逐渐增强（见图3）。

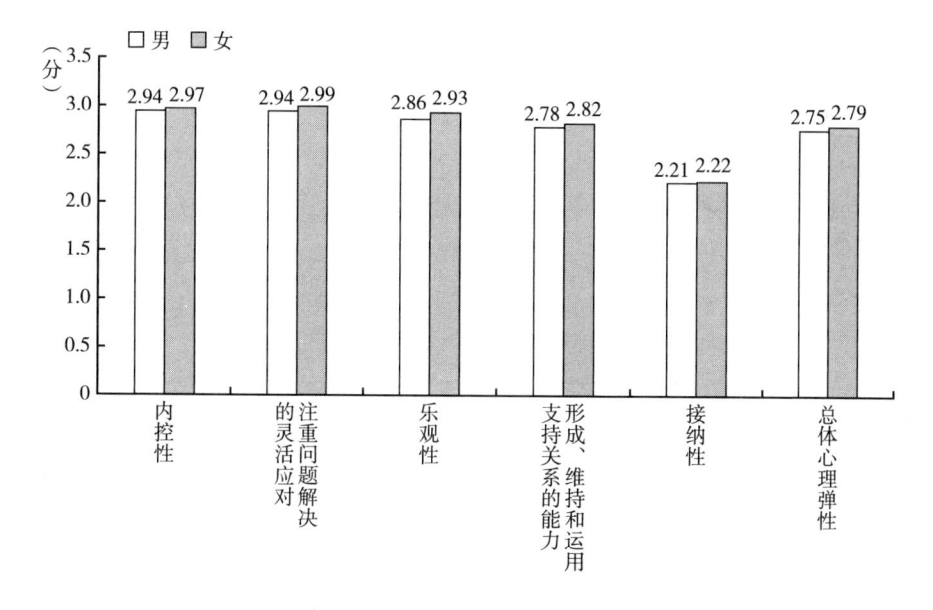

图2 心理弹性状况的性别差异

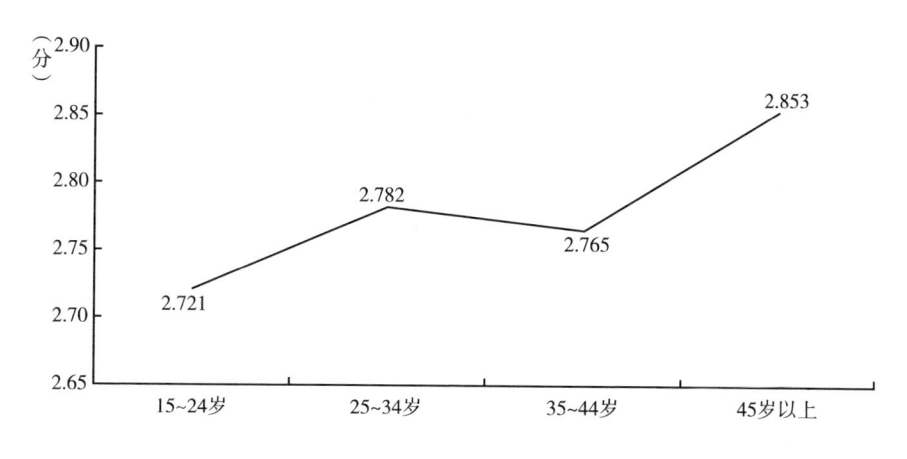

图3 不同年龄心理弹性的差异

不同居住年限对北京居民心理弹性的影响显著（$F=3.73$，$df=9$，$P<0.05$）。得分由高到低依次是16~19年（2.803分）、12~15年（2.800分）、4~7年（2.790分）、20年以上（2.785分）、8~11年（2.779分）、4年内（2.727分）。从结果来看，居住时间4年内的居民心理弹性最差（见图4）。

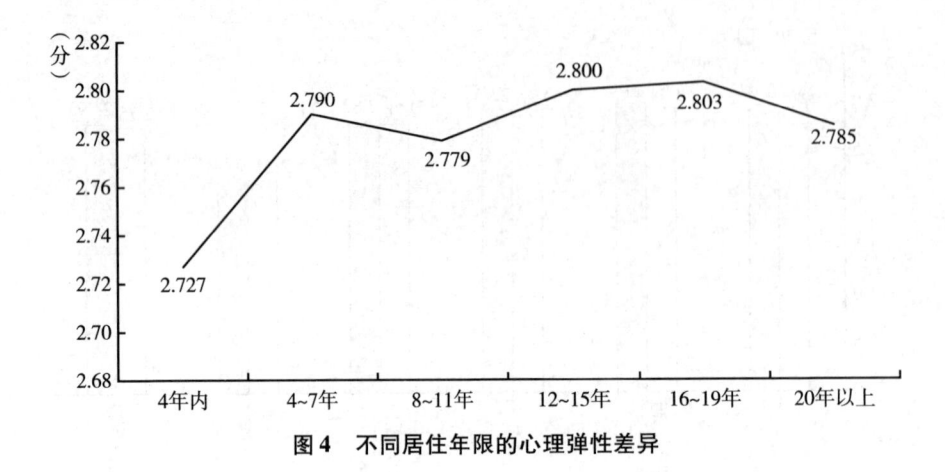

图 4　不同居住年限的心理弹性差异

不同职业对北京居民心理弹性的影响显著（$F=1.97$，$df=9$，$P<0.05$），得分从高到低依次是事业单位工作人员（2.80分）、外企工作人员（2.79分）、农民（2.78分）、私企工作人员（2.77分）、国企工作人员（2.76分）、学生（2.76分）、外地来京务工人员（2.76分）、自由职业者（2.73分）、国家公务员（2.72分）、其他人员（2.58分）。由此可见，事业单位、外企工作人员和农民的心理弹性较好，公务员的心理弹性则较差（见图5）。

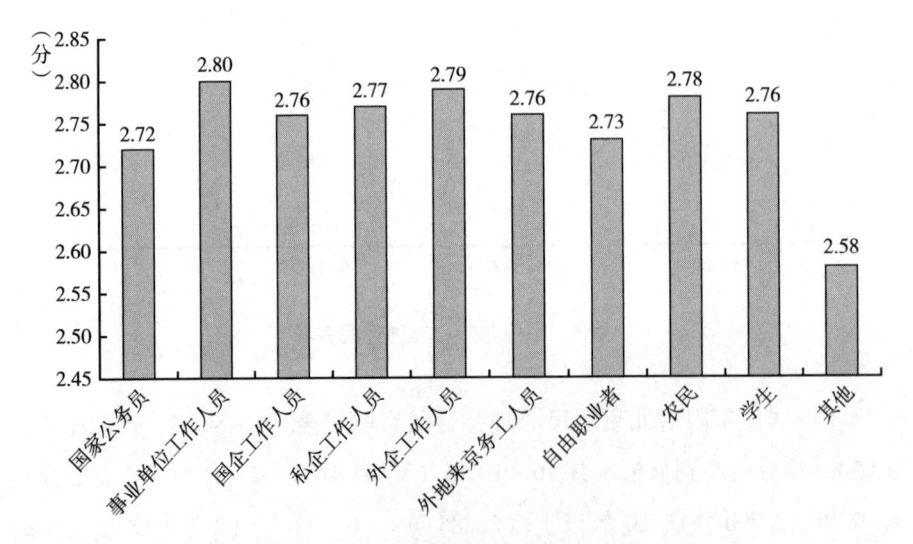

图 5　不同职业的心理弹性差异

不同收入水平对北京居民心理弹性影响差异显著（$F=4.75$，$df=5$，$P<0.001$），得分从高到低依次为20001元以上（2.88分）、10001~15000元（2.81分）、15001~20000元（2.80分）、7001~10000元（2.77分）、1720~7000元（2.76分）、1720元以下（2.70分）。由此可见，随着收入的增加，北京居民的心理弹性水平越来越高（见图6）。

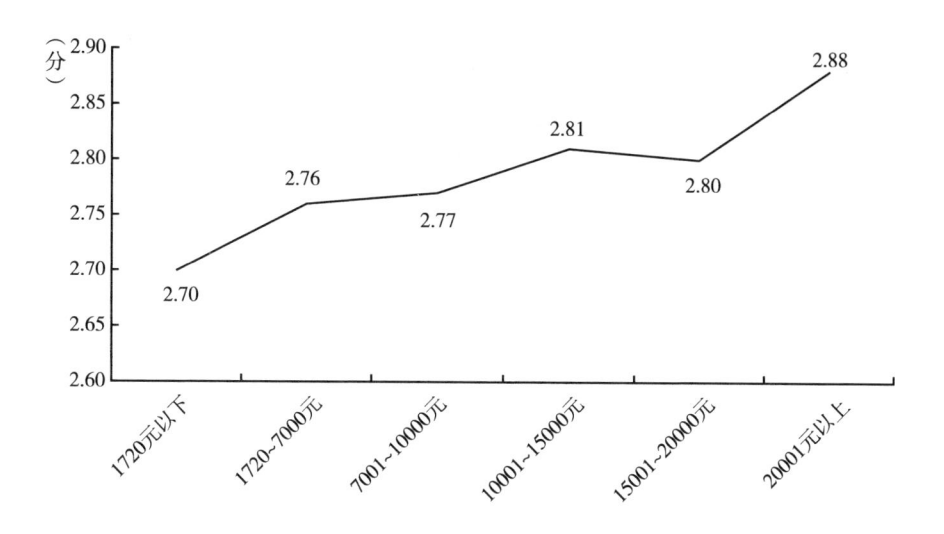

图6 不同收入水平心理弹性的差异

受教育状况对北京居民心理弹性的影响差异显著（$F=17.98$，$df=4$，$P<0.001$），得分从高到低依次为硕士研究生及以上（2.84分）、本科（2.80分）、初中及以下（2.73分）、高职高专（2.71分）、高中（2.67分）。由此可见，除了初中及以下群体（64人）外，其他群体随着学历的增高，其心理弹性水平越来越高（见图7）。

不同婚姻状况对北京居民心理弹性的影响差异显著（$F=17.54$，$df=3$，$P<0.001$），得分从高到低依次为已婚（2.81分）、未婚（2.74分）、离异（2.60分）、丧偶（2.52分）。本研究结果与以往研究一致，已婚和未婚的居民心理弹性水平高于离异和丧偶的居民（见图8）。

不同政治面貌对北京居民心理弹性的影响差异显著（$F=6.46$，$df=$

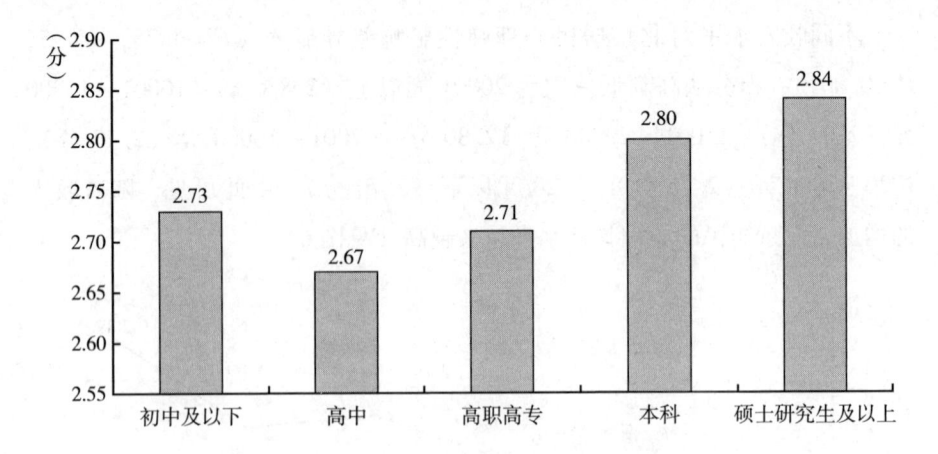

图7 不同受教育状况心理弹性的差异

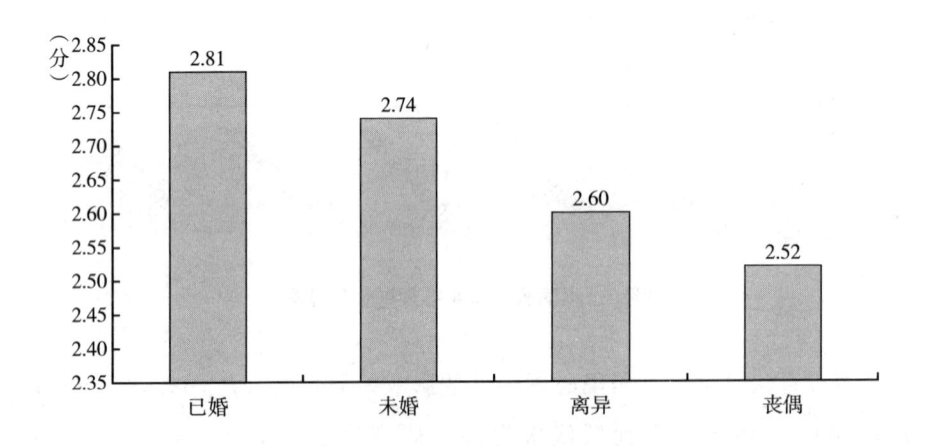

图8 不同婚姻状况心理弹性的差异

5，$P<0.001$），得分从高到低依次为党员（2.81分）、群众（2.80分）、无党派人士（2.77分）、预备党员（2.75分）、共青团员（2.73分）、民主党派（2.73分）。由此可见，党员和群众的心理弹性水平较高（见图9）。

户口所在地对北京居民心理弹性的影响差异不显著（$F=1.24$，$p=0.11$）。

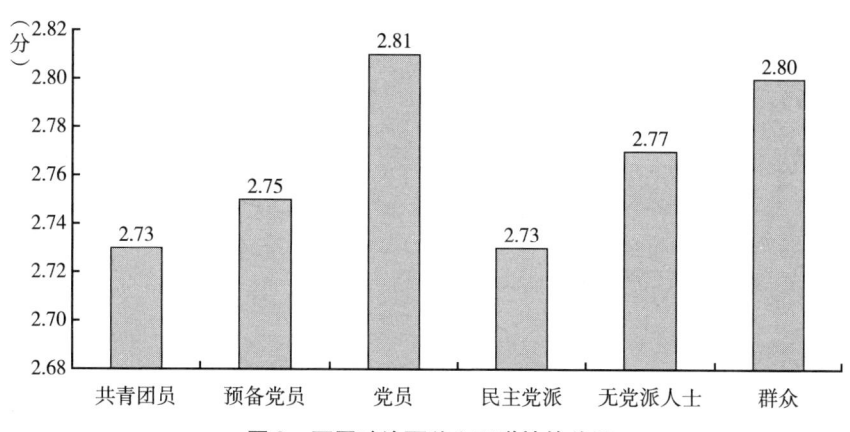

北京居民心理健康水平对其社会信任的影响及其干预研究

图9 不同政治面貌心理弹性的差异

（2）不同个体特征居民的抑郁状况

不同性别对北京居民抑郁状况的影响差异显著（$t = 7.89$，$P < 0.001$）。男性的抑郁状况（$M = 1.16$，$SD = 0.80$）显著高于女性（$M = 0.88$，$SD = 0.77$）。不同年龄组抑郁水平的差异不显著（$F = 0.94$，$df = 3$，$p = 0.42$）。

居住年限对北京居民抑郁水平的影响显著（$F = 3.72$，$df = 5$，$P < 0.01$），得分从高到低依次为4年内（1.11分）、4~7年（1.05分）、8~11年（0.98分）、16~19年（0.97分）、20年以上（0.94分）、12~15年（0.83分）。由此可见，随着居住年限的延长，北京居民的抑郁水平有所下降（见图10）。

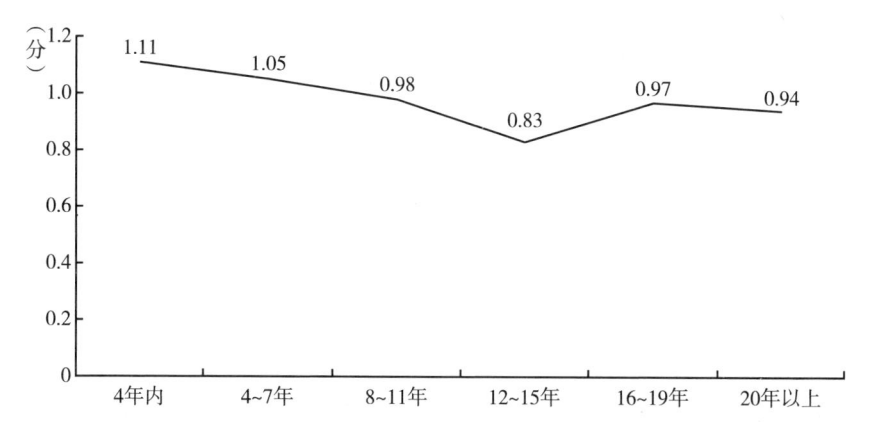

图10 不同居住年限抑郁水平的差异

129

不同职业类型居民的抑郁水平差异显著（$F = 3.47$，$df = 9$，$P < 0.001$），得分由高到低依次为农民（1.39分）、其他人员（1.35分）、国家公务员（1.18分）、国企工作人员（1.17分）、外企工作人员（1.04分）、事业单位工作人员（1.01分）、私企工作人员（0.97分）、自由职业者（0.96分）、外地来京务工人员（0.90分）、学生（0.90分）。由此可见，农民和国家公务员的抑郁水平较高（见图11）。

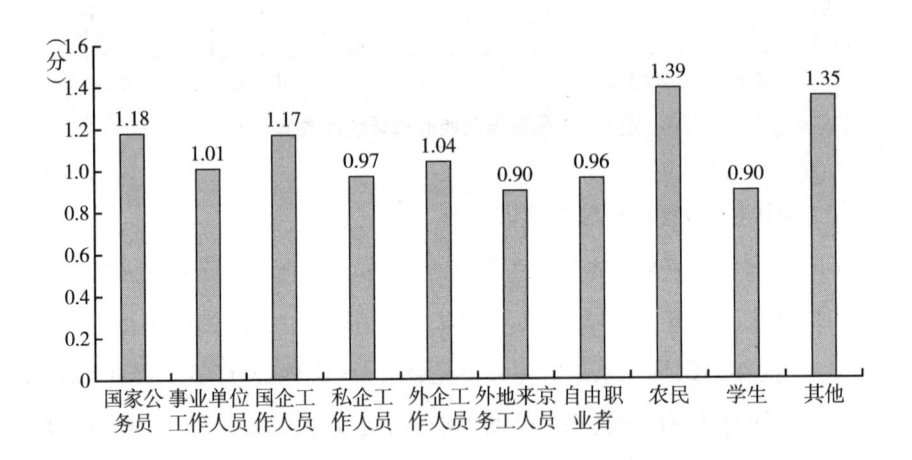

图11 不同职业类型抑郁水平的差异

不同收入水平的北京居民抑郁水平差异显著（$F = 3.27$，$df = 5$，$P < 0.01$），得分由高到低依次为20001元以上（1.24分）、15001～20000元（1.12分）、10001～15000元（1.09分）、7001～10000元（1.09分）、1720元以下（0.96分）、1720～7000元（0.96分）。由此可见，随着收入水平的提升，北京居民的抑郁水平逐渐增高（见图12）。

不同受教育状况的北京居民抑郁水平差异显著（$F = 16.76$，$df = 4$，$P < 0.001$），得分从高到低依次为高中（1.31分）、初中及以下（1.26分）、高职高专（1.16分）、本科（0.94分）、硕士研究生及以上（0.87分）。由此可见，随着学历的增高，北京居民的抑郁水平逐渐降低（见图13）。

不同婚姻状况的北京居民抑郁水平差异显著（$F = 16.90$，$df = 3$，$P <$

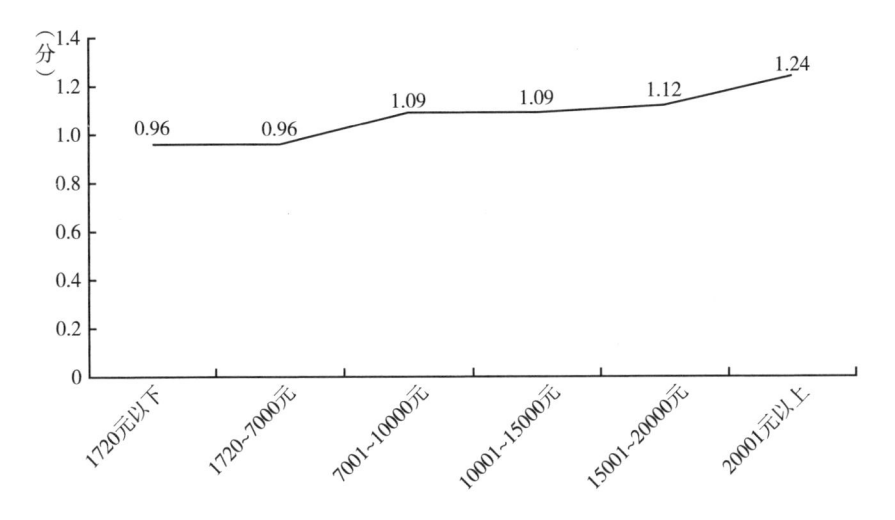

图 12　不同收入水平抑郁水平的差异

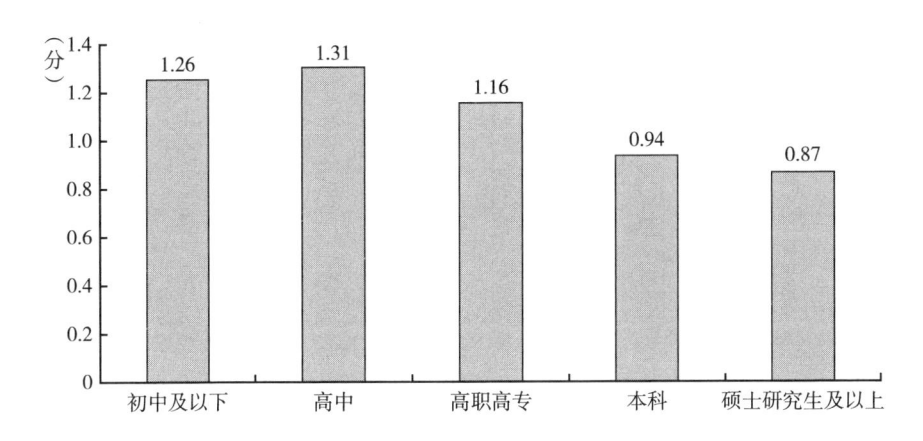

图 13　不同受教育状况抑郁水平的差异

0.001），得分从高到低依次为离异（1.57分）、丧偶（1.33分）、未婚（1.08分）、已婚（0.93分）。由此可见，离异和丧偶居民的抑郁水平较高（见图14）。

不同政治面貌的北京居民抑郁水平差异显著（$F = 11.69$，$df = 5$，$P < 0.001$），得分由高到低依次为民主党派（1.30分）、预备党员（1.25分）、共青团员（1.06分）、无党派人士（1.02分）、党员（1.01分）、群众（0.81分）。由此可见，民主党派和预备党员的抑郁水平较高（见图15）。

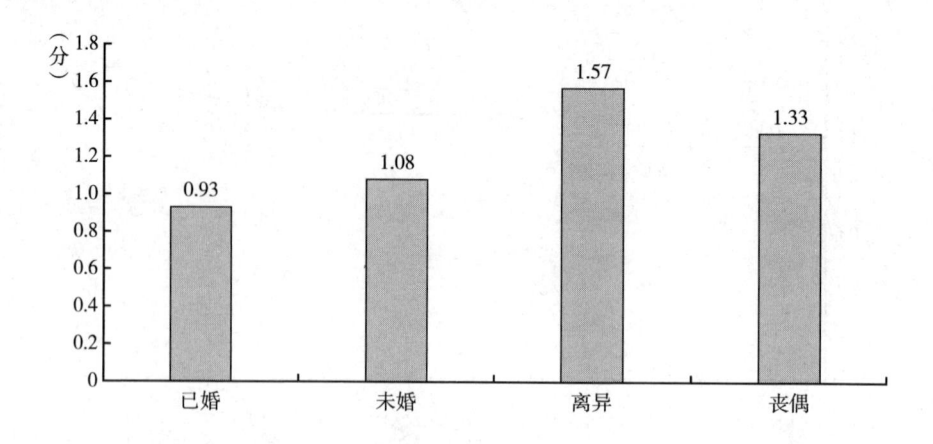

图 14　不同婚姻状况抑郁水平的差异

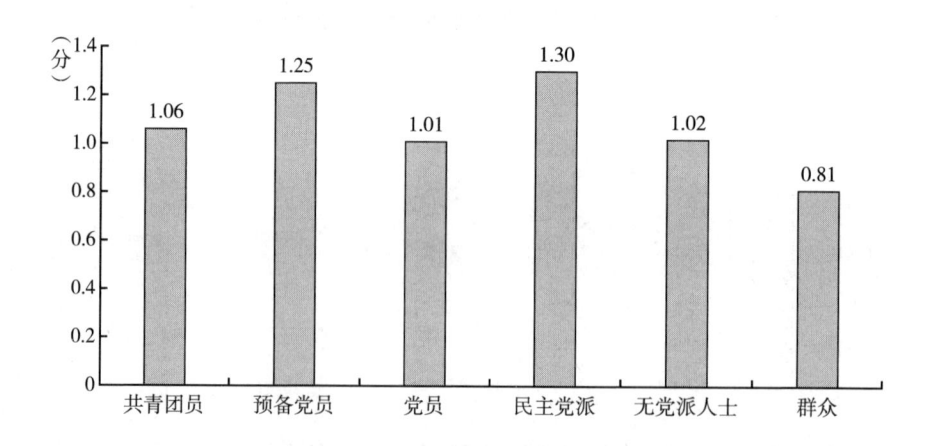

图 15　不同政治面貌抑郁水平的差异

不同户口所在地的北京居民抑郁水平差异显著（$F=3.40$，$df=16$，$P<0.001$），得分由高到低依次为延庆（1.28分）、平谷（1.20分）、顺义（1.13分）、朝阳（1.12分）、西城（1.10分）、丰台（1.09分）、石景山（1.07分）、海淀（1.07分）、密云（1.04分）、怀柔（1.03分）、东城（1.00分）、房山（0.99分）、门头沟（0.92分）、昌平（0.89分）、大兴（0.85分）、通州（0.81分）、外地户口（0.71分）（见图16）。

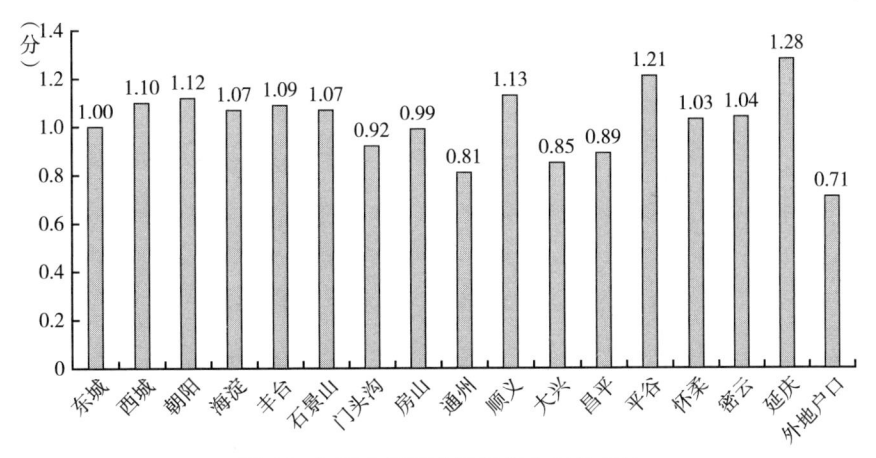

图 16 不同户口所在地抑郁水平的差异

(3) 不同个体特征居民的安全感状况

图 17 中，不同性别的北京居民总体安全感差异显著（$t=2.95$，$P<0.01$），女性的总体安全感（$M=3.14$，$SD=0.03$）显著高于男性（$M=3.03$，$SD=0.79$）。

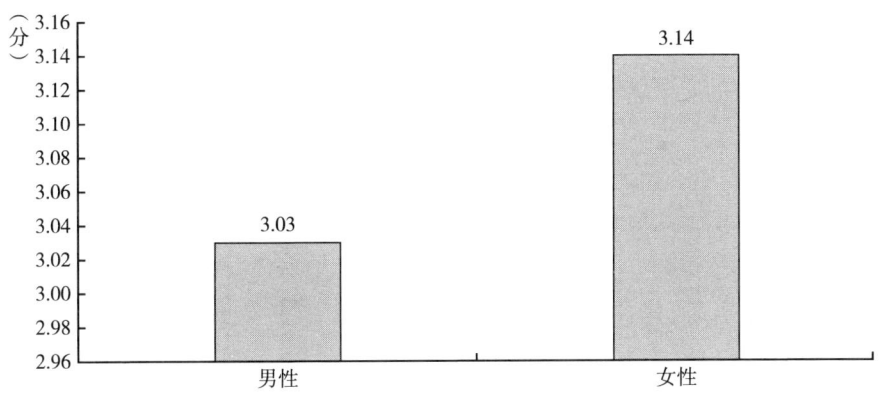

图 17 不同性别的总体安全感水平差异

不同年龄的北京居民安全感水平差异不显著。

不同居住年限对北京居民安全感的影响显著（$F=2.27$，$df=5$，$P<0.05$），得分由高到低依次为 12~15 年（3.32 分）、16~19 年（3.20 分）、20 年以上（3.12 分）、4~7 年（3.09 分）、8~11 年（3.07 分）、4 年内（3.03 分）。由此可见，在北京居住 12~15 年的居民安全感最高（见图 18）。

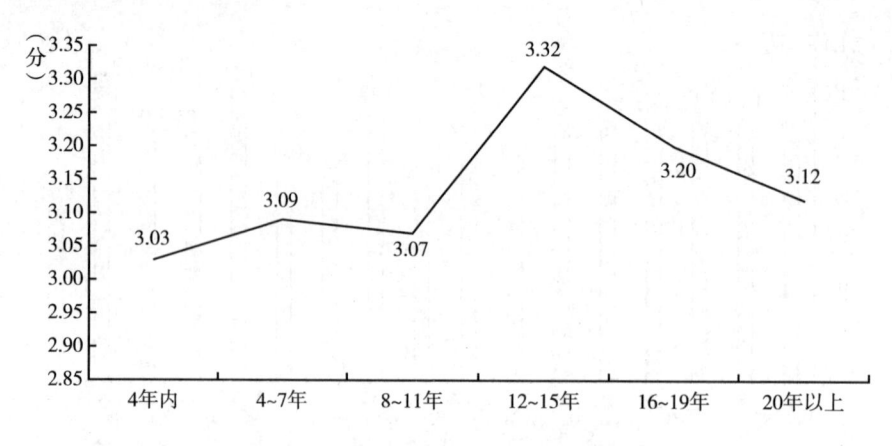

图18 不同居住年限的总体安全感差异

不同职业类型的北京居民安全感差异显著（$F = 2.60$，$df = 9$，$P < 0.001$），得分由高到低依次为学生（3.22分）、外地来京务工人员（3.20分）、其他人员（3.20分）、私企工作人员（3.14分）、外企工作人员（3.09分）、事业单位工作人员（3.08分）、自由职业者（3.06分）、国家公务员（3.02分）、国企工作人员（2.98分）、农民（2.61分）。由此可见，学生和外来务工人员的安全感较高，而农民和国企工作人员安全感较低（见图19）。

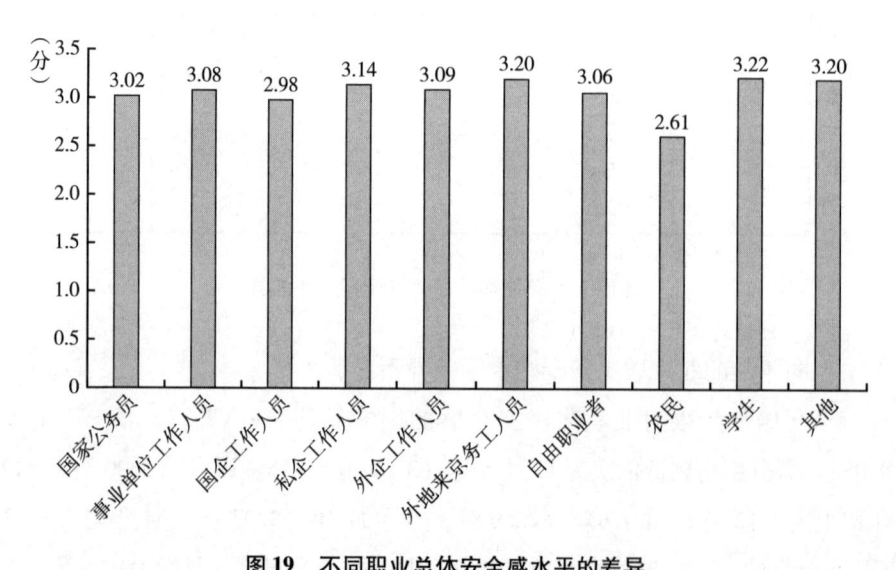

图19 不同职业总体安全感水平的差异

收入水平对北京居民安全感影响显著（$F = 2.44$，$df = 5$，$P < 0.05$），得分由高到低依次为1720元以下（3.13分）、1720~7000元（3.12分）、10001~15000元（3.11分）、7001~10000元（3.03分）、20001元以上（2.89分）、15001~20000元（2.86分）。由此可见，高端收入人群安全感较低（见图20）。

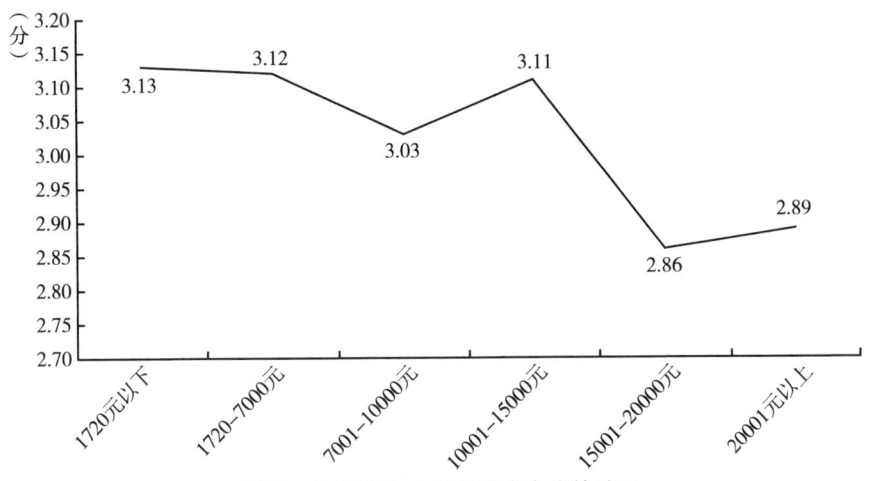

图20 不同收入水平总体安全感的差异

受教育程度对北京居民安全感影响显著（$F = 5.08$，$df = 4$，$P < 0.001$），得分由高到低依次为本科（3.14分）、硕士研究生及以上（3.12分）、高职高专（3.03分）、初中及以下（2.94分）、高中（2.91分）。由此可见，高学历居民安全感较高（见图21）。

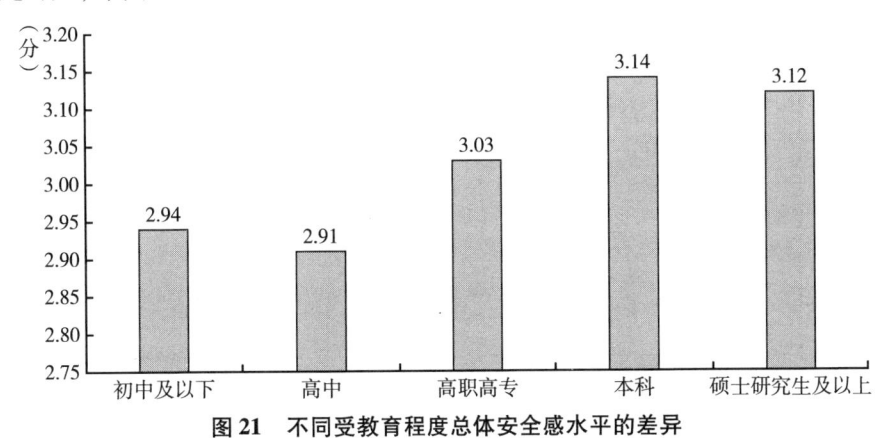

图21 不同受教育程度总体安全感水平的差异

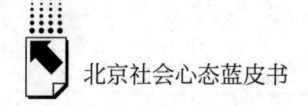

婚姻状况对北京居民安全感影响显著（$F=2.63$，$df=3$，$P<0.05$），得分由高到低依次为丧偶（3.73分）、已婚（3.12分）、未婚（3.06分）、离异（2.93分）。由此可见，离异人群的安全感较低（见图22）。

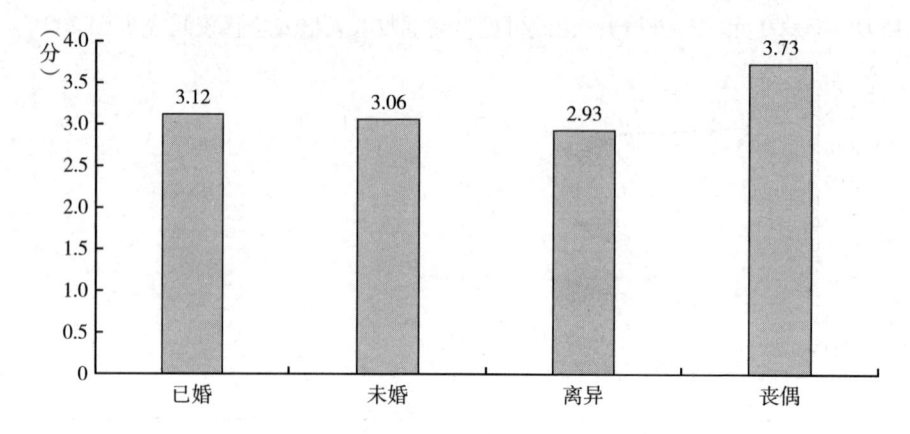

图22　不同婚姻状况总体安全感的差异

不同政治面貌的北京居民总体安全感水平差异显著（$F=2.49$，$df=5$，$P<0.05$），得分由高到低依次为群众（3.18分）、党员（3.09分）、共青团员（3.08分）、民主党派（3.07分）、无党派人士（3.03分）、预备党员（2.96分）。由此可见，群众、党员和共青团员的安全感较高（见图23）。

户口所在地对北京居民安全感影响不显著（$F=1.07$，$df=16$，$p=0.38$）。

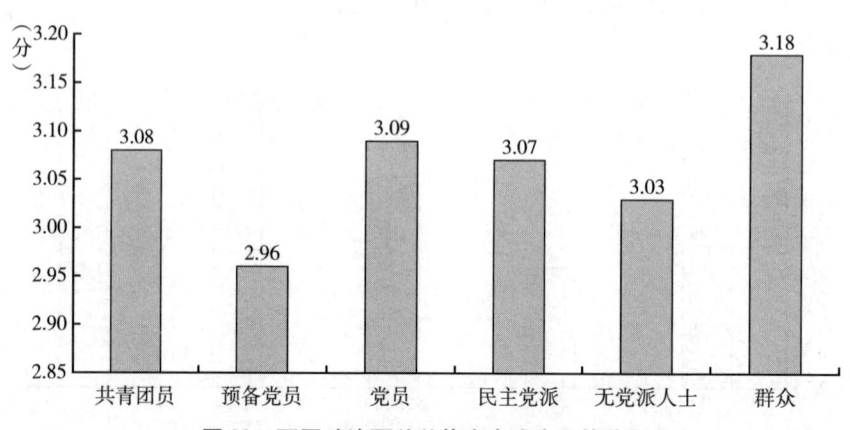

图23　不同政治面貌总体安全感水平的差异

（四）小结

从上述结果可以看到，北京居民心理健康水平处于中等水平，一部分居民抑郁水平较高，值得进一步关注。从心理健康个体差异的角度来看，北京居民的心理健康水平在年龄、性别、学历、婚姻状况、居住地、政治面貌等方面存在一定的差异。

四 研究2

（一）研究目的

通过调查了解北京居民心理弹性对其社会信任的影响。

（二）研究方法

1. 被试

本次调查在北京16个区县采取分层抽样方法，共收集2000份问卷，其中有效问卷有1927份，回收率是96.35%（同研究1）。

2. 研究工具

（1）中国成年人心理弹性量表（Resilient Trait Scale for Chinese Adult, RTS-CA）

同研究1。

（2）社会信任

社会信任问卷包含人际信任、机构信任和职业信任三个分问卷，共72道题目，采用六点计分，从"完全不同意"到"完全同意"，依次计1~6分，分数越高表示社会信任度越高。在本次测量中，各分问卷的内部一致性系数均在0.94以上，分半信度均在0.79以上，各分问卷之间呈中等程度相关；以信任他人量表（Survey Research Center）作为效标，其所测的一般信任得分与各分问卷得分之间存在显著相关，相关系数均在0.50以上。

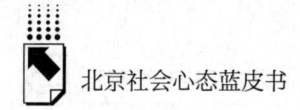

3. 研究程序

同研究 1。

4. 统计分析方法

采用 SPSS 220 进行描述性统计分析和回归分析。

（三）研究结果

1. 北京居民心理弹性与社会信任的关系

对北京居民心理弹性和社会信任进行 Pearson 相关分析发现，心理弹性的各个维度与社会信任的各个方面（人际信任、机构信任和职业信任）均呈显著的相关（见表3）。

表3 心理弹性与社会信任的描述性统计与相关分析

变量	M(SD)	1	2	3	4	5	6	7	8
1 内控性	2.96(0.50)								
2 注重问题解决的灵活应对	2.97(0.50)	0.80***							
3 乐观性	2.90(0.43)	0.72***	0.71***						
4 形成、维持和运用支持关系的能力	2.80(0.40)	0.70***	0.74***	0.61***					
5 接纳性	2.22(0.58)	-0.55***	-0.52***	-0.29***	-0.43***				
6 总体心理弹性	2.77(0.28)	0.82***	0.84***	0.86***	0.80***	-0.18***			
7 人际信任	3.86(0.55)	0.56***	0.52***	0.55***	0.50***	-0.22***	0.60***		
8 机构信任	4.26(0.92)	0.65***	0.62***	0.58***	0.56***	-0.44***	0.60***	0.69***	
9 职业信任	4.27(0.94)	0.66***	0.62***	0.56***	0.57***	-0.47***	0.59***	0.64***	0.90***

注：* $P<0.05$，** $P<0.01$，*** $P<0.001$。

2. 北京居民心理弹性对其社会信任的预测

分别以内控性、注重问题解决的灵活应对、乐观性和形成、维持和运用支持关系的能力、接纳性以及总体心理弹性为自变量，以人际信任、机构信任和职业信任为因变量，进行回归分析（见表4）。结果表明，人际信任、机构信任和职业信任对心理弹性的各个维度有显著的回归效应（见表5、表6）。

表4 心理弹性对人际信任的回归分析

因变量	自变量	B	β	R^2	t
人际信任	内控性	0.61	0.56	0.31	29.54***
人际信任	注重问题解决	0.57	0.52	0.27	26.51***
人际信任	乐观性	0.70	0.55	0.31	29.13***
人际信任	运用支持关系	0.68	0.50	0.25	25.62***
人际信任	接纳性	-0.20	-0.22	0.05	-9.67***
人际信任	总体心理弹性	1.16	0.60	0.36	33.06***

注：* $P<0.05$，** $P<0.01$，*** $P<0.001$。

表5 心理弹性对机构信任的回归分析

因变量	自变量	B	β	R^2	t
机构信任	内控性	1.19	0.65	0.42	37.05***
机构信任	注重问题解决	1.14	0.62	0.38	34.56***
机构信任	乐观性	1.22	0.58	0.33	30.82***
机构信任	运用支持关系	1.27	0.56	0.31	29.46***
机构信任	接纳性	-0.69	-0.44	0.19	-21.20***
机构信任	总体心理弹性	1.95	0.60	0.36	32.89***

注：* $P<0.05$，** $P<0.01$，*** $P<0.001$。

表6 心理弹性对职业信任的回归分析

因变量	自变量	B	β	R^2	t
职业信任	内控性	1.25	0.66	0.44	38.94***
职业信任	注重问题解决	1.18	0.62	0.39	34.93***
职业信任	乐观性	1.21	0.56	0.31	29.57***
职业信任	运用支持关系	1.34	0.57	0.33	30.76***
职业信任	接纳性	-0.77	-0.47	0.22	-23.51***
职业信任	总体心理弹性	1.96	0.59	0.35	32.27***

注：* $P<0.05$，** $P<0.01$，*** $P<0.001$。

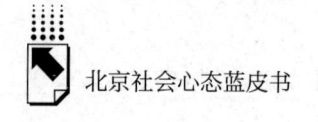

（四）小结

总的来说，虽然社会信任受多种因素的影响，但是，心理弹性与社会信任的关系较为密切，是预测社会信任的一个有效的变量之一，心理弹性的各个维度以及心理弹性的总分均可以显著预测人际信任、机构信任和职业信任。

五 研究3 北京居民对心理健康的态度

（一）研究目的

通过调查了解北京居民的身心问题及原因、解决心理健康问题的途径以及对心理健康服务的需求。

（二）研究方法

1. 被试

一共155名被试，其中有111名女性（71.61%），44名男性（28.39%），年龄为30~88岁，平均年龄65.26岁（SD=8.83）。

2. 研究工具

（1）自编心理健康态度调查问卷。问卷包括6道题目，分别测量目前需要解决的问题（第1题）、心理问题产生的原因（第2题）、解决心理问题的途径（第3题）、心理健康服务的需求（第4~6题）。

（2）心理弹性量表（Resilience Scale，RS-14）。该量表包括个人能力和积极认知2个因子14个项目，其中个人能力10个项目，积极认知4个项目。量表采用1~7级评分方式，1="非常不同意"，7="非常同意"，评分越高表示心理弹性越强。本次测量中该量表的内部一致性信度Cronbach's α系数为0.943。

（3）领悟社会支持量表（Perceived Social Support Scale，PSSS）。该量表包括家庭支持、朋友支持、其他支持3个因子12个项目，其中每个因子有4个项目。量表采用1~7级评分方式，1="非常不同意"，7="非常同意"，评分越高表示领悟支持程度越高。本次测量中该量表的内部一致性信度Cronbach's α系数为0.946。

（4）中国城市居民主观幸福感量表简版（Subjective Well-being Scale for Chinese Citizens，SWBS-CC）。该量表包括：目标价值体验、身体健康体验、知足充裕体验、心理健康体验、成长进步体验、心态平衡体验、社会信心体验、人际关系体验、自我接受体验、家庭氛围体验10个因子20个项目，其中每个因子有2个项目。量表采用1~6级评分方式，1="非常不同意"，6="非常同意"，评分越高表示主观幸福感越强。本次测量中该量表的Cronbach's α系数为0.878。

3. 研究程序

在北京两个社区采用集体发放问卷的形式，现场填写现场回收。对填答问卷的居民发放小礼品表达感谢。

4. 统计分析方法

采用SPSS 23进行描述性统计分析。

（三）研究结果

1. 北京社区居民需要解决的主要心理问题

通过调查，我们发现，北京社区居民亟须解决的问题有情绪管理、生活压力和人际交往问题等。具体结果见表7。

表7 北京社区居民亟须解决的身心问题

单位：人，%

目前最需要解决的问题（多选）	人数	百分比
情绪管理	35	22.58
人际交往	21	13.55
生活压力	22	14.19
自我形象	18	11.61
寂寞孤独	8	5.16
家庭矛盾	3	1.94
子女婚姻	14	9.03
生活无趣	8	5.16

续表

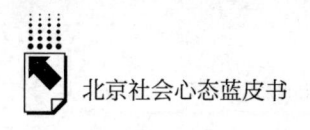

目前最需要解决的问题(多选)	人数	百分比
后代养育	20	12.90
其他	25	16.13
未作答	1	0.65

2. 北京社区居民心理问题产生的原因

根据对两个社区的调查，北京居民心理问题产生的原因主要有心理承受能力差、压力太大不会调节、缺少亲人关爱、受到了重大打击等。具体结果详见图24。

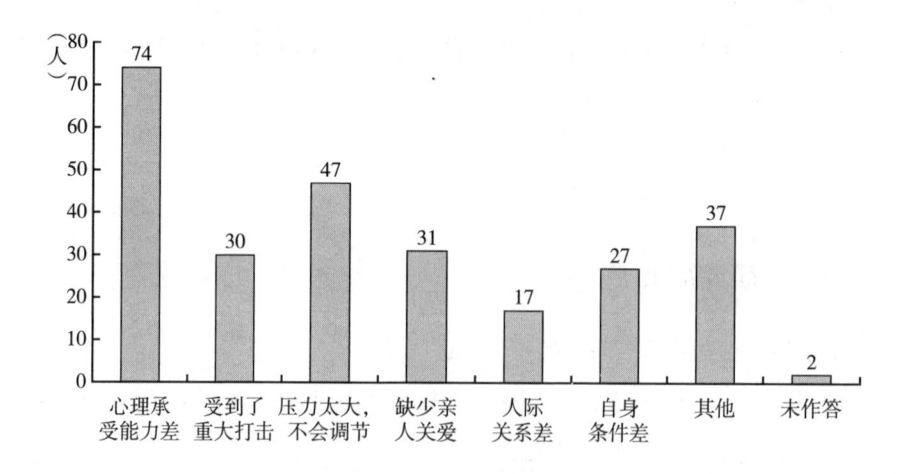

图24 北京社区居民心理健康问题产生的原因

3. 北京社区居民拟解决心理健康问题的途径

通过调查，北京社区居民认为当自己有心理健康问题时，主要靠自己调节（106人），也有部分居民会向家人、朋友求助（54人），也可能会求助于心理咨询师（39人），还有18人选择的是不理会。

4. 北京社区居民心理健康问题的服务需求

在参与调查的被试中，有87位没有参加过社区组织的心理健康活动，占到了被调查人数的56.13%。从居民心理健康服务的需求来看，大家更愿意选择团体活动、专题讲座、阅读宣传资料以及观看影视娱乐片的形式。同时，居民也希望能够多普及心理健康知识、加大心理健康服务的宣传，并建立社区心理健康活动中心。具体结果见图25、表8。

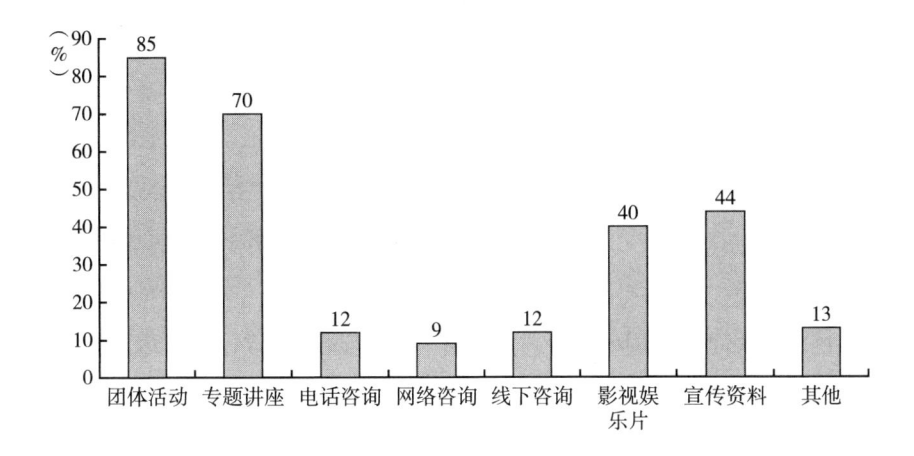

图 25 愿意选择心理健康服务的方式

表 8 北京居民对社区心理健康服务工作的建议

单位：人，%

对社区心理健康服务工作的建议（多选）	人数	百分比
加大心理健康服务的宣传	73	47.10
普及心理健康知识	96	61.94
定期进行心理健康状态评估	36	23.23
定期进行心理危机干预	19	12.26
建立社区心理健康活动中心	73	47.10
其他	0	0

5.心理健康变量对其社会信任的预测

对参与本研究的所有居民分别以心理弹性、领悟社会支持、幸福感为自变量，以社会信任为因变量，进行回归分析（见表9）。结果表明，心理弹性、领悟社会支持、幸福感均对社会信任有显著的回归效应。

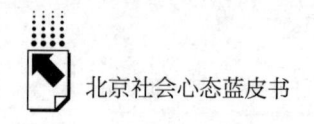

表 9 心理弹性、领悟社会支持、幸福感对社会信任的回归分析

因变量	自变量	B	β	R^2	t
社会信任	心理弹性	0.23	0.32	0.10	9.58***
社会信任	领悟社会支持	0.32	0.42	0.17	5.70***
社会信任	幸福感	0.24	0.23	0.05	3.14**

注：* $P<0.1$，** $P<0.05$，** $P<0.001$。

（四）小结

从本研究的调查来看，北京居民认为自己主要的心理问题是情绪管理、生活压力和人际交往问题，其产生的原因可能是心理承受能力差，不会自我调节。然而，面对这些问题采用的主要方法却还是自我调节或者寻求身边人的帮助。从居民心理健康服务的需求来看，大家更愿意选择团体活动、专题讲座、阅读宣传资料以及观看影视娱乐片的形式。同时，居民也希望能够多普及心理健康知识、加大心理健康服务的宣传，并建立社区心理健康活动中心。

本研究也考察了心理健康对社会信任的影响，不仅再次验证了心理弹性对社会信任的预测作用，而且也发现领悟社会支持和幸福感对社会信任也有一定的预测作用。

六 研究4 北京居民心理健康的干预研究

（一）研究目的

根据2012年Forgeard和Seligman提出的幸福引擎模型（the engine approach），并结合社区需求设计心理健康干预方案，同时，选择两个社区对老年人的心理健康进行干预，对干预效果进行检验。

（二）研究方法

1. 被试

组1一共有80位被试，其中男性30名（37.5%），女性50名

(62.5%),年龄在 30~88 岁,平均年龄为 64.56 岁,SD = 9.95。该组被试只参加了干预前的测试,没有参与干预和后测。

组2一共有 25 名被试完成心理健康干预和前后测,其中有 17 名女性(68%),8 名男性(32%),年龄为 51~84 岁,平均年龄 67.88 岁,SD = 7.67。

2. 研究工具

(1) 心理弹性量表(Resilience Scale,RS-14),同研究三。本次测量中前测时该量表的内部一致性信度 Cronbach's α 系数为 0.943,后测时该量表的 Cronbach's α 系数为 0.932。

(2) 领悟社会支持量表(Perceived Social Support Scale,PSSS),同研究三。本次测量中该量表的前测内部一致性信度 Cronbach's α 系数为 0.946,后测的 Cronbach's α 系数为 0.910。

(3) 中国城市居民主观幸福感量表简版(Subjective Well-being Scale for Chinese Citizens,SWBS-CC),同研究三。本次测量中该量表的前测 Cronbach's α 系数为 0.878,后测为 0.858。

3. 研究程序

(1) 选取北京市两个社区(后称社区1和社区2),并对社区工作人员以及部分居民进行访谈,了解社区心理健康方面的需求。

(2) 结合相关理论分别设计两个社区心理健康教育的干预方案。

(3) 对两个社区的部分居民进行干预前的测试。

(4) 根据干预方案分别对两个社区开展心理健康干预活动。

(5) 对两个社区的部分居民进行干预后的测试。

4. 统计分析方法

采用 SPSS 23 进行描述性统计分析和方差分析。

(三)研究结果

1. 北京老年居民心理健康干预方案

在社区1中,我们根据社区需求设计了一次讲座,主题为《怎样提高幸福感》，该讲座主要介绍了中国的老龄化问题、老年人的身心发展特点、什么是主观幸福感、影响老年人主观幸福感的因素以及老年人提高幸福感的方法。我们也在该社区发放了两份心理健康宣传手册，旨在通过提供一些减轻压力和增强心理弹性的方法，进一步提高被试的心理健康水平。此外，我们还在社区张贴了提高心理健康的宣传海报。干预时间为4个月。

在社区2中，我们根据社区需求设计了一次亲子沟通的情景剧，旨在通过让青少年亲身体验与父母沟通中的问题，让青少年和家长了解如何进行有效的沟通。我们还为该社区做了一次《如何有效调节情绪》的讲座，旨在提高社区居民情绪调节的能力。同样，我们也在该社区发放了两份心理健康宣传手册，旨在通过提供一些减轻压力和增强心理弹性的方法，进一步提高被试的心理健康水平。此外，我们还在社区张贴了提高心理健康的宣传海报。干预时间为4个月。

2. 北京居民心理健康干预效果

（1）未干预组与干预组在前测结果上的比较

本研究从两个社区招募了105名居民参与了前测。其中25名被试自愿接受了干预和后测，另外80名被试，只参与了前测，没有参与后测。通过对两组被试前测的数据进行比较，发现两组被试在所测变量得分上没有显著差异（见表10）。这一结果说明，接受干预和后测的居民与其他居民没有本质差异。

表10 干预组与前测组在所测变量上的描述性统计分析结果以及 t 检验结果

所测变量	1 是干预组 2 是前测组	N	Mean	SD	t	Sig. (2 - tailed)
心理弹性	1.00	25	5.37	0.918	0.248	0.804
	2.00	68	5.43	1.06		
领悟社会支持	1.00	25	5.25	0.98	-1.156	0.250
	2.00	72	5.51	0.95		
主观幸福感	1.00	25	4.10	0.76	-.901	0.370
	2.00	80	4.25	0.72		

(2) 干预组前后测结果的比较

表11呈现的是干预组后测的结果。从结果上看，后测时干预组在心理弹性、领悟社会支持和主观幸福感上都有了提升，达到了边缘显著的效果。

表11 干预组前后测结果的比较

所测变量	平均值	标准差	t	Sig. (2-tailed)
心理弹性	5.75	0.99	1.870	0.074*
领悟社会支持	5.74	0.91	1.951	0.063*
主观幸福感	4.37	0.73	1.936	0.065*

注：*$P<0.1$，**$P<0.05$，**$P<0.001$。

（四）小结

本研究发现，通过有针对性地开展社区心理健康干预活动，能够有效提升社区居民的心理健康水平，其心理弹性、领悟社会支持和主观幸福感均有所提升。

七 总讨论

（一）北京居民的心理健康状况有待提升

本研究在大样本调查的基础上，从北京市居民的心理弹性、心理安全感和抑郁三个方面考察了其心理健康状况。结果发现，北京居民的心理弹性处于较低水平，还没有达到量表分数的中间值；北京市居民的平均抑郁得分低于中值分数，但也有相当一部分群体分数较高；而从心理安全感来看，其得分情况接近量表的中间值，处于中等水平。由此可见，北京居民总体心理健康情况还有很大的改善空间，值得进一步关注和重视。

从个体差异的角度来看，心理弹性较好个体的特征是女性、在事业单位工作、居住年限在16~19年、月收入20001元以上、具有硕士及以上学历、已婚、党员；心理弹性较差的个体特征是男性、居住年限在4年以内、公务员、民主党派或共青团员、收入水平较低、学历较低、离异或丧偶。抑郁情况的调查结果发现，女性、学生、居住年限在12~15年、收入低、学历高、群众、已婚的个体较少有抑郁问题；抑郁情况相对比较严重的个体特征是男性、居住年限在4年内、农民或公务员、月收入在20001元以上、学历较低、离异或丧偶、民主党派、居住在延庆地区。安全感的调查结果发现，安全感好的个体特征是女性、居住年限在12~15年、学生、月收入水平在10001~15000元以上、高学历、已婚、群众；安全感较低个体的特征是居住年限在4年以内、农民、月收入在15000元以上、离异、预备党员。综合分析以上结果，可以看出在北京居住4年以内、月收入较低、农民、学历较低、离异的个体其心理健康状况总体都较差，值得特别关注。可见，社会经济地位较低的个体其心理健康状况不容乐观。同时，婚姻生活是个体变量中影响其心理健康水平的重要因素，离异群体的心理健康水平也是需要受到重视的。

（二）心理健康对社会信任的预测作用

本研究的结果发现，心理弹性、领悟社会支持和主观幸福感作为个体心理健康的重要指标可以有效预测其社会信任水平，但是，抑郁和安全感对社会信任没有显著的预测作用。一方面，这一结果表明心理健康会影响个体的社会信任水平，另一方面，这也说明，心理健康的不同方面对社会信任的影响是不同的。个体是否会信任他人、信任机构、信任职业群体是与个体的心理弹性水平密切相关的。因此，从促进社会稳定、和谐发展的角度来讲，提升居民的心理弹性水平是一个十分关键的问题。

（三）北京居民对心理健康的态度与需求

研究3的调查结果表明，北京居民心理健康问题主要是情绪管理、压力和人际关系问题，这与以往的研究结果基本一致。然而，大多数居民不太了解如何有效解决这些心理问题，他们往往采用自我调节或者去找亲戚、朋友帮忙的方式。通过调查发现，社区居民也希望能够通过一些形式多样的活动来提升个体的心理健康水平，比如，开展一些团体活动、专题讲座，定期发送一些心理健康方面的宣传资料以及观看一些影视娱乐片等。同时，居民也希望社区能够多开展一些形式多样的活动，多普及一些心理健康的知识，加大心理健康的宣传工作，并建立社区心理健康活动中心。从调查的结果来看，北京居民对心理健康的态度非常积极，也希望能够通过多种途径提升自己的心理健康水平，这为开展心理健康工作奠定了良好的基础。

（四）北京居民心理健康干预方案的制定与实施效果

本研究选取了两个北京社区，结合社区的需求开展了形式多样的心理健康干预活动，取得了一定的效果。从干预的结果上看，受到干预的居民其心理弹性、社会支持和幸福感水平均有所提升。之所以能够取得一定效果，我们考虑主要有以下几点原因：（1）干预具有针对性。首先，本研究在设计干预方案之前，分别对两个社区进行了走访，与社区管理人员以及部分居民进行了座谈，了解社区居民的心理需求和主要心理问题。因此，我们设计的干预方案具有一定的针对性。（2）参与干预的人员是自愿参加的。心理服务工作与其他工作有一定的区别，如果能够在自愿的基础上开展，更容易取得一定的效果。我们也看到，本研究中参加前后测干预的人员比较少，虽然有些遗憾，但是这也说明，这些人员的确是有愿望、有需求的。实际上，我们在社区开展心理健康服务的时候，每次参与的人员一般都在50名左右，两次发放的宣传手册都在150份左右。我们相信，其他没有参加前后测的居民也能够在一定程度上提升其心理健康水平。

八 政策建议

（一）应重视北京居民心理健康问题，建议实行普查机制

从本研究的结果来看，北京居民的心理健康问题不容乐观，应受到重视。特别是在北京工作、居住年限较短、社会经济水平较差的个体，其心理

健康问题尤其严重。而这些居民是北京未来建设的主力军，他们的身心健康状况不仅会影响到其个体的发展和生存，也会直接影响到首都北京的建设和发展，这些个体的心理健康问题理应得到我们足够的关注和重视。此外，在关注心理健康水平的同时，我们也应发掘其影响因素，对影响心理健康的原因和机制做深入的调查和探讨。本研究的结果已经发现，个体的心理弹性可以有效预测其社会信任程度，而社会信任是保持社会和谐发展、保持社会稳定的基础。因此，我们希望能够在北京市建立居民心理健康普查机制，对居民心理健康状况做更为全面的考察，深入了解北京居民心理健康状况较差的原因。

（二）应有的放矢地加强北京居民的心理健康服务工作

从本研究的结果来看，北京居民对心理健康有一定的认识，也有一定需求，希望能够通过多种途径多种形式开展各种心理健康活动，这为有效开展心理健康服务工作奠定了良好的基础，有利于北京居民心理健康服务的推进。我们可以针对不同群体开展相适应的心理健康服务。从服务的对象人群上看，可以优先考虑低社会阶层群体和特殊群体，比如离异群体、居住在北京年限比较短的群体等。从开展心理健康服务依托的部门来看，可以是居民所在单位和社区。对于年纪较轻的群体，因为在社区的时间比较少，所以适合依托单位开展心理健康服务工作。对于中老年群体，可以考虑在社区里面开展心理健康服务工作。从开展心理健康服务的形式上看，可以考虑开展团体活动、发送宣传资料、开展专题讲座等。本次干预活动中还采用了情景剧的形式，也深受社区居民的喜爱，取得了一定的成效。但是，这种活动需要一定的场地和专业人士的引领，可以考虑在比较成熟的社区开展此类活动。

（三）应制定相应的北京居民的心理健康干预措施

建议各级主管部门以及各单位采取积极的措施，对北京居民进行干预，以进一步提高其心理健康水平。心理健康改善提升的内容较为宽泛，应紧抓北京居民心理健康的需求以及存在的一些典型心理健康问题，对心理健康进行有针对性的服务和促进工作，如改善北京居民的抑郁水平、维护北京居民的安全感、提升北京居民的心理弹性等，将宽泛的心理健康服务落实到一个个小点上。具体来看，可以优化社区物质环境、提高土地利用率、加强治安巡逻和融洽邻里关系以提升北京居民安全感；提供更多就业机会、增加对外来人口的接纳和认同、提供心理咨询服务治疗以改善北京居民抑郁水平；积极组织社区活动、举办心理健康专题讲座、观看心理健康影视娱乐片、分发心理健康宣传手册、张贴心理健康宣传海报、建立社区心理健康活动中心以改善北京居民心理弹性水平。通过这些干预措施进一步提升北京居民的社会信任水平。

（四）应构建和完善北京居民的心理健康政策保障机制

首先，从政策制定的层面来看，可以，构建以家庭、社区、医院为主体的心理健康三级风险预警机制。一级预警机制以家庭为单位，由家庭各成员组成，对患有抑郁等心理健康问题的家庭成员作重点预警，进行力所能及的心理健康引导，并在第一时间向社区管理层汇报情况。二级预警机制以社区为单位，由社区心理咨询中心、社区居委会组成，对家庭上报的患有严重心理问题的个体进行鉴别，提供相应的心理咨询服务。三级预警机制通过社区延伸至医院，由各心理健康治疗中心及医院组成，通过社区将重度心理健康疾病患者及时转介到专业医疗机构，及时发现并妥善安置患有严重抑郁等心理不健康倾向的个体。其次，政府还可将文化、教育等社会资源进行整合，通过媒体宣传、学校教育等途径加强对心理健康的宣传教育，全方位、多角度进行渗透，促成全民心理健康建设的繁荣新局面。

参考文献

Umberson D, Williams K, Anderson K, "Violent Behavior: A Measure of Emotional upset?" *Journal of Health & Social Behavior*, 2002, 43（2）: p.189.

Kim S S, Chung Y, Perry M J, et al. , "Association Between Interpersonal Trust, Reciprocity, and Depression in South Korea: A Prospective Analysis", *Plos One*, 2012, 7 (1): p. e30602.

Graylittle B, Williams V S L, Hancock T D, "An Item Response Theory Analysis of the Rosenberg Self-Esteem Scale", *Personality & Social Psychology Bulletin*, 1997, 23 (5): pp. 443 – 451.

Astra R L, Singg S, "The Role of Self-esteem in Affiliation", *Journal of Psychology*, 2000, 134 (1): pp. 15 – 22.

俞国良、董妍：《我国心理健康研究的现状、热点与发展趋势》，《教育研究》2012年第6期，第97~102页。

巢传宣：《某高校自杀事件对在校大学生心理健康及自杀意念的影响》，《中国学校卫生》2014年第12期，第1873~1875页。

金一波、王大伟：《心理健康是和谐社会的精神基石》，《山东师范大学学报》（人文社会科学版）2006年第3期，第53~56页。

王振宏、吕薇、杜娟等：《大学生积极情绪与心理健康的关系：个人资源的中介效应》，《中国心理卫生杂志》2011年第7期，第521~527页。

田可新、唐茂芹、吴昊等：《大学生人际信任与心理健康的相关研究》，《中华行为医学与脑科学杂志》2005年第7期，第657~659页。

杨子珺：《大学生人际信任与心理健康关系分析》，《中国社会心理学会2006年学术研讨会论文集》，2006。

彭代彦、闫静：《社会信任感与生活满意度——基于世界价值观调查（WVS）中国部分数据的实证分析》，《当代经济研究》2014年第6期，第29~34页。

郑信军：《大学生的人际信任与人格特征的相关研究》，《宁波大学学报》（教育科学版）1998年第2期，第16~19页。

徐本华、庞彦翔：《大学生人际信任与抑郁的相关研究》，《临床心身疾病杂志》2004年第2期，第106~108页。

刘金平：《大学生心理控制源与人际信任的相关研究》，《河南大学学报》（自然版）2003年第1期，第18~20页。

孙晓玲、吴明证：《大学生自尊、拒绝敏感性、人际信任与社会焦虑的关系》，《中国临床心理学杂志》2011年第4期，第537~539页。

李靖、赵郁金：《上网爱好程度、人际信任与自尊的关系研究》，《中国临床心理学杂志》2002年第3期，第200~201页。

专题研究篇

Special Research

B.8
北京居民基本心理需求满足现状及其影响

蒋奖 张玥*

摘 要： 本研究基于自我决定理论，从基本心理需求角度调查了北京16个城区的1586名居民，考察北京居民的三种基本心理需求满足现状（自主需求、能力需求和关系需求）及其在不同群体间的差异，并检验基本心理需求满足与个体幸福感、心理健康和亲社会倾向的关系。结果显示：(1) 总体上，北京居民的三种基本心理需求满足程度较好。(2) 不同性别、婚姻状况和主客观社会经济地位的群体，基本心理需求满足程度存在差异。(3) 居民基本心理需求满足程度越高，幸福

---

* 蒋奖，北京师范大学心理学部教授，研究方向为人格与社会心理学；张玥，北京师范大学心理学部博士生，研究方向为人格与社会心理学。

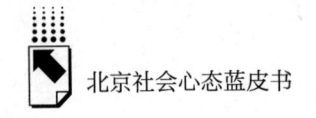

感、心理健康和亲社会倾向也越高；其中自主需求对生活满意度的正向预测作用最大，对抑郁和焦虑的负向预测作用最大；能力需求对攻击行为的负向预测作用最大；关系需求对意义幸福感和亲社会倾向的正向预测作用最大，对孤独感的负向预测作用最大。本研究从社会工作角度对如何提高基本心理需求满足程度，进而预测及提升心理健康提出了相关的建议。

关键词： 基本心理需求　幸福感　心理健康　亲社会倾向

一　研究背景与文献综述

（一）研究背景

在2016年8月召开的全国卫生与健康大会中，习近平总书记指出"没有全民健康，就没有全面小康"，要加快推进健康中国建设，努力全方位、全周期保障人民健康，为实现"两个一百年"奋斗目标、实现中华民族伟大复兴的"中国梦"打下坚实的健康基础。习总书记的讲话明确了居民心理健康的重要性，强调要加大心理健康问题基础性研究，做好心理健康知识和心理疾病科普工作，规范发展心理治疗、心理咨询等心理健康服务。之前在2014年的教师节，习近平总书记参观了北京师范大学心理学院，同样表达了对民众心理健康和心理学研究的关心和重视。

虽然政府和有关部门越来越重视居民的心理健康状况，但居民心理健康仍然存在诸多问题，心理疾病现象突出。例如，加拿大学者费立鹏2009年在《柳叶刀》上发表的流行病学调查显示中国抑郁症的患病率为6.1%；北京市综合医院的调查结果也表明近10%的患者有抑郁症；而我国每年至少有13万人自杀死亡，其中40%的人患有抑郁症。除心理疾病外，心理健康问题造成的社会冲突也在逐渐增多,如频频见报的医患纠纷、校园暴力事件等,这些都要求我们关注居民心理健康,以协调社会关系,提高居民整体生活幸福感。

居民整体幸福感可以从两方面进行考虑:一方面为个体的快乐感,即居民在生活中所体会到的生活满意度,积极和消极情绪,称为享乐幸福感;另一方面为个体的意义感,即居民在实现自身的价值、追求生活意义时所获得的感受,称为意义幸福感(Ryan&Deci,2001)。研究者认为需要同时关注居民的快乐感和意义感,一方面用来了解居民当前积极正向的情绪,即快乐水平,以及了解包括抑郁、焦虑在内的消极情绪水平;另一方面也了解人们的意义感水平,引发人们对生活的追求、个人价值感的重视,做一个有意义的人。

居民的心理健康和幸福感水平受到心理需求满足情况的影响。人们的基本需求得不到满足是诸多心理健康和社会冲突事件的导火索,如曾轰动一时的马加爵事件、近期的明星自杀事件,主要原因都可能是无法得到周围人的理解和认可,找不到自己的归属感。在生活中,人们的基本心理需求,即自主需求(Autonomy Need)、能力需求(Competence Need)和关系需求(Relatedness Need)的满足与否与居民的心理健康水平息息相关。因此,本课题研究目的在于了解民众基本心理需求状况和满足程度,以期更好地了解居民的心理健康水平,为社会心理服务提供方向和证据支持。

(二)文献综述

基本心理需求理论(Basic Psychological Needs Theory,BPNT,Deci & Ryan,2000)认为,人类有三种内在的基本心理需求:自主需求、能力需求和关系需求。其中自主需求指个体进行选择、决策和行动时自发地表现出主体性的需求,即个体的行为选择是自由选择的;能力需求指个体通过自己的努力和能力完成活动任务和实现目标的需求;关系需求是指明确感到自己对他人是重要的,感受到来自他人的关心和接纳,以及关心他人的需求。当这些心理需求得到满足时,个体将朝向积极健康的方向发展,也就是说,个体通过对自

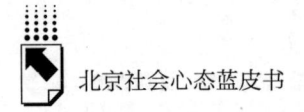

主、能力、关系三种需求的满足可以获得幸福感与满足感，进而表现出积极的行为；当这些心理需求受到阻滞时，个体将朝向消极方向发展或产生功能性障碍。

基本心理需求理论在教育领域、组织管理领域以及医疗和健康领域均有所运用。从教育领域来说，基本心理需求的满足与学业倦怠存在负相关，与学生的学业表现正相关（Jang, Kim, & Reeve, 2012），也就是说，当学生的基本心理需求得到满足时，就会显示出更低的学业倦怠和更好的学业成绩。对组织管理领域来说，个体的需求满足情况能够影响个体的工作动机、工作绩效和组织认同。当人们的需求得到满足时，会有更高的绩效水平和组织幸福感（张剑、张建兵、李跃，2010），也会表现出更高水平的工作满意度（Mayer, Barde, & Piccolo, 2008）和工作卷入程度（Deci et al, 2001）。从医疗和健康领域来说，基本心理需求可以帮助个体应对心理疾病和问题行为，当个体的基本心理需求得到满足后，个体会更少表现出抑郁、焦虑和强迫症等倾向（Vansteenkiste, Lens, Soenens, & Luyckx, 2006），也会表现出较少的饮酒行为（夏扉、叶宝娟，2014）。同时，基本心理需求也能够影响与幸福感相关的结果，具体表现为，基本心理需求的满足能够激发个体的整体活力水平（Taylor & Lonsdale, 2010），提升人际关系满意度（朱晓娜，2011）、生活满意度和快乐感（Milyavskaya & Koestner, 2011）；并且，当人们的基本心理需求得到满足时，个体倾向于追求生活中让自己感到有意义和有价值的生活经历，从而体验到更高水平的生命意义（Weinstein, Ryan & Deci, 2012）。因此，基本心理需求可以用于对个体的心理问题进行干预和治疗，通过满足个体的基本心理需求从而改善人们的心理疾病情况，减少问题行为，提高个体的意义感和快乐感，从而提高居民的心理健康状况。

基本心理需求理论在不同国家和多个文化领域内均引起了重视，成为目前解释个体心理健康水平的有力工具。由于文化差异的存在，不同文化下个体重视的基本心理需求可能存在差异，例如东方文化背景中关系需求的满足更被人们所看重（Taylor & Lonsdale, 2010），而自主的需求相对来说比较不受重视。因此，需要更多的研究来探索东方文化中需求的满足对居民心理健康的影响模式，探索出有效的干预措施，为社会政策的制定提供参考，以提高个体、群体和社会整体的幸福感和心理健康水平为最终目标。

二 研究方法

（一）调查对象

本研究共调查了1586位在北京工作和生活的居民，剔除未认真填答的22人以及年龄在18岁以下的或等于18岁的高中生24个，剩余有效样本数为1540。样本最小年龄为18岁，最大年龄为83岁，平均年龄为33.93±9.21岁，具体人口学变量分布见表1。

从表1可知，本次调查男女比例基本平衡；调查样本主要集中在城六区，朝阳区最多（305个样本），海淀区次之（240个），远郊区县样本量相对较少，平谷区最少（16个），延庆区次之（23个），本次调查在地区分布上与北京市统计局发布的2016年北京常住人口总量分布基本一致。在其他如职业和家庭年收入等人口学变量上，本次调查的样本分布与北京市2016年度统计资料所展示的分布比较一致，表明本次调查的样本比较具有代表性。

表1 调查样本的人口学分布

单位：人，%

人口学变量	类别	人数	百分比
性别	男	664	43.12
	女	876	56.88
年龄	18~29岁	516	33.51
	30~39岁	674	43.77
	40~49岁	258	16.75
	50~59岁	63	4.09
	60岁及以上	28	1.82
	缺失	1	0.06

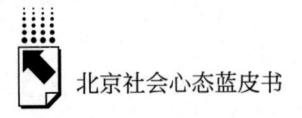

续表

人口学变量	类别	人数	百分比
教育水平	小学及以下	5	0.32
	初中	23	1.49
	高中(技校、职高、中专)	113	7.34
	大专(含在读)	308	20.00
	大学本科(含在读)	861	55.91
	研究生(含在读)及以上	230	14.94
家庭年收入(区间均为左闭右开)	小于5万元	63	4.09
	5万~10万元	177	11.49
	10万~20万元	500	32.47
	20万~30万元	335	21.75
	30万~40万元	187	12.14
	40万~50万元	59	3.83
	50万~70万元	102	6.62
	70万~90万元	29	1.88
	90万元以上	33	2.14
	缺失	55	3.57
家庭所在地	东城区	116	7.53
	西城区	123	7.99
	朝阳区	305	19.81
	海淀区	240	15.58
	丰台区	148	9.61
	石景山区	65	4.22
	房山区	58	3.77
	通州区	96	6.23
	顺义区	58	3.77
	昌平区	115	7.47
	大兴区	92	5.97
	门头沟区	29	1.88
	怀柔区	29	1.88
	平谷区	16	1.04
	密云区	27	1.75
	延庆区	23	1.49
婚姻状况	未婚	449	29.16
	已婚	1052	68.31
	离异	36	2.34
	丧偶	3	0.19

续表

人口学变量	类别	人数	百分比
职业	生产、运输工人和有关人员	71	4.61
	党政企事业单位负责人	50	3.25
	党政企事业单位一般工作人员	257	16.69
	各类专业技术人员	488	31.69
	商业人员	158	10.26
	服务业人员	223	14.48
	个体经营人员	79	5.13
	离、退休人员	37	2.40
	其他职业人员	177	11.49
工作单位	党政机关	68	4.42
	事业单位	267	17.34
	国有企业	284	18.44
	外资企业	119	7.73
	合资企业	107	6.95
	私营企业	575	37.34
	其他	120	7.79
住房情况	租房住	355	23.05
	自建房	65	4.22
	公租房	31	2.01
	经济适用房	117	7.60
	商品房	686	44.55
	单位宿舍	78	5.06
	借住父母或他人房	188	12.21
	其他	20	1.30

（二）调查过程及内容

1. 调查过程

首先，查找文献资料，编制调查问卷，并经专家组和课题组成员反复讨论后，确定最终使用问卷。问卷共有83道题目，其中人口学变量13道，筛查题2道（用以筛查被试是否认真填答）；共涉及10个心理与行为变量，包括基本心理需求满足、生活满意度、总体幸福感、意义幸福感、亲社会行为、攻击行为、抑郁、焦虑、孤独感和社会关系地位（控制变量）。其次，通过网络平台"问卷星"发放问卷（https://www.wjx.cn/jq/18536785.aspx），符合条件的居民在网上填写问卷，作答完毕后提交。最后，问卷回收后，筛除未认真填答的问卷。

2. 调查内容

（1）基本人口统计学变量

包括性别、年龄、婚姻状况、学历、职业、工作性质、月收入、住房条件、家庭所在地、主观社会经济地位等方面。

（2）基本心理需求

包括自主需求、能力需求和关系需求三个方面，共21题。自主需求题目如"我觉着我可以自由地决定自己如何生活""在日常生活中，我经常不得不做一些别人让我做的事情"（反向计分）；能力需求题目如"了解我的人认为我会把事情完成得很好""在日常生活中我没有太多展示自己能力的机会"（反向计分）；关系需求的题目如"我与接触过的人都会相处得很融洽""我常常一个人独处，没有太多的社交活动"（反向计分）。

问卷采用7点计分，1代表"完全不符合"，7代表"完全符合"。各维度加和后的总分越高，代表基本心理需求满足程度越高。自主需求、能力需求和关系需求三个分量表的内部一致性系数 α 分别为 0.715、0.679 和 0.778；总量表的内部一致性信度 α 为 0.879，各分量表和总量表信度均良好。

（3）心理健康和幸福感

①消极情绪

抑郁。采用 Radloff（1977）编制的流调用抑郁自评量表（CES-D），该量表广泛用于测查一般群体的抑郁程度。量表根据过去一周内的情绪体验来评估被试的抑郁状况，共10题，如"我感到压抑""我的睡眠状况不好""我感到高兴"（反向计分）。4点计分，1表示没有或很少有（少于1天），2表示有时或小部分时间（1~2天），3表示时常或一半时间（3~4天），4

表示多数或全部时间（5～7天）。各题目加和的总分表示个体的抑郁程度，分数越高，代表个体越抑郁。该量表的内部一致性信度α为0.849，量表信度良好。

焦虑。从Zung（1971）编制的焦虑自评量表中选取3题，包括"我容易心里烦乱或觉得惊恐"、"我觉得一切都很好，也不会发生什么不幸"（反向计分）、"我无缘无故地感到害怕"。4点计分，1表示没有或很少有，2表示有时或小部分时间，3表示时常或一半时间，4表示多数或全部时间。各题目加和的总分表示个体的焦虑程度，分数越高，代表个体越焦虑。该量表的内部一致性信度α为0.628，量表信度良好。

孤独感。采用简版孤独感量表（UCLA-8），该量表由Hays与DiMatteo（1987）在Russell等（1987）编制的孤独感量表（University of California Los Angeles Loneliness Scale，UCLA-20）基础上改编而成，相较于其他孤独感量表，该量表所有条目均未出现"孤独"一词，有助于减少应答者因社会赞许性导致的偏向性回答。量表共8道题，如"我缺少别人的陪伴""我是一个愿意交朋友的人"（反向计分）。4点计分，1表示没有或很少有，2表示有时或小部分时间，3表示时常或一半时间，4表示多数或全部时间。各题加和的总分表示个体的孤独感程度，分数越高，代表个体感觉越孤独。该量表的内部一致性信度α为0.852，量表信度良好。

②行为倾向

亲社会行为。选自Swisher、Shute和Bibeau（1984）编制的亲社会行为问卷，共3题，如"在过去的一年内，我曾帮助朋友解决问题"。采用7点计分，1代表"完全不符合"，7代表"完全符合"。总分加和，分数越高代表亲社会倾向越强。该量表的内部一致性信度α为0.630，量表信度良好。

攻击行为。采用Buss和Perry（1992）编制的攻击行为问卷（Buss-Perry Aggression Questionaire，BAQ），共4题，如"当人们和我的意见不一致时，我会情不自禁地陷入和他们的争论中"。采用7点计分，1代表"完

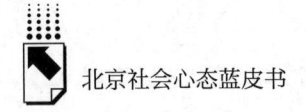

全不符合"，7代表"完全符合"。分数加和后的总分越高，代表攻击行为倾向越高。该量表的内部一致性信度α为0.788，量表信度良好。

③幸福感

生活满意度。采用Diener等（1985）编制的生活满意度量表，共5题，如"我的生活大致符合我的理想"。7点评分，1代表"完全不符合"，7代表"完全符合"。各题目加总后的均分进行分析。分数越高，代表生活满意度越高。该量表的内部一致性信度α为0.890，量表信度良好。

总体幸福感。自编的1道题目，"总的来说，我觉得最近是幸福的"。7点评分，1代表"完全不符合"，7代表"完全符合"。分数越高，代表总体幸福感越高。

意义幸福感。采用Diener等（2010）编制的心理繁盛量表（Flourishing Scale, FS），共8题，如"我过着有意义的生活"。7点评分，1代表"完全不符合"，7代表"完全符合"。分数越高，代表意义幸福感越高。该量表的内部一致性信度α为0.909，量表信度良好。

三 北京居民基本心理需求满足现状

（一）北京居民基本心理需求满足的总体状况

本次调查中北京居民基本心理需求满足平均分为101.91分（$SD=15.97$，95%CI=[101.11, 102.71]），显著高于量表中间值84分，$t(1539)=44.01$，$P<0.001$，表明北京居民的基本心理需求大体上得到满足。

进一步对基本心理需求的三个维度进行分析：在自主需求维度上，北京居民的平均分为30.94分（$SD=6.18$，95%CI=[30.63, 31.24]），显著高于量表中间值28分，$t(1539)=18.63$，$P<0.001$；在能力需求维度上，北京居民的平均分为29.54分（$SD=5.29$，95%CI=[29.28, 29.81]），显著高于量表中间值24分，$t(1539)=41.16$，$P<0.001$；在关系需求维度上，北京居民的平均分为41.43分（$SD=6.74$，95%CI=[41.10,

41.77]），显著高于量表中间值32分，t (1539) = 54.91，$P < 0.001$。

为了解居民三种基本心理需求满足间的差异，计算三种基本心理需求的量表均值（各维度得分除以各维度题数），重复测量方差分析结果显示，居民的三种基本心理需求满足情况存在显著差异，F (3, 3078) = 881.15，$P < 0.001$，事后检验表明自主需求的满足程度（$M = 4.42$，$SD = 0.88$，95% CI = [4.38, 4.46]）显著低于能力需求（$M = 4.92$，$SD = 0.88$，95% CI = [4.88, 4.97]）和关系需求（$M = 5.18$，$SD = 0.84$，95% CI = [5.14, 5.22]），能力需求的满足程度也显著低于关系需求，$ps < 0.001$。

上述结果表明，总体上北京居民的自主需求、能力需求和关系需求均基本得到满足，其中关系需求的满足情况最好，能力需求次之，自主需求最低。

（二）各群体的基本心理需求满足现状

本研究主要分析不同性别、婚姻状况、家庭年收入、教育水平、工作单位和住房情况的群体的基本心理需求满足现状，其中家庭年收入、教育水平、工作单位和住房情况构成了社会经济地位（Zhu & Xie，2007），描述性统计见表2。

在性别上，男性和女性的基本心理需求满足总分以及自主需求、能力需求和关系需求得分均显著高于量表中间值，$ps < 0.001$。

在年龄上，将年龄按照18～29岁（$N = 516$）、30～39岁（$N = 674$）、40～49岁（$N = 258$）、50～59岁（$N = 63$）、60岁及以上（$N = 28$）进行分组，结果发现各年龄组的基本心理需求满足总分以及自主需求、能力需求和关系需求得分均显著高于量表中间值，$ps < 0.001$。

在婚姻状况上，未婚和已婚居民的基本心理需求满足总分以及自主需求、能力需求和关系需求得分均显著高于量表中间值，$ps < 0.001$；丧偶居民的自主需求、能力需求和关系需求均与中间值没有显著差异，$ps > 0.05$；离异居民的能力需求和关系需求得分均显著高于量表中间值，$ps < 0.001$，但自主需求与量表中间值没有显著差异，t (35) = 1.78，$P > 0.05$。结果表明，未婚和已婚的北京居民的自主需求、能力需求和关系需求基本得到满足；而离异居民的能力需求和关系需求基本得到满足，但自主需求的满足程度仅为中等水平，有待加强；而丧偶居民的三种基本心理需求的满足程度均为中等水平，表明丧偶个体的基本心理需求有待进一步满足。

在家庭年收入上，家庭年收入高于5万元的居民基本心理需求满足总分以及自主需求、能力需求和关系需求得分均显著高于量表中间值，$ps<0.05$；家庭年收入低于5万元的居民能力需求和关系需求得分均显著高于量表中间值，$ps<0.001$，但自主需求与量表中间值没有显著差异，$t(62)=1.61$，$P>0.05$。结果表明收入对基本心理需求满足的影响主要体现在自主需求上，低收入群体的自主需求有待进一步满足。

在教育水平上，学历不低于高中（包含其同等学力）的居民基本心理需求满足总分以及自主需求、能力需求和关系需求得分均显著高于量表中间值，$ps<0.05$；学历为小学及以下的居民的关系需求显著高于中间值，$t(4)=4.56$，$p=0.01$，但自主需求和能力需求均与中间值没有显著差异，$ps>0.05$；学历为初中的能力需求和关系需要显著高于中间值，$ps<0.01$，但自主需求得分与中间值没有显著差异，$t(22)=-0.13$，$P>0.05$。结果表明教育对基本心理需求满足的影响主要体现在自主需求和能力需求上，低教育水平群体的自主需求和能力需求有待获得更多满足。

在工作和住房情况上，无论工作单位种类和住房条件如何，居民的基本心理需求满足总分以及自主需求、能力需求和关系需求得分均显著高于量表中间值，$ps<0.01$。这一结果说明社会经济地位中的收入和教育水平对基本心理需求满足的敏感性更高，之前的研究也发现在社会经济地位的各个指标中，收入和教育水平对身心健康的影响更大（李建新、夏翠翠，2014）。物质基础是个体自由选择的必要条件，教育则赋予了个体完成目标的能力，这也是为何高收入和高教育水平居民的基本心理需求在大体上可以得到满足，低收入和低教育水平居民的不满足感更多体现在自主选择和依靠自己能力完成目标方面。

表2 各群体的基本心理需求满足现状

单位：分

项目		总分（中间值84）		自主需求（中间值28）		能力需求（中间值24）		关系需求（中间值32）	
		M±SD	95%CI	M±SD	95%CI	M±SD	95%CI	M±SD	95%CI
性别	男	101.70±15.76	[100.49,102.92]	30.54±6.16	[30.07,31.02]	29.54±5.24	[29.13,29.94]	41.62±6.67	[41.11,42.14]
	女	102.32±16.12	[101.23,103.42]	31.30±6.14	[30.88,31.72]	29.65±5.28	[29.30,30.01]	41.37±6.82	[40.91,41.83]
年龄	18~29岁	101.40±16.20	[99.99,102.80]	30.75±6.22	[30.21,31.29]	29.27±5.28	[28.82,29.73]	41.37±6.93	[40.77,41.97]
	30~39岁	102.63±15.75	[101.44,103.82]	31.01±6.01	[30.55,31.46]	29.77±5.31	[29.37,30.17]	41.85±6.62	[41.35,42.35]
	40~49岁	100.57±16.79	[98.51,102.63]	30.57±6.53	[29.77,31.37]	29.26±5.41	[28.60,29.93]	40.74±7.00	[39.88,41.60]
	50~59岁	103.56±13.32	[100.20,106.91]	32.54±5.80	[31.08,34.00]	30.21±4.76	[29.01,31.40]	40.81±5.12	[39.52,42.10]
	60岁以上	103.18±14.88	[97.41,108.95]	32.54±6.93	[29.85,35.22]	30.11±4.77	[28.26,31.96]	40.54±6.42	[38.05,43.03]
婚姻状况	未婚	99.37±16.20	[97.82,100.93]	30.21±6.43	[29.59,30.82]	28.95±5.16	[28.45,29.45]	40.22±7.18	[39.53,40.91]
	已婚	103.29±15.80	[102.32,104.25]	31.30±6.03	[30.93,31.67]	29.89±5.30	[29.57,30.21]	42.10±6.52	[41.70,42.50]
	离异	96.27±12.51	[91.84,100.71]	29.91±5.82	[27.84,31.97]	28.55±4.64	[26.90,30.19]	37.82±4.90	[36.08,39.55]
	丧偶	115.33±6.66	[98.79,131.87]	36.33±3.51	[27.61,45.06]	33.67±4.93	[21.41,45.92]	45.33±5.51	[31.65,59.01]
家庭年收入	小于5万元	98.48±16.50	[94.32,102.63]	29.43±7.06	[27.65,31.21]	27.89±5.35	[26.54,29.24]	41.16±6.92	[39.41,42.90]
	5万~10万元	96.30±14.25	[94.19,98.41]	29.11±5.87	[28.24,29.98]	27.97±4.60	[27.29,28.65]	39.21±6.55	[38.24,40.19]
	10万~20万元	100.10±15.33	[98.76,101.45]	30.40±5.90	[29.89,30.92]	28.84±4.92	[28.41,29.27]	40.86±6.70	[40.27,41.44]
	20万~30万元	103.00±16.73	[101.21,104.80]	31.21±6.40	[30.52,31.90]	30.05±5.38	[29.47,30.63]	41.74±6.92	[41.00,42.48]
	30万~40万元	104.48±15.10	[102.30,106.65]	31.59±5.47	[30.80,32.38]	30.47±5.36	[29.69,31.24]	42.42±6.44	[41.49,43.35]
	40万~50万元	108.29±15.80	[104.17,112.41]	32.34±6.14	[30.74,33.94]	31.95±5.48	[30.52,33.38]	44.00±6.03	[42.43,45.57]
	50万~70万元	107.91±15.33	[104.90,110.92]	32.84±6.18	[31.63,34.06]	31.60±5.33	[30.55,32.65]	43.47±6.25	[42.24,44.70]
	70万~90万元	109.62±12.42	[104.90,114.35]	34.38±5.62	[32.24,36.52]	31.38±4.36	[29.72,33.04]	43.86±6.19	[41.51,46.22]
	90万元以上	109.97±17.83	[103.65,116.29]	35.18±6.17	[33.00,37.37]	31.76±6.31	[29.52,33.99]	43.03±7.02	[40.54,45.52]

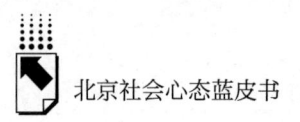

续表

项目		总分（中间值 84）		自主需求（中间值 28）		能力需求（中间值 24）		关系需求（中间值 32）	
		M±SD	95%CI	M±SD	95%CI	M±SD	95%CI	M±SD	95%CI
教育水平	小学及以下	101.00±20.54	[75.49,126.51]	30.00±8.54	[19.39,40.61]	27.60±8.65	[16.86,38.34]	43.40±5.59	[36.45,50.35]
	初中	96.74±17.09	[89.35,104.13]	27.83±6.41	[25.05,30.60]	27.52±5.40	[25.19,29.86]	41.39±7.56	[38.12,44.66]
	高中	98.12±16.75	[94.99,101.24]	29.45±6.38	[28.26,30.64]	27.81±5.35	[26.81,28.80]	40.86±7.20	[39.52,42.20]
	大专	100.27±14.45	[98.65,101.89]	30.57±5.92	[29.91,31.24]	28.84±4.89	[28.29,29.39]	40.86±6.37	[40.14,41.57]
	大学本科	102.76±16.28	[101.67,103.85]	31.37±6.18	[30.95,31.78]	29.71±5.34	[29.36,30.07]	41.68±6.78	[41.23,42.14]
	研究生	103.33±15.75	[101.29,105.38]	30.87±6.22	[30.06,31.68]	30.96±5.10	[30.29,31.62]	41.51±6.77	[40.63,42.39]
工作单位	党政机关	105.22±17.90	[100.86,109.59]	32.01±6.77	[30.36,33.67]	30.39±5.64	[29.01,31.76]	42.82±7.40	[41.02,44.63]
	事业单位	100.49±15.73	[98.56,102.43]	30.39±6.25	[29.62,31.16]	29.32±5.19	[28.69,29.96]	40.78±6.65	[39.96,41.60]
	国有企业	101.03±15.88	[99.14,102.91]	30.65±6.09	[29.92,31.37]	29.21±5.18	[28.60,29.83]	41.16±6.75	[40.36,41.97]
	外资企业	103.96±16.00	[101.00,106.93]	31.73±5.98	[30.62,32.84]	30.43±5.60	[29.39,31.47]	41.81±6.70	[40.56,43.05]
	合资企业	108.40±13.65	[105.76,111.04]	33.18±5.37	[32.14,34.22]	31.35±4.52	[30.48,32.23]	43.87±5.79	[42.75,44.99]
	私营企业	101.24±15.80	[99.93,102.55]	30.77±6.06	[30.26,31.27]	29.24±5.26	[28.80,29.68]	41.23±6.63	[40.68,41.78]
	其他	102.42±16.75	[99.22,105.61]	30.62±6.72	[29.34,31.90]	30.06±5.35	[29.03,31.08]	41.74±7.68	[40.28,43.21]
住房情况	租房住	96.80±15.53	[95.15,98.45]	29.13±6.15	[28.47,29.78]	27.99±4.95	[27.46,28.51]	39.69±6.88	[38.96,40.42]
	自建房	104.37±15.92	[100.22,108.52]	31.59±5.72	[30.10,33.08]	29.69±5.41	[28.29,31.10]	43.08±6.76	[41.32,44.85]
	公租房	96.13±12.62	[91.42,100.84]	29.03±4.97	[27.18,30.89]	28.37±4.66	[26.62,30.11]	38.73±6.41	[36.34,41.13]
	经济适用	102.78±16.44	[99.72,105.84]	31.09±6.43	[29.89,32.29]	29.88±5.45	[28.86,30.89]	41.81±6.80	[40.55,43.08]
	商品房	105.43±15.53	[104.26,106.60]	32.30±5.88	[31.86,32.75]	30.64±5.30	[30.24,31.04]	42.49±6.43	[42.00,42.97]
	单位宿舍	100.10±14.16	[96.77,103.42]	29.42±5.86	[28.04,30.79]	29.42±4.93	[28.26,30.57]	41.26±5.87	[39.88,42.64]
	借住	99.30±15.78	[96.94,101.66]	29.90±6.15	[28.98,30.82]	28.67±4.84	[27.94,29.39]	40.73±7.29	[39.64,41.82]
	其他	106.84±17.18	[98.56,115.12]	32.63±7.21	[29.16,36.1]	31.21±5.16	[28.72,33.70]	43.00±6.02	[40.01,45.99]

四 影响北京居民基本心理需求满足的人口学因素

（一）北京居民基本心理需求满足的性别差异

在总分上，男性与女性居民的基本心理需求满足程度没有显著差异，$F(1,1538)=0.55$，$P>0.05$。在能力需求和关系需求上，男女居民的满足程度也没有显著差异，$F_1(1,1538)=0.06$，$F_2(1,1538)=0.46$，$ps>0.05$。

在自主需求上，女性居民的满足程度显著高于男性，$F(1,1538)=6.04$，$P<0.05$，如图1所示，即在日常生活中，北京市女性居民更能够自主地做出选择和决定自己的行为。

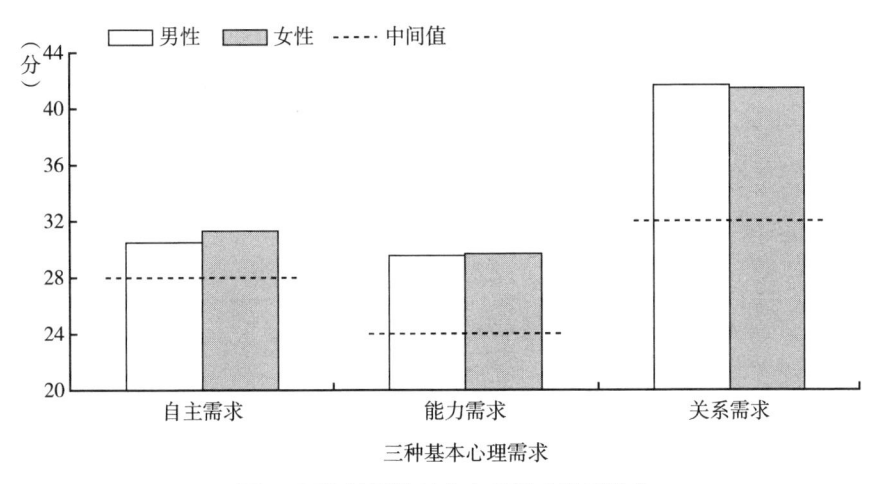

图1 不同性别的基本心理需求满足程度

（二）北京居民基本心理需求满足的年龄差异

将年龄作为连续变量，分析年龄与基本心理需求满足程度，结果发现，年龄与基本心理需求满足总分以及自主需求、能力需求和关系需求得分均无显著相关，$ps>0.05$，相关系数见表3。

表3　年龄与基本心理需求满足的相关系数

变量	1	2	3	4	5
1. 年龄	—				
2. 基本心理需求满足总分	0.01	—			
3. 自主需求	0.04	0.88***	—		
4. 能力需求	0.03	0.87***	0.68***	—	
5. 关系需求	0.04	0.88***	0.63***	0.66***	—

注：* $P<0.05$，** $P<0.01$，*** $P<0.001$，下同。

按照上文所述方法对年龄进行分组，分析各年龄组基本心理需求满足的差异，将年龄作为连续变量分析，各年龄组的基本心理需求满足总分以及自主需求、能力需求和关系需求得分均无显著差异，$F_1(4,1534)=1.14$，$F_2(4,1534)=1.90$，$F_3(4,1534)=1.16$，$F_4(4,1534)=1.60$，$ps>0.05$，基本心理需求满足程度随年龄变化趋势见图2。

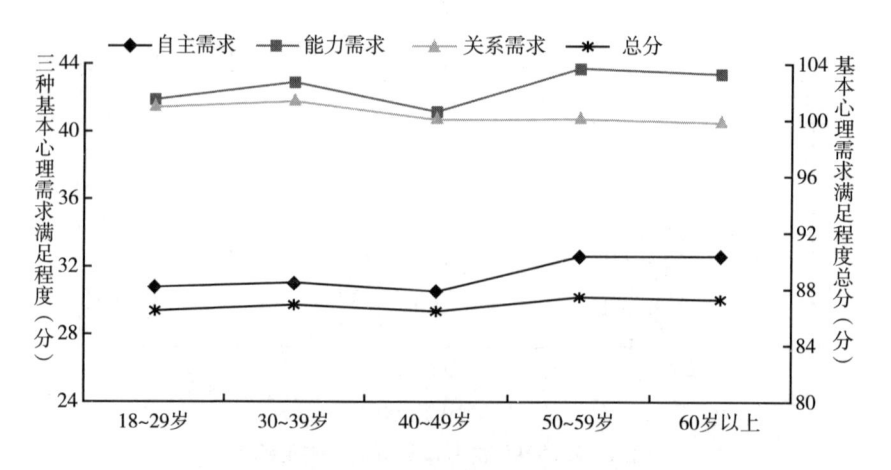

图2　居民基本心理需求满足程度随年龄变化趋势

（三）不同婚姻状况的基本心理需求满足差异

因本次调查中丧偶的居民仅为3个，所以在本部分的分析中剔除丧偶居民的数据。

在总分上，婚姻状况对居民的基本心理需求满足程度有显著影响，$F(2, 1534) = 11.28$，$P < 0.001$。事后检验分析表明，已婚居民的基本心理需求满足程度显著高于未婚居民和离婚居民，$ps < 0.01$。各婚姻状况下居民的基本心理需求满足程度总分见图3a，三种基本心理需求满足程度见图3b。

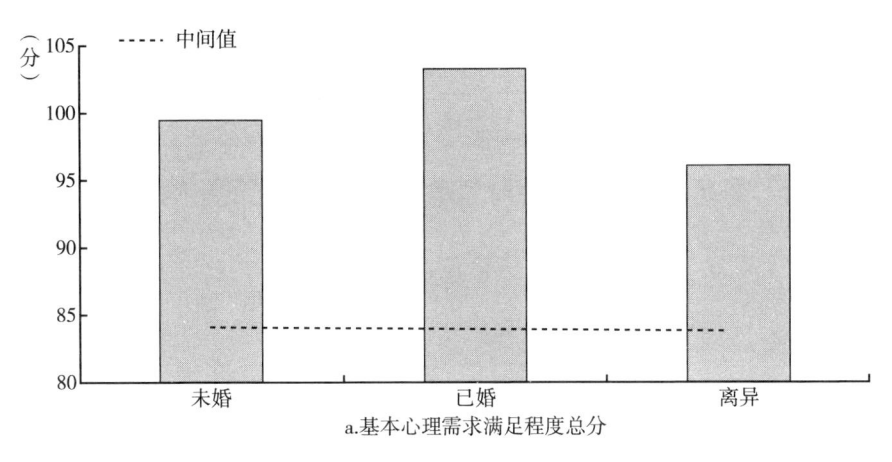

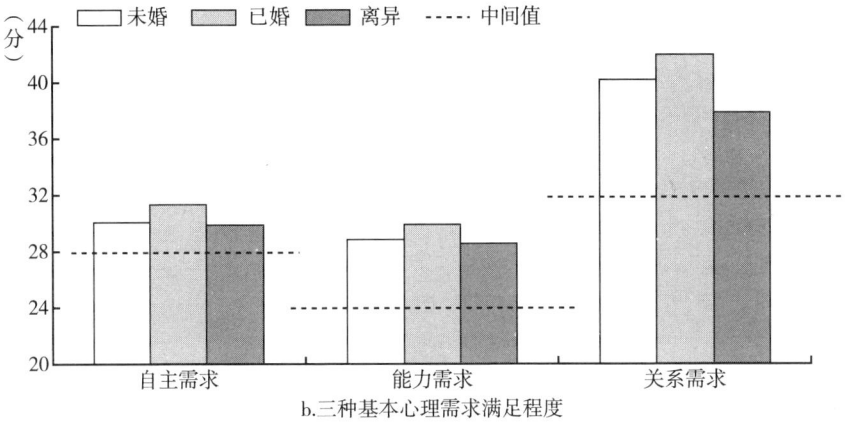

图3 各婚姻状况下的基本心理需求满足程度

在自主需求上，婚姻状况对居民的自主需求满足程度有显著影响，$F(2, 1534) = 4.78$，$P < 0.01$，事后检验分析表明，已婚居民的自主需求满足程度显著高于未婚居民，$P < 0.01$。

在能力需求上，婚姻状况对居民的能力需求满足程度有显著影响，

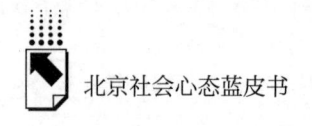

$F(2, 1534) = 5.81$，$P < 0.01$，事后检验分析表明，已婚居民的能力需求满足程度显著高于未婚居民，$P < 0.01$。

在关系需求上，婚姻状况对居民的关系需求满足程度也有显著影响，$F(2, 1534) = 16.87$，$P < 0.001$，事后检验分析表明，已婚居民的关系需求满足程度显著高于未婚居民和离异居民，$ps < 0.01$。

结果表明，婚姻状况对居民基本心理需求满足的影响主要体现在关系需求上，已婚个体的关系需求满足程度更高。

（四）客观社会经济地位对基本心理需求满足的影响

如前文所述，客观社会经济地位由家庭年收入、教育水平、工作单位和住房情况构成，下面将依次分析这四个变量对基本心理需求满足的影响。

1. 家庭年收入

在总分上，家庭年收入对居民的基本心理需求满足程度有显著影响，$F(8, 1476) = 10.03$，$P < 0.001$。事后检验分析表明，家庭年收入在20万元以上居民的基本心理需求满足程度显著高于家庭年收入在20万元以下的居民，$ps < 0.05$；家庭年收入在40万元以上的居民基本心理需求满足程度更高，显著高于家庭年收入在40万元以下的居民，$ps < 0.05$。

在自主需求上，家庭年收入对居民的自主需求满足程度有显著影响，$F(8, 1476) = 8.22$，$P < 0.001$。事后检验分析表明，家庭年收入在20万元以上的居民，他们的自主需求满足程度显著高于家庭年收入在20万元以下的居民，$ps < 0.05$；家庭年收入在50万元以上的居民自主心理需求满足程度更高，显著高于家庭年收入在50万元以下的居民，$ps < 0.05$。

在能力需求上，家庭年收入对居民的能力需求满足程度有显著影响，$F(8, 1476) = 10.07$，$P < 0.001$。事后检验分析表明，家庭年收入在20万元以上的居民，他们的能力需求满足程度显著高于家庭年收入在20万元以下的居民，$ps < 0.05$；家庭年收入在40万元以上的居民能力需求满足程度

更高，显著高于家庭年收入在40万元以下的居民，$ps<0.05$。

在关系需求上，家庭年收入对居民的关系需求满足程度也有显著影响，$F(8, 1476)=6.54$，$P<0.001$。事后检验分析表明，家庭年收入在40万元以上的居民，他们的关系需求满足程度显著高于家庭年收入在40万元以下的居民，$ps<0.05$。基本心理需求满足程度随家庭年收入的变化趋势见图4。

自主需求、能力需求和关系需求的满足程度基本上是随着收入的提高而增加。

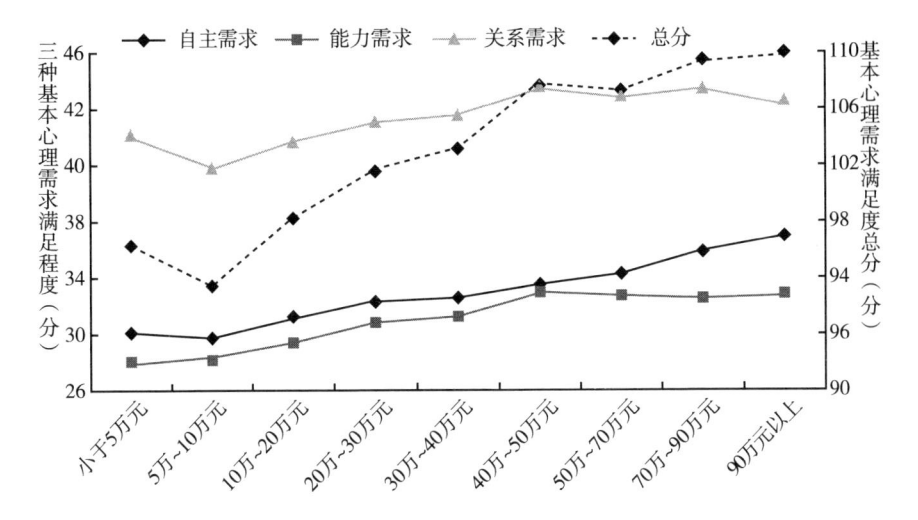

图4 居民基本心理需求满足程度随收入变化趋势

2. 教育水平

因本次调查中小学学历及以下的居民个数仅为5个，所以在本部分的分析中将小学学历及以下的居民数据与初中学历的居民数据进行合并。各教育水平下居民的基本心理需求满足程度总分见图5a，三种基本心理需求满足程度见图5b。

在总分上，教育水平对居民的基本心理需求满足程度有显著影响，$F(4, 1535)=4.04$，$P<0.01$，事后检验分析表明，本科及以上学历的居民，他们的基本心理需求满足程度显著高于高中及其同等学力和大专学历的

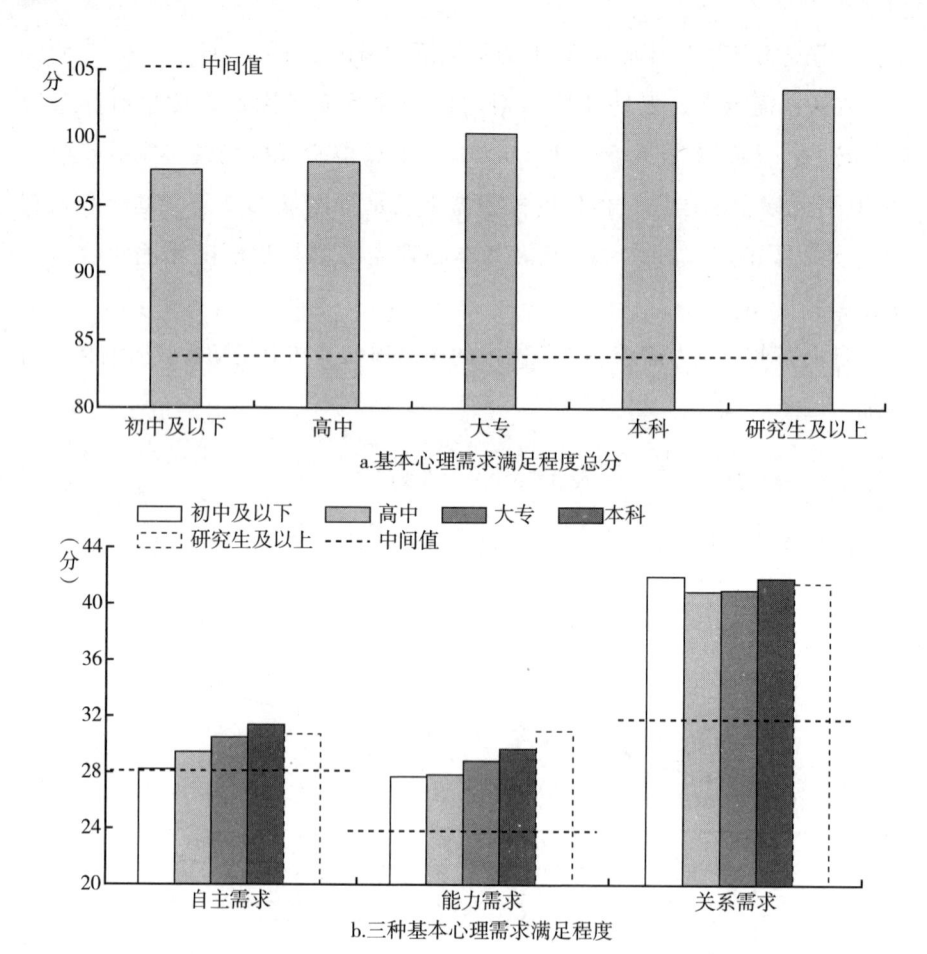

图5 各教育水平下的基本心理需求满足程度

居民，$ps < 0.05$。

在自主需求上，教育水平对居民的自主需求满足程度有显著影响，$F(4, 1535) = 4.34$，$P < 0.01$，事后检验分析表明，本科学历的居民的自主需求满足程度显著高于本科以下学历的居民，$ps < 0.05$。

在能力需求上，教育水平对居民的能力需求满足程度有显著影响，$F(4, 1535) = 9.98$，$P < 0.001$。事后检验分析表明，本科及以上学历的居民，他们的能力需求满足程度显著高于本科以下学历的居民，$ps < 0.05$；研

究生及以上学历的居民,他们的能力需求满足程度则显著高于本科及本科以下学历的居民,$ps<0.05$。

在关系需求上,教育水平对居民的关系需求满足程度影响不显著,$F(4,1535)=1.09$,$P>0.05$。

结果表明,教育水平对居民基本心理需求满足的影响主要体现在能力需求上,学历高的居民能力需求满足程度更高,这与现状分析的结果一致。

3. 工作单位

在总分上,工作单位对居民的基本心理需求满足程度有显著影响,$F(5,1414)=5.05$,$P<0.001$。事后检验分析表明,在合资企业工作的居民的基本心理需求满足程度最高,显著高于在事业单位、国有企业、外资企业和私营企业工作的居民,$ps<0.05$;在党政机关工作的居民的基本心理需求满足程度次高,显著高于在事业单位工作的居民,$P<0.05$;在事业单位工作的居民基本心理需求满足程度最低。

在自主需求上,工作单位对居民的自主需求满足程度有显著影响,$F(5,1414)=4.08$,$P<0.01$。事后检验分析表明,在合资企业工作的居民的自主需求满足程度最高,显著高于在事业单位、国有企业、外资企业和私营企业工作的居民,$ps<0.05$。

在能力需求上,工作单位对居民的能力需求满足程度有显著影响,$F(5,1414)=3.84$,$P<0.01$。事后检验分析表明,在合资企业工作的居民的能力需求满足程度最高,显著高于在事业单位、国有企业和私营企业工作的居民,$ps<0.05$。

在关系需求上,工作单位对居民的关系需求满足程度有显著影响,$F(5,1414)=3.96$,$P<0.01$。事后检验分析表明,在合资企业工作的居民的关系需求满足程度最高,显著高于在事业单位、国有企业、外资企业和私营企业工作的居民,$ps<0.05$。各工作单位的居民的基本心理需求满足程度总分见图6a,三种基本心理需求满足程度见图6b。

结果表明,工作单位对居民基本心理需求满足的影响主要体现为在合资企业工作的居民三种基本心理需求满足程度都优于在其他企业工作的居民,其余类型的工作单位间基本不存在显著差异。

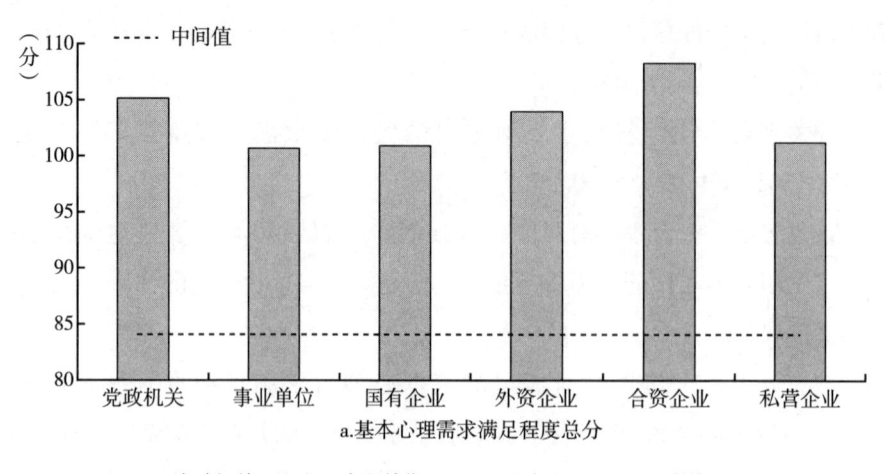

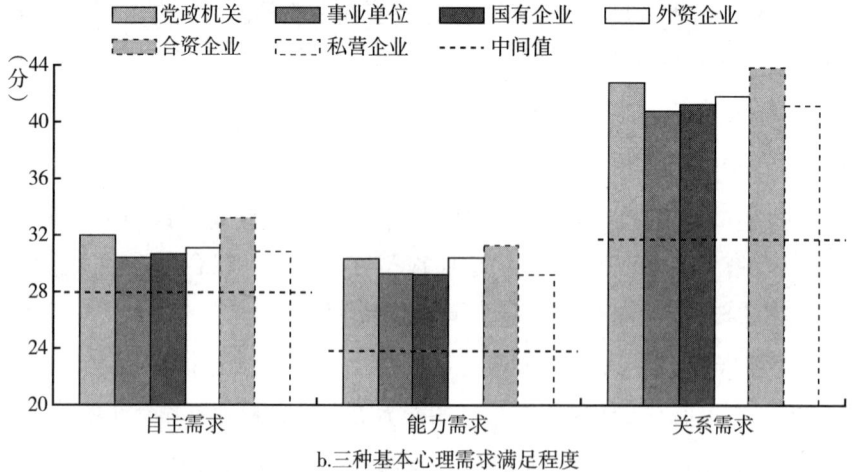

图6 各工作单位居民的基本心理需求满足程度

4. 住房情况

在总分上,住房情况对居民的基本心理需求满足程度有显著影响,$F(6, 1513) = 13.96$,$P < 0.001$。事后检验分析表明,住房情况为商品房的居民的基本心理需求满足程度最高,显著高于租房住、公租房、经济适用房、单位宿舍和借住他人或父母房的居民,$ps < 0.05$;自建房的居民的基本心理需求满足程度次高,显著高于租房住、公租房和借住他人或父母房的居民,$ps < 0.05$;租房住的居民基本心理需求满足程度最低,除低于商品房和

自建房外,还显著低于住在经济适用房和借住他人或父母房的居民,$ps < 0.06$;公租房的居民基本心理需求满足程度次低,除低于商品房和自建房外,还边缘显著低于住在经济适用房的居民,$p = 0.064$。

在自主需求上,住房情况对居民的自主需求满足程度有显著影响,$F(6,1513) = 13.41$,$P < 0.001$。事后检验分析表明,住房情况为商品房的居民的自主需求满足程度最高,显著高于租房、公租房、经济适用房、单位宿舍和借住他人或父母房的居民,$ps < 0.05$;自建房的居民的自主需求满足程度次高,显著高于租房住和住在单位宿舍的居民,$ps < 0.06$;租房住的居民自主需求满足程度最低,除低于商品房和自建房外,还显著低于住在经济适用房的居民,$ps < 0.01$。

在能力需求上,住房情况对居民的能力需求满足程度有显著影响,$F(6,1513) = 11.69$,$P < 0.001$。事后检验分析表明,住房情况为商品房的居民的能力需求满足程度最高,显著高于租房、公租房、经济适用房、单位宿舍和借住他人或父母房的居民,$ps < 0.07$;租房住的居民能力需求满足程度最低,除低于商品房外,还显著低于住在自建房、经济适用房和单位宿舍的居民,$ps < 0.05$。

在关系需求上,住房情况对居民的关系需求满足程度有显著影响,$F(6,1513) = 8.45$,$P < 0.001$。事后检验分析表明,住房情况为自建房和商品房的居民,他们的关系需求满足程度最高,显著高于租房、公租房和借住他人或父母房的居民,$ps < 0.05$;租房住和公租房的居民关系需求满足程度最低,除低于商品房和自建房外,还显著低于住在经济适用房的居民,$ps < 0.05$。

结果表明,住房条件较好的居民,例如商品房和自建房,他们的基本心理需求满足程度更高。各住房情况的居民的基本心理需求满足程度总分见图7a,三种基本心理需求满足程度见图7b。

综合四个客观经济地位指标可以发现,客观经济地位会影响居民的基本心理需求满足程度,总体上看,居民的客观社会经济地位越高,他们的基本心理需求满足程度也越高,尤其是自主需求和能力需求,关系需求相较于这两种基本需求,较不受客观社会经济地位影响。

北京社会心态蓝皮书

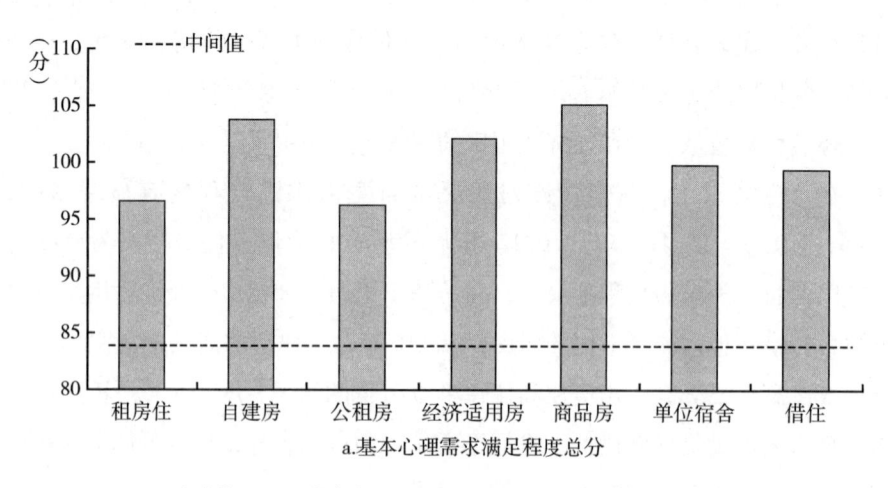

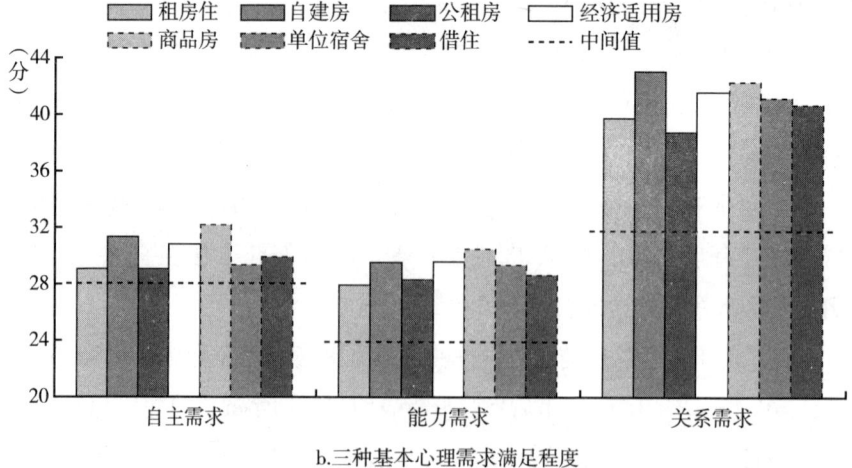

图7 各住房情况下的基本心理需求满足程度

（四）主观社会经济地位对基本心理需求满足的影响

主观社会经济地位通过两道题目考察，一道是考察居民主观感受到的自己家庭的收入水平，即主观收入水平，题目为"您觉得您家庭目前的收入水平在北京属于什么水平"，5点计分，1表示下等水平，2表示中下水平，3表示中等水平，4表示中上水平，5表示上等水平；另一道则是考察居民对自身社会地位的认知，即主观社会阶层，题目为"在我们的社会里，有些人处在社会的上层,有些人处在社会的下层,如图8a所示,从上往下看,10分代表最顶层,1分代表最底层。您认为您自己目前在哪个等级上",10点计分。下面将分别分析这两个主观社会经济地位指标对居民基本心理需求满足的影响。

1. 主观收入水平

居民的主观收入水平与基本心理需求满足总分显著正相关,$r=0.35$,$P<0.001$;与自主需求满足程度显著正相关,$r=0.37$,$P<0.001$;与能力需求满足程度显著正相关,$r=0.31$,$P<0.001$;也与关系需求满足程度显著正相关,$r=0.26$,$P<0.001$。

以主观收入水平为自变量,分别以基本心理需求满足总分和三类心理需求满足程度为因变量,控制性别和年龄的影响,回归分析结果见表4。结果发现,主观收入水平会显著正向预测居民的基本心理需求满足程度,$\beta=0.36$,$t=14.88$,$P<0.001$;主观收入水平会显著正向预测自主需求满足程度,$\beta=0.37$,$t=15.30$,$P<0.001$;主观收入水平会显著正向预测能力需求满足程度,$\beta=0.31$,$t=12.78$,$P<0.001$;主观收入水平会显著正向预测关系需求满足程度,$\beta=0.27$,$t=10.79$,$P<0.001$。结果表明相较于能力需求和关系需求,主观收入水平对自主需求的预测作用更大,如图8所示。

表4 主观收入水平对基本心理需求满足程度的预测作用

项目	基本心理需求满足总分		自主需求	
	$\beta_1(SE)$	$\beta_2(SE)$	$\beta_1(SE)$	$\beta_2(SE)$
第一层				
性别	0.02(0.82)	-0.02(0.77)	0.06(0.32)*	0.02(0.30)
年龄	0.01(0.04)	-0.02(0.44)	0.04(0.02)	0.01(0.02)
第二层				
主观收入水平		0.34***		0.37***(0.18)
F_1	0.33		4.33*	
F_2	74.04***		81.37***	
$\triangle R^2$	0.126		0.132	

续表

项目	能力需求 $\beta_1(SE)$	能力需求 $\beta_2(SE)$	关系需求 $\beta_1(SE)$	关系需求 $\beta_2(SE)$
第一层				
性别	0.01(0.27)	-0.03(0.26)	-0.02(0.35)	-0.05(0.34)
年龄	0.03(0.02)	0.00(0.01)	-0.04(0.02)	-0.06*(0.02)
第二层				
主观收入水平		0.31***(0.15)		0.27***(0.20)
F_1	0.61		1.34	
F_2	54.91***		39.73***	
ΔR^2	0.096		0.070	

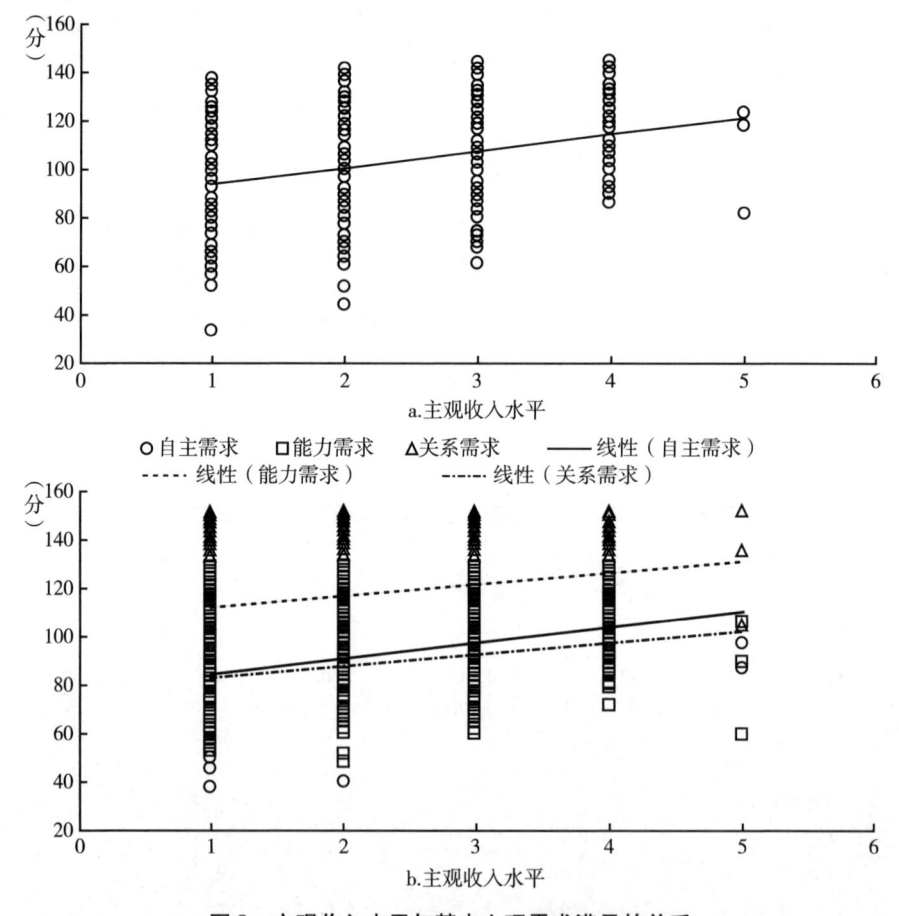

图8 主观收入水平与基本心理需求满足的关系

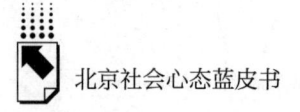

2. 主观社会阶层

居民的主观社会阶层与基本心理需求满足总分显著正相关，$r=0.34$，$P<0.001$；与自主需求满足程度显著正相关，$r=0.35$，$P<0.001$；与能力需求满足程度显著正相关，$r=0.31$，$P<0.001$；也与关系需求满足程度显著正相关，$r=0.24$，$P<0.001$。

以主观社会阶层为自变量，分别以基本心理需求满足总分和三类心理需求满足程度为因变量，控制性别和年龄的影响，回归分析结果见表5。结果发现：主观社会阶层会显著正向预测居民的基本心理需求满足程度，$\beta=0.34$，$t=14.27$，$P<0.001$；主观社会阶层会显著正向预测自主需求满足程度，$\beta=0.35$，$t=14.56$，$P<0.001$；主观社会阶层会显著正向预测能力需求满足程度，$\beta=0.31$，$t=12.85$，$P<0.001$；主观社会阶层会显著正向预测关系需求满足程度，$\beta=0.25$，$t=10.03$，$P<0.001$。结果表明相较于关系需求，主观社会阶层对自主需求和能力需求的预测作用更大，如图9所示。

综合主观社会阶层与基本心理需求满足的关系，主观社会阶层显著正向预测居民的各类基本心理需求满足程度，其中对自主需求的影响最大、能力需求次之，关系需求最低。

表5 主观社会阶层对基本心理需求满足程度的预测作用

项目	基本心理需求满足总分 $\beta_1(SE)$	$\beta_2(SE)$	自主需求 $\beta_1(SE)$	$\beta_2(SE)$
第一层				
性别	0.02(0.82)	-0.01(0.78)	0.06(0.32)*	0.03(0.30)
年龄	0.01(0.04)	-0.01(0.04)	0.04(0.02)	0.02(0.02)
第二层				
主观社会阶层		0.34***(0.22)		0.35***(0.08)
F_1	0.33		4.33*	
F_2	68.12***		73.93***	
$\triangle R^2$	0.117		0.121	

续表

项目	能力需求		关系需求	
	$\beta_1(SE)$	$\beta_2(SE)$	$\beta_1(SE)$	$\beta_2(SE)$
第一层				
性别	0.01(0.27)	-0.02(0.26)	-0.02(0.35)	-0.04(0.34)
年龄	0.03(0.02)	0.01(0.01)	-0.04(0.02)	-0.05*(0.02)
第二层				
主观社会阶层		0.31***(0.07)		0.25***(0.09)
F_1	0.61		1.34	
F_2	55.50***		34.45***	
$\triangle R^2$	0.097		0.061	

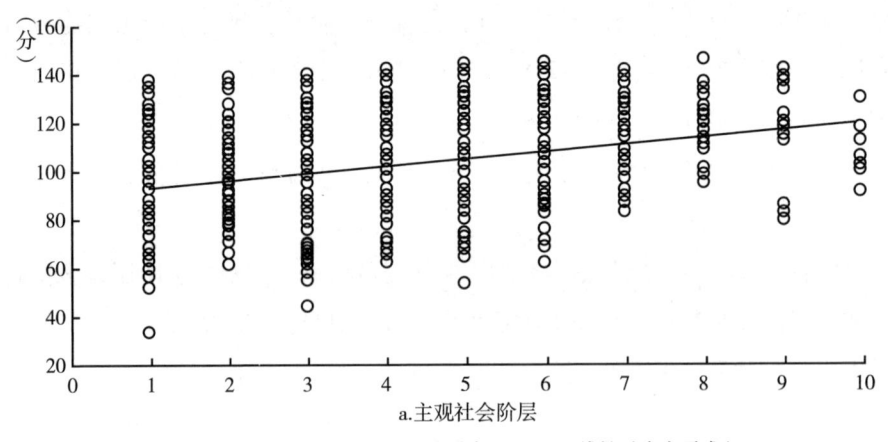

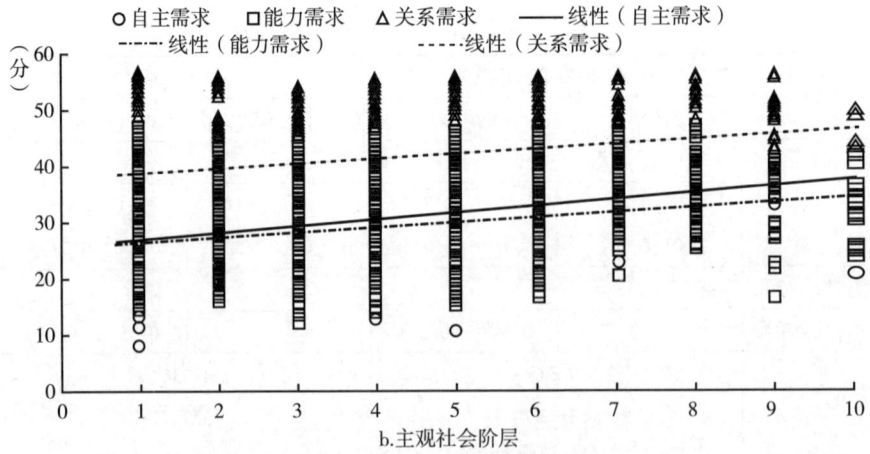

图9 主观社会阶层与基本心理需求满足的关系

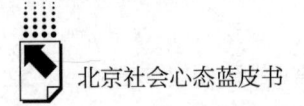

五 北京居民基本心理需求满足对个体心理和行为的影响

(一)基本心理需求满足与居民幸福感

本研究从三个方面考察居民的幸福感:生活满意度、意义幸福感和总体幸福感。北京居民的生活满意度显著高于量表中间值20分,$t(1539) = 11.44$,$P<0.001$;意义幸福感显著高于量表中间值32分,$t(1539) = 59.94$,$P<0.001$;总体幸福感也显著高于量表中间值4分,$t(1539) = 37.08$,$P<0.001$。结果说明,北京居民的幸福感程度较高。各幸福感与居民心理满足程度的相关系数见表6。

表6 基本心理需求满足与幸福感的相关系数

变量	1	2	3	4	5	6	7
1. 基本心理需求满足总分	—						
2. 自主需求	0.88***	—					
3. 能力需求	0.87***	0.68***	—				
4. 关系需求	0.88***	0.63***	0.66***	—			
5. 生活满意度	0.62***	0.61***	0.51***	0.50***	—		
6. 意义幸福感	0.75***	0.61***	0.63***	0.72***	0.69***	—	
7. 总体幸福感	0.55***	0.49***	0.45***	0.50***	0.69***	0.71***	—
均值	101.91	30.94	29.54	41.43	21.91	43.32	5.26
标准差	15.97	6.18	5.29	6.74	6.54	7.41	1.33

如表6所示,基本心理需求满足程度与幸福感密切相关。为了更清晰地展现基本心理需求满足程度与幸福感的关系,我们分别以生活满意度、意义幸福感和总体幸福感为因变量,以性别、年龄、主观社会阶层和社会关系地位为控制变量,进行两步分析,第一步以基本心理需求满足程度总分为自变量(结果见表7),第二步以三类需求为自变量(结果见表8)。第一步考察基本心理需求满足与幸福感的总体趋势,第二步考察三种基本

心理需求中何种对幸福感的影响更大。对主观社会阶层、社会关系地位以及三类需求满足程度进行标准化，以减少共线性。之所以选用主观社会阶层而非主观收入水平，是因为主观社会阶层是主观收入水平的上层变量，它不仅包含了收入水平，还包含了个体对自身教育和职业的认知，与社会关系地位更具对比性。

（1）生活满意度

在控制了性别、年龄、主观社会地位和社会关系地位后，基本心理需求满足程度仍可以显著正向预测生活满意度，$\beta=0.46$，$t=17.80$，$P<0.001$。调整后的 $R^2=0.432$，如图10a所示。

在控制了性别、年龄、主观社会地位和社会关系地位后，自主和关系需求仍可以显著正向预测生活满意度，$\beta_1=0.36$，$\beta_2=0.11$，$t_1=12.83$，$t_2=3.82$，$ps<0.001$，调整后的 $R^2=0.447$；但是能力需求对生活满意度的预测作用不再显著，$\beta=0.04$，$t=1.40$，$P>0.05$，如图11所示。

表7 基本心理需求满足总分对幸福感的影响

项目	生活满意度		意义幸福感		总体幸福感	
	$\beta_1(SE)$	$\beta_2(SE)$	$\beta_1(SE)$	$\beta_2(SE)$	$\beta_1(SE)$	$\beta_2(SE)$
第一层						
性别[a]	0.05*(0.28)	0.04*(0.26)	0.03(0.29)	0.02(0.24)	0.04*(0.06)	0.03(0.26)
年龄	0.07**(0.02)	0.08***(0.01)	-0.01(0.02)	0.00(0.01)	-0.05*(0.00)	-0.04(0.01)
主观社会阶层	0.21***(0.15)	0.14***(0.14)	0.10***(0.15)	0.02(0.13)	0.18***(0.03)	0.12***(0.14)
社会关系地位	0.44***(0.15)	0.17***(0.17)	0.62***(0.15)	0.28***(0.16)	0.39***(0.03)	0.13***(0.17)
第二层						
基本心理需求满足		0.46***(0.17)		0.55***(0.16)		0.43***(0.17)
F_1	176.49***		291.39***		113.98***	
F_2	233.61***		469.78***		152.50***	
ΔR_{adj}^2	0.118		0.174		0.103	

注：a 性别为虚拟变量，男生=1，女生=2，下同。

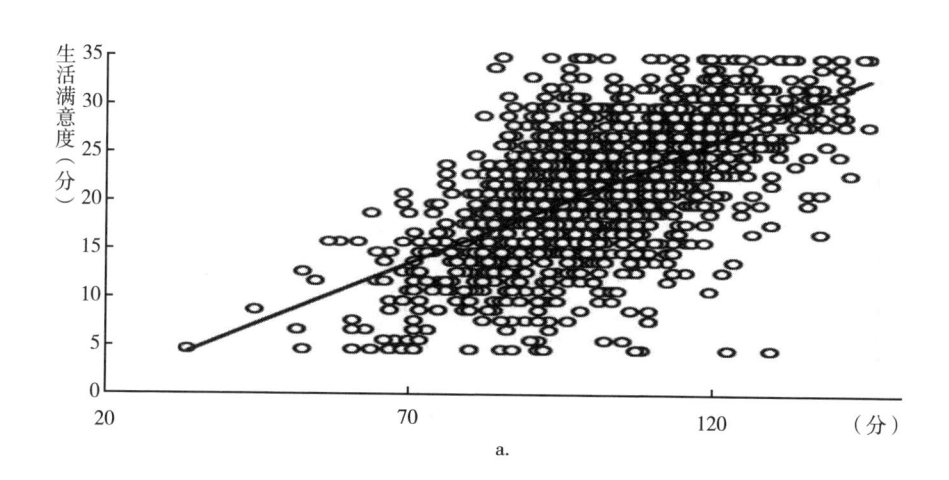

表8 三种基本心理需求满足程度对幸福感的影响

项目	生活满意度 β₁(SE)	生活满意度 β₂(SE)	意义幸福感 β₁(SE)	意义幸福感 β₂(SE)	总体幸福感 β₁(SE)	总体幸福感 β₂(SE)
第一层						
性别	0.05*(0.28)	0.03*(0.25)	0.03(0.29)	0.02(0.24)	0.04*(0.06)	0.03(0.06)
年龄	0.07**(0.02)	0.08***(0.01)	-0.01(0.02)	0.03(0.01)	-0.05*(0.00)	-0.03(0.00)
主观社会阶层	0.21***(0.15)	0.13***(0.14)	0.10***(0.15)	0.04*(0.13)	0.18***(0.03)	0.12***(0.03)
社会关系地位	0.44***(0.15)	0.19***(0.17)	0.62***(0.15)	0.27***(0.16)	0.39***(0.03)	0.13***(0.04)
第二层						
自主需求		0.36***(0.18)		0.12***(0.17)		0.20***(0.04)
能力需求		0.04(0.19)		0.12***(0.18)		0.06(0.04)
关系需求		0.11***(0.18)		0.39***(0.17)		0.23***(0.04)
F_1	176.49***		291.39***		113.98***	
F_2	178.93***		354.13***		110.51***	
$\triangle R^2$	0.134		0.186		0.106	

a.

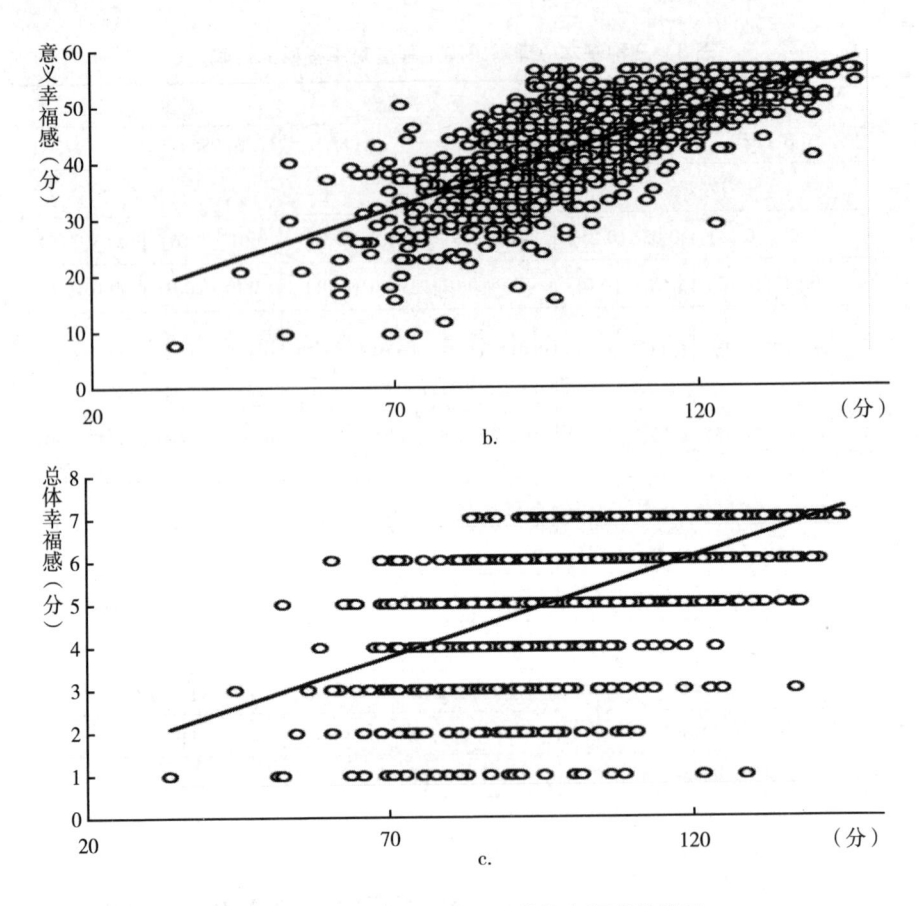

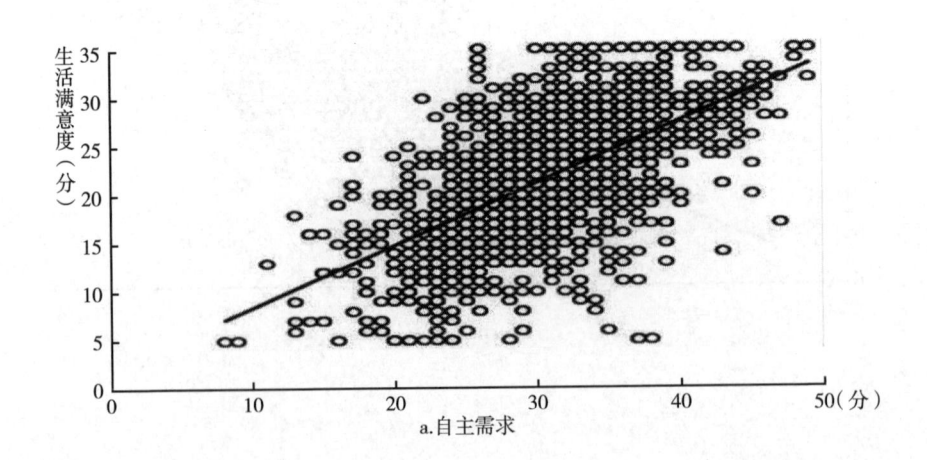

图10　基本心理需求满足总分与幸福感的关系

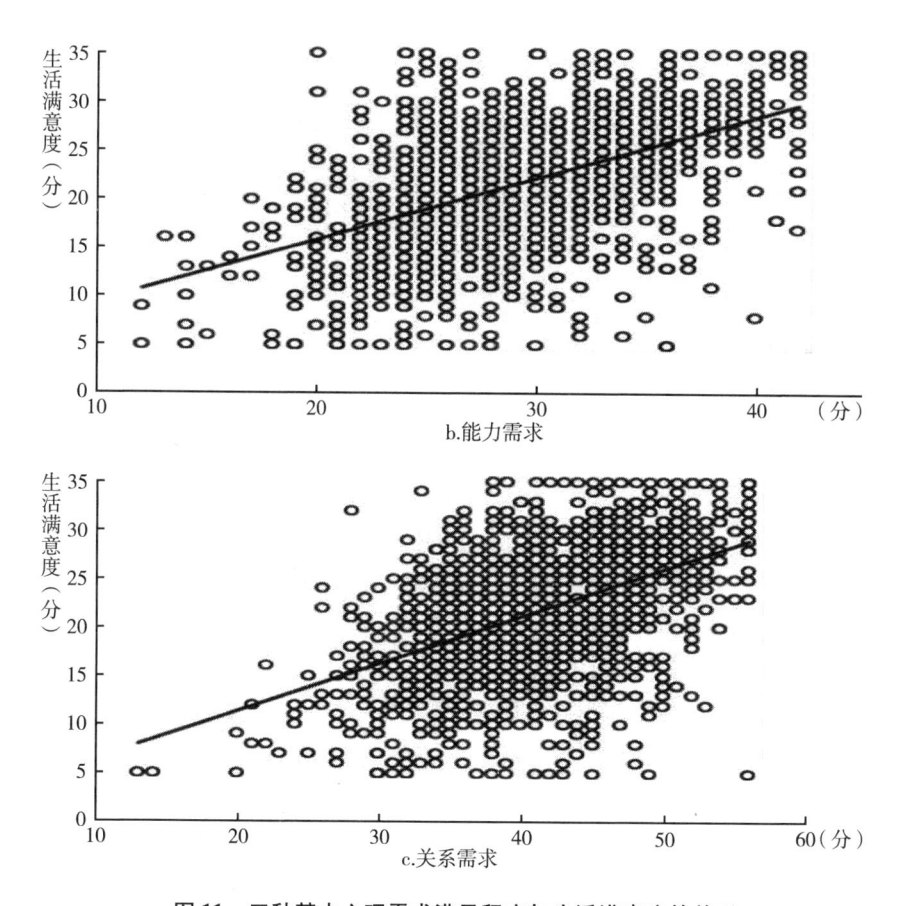

图11 三种基本心理需求满足程度与生活满意度的关系

该结果说明，基本心理需求满足对居民生活满意度的影响主要体现在自主需求方面，居民自主需求满足程度越高，他们的生活满意度就越高。虽然关系需求也会影响居民生活满意度，但是它的预测作用较小。从表8中的标准化回归系数可知，关系需求对生活满意度的预测作用小于主观社会经济地位和社会关系地位的影响。

（2）意义幸福感

在控制了性别、年龄、主观社会地位和社会关系地位后，基本心理需求满足程度仍可以显著正向预测意义幸福感，$\beta = 0.55$，$t = 25.94$，$P < 0.001$。调整后的 $R^2 = 0.604$。

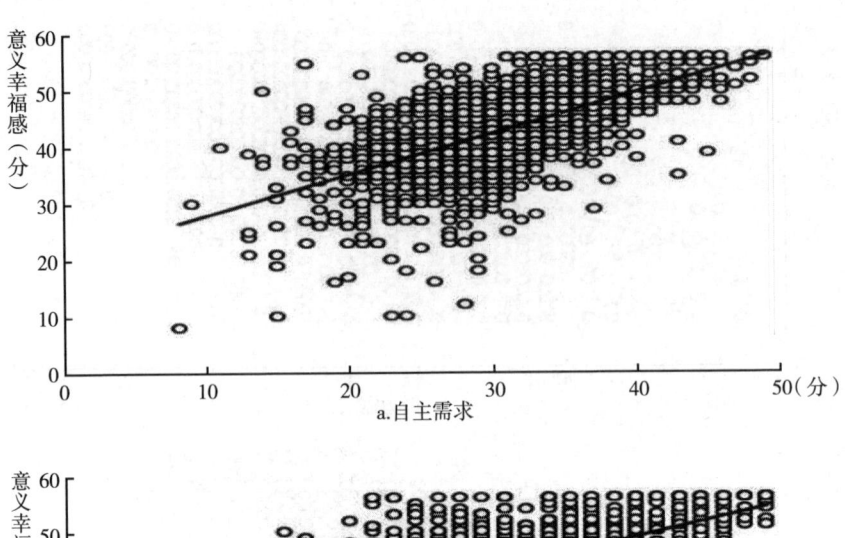

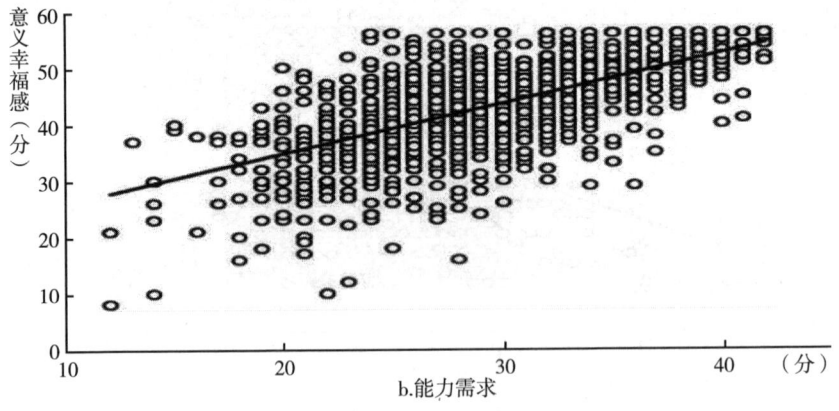

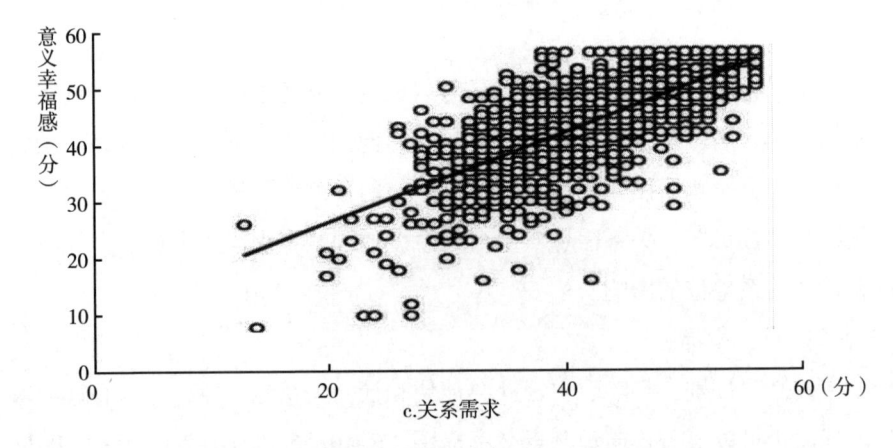

图12　三种基本心理需求满足程度与意义幸福感的关系

在控制了性别、年龄、主观社会地位和社会关系地位后,自主需求、能力需求和关系需求仍可以显著正向预测意义幸福感,$\beta_1 = 0.12$,$\beta_2 = 0.12$,$\beta_3 = 0.39$,$t_1 = 5.31$,$t_2 = 5.00$,$t_3 = 16.65$,$ps < 0.001$。调整后的 $R^2 = 0.616$,如图12所示。

该结果说明,基本心理需求满足对意义幸福感的影响主要体现在关系需求方面,居民关系需求满足程度越高,他们的意义幸福感就越高。虽然自主需求和能力需求也会影响居民意义幸福感,但是它的预测作用较小。从表8中的标准化回归系数可知,这两种需求对意义幸福感的预测作用小于社会关系地位的影响。

(3) 总体幸福感

在控制了性别、年龄、主观社会地位和社会关系地位后,基本心理需求满足程度仍可以显著正向预测总体幸福感,$\beta = 0.43$,$t = 15.38$,$P < 0.001$,调整后的 $R^2 = 0.330$。

在控制了性别、年龄、主观社会地位和社会关系地位后,自主需求和关系需求仍可以显著正向预测总体幸福感,$\beta_1 = 0.20$,$\beta_2 = 0.23$,$t_1 = 6.52$,$t_2 = 7.34$,$ps < 0.001$,调整后的 $R^2 = 0.333$;但是能力需求对总体幸福感的预测作用不再显著,$\beta = 0.06$,$t = 1.73$,$P > 0.05$,如图13所示。

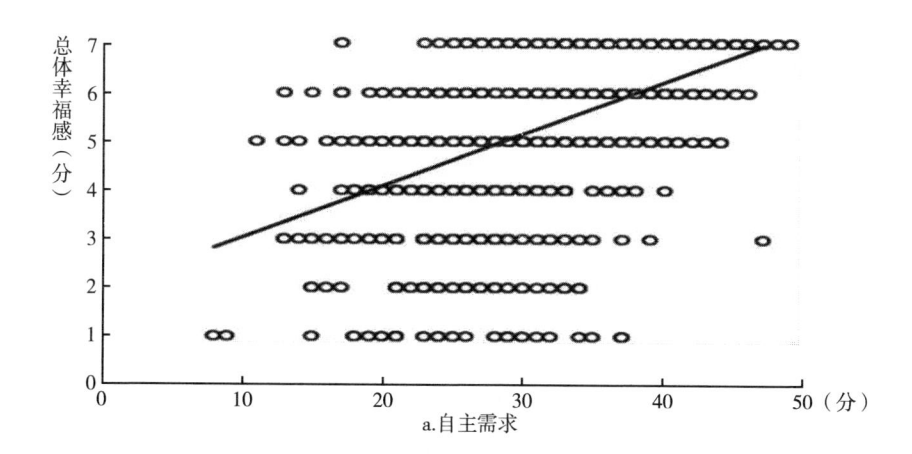

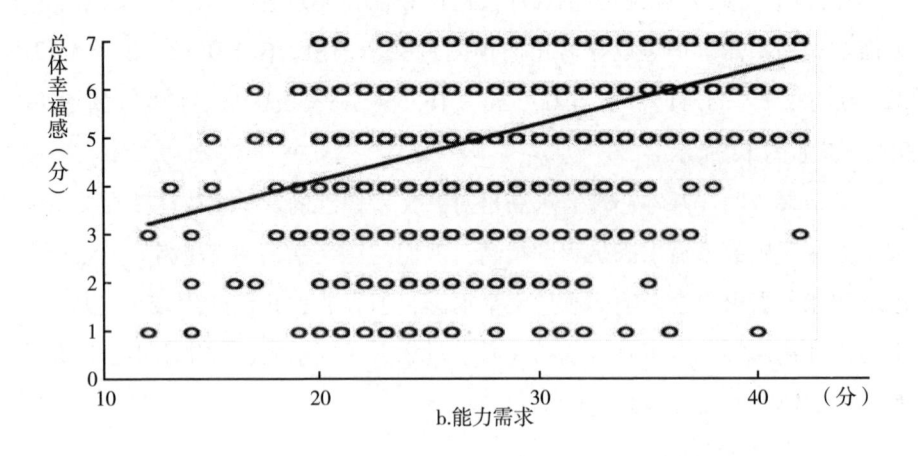

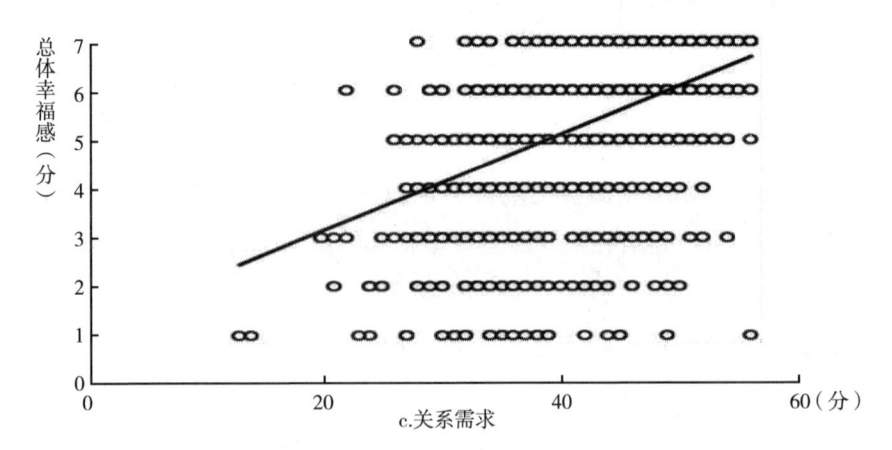

图13　三种基本心理需求满足程度与总体幸福感的关系

该结果说明，基本心理需求满足对总体幸福感的影响主要体现在自主需求和关系需求方面，居民自主需求和关系需求满足程度越高，他们的总体幸福感就越高。

总结三种幸福感的结果，居民基本心理需求满足会预测他们的幸福感，满足程度越高，幸福感就越高；其中自主需求对生活满意度的预测作用最大，而关系需求对意义幸福感的预测作用最大，能力需求相较于这两种需求对幸福感的影响较小。

(二) 基本心理需求满足与居民心理健康

本研究从三个方面反向考察居民的心理健康：抑郁、焦虑和总孤独感。这三者得分越低，表明居民的心理健康程度越高。北京居民的抑郁感显著低于30分（30表示时常有抑郁感），$t(1539) = -67.90$，$P < 0.001$；焦虑感显著低于6分（6表示偶尔有焦虑感），$t(1539) = -2.50$，$P < 0.05$；孤独感显著低于16分（16表示偶尔有孤独感），$t(1539) = -2.83$，$P < 0.01$。结果表明，北京居民的心理健康程度较高。三种消极情绪与居民心理满足程度的相关系数见表9。

表9 基本心理需求满足与幸福感的相关系数

变量	1	2	3	4	5	6	7
1. 基本心理需求满足总分	—						
2. 自主需求	0.88***	—					
3. 能力需求	0.87***	0.68***	—				
4. 关系需求	0.88***	0.63***	0.66***	—			
5. 抑郁	-0.64***	-0.58***	-0.58***	-0.54***	—		
6. 焦虑	-0.53***	-0.49***	-0.48***	-0.44***	-0.75***	—	
7. 孤独感	-0.63***	-0.52***	-0.53***	-0.60***	-0.77***	-0.66***	—
均值	101.91	30.94	29.54	41.43	20.92	5.88	15.7
标准差	15.97	6.18	5.29	6.74	5.25	1.89	4.79

如表9所示，基本心理需求满足程度与心理健康密切相关。为了更清晰地展现基本心理需求满足与心理健康的关系，我们分别以抑郁、焦虑和孤独感为因变量，以性别、年龄、主观社会阶层和社会关系地位为控制变量，进行两步分析，第一步以基本心理需求满足程度总分为自变量（结果见表10），第二步以三类需求为自变量（结果见表11）。第一步考察基本心理需求满足与心理健康的总体趋势，第二步考察三种基本心理需求中何种对心理健康的影响更大。如前文，对主观社会阶层、社会关系地位以及三类需求满足程度进行标准化，以减少共线性。

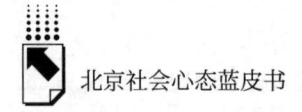

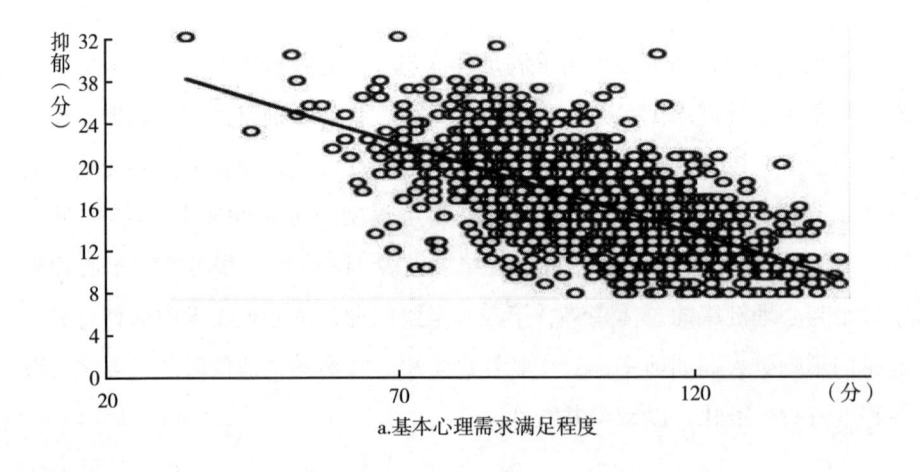

表10 基本心理需求满足总分对心理健康的影响

项目	抑郁 β₁(SE)	抑郁 β₂(SE)	焦虑 β₁(SE)	焦虑 β₂(SE)	孤独感 β₁(SE)	孤独感 β₂(SE)
第一层						
性别	0.06**(0.24)	0.07***(0.21)	0.05(0.09)	0.06**(0.08)	0.00(0.22)	0.01(0.19)
年龄	-0.07**(0.01)	-0.09***(0.01)	-0.10***(0.02)	-0.12***(0.01)	-0.05*(0.01)	-0.07**(0.01)
主观社会阶层	-0.10***(0.13)	-0.02(0.11)	-0.06*(0.05)	0.01(0.04)	-0.11***(0.12)	-0.03(0.10)
社会关系地位	-0.43***(0.12)	-0.08**(0.13)	0.37***(0.05)	-0.08**(0.05)	-0.42***(0.12)	-0.08**(0.13)
第二层						
基本心理需求满足		-0.59***(0.14)		-0.48***(0.05)		-0.57***(0.17)
F_1	120.21***		78.60***		108.67***	
F_2	232.75***		131.54***		206.13***	
$\triangle R_{adj}^2$	0.193		0.130		0.181	

1. 抑郁

在控制了性别、年龄、主观社会地位和社会关系地位后,基本心理需求满足程度仍可以显著负向预测抑郁,β = -0.59,t = 22.81,P < 0.001。调整后的 R^2 = 0.430,如图14a所示。

a.基本心理需求满足程度

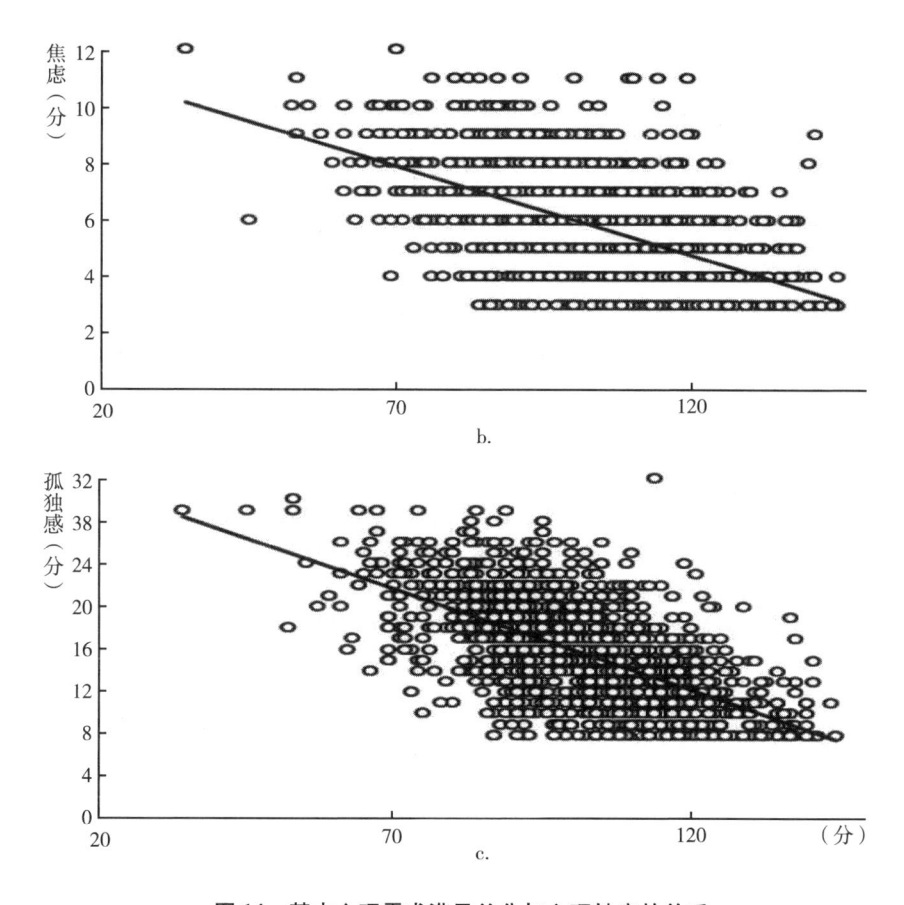

图14 基本心理需求满足总分与心理健康的关系

在控制了性别、年龄、主观社会地位和社会关系地位后，自主需求、能力需求和关系需求仍可以显著预测抑郁，$\beta_1 = -0.27$，$\beta_2 = -0.24$，$\beta_3 = -0.16$，$t_1 = -9.33$，$t_2 = -8.27$，$t_3 = -5.48$，$ps < 0.001$。调整后的 $R^2 = 0.433$，如图15所示。

该结果说明，居民的基本心理需求满足程度越高，居民的抑郁水平就越低，三种需求中自主需求的满足程度对抑郁的预测作用最大。

2. 焦虑

在控制了性别、年龄、主观社会地位和社会关系地位后，基本心理需求满足程度仍可以显著负向预测焦虑，$\beta = -0.48$，$t = -16.88$，$P < 0.001$。

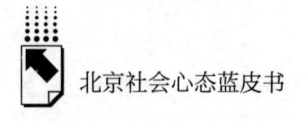

调整后的 $R^2 = 0.298$，如图 14b 所示。

在控制了性别、年龄、主观社会地位和社会关系地位后，自主需求、能力需求和关系需求仍可以显著预测焦虑，$\beta_1 = -0.23$，$\beta_2 = -0.19$，$\beta_3 = -0.12$，$t_1 = -7.21$，$t_2 = -5.92$，$t_3 = -3.92$，$ps < 0.001$，调整后的 $R^2 = 0.300$，如图 16 所示。

该结果说明，居民的基本心理需求满足程度越高，居民的焦虑水平就越低，三种需求中自主需求的满足程度对焦虑的预测作用最大。

表 11　三种基本心理需求满足程度对心理健康的影响

项目	抑郁 $\beta_1(SE)$	抑郁 $\beta_2(SE)$	焦虑 $\beta_1(SE)$	焦虑 $\beta_2(SE)$	孤独感 $\beta_1(SE)$	孤独感 $\beta_2(SE)$
第一层						
性别	0.06**(0.24)	0.08***(0.21)	0.05(0.09)	0.06**(0.08)	0.00(0.22)	0.01(0.19)
年龄	-0.07**(0.01)	-0.09***(0.01)	-0.10***(0.02)	-0.11***(0.00)	-0.05*(0.01)	-0.08***(0.01)
主观社会阶层	-0.10***(0.13)	-0.01(0.11)	-0.06*(0.05)	0.02(0.04)	-0.11***(0.12)	-0.04(0.10)
社会关系地位	-0.43***(0.12)	-0.09***(0.14)	0.37***(0.05)	-0.09**(0.16)	-0.42***(0.12)	-0.06*(0.13)
第二层						
自主需求		-0.27***(0.15)		-0.23***(0.06)		-0.14***(0.14)
能力需求		-0.24***(0.16)		-0.19***(0.16)		-0.14***(0.14)
关系需求		-0.16***(0.15)		-0.12***(0.16)		-0.38***(0.14)
F_1	120.21***		78.60***		108.67***	
F_2	168.98***		95.30***		153.41***	
$\triangle R^2$	0.196		0.132		0.191	

3. 孤独感

在控制了性别、年龄、主观社会地位和社会关系地位后，基本心理需求

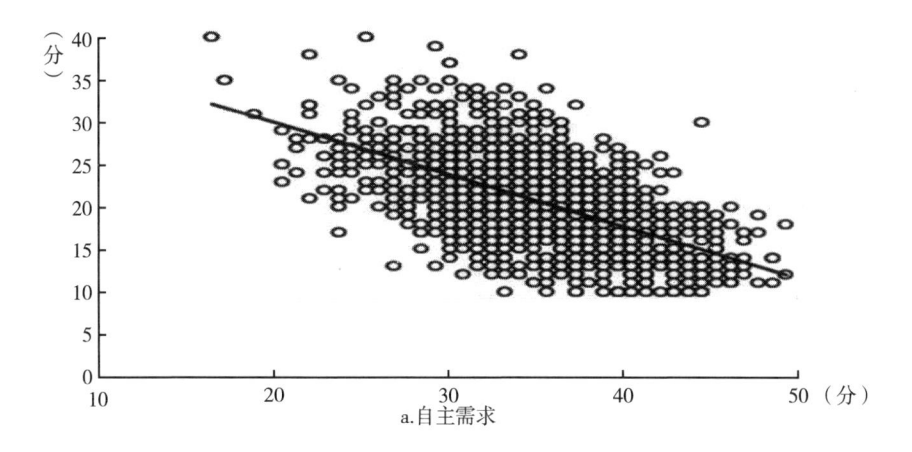

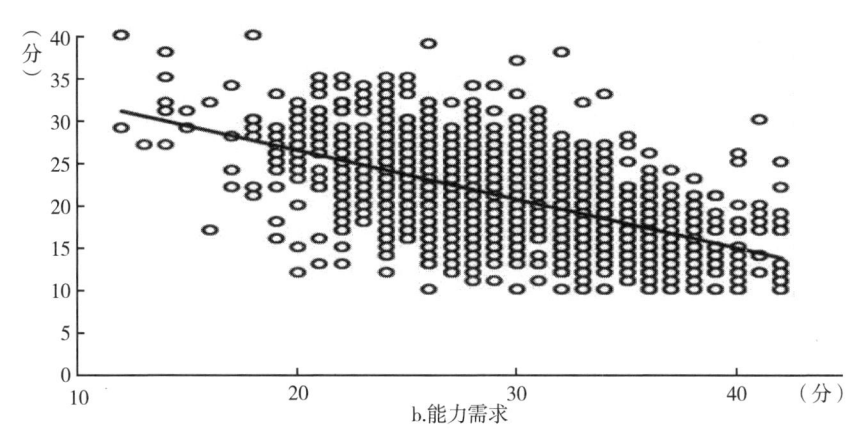

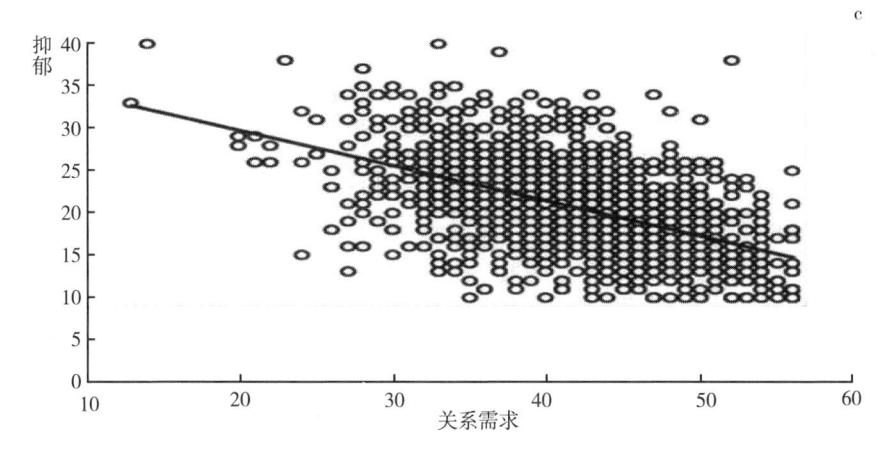

图 15 三种基本需求满足程度与抑郁的关系

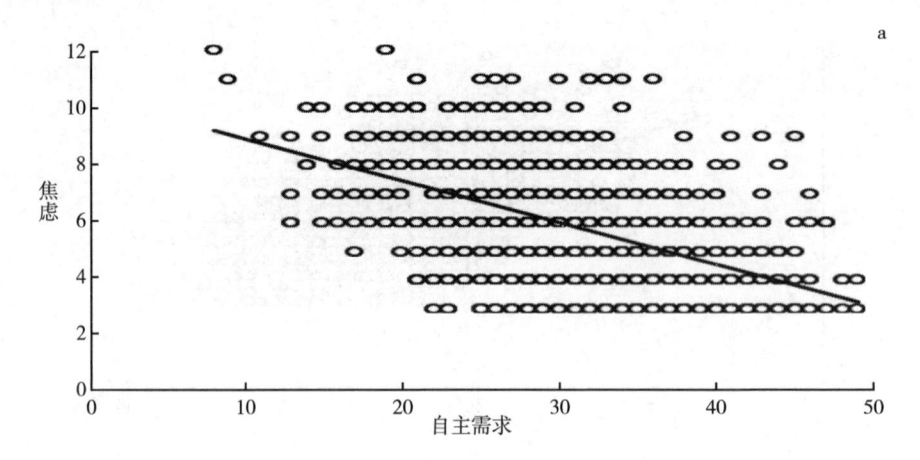

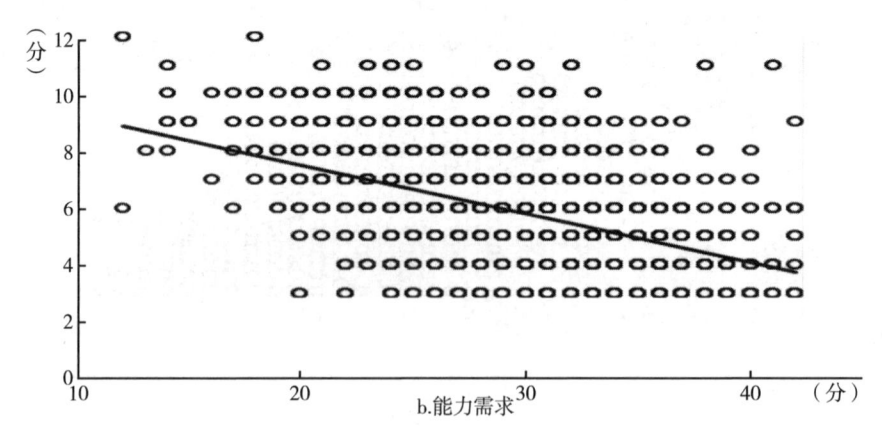

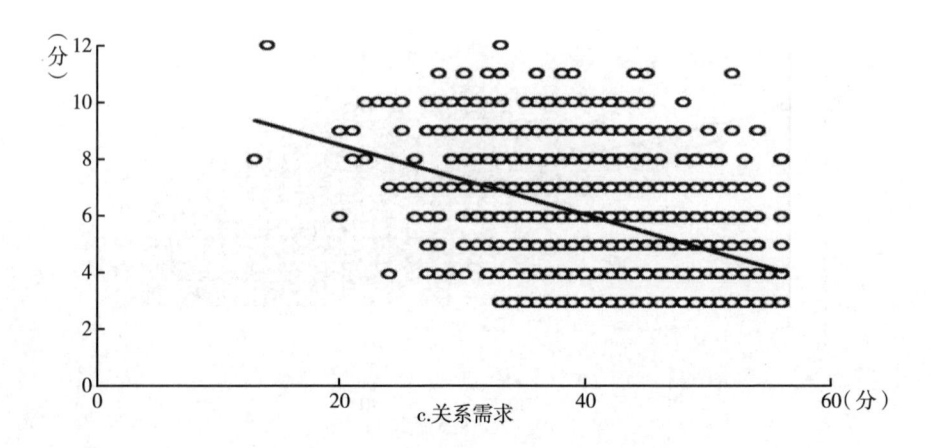

图 16 三种基本需求满足程度与焦虑的关系

满足程度仍可以显著负向预测孤独感，$\beta = -0.57$，$t = -21.55$，$P < 0.001$。调整后的 $R^2 = 0.400$，如图 14c 所示。

在控制了性别、年龄、主观社会地位和社会关系地位后，自主需求、能力需求和关系需求仍可以显著预测孤独感，$\beta_1 = -0.14$，$\beta_2 = -0.14$，$\beta_3 = -0.38$，$t_1 = -4.71$，$t_2 = -4.50$，$t_3 = -12.96$，$ps < 0.001$。调整后的 $R^2 = 0.410$，如图 17 所示。

该结果说明，居民的基本心理需求满足程度越高，居民的孤独感就越低，三种需求中关系需求的满足程度对孤独感的预测作用最大。

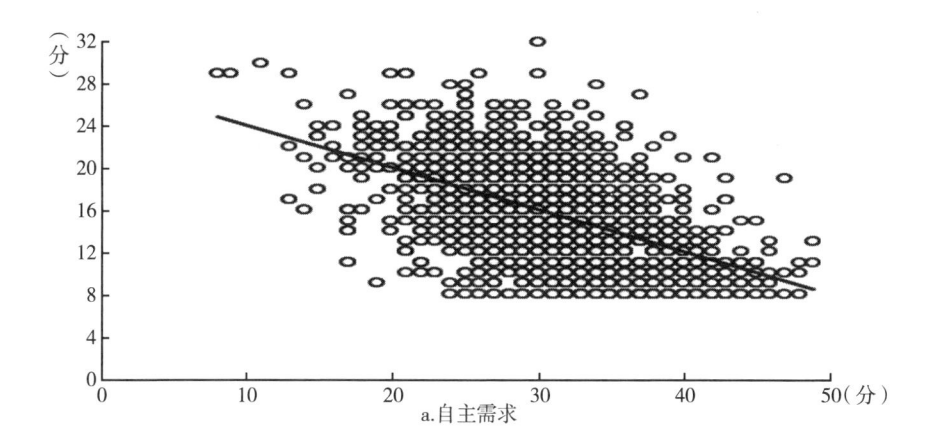

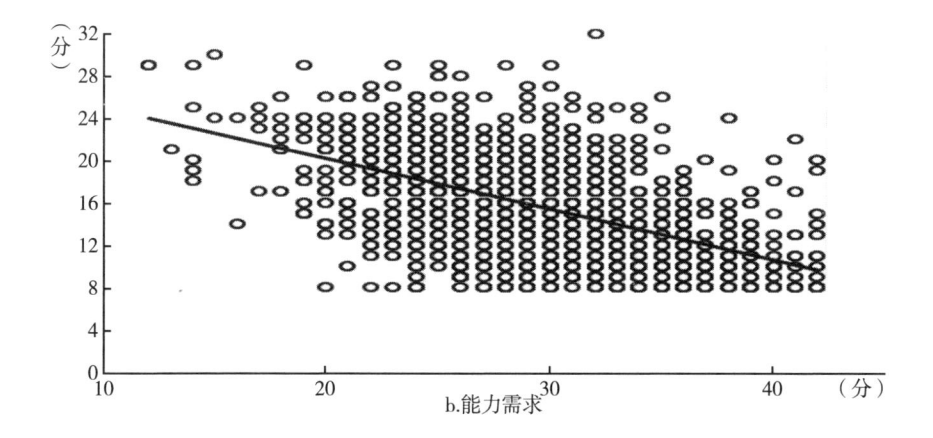

a.自主需求

b.能力需求

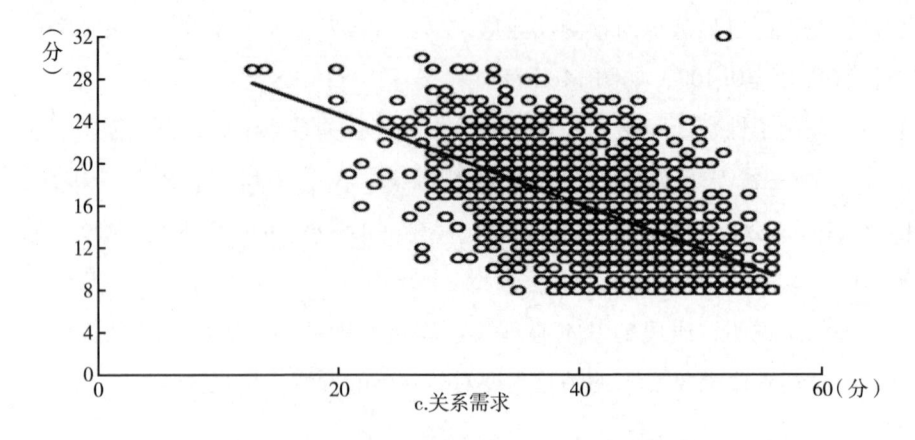

图 17 三种基本需求满足程度与孤独感的关系

总结三种消极情绪的结果，居民基本心理需求满足会预测他们的心理健康，满足程度越高，居民的心理健康程度就越高；其中自主需求对抑郁和焦虑的负向预测作用最大，而关系需求对孤独感的负向预测作用最大。

（三）基本心理需求满足与亲社会倾向

本研究从两个方面正反考察居民的亲社会倾向：亲社会行为和攻击行为。亲社会行为倾向越高，攻击行为倾向越低，居民的亲社会倾向越高。北京居民的亲社会行为倾向显著高于量表中间值12分，$t(1539) = 54.86$，$P<0.001$；攻击行为倾向显著低于量表中间值16分，$t(1539) = -10.55$，$P<0.001$。结果表明，北京居民的亲社会倾向较高。两类行为与居民心理满足程度的相关系数见表12。

表12 基本心理需求满足与幸福感的相关系数

变量	1	2	3	4	5	6
1. 基本心理需求满足总分	—					
2. 自主需求	0.88 ***	—				
3. 能力需求	0.87 ***	0.68 ***	—			
4. 关系需求	0.88 ***	0.63 ***	0.66 ***	—		
5. 亲社会行为	0.40 ***	0.27 ***	0.36 ***	0.42 ***	—	

续表

变量	1	2	3	4	5	6
6. 攻击行为	-0.43***	-0.38***	-0.41***	-0.34***	-0.04	—
均值	101.91	30.94	29.54	41.43	16.51	14.59
标准差	15.97	6.18	5.29	6.74	3.23	5.25

如表12所示，基本心理需求满足程度与亲社会倾向密切相关。为了更清晰地展现基本心理需求满足与亲社会倾向的关系，我们分别以亲社会行为和攻击行为为因变量，以性别、年龄、主观社会阶层、社会关系地位和社会赞许性为控制变量，进行两步分析，第一步以基本心理需求满足程度总分为自变量（结果见表13），第二步以三类需求为自变量（结果见表14）。第一步考察基本心理需求满足与亲社会倾向的总体趋势，第二步考察三种基本心理需求中何种对亲社会倾向的影响更大。如前文，对主观社会阶层、社会关系地位、社会赞许性以及三类需求满足程度进行标准化，以减少共线性。需要特别说的是，与幸福感和心理健康不同的是，在本部分的分析中，将社会赞许性列为控制变量，因为居民对这两类行为倾向的自我报告会受到社会赞许性的影响，所以特在分析中对这一变量进行控制。

表13 基本心理需求满足总分对亲社会倾向的影响

项目	亲社会行为 $\beta_1(SE)$	亲社会行为 $\beta_2(SE)$	攻击行为 $\beta_1(SE)$	攻击行为 $\beta_2(SE)$
第一层				
性别	-0.02(0.15)	-0.03(0.15)	0.03(0.25)	0.03(0.24)
年龄	-0.03(0.01)	-0.02(0.01)	-0.09***(0.01)	-0.11***(0.01)
主观社会阶层	0.01(0.08)	-0.02(0.08)	-0.08**(0.13)	-0.03(0.13)
社会关系地位	-0.42***(0.08)	0.28***(0.10)	-0.17***(0.13)	0.04(0.15)
社会赞许性	-0.02(0.08)	-0.06*(0.08)	-0.30***(0.13)	-0.24***(0.13)
第二层				
基本心理需求满足		0.24***(0.10)		-0.37***(0.16)
F_1	65.20***		68.58***	
F_2	66.63***		87.14***	
$\triangle R_{adj}^2$	0.031		0.072	

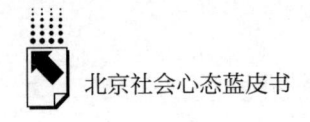

表14　三种基本心理需求满足对亲社会倾向的影响

项目	亲社会行为 β₁(SE)	亲社会行为 β₂(SE)	攻击行为 β₁(SE)	攻击行为 β₂(SE)
第一层				
性别	-0.02(0.15)	-0.01(0.15)	0.03(0.25)	0.03(0.24)
年龄	-0.03(0.01)	-0.01(0.01)	-0.09***(0.01)	-0.10***(0.01)
主观社会阶层	0.01(0.08)	0.00(0.08)	-0.08**(0.13)	-0.02(0.13)
社会关系地位	-0.42***(0.08)	0.26***(0.10)	-0.17***(0.13)	0.04(0.16)
社会赞许性	-0.02(0.08)	-0.06(0.08)	-0.30*** 0.13	-0.24***(0.12)
第二层				
自主需求		-0.09*(0.11)		-0.13***(0.17)
能力需求		0.11**(0.11)		-0.22***(0.18)
关系需求		0.26***(0.11)		-0.07*(0.17)
F_1	65.20***		68.58***	
F_2	56.10***		67.04***	
$\triangle R_{adj}^2$	0.050		0.076	

1. 亲社会行为

在控制了性别、年龄、主观社会地位、社会关系地位和社会赞许性后，基本心理需求满足程度仍可以显著正向预测亲社会行为，$\beta = 0.24$，$t = 7.81$，$P < 0.001$。调整后的 $R^2 = 0.204$，如图18a所示。

在控制了性别、年龄、主观社会地位、社会关系地位和社会赞许性后，自主需求、能力需求和关系需求仍可以显著预测亲社会行为，$\beta_1 = -0.09$，$\beta_2 = 0.11$，$\beta_3 = 0.26$，$t_1 = -2.52$，$t_2 = 3.21$，$t_3 = 7.71$，$ps < 0.001$。调整后的 $R^2 = 0.233$，如图19所示。

该结果说明，从总体上看，居民的基本心理需求满足程度越高，居民的亲社会行为倾向就越高，其中关系需求的满足程度对亲社会行为的正向预测作用最大；值得注意的是，自主需求会负向预测亲社会行为倾向，这可能是由于自主需求满足程度高的个体相较于他人更关注自我。

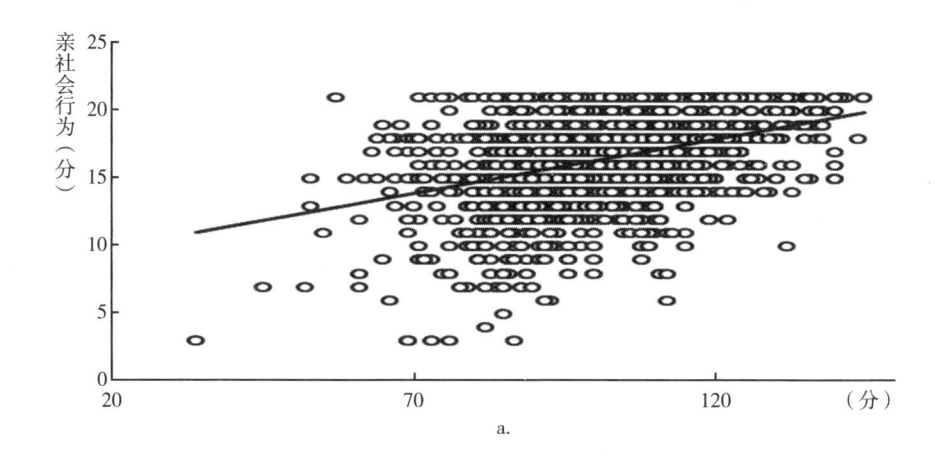

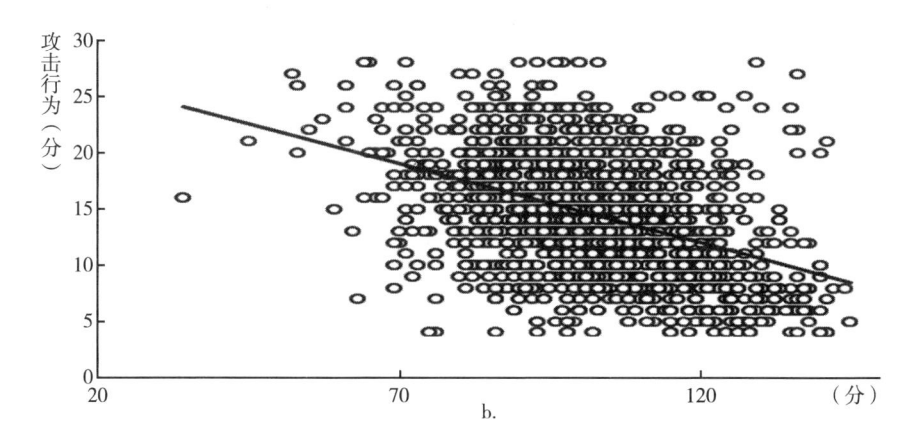

图 18 基本心理需求满足总分与亲社会倾向的关系

2. 攻击行为

在控制了性别、年龄、主观社会地位、社会关系地位和社会赞许性后，基本心理需求满足程度仍可以显著负向预测攻击行为，$\beta = -0.37$，$t = -12.13$，$P < 0.001$。调整后的 $R^2 = 0.252$，如图 18b 所示。

在控制了性别、年龄、主观社会地位、社会关系地位和社会赞许性后，自主需求、能力需求和关系需求仍可以显著预测攻击行为，$\beta_1 = -0.13$，$\beta_2 = -0.22$，$\beta_3 = -0.07$，$t_1 = -3.94$，$t_2 = -6.36$，$t_3 = -2.27$，$ps < 0.05$。调整后的 $R^2 = 0.256$，如图 20 所示。

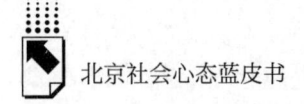

该结果说明，居民的基本心理需求满足程度越高，居民的攻击行为倾向就越低，三种需求中能力需求的满足程度对攻击行为的预测作用最大。

总结两种亲社会倾向指标的结果，居民基本心理需求满足会预测他们的亲社会倾向，满足程度越高，居民的亲社会倾向就越高；其中关系需求对亲社会行为的正向预测作用最大，而能力需求对攻击行为的负向预测作用最大。

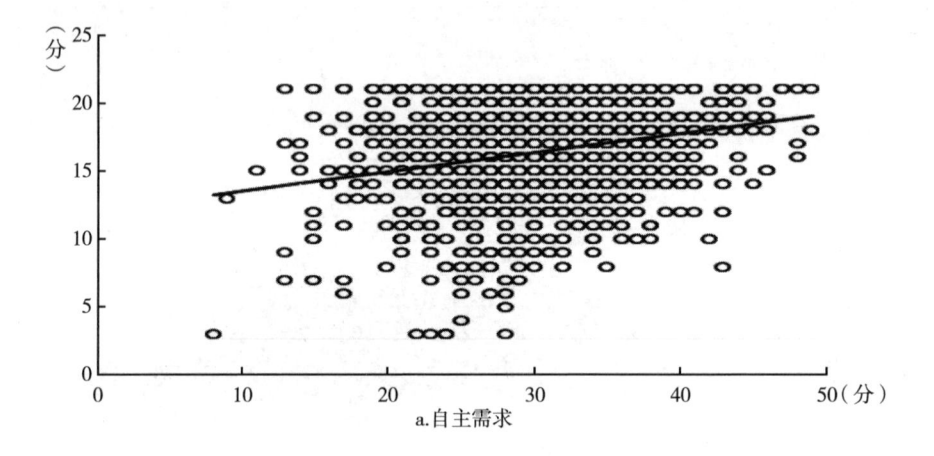

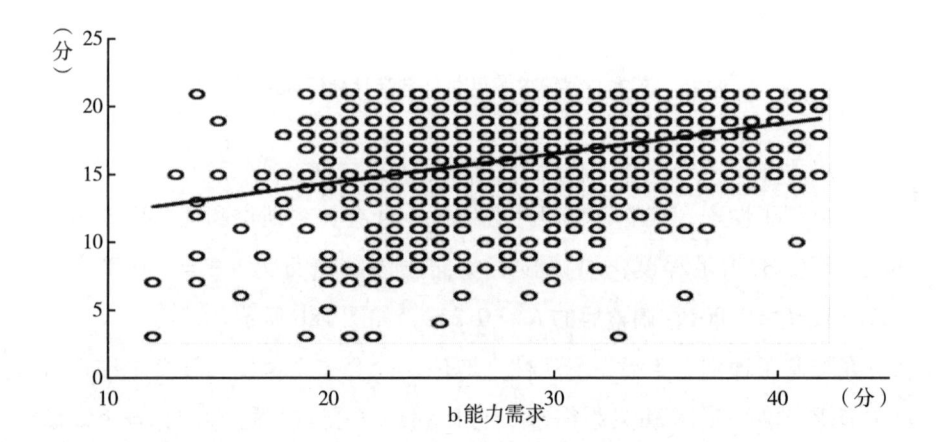

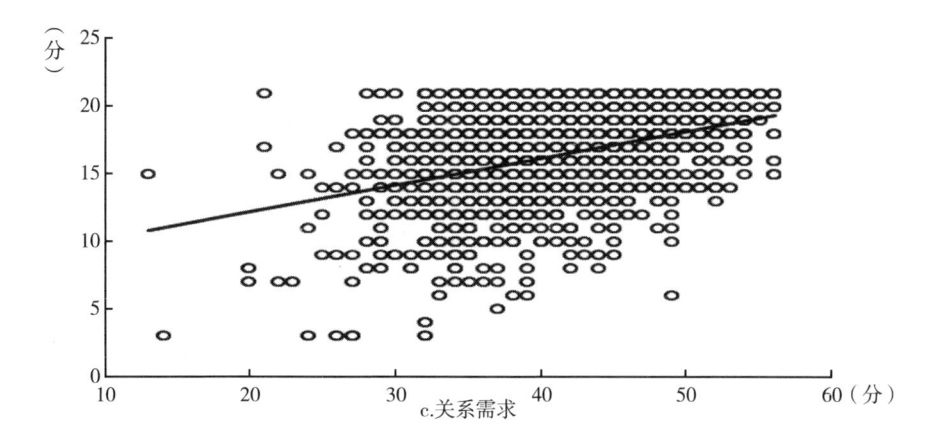

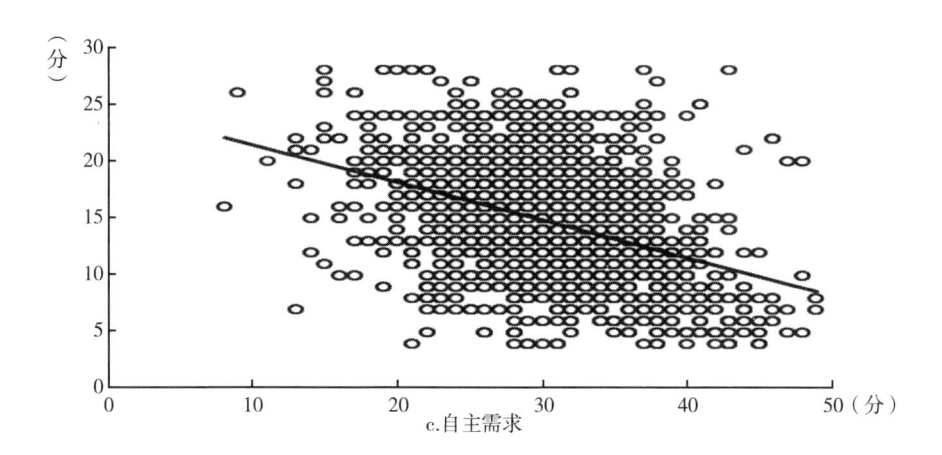

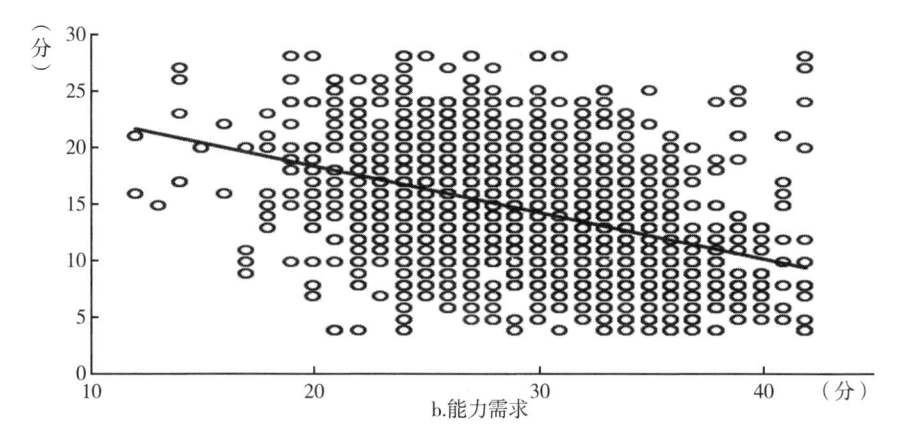

图 19　三种基本需求满足程度与亲社会行为的关系

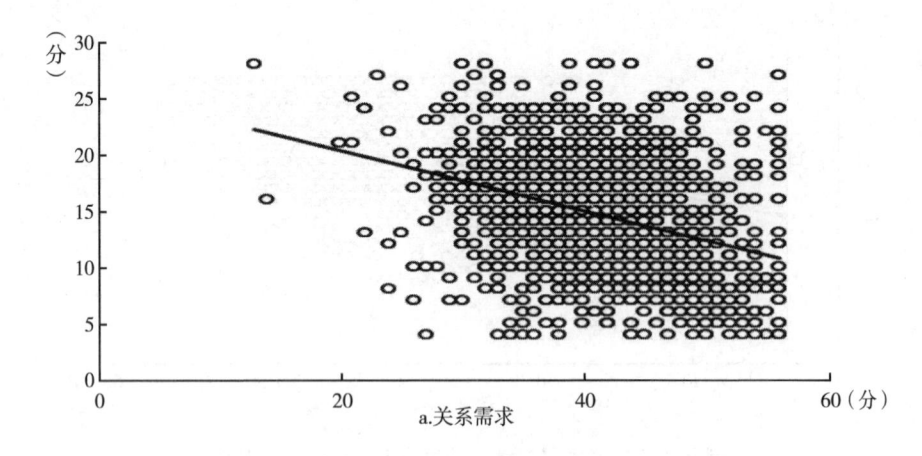

图20　三种基本需求满足程度与攻击行为的关系

六　结论

（一）北京居民的基本心理需求大体上得到满足

北京居民的基本心理需求大体上得到满足。从总体上看，北京居民的自主需求、能力需求和关系需求均基本得到满足。

与之相关，北京居民的幸福感程度较高、心理状况较为健康（表现为低抑郁、低焦虑和低孤独感）以及亲社会倾向较强（表现为高亲社会行为和低攻击行为）。

（二）北京居民的基本心理需求满足主要受到性别、婚姻状况和主客观社会经济地位的影响

从纵向看，（1）各性别、各年龄、各职业和住房条件的居民三种基本心理需求均在大体上得到满足。（2）在婚姻状况上，未婚和已婚的北京居民的三种基本需求均大致得到满足；而离异居民的能力需求和关系需求基本得到满足，但自主需求的满足程度仅为中等水平，有待加强；丧偶居民的三

种基本心理需求满足程度则均为中等水平，表明丧偶个体的基本心理需求有待进一步满足。（3）在客观社会经济地位上，收入和教育水平对基本心理需求满足的敏感性更高；各职业和住房条件的居民三种基本心理需求均在大体上得到满足，但高收入和高教育水平居民的基本心理需求在大体上可以得到满足，低收入和低教育水平居民的不满足感则更多体现在自主选择和依靠自己能力完成目标方面，即自主需求和能力需求的满足程度仍有待提高。

从横向看，（1）在性别上，北京市女性居民更能够自主地做出选择和决定自己的行为，即自主需求满足程度更高。（2）婚姻状况对居民基本心理需求满足的影响主要体现在关系需求上，已婚个体的关系需求满足程度更高。（3）总体上看，居民的客观社会经济地位越高（收入高、学历高、住房条件好和工作单位为合资企业），他们的基本心理需求满足程度也越高，尤其是自主需求和能力需求，关系需求相较于这两种基本需求，较不受客观社会经济地位影响。具体来说，在收入上自主需求和能力需求的满足程度基本上是随着收入的提高而增加，而关系需求的满足程度随收入的变化趋势接近"倒 U"形；教育水平对居民基本心理需求满足的影响主要体现在能力需求上，学历高的居民能力需求满足程度更高；而工作单位为合资企业的居民、住房条件较好的居民三种基本心理需求满足程度都更高。（4）主观社会阶层会显著正向预测居民的各类基本心理需求满足程度，其中对自主需求的影响最大、能力需求次之，关系需求最低。

（三）居民基本心理需求满足有益于个体心理和社会和谐

在个体层面，（1）居民基本心理需求满足会预测他们的幸福感，满足程度越高，幸福感就越高；其中自主需求对生活满意度的预测作用最大，而关系需求对意义幸福感的预测作用最大，能力需求相较于这两种需求对幸福感的影响较小。（2）在心理健康上，居民基本心理需求满足程度越高，居民的心理健康程度就越高；其中自主需求对抑郁和焦虑的负向预测作用最大，而关系需求对孤独感的负向预测作用最大。

在社会层面，居民基本心理需求满足会预测他们的亲社会倾向，满足程

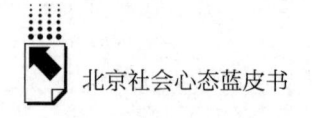

度越高，居民的亲社会倾向就越高；其中关系需求对亲社会行为的正向预测作用最大，而能力需求对攻击行为的负向预测作用最大。

七 满足基本心理需求，提升心理健康，促进社会和谐

（一）关注基本心理需求，提升居民心理健康

2017年1月，国家卫生计生委、中宣部等22个部门印发了《关于加强心理健康服务的指导意见》，这是我国在国家层面第一次颁布关于全面加强心理健康服务的宏观指导性文件，它无疑将大力推动我国心理健康服务体系的建设，惠及亿万人民。该文件提出了加强心理健康服务的两个基本目标：到2020年全民心理健康意识明显提高，到2030年全民心理健康素养普遍提升。

想要实现上述两个基本目标，国家卫生计生委、国家统计局等有关部委及其职能部门应对全民心理健康状况及其变迁趋势开展大规模、长时段监测，确立明确稳定的统计口径和指标体系，定期监测并发布统计年鉴，建立国家数据库。比如定期监测我国各群体各种心理健康指标得分，进而基于数据分析做出科学的形势研判和评估。因为如果没有基础数据，就无法掌握客观状况和规律，就可能导致错误的认识和决策。

我们的调查表明，基本心理需求满足与居民心理健康和幸福感密切相关，甚至可以说基本心理需求得到满足是居民心理健康的必要条件之一。也就是说，在检测居民心理健康状况时不能只测量心理健康的直接指标，还应同时测量如基本心理需求满足等与心理健康密切相关的变量，因为基本心理需求的变化可能先于心理健康或幸福感直接指标的变化。换言之，基本心理需求满足程度的下降可以对如心理健康、幸福感和亲社会倾向等与建设积极社会心态有关的结果变量的变化起到预警作用。在建立全民心理健康变化监测系统时加入对基本心理需求满足的测量，有助于预测居民的心理健康状况变化，提早发现问题，提早干预。

（二）关注自主需求，全面提升居民幸福感

在自主需求、能力需求和关系需求这三种基本需求中，自主需求可以全部预测居民的生活满意度、意义幸福感、抑郁、焦虑和孤独，哪怕其中一些结果变量是自主需求的远端变量。且自主需求对生活满意、抑郁和焦虑的预测作用在三种基本心理需求满足中最高。

自主需求是指个体可以自由选择、决策和行动，即从每一餐吃什么到选择何种生活方式、从事哪一类职业，居民都可以听从自己的意愿自主决定。相较于其他两种需求，人们对自主需求的重视程度不够。本调查的研究结果也反映出，相对于能力需求和关系需求，自主需求的满足程度最差。从政府到家庭都应保障居民自由选择的权利，尊重居民的自主选择，不应通过金钱、权势或情感绑架迫使居民放弃或改变自己的决策和行为。应从法律和公共宣传两方面入手，切实提高对自主选择的保护和重视。

除了自主需求外，关系需求也会预测居民的幸福感，尤其是意义幸福感。但随着社会经济的高速发展，人们的生活节奏也越来越快，人与人之间的交流变得越来越少，冷漠、疏离成为当今人际关系的主要特点。社区是社会的最小单位，应将社区作为切入点，组织社区活动，利用网络平台等方式促进居民交流，提升居民的社区参与。

（三）关注中低社会阶层，促进社会和谐

虽然总体上看居民的基本心理需求大体上得到满足，但对于一些特殊人群来说，他们的基本心理需求满足情况仍有待提高，其中就包括了离异和丧偶的居民以及位于中低社会阶层的居民。

目前我国贫富差距较大，中低社会阶层居民的物质和心理需求满足情况均有待提高。当这一群体的需求得不到满足，自身利益受到威胁时，就会产生一系列的不良心理和行为效应，比如抑郁、低幸福感和攻击行为等，同时也成为社会不稳定的一个主要因素。因此，应关注中低社会阶层群体的生活与处境，切实保障他们的权益。

我们的调查明确了经济收入与受教育水平往往是影响中低社会阶层基本心理需求满足的关键因素。政府应加大资源投入，为中低社会阶层的群体提供应有的社会支持。首先，应该重视中低社会阶层群体的教育水平，不仅要为中低社会阶层群体的子女提供公平的受教育机会，而且还要为中低社会阶层群体提供更多再教育的机会，努力提升其自身的文化修养；其次，为中低社会阶层提供合适的就业岗位，并加大力度宣传其劳动成果的重要性与价值，倡导公民尊重每一份工作；最后，还要确保中低社会阶层群体的住房需求得到满足，制定优惠的住房政策，为他们提供安全的避风港湾，在更大程度上满足中低社会阶层的自主和能力需求。

（四）有针对性地为不同群体提供心理服务，全面提升心理健康

在2016年8月召开的全国卫生与健康大会中，习近平总书记在讲话中指出，"没有全民健康，就没有全面小康"，明确强调了居民心理健康的重要性，强调要加大心理健康问题基础性研究，做好心理健康知识和心理疾病科普工作，规范发展心理治疗、心理咨询等心理健康服务。

心理服务对于个体的认知、行为和情绪调节都具有重要的帮助。我们的调查指出，不同群体的基本心理需求满足现状存在差异，有的群体亟须满足自主需求（如低收入群体），而有的群体则亟须满足能力需求（如低学历群体）。而基本心理需求满足的差异又会影响他们的心理健康、幸福感和亲社会倾向。为了提升全民心理健康，促进社会和谐，我们在保障心理需求在总体上得到满足外，还应提供有针对性的心理服务，切实解决不同群体的关键问题，全面满足居民的基本心理需求。

除提供心理服务以外，我们还要加强对心理健康服务体系建设状况的监测。心理健康服务网络、平台、机构、人员等各层面的建设是落实心理健康服务工作的保障。若对其建设状况没有准确的监测数据，就难以引导经费、人力等方面的投入，难以评估建设的质量和效益。对心理健康服务体系建设状况的监测和评估，有助于引导建设方向，督促落实工作。

参考文献

李建新、夏翠翠:《社会经济地位对健康的影响:"收敛"还是"发散"——基于CFPS 2012 年调查数据》,《人口与经济》2014 年第 5 期,第 42~50 页。

夏扉、叶宝娟:《压力性生活事件对青少年烟酒使用的影响:基本心理需求和应对方式的链式中介作用》,《心理科学》2014 年第 6 期,第 1385~1391 页。

张剑、张建兵、李跃:《促进工作动机的有效路径:自我决定理论的观点》,《心理科学进展》2010 年第 5 期,第 752~759 页。

朱晓娜:《体育运动中认知评价理论研究进展》,《浙江体育科学》2011 年第 2 期,第 53~56 页。

Buss, A. H., & Perry, M. (1992), "The Aggression Questionnaire," *Journal of Personality and Social Psychology*, 63, pp. 452–459.

Deci, E. L., & Ryan, R. M. (2000), "The 'What' and 'Why' of Goal Pursuits: Human Needs and the Self-determination of Behavior," *Psychological Inquiry*, 11 (4), pp. 227–268.

Deci, E. L., Ryan, R. M., Gagné, M., Leone, D. R., Usunov, J., & Kornazheva, B. P. (2001), "Need Satisfaction, Motivation, and Well-Being in the Work Organizations of A Former Eastern bloc Country: A Cross-cultural Study of Self-Determination," *Personality and Social Psychology Bulletin*, 27 (8), pp. 930–942.

Diener, E., Larsen, R. J., Levine, S., & Emmons, R. A. (1985), "Intensity and Frequency: Dimensions Underlying Positive and Negative Affect", *Journal of Personality and Social Psychology*, 48, pp. 1253–1265.

Diener, E., Wirtz, D., Tov, W., Chu, K. P., Choi, D. W., & Oishi, S., et al. (2010), "New Well-being Measures: Short Scales to Assess Flourishing and Positive and Negative Feelings", *Social Indicators Research*, 97, pp. 143–156.

Hays, R. D., & DiMatteo, M. R. (1987), "A Short-form Measure of Loneliness", *Journal of Personality Assessment*, 51 (1), pp. 69–81.

Jang, H., Kim, E. J., & Reeve, J. (2012), "Longitudinal Test of Self-Determination Theory's Motivation Mediation Model in a Naturally Occurring Classroom Context", *Journal of Educational Psychology*, 104, pp. 1175–1188.

Mayer, D. M., Bardes, M., & Piccolo, R. F. (2008), "Do Servant-Leaders Help Satisfy Follower Needs? An Organizational Justice Perspective", *European Journal of Work and Organizational Psychology*, 17, pp. 180–197.

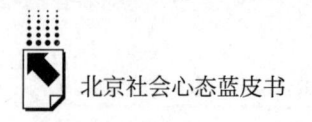

Milyavskaya, M., & Koestner, R. (2011), "Psychological Needs, Motivation, and Well-Being: A Test of Self-Determination Theory Across Multiple Domains", *Personality and Individual Differences*, 50, pp. 387 – 391.

Radloff, L. S. (1977), "The CES-D scale: A Self-Report Depression Scale for Research in The General Population", *Applied Psychological Measurement*, 1 (3), pp. 385 – 401.

Russell, D., Peplau, L. A., & Ferguson, M. L. (1987), "Developing A Measure of Loneliness", *Journal of Personality Assessment*, 42, pp. 290 – 294.

Ryan, R. M., & Deci, E. L. (2001), "On Happiness and Human Potentials: A Review of Research on Hedonic and Eudaimonic Well-Being", *Annual Review of Psychology*, 52 (1), pp. 141 – 166.

Swisher, J. D., Shute, R. E., Bibeau, D. (1984), "Assessing Drug and Alcohol Abuse: An Instrument for Planning and Evaluation", *Measurement and Evaluation in Counseling and Development*, 17, pp. 91 – 97.

Taylor, I. M., & Lonsdale, C. C. (2010), "Cultural Differences in the Relationships Among Autonomy Support, Psychological Need Satisfaction, Subjective Vitality, and Effort in British and Chinese Physical Education", *Journal of Sport&Exercise Psychology*, 32, pp. 655 – 673.

Vansteenkiste, M., Lens, W., Soenens, B., & Luyckx, K. (2006), "Autonomy and Relatedness Among Chinese Sojourners and Applicants: Conflictual or Independent Predictors of Well-Being and Adjustment", *Motivation and Emotion*, 30 (4), pp. 273 – 282.

Weinstein, N., Ryan, R. M., & Deci, E. L. (2012), "Motivation, Meaning, and Wellness: A Self-Determination Perspective on the Creation and Internalization of Personal Meanings and Life Goals. In P. P. Wong (Ed.)", *The Human Quest for Meaning: Theories, Research, and Applications* (2nd ed., pp. 81 – 106), New York, NY: Routledge.

Zhu, H., & Xie, Y. (2007), "Socioeconomic Differentials in Mortality Among the Oldest Old in China", *Research on Aging*, 29 (2), pp. 125 – 143.

Zung, W. W. (1971), "A Rating Instrument for Anxiety Disorders", *Psychosomatics*, 12 (6), pp. 371 – 379.

B.9
2017年北京市居民心理和谐状况调查报告

任孝鹏　向媛媛　马欣然　王子杰*

摘　要： 通过对2017年北京市各个地区居民共1055人的调查发现，北京市居民的和谐程度处于基本和谐的水平。较2013年，2017年的社会和谐以及人际和谐得分有所上升，自我和谐有所下降。年龄越大，和谐程度越低；受教育程度越高，和谐程度就越高；除了家庭和谐外，女性在各维度上的和谐得分均高于男性。当家庭月收入在5万元以下，家庭收入越高，和谐程度就越高。离婚人士的和谐程度低于未婚和已婚人士。在群体水平上，居住小区的配套条件越好，民众越和谐；五环以内的民众的心理和谐程度要高于五环以外的民众。并在此基础上，我们建议在社区层面和城市层面上，通过建立社会心理服务平台，通过提供民众乐于接受的方式来提升民众的获得感，从而提升整个社会的心理和谐水平。

关键词： 自我和谐　家庭和谐　社会和谐　人际和谐　环境和谐

---

* 任孝鹏，男，中国科学院心理研究所副研究员，硕士生导师；向媛媛，女，中国科学院心理研究所行为科学重点实验室研究生；马欣然，女，中国科学院心理研究所行为科学重点实验室研究生；王子杰，男，北京林业大学本科生。

党的十九大指出，"经过长期努力，中国特色社会主义进入了新时代，这是我国发展新的历史方位"，"我国社会主要矛盾已经转化为人民日益增长的美好生活需要和不平衡不充分的发展之间的矛盾"。"我国稳定解决了十几亿人的温饱问题，总体上实现小康，不久将全面建成小康社会，人民美好生活需要日益广泛，不仅对物质文化生活提出了更高要求，而且在民主、法治、公平、正义、安全、环境等方面的要求日益增长"。北京作为我国的政治、经济、文化中心，在这一时期面临的机遇和挑战的对比更加鲜明。而生活和工作压力的明显增大，使得公众的各种应激和心理问题大幅度增加，因此，如何更好地保持和提升居民的心理健康，增进居民幸福感，推进和谐社会建设，进而助力于全面小康社会，十分值得关注。

心理和谐是基于我国的传统文化和实际国情所提出的概念，指的是个体在处理自我、家庭、人际和社会问题过程中的主观体验和总体感受（任孝鹏等，2009）。心理和谐包含四个维度：第一是自我状态，指个体对生活、工作、个性特征、情绪情感等的感受或体验；第二是家庭氛围，指的是个体对家庭生活中的氛围和成员之间关系的感受和评价；第三是人际关系，指的是个体在人际交往中对他人的认知和评价；第四是社会态度，指的是个体对社会现象的评价。在心理和谐的四个维度中，自我状态是心理和谐的基础，家庭氛围是保障，人际关系是心理状态的促进和提升因素，社会态度是心理和谐的综合体现。此后，任孝鹏等（2014）将上述四个维度分别命名为自我和谐（自我状态）、家庭和谐（家庭氛围）、人际和谐（人际关系）和社会和谐（社会态度）。

心理学相关研究表明，与生活质量、幸福感等基于西方文化背景所提出的传统的心理健康相关概念相比，心理和谐除了强调个体对自己的主观体验与评价外，还强调对人际、社会等个体之外的领域的感受和评价，同时涵盖了个体的情绪体验和如何看待与适应环境两个方面，能够全面综合地反映我国文化背景下民众的心理特征（心理和谐研究项目组，2008；任孝鹏等，2014），继而衡量我国居民心理健康的程度。

2007年，中国科学院心理研究所"国民心理和谐状况研究"项目组首次开发出用于测量中国人心理和谐状况的专用测量工具，在全国范围内多段随机抽样，重点调查了位于我国东部、中部和西部的7个中心城市、7个城镇和10个农村的3176名常住人口以及7个中心城市的759名进城务工人员。调查发现中国人的心理和谐状况总体上处于可接受水平，但仍有很大提升空间。农村、城镇和城市居民的心理和谐得分呈现"分离趋势"，城镇居民心理和谐程度最低。东、中、西部地区经济发展和中国人心理和谐程度的走向不一致，表现为东部地区心理和谐总体状况低于中西部地区。进城务工人员的心理和谐程度高于城市居民和农村居民（"国民心理和谐状况研究"项目组，2007）。

此后，在国家科技部部署的科技基础性工作专项的支持下，由中国科学院心理研究所联合国内多家心理学教学和科研机构、多位心理学科研和教育工作者及研究生，采集我国31个省/直辖市（不包括香港、澳门和台湾）的18~75岁的逾20万国民样本，历时五年（2009~2013年）共同完成了"国民重要心理特征调查"，建立了中国人心理与行为特征数据库。其中，心理和谐作为反映社会综合发展状况的非经济指标，成为社会心理指标的重要组成部分。研究者发现，总体看来约八成半国民的心理和谐处于基本和谐和非常和谐的状态，约一成半国民心理和谐处于基本不和谐和非常不和谐的状态。在影响国民心理和谐的因素中，比较重要的有收入、婚姻状态和省份，主要表现为，随家庭收入的增加（包括客观收入和主观感受）心理和谐程度增高；已婚群体的心理和谐状态最好，其次是离异/丧偶，最后是未婚；西藏自治区的心理和谐得分最高，广东省心理和谐得分最低。且心理和谐各维度间存在较大差异，家庭和谐程度最高，社会和谐程度最低，自我和谐和人际和谐程度居中。（"国民重要心理特征调查"项目组，2015）。

此外，国际上许多发达国家对包括诸如心理健康指标等心理特征在内的国民重要心理特征的调查相当重视，如在美国，疾病控制预防中心（CDC）下属的国家健康统计中心（National Center of Health Statistics）从1957年起，每年进行国家健康采访调查（National Health Interview Survey），对全美人口进行抽样采访，调查内容包括人际关系、心理健康情况及心理健康服务的情况等。由政府主持或资助的人口心理学调查，也作为人口健康调查的一部分在很多国家进行。英国、加拿大和澳大利亚等国家的人口调查均涉及心理健康调查。如英国的人口调查局在1999年进行了一项针对青少年的心理健康调查，涉及1万余名5~15岁的青少年，调查内容包括心理健康状况、人际关系和社会支持、发展水平等心理特征指标（"国民重要心理特征调查"项目组，2015）。

因此，从心理和谐角度入手，本文分别在纵向和横向尺度下评估北京民众心理和谐的变化趋势和现状特征，并分析其影响因素和影响模式，一方面可以为心理健康问题的基础性研究提供出发点和科学依据，另一方面有助于有效观察、预测和引导居民心理和行为的发展，进而服务于政府部门的公共政策制定和行政决策，从而助力于新时期全面小康社会的建成。

本次调查以任孝鹏等人编制的心理和谐量表为主要测量工具。该量表由44个条目组成，包括自我和谐、家庭和谐、人际和谐和社会和谐四个维度，量表总体反映了个体的心理和谐状况。其中，自我和谐的测量条目如"我的日子过得很快乐"，家庭和谐的测量条目如"我的家庭生活很温馨"，人际和谐的测量条目如"我周围的人能互相帮助"，社会和谐的测量条目如"社会的不公平现象有所改善"。以往研究显示，该量表具有较好的区分效度和聚合效度，既可以综合反映民众的心理感受，也可以单独通过单一维度（如自我状态）反映民众某一方面的态度和感受。其中，心理和谐总分和生活满意度、家庭亲密度、人际信任、社会信心四个效标具有中等程度的相关（相关系数分别为0.30、0.43、0.22和0.47），四个分维度分别与各自效标的相关程度最高，具体表现为：自我状态与生活满意度（$r=0.35$）、人际关系与人际信任（$r=0.48$）、家庭氛围与家庭亲密度（$r=0.58$）、社会态度与社会信心（$r=0.45$）都有中等程度的相关。

此外，近年来诸如空气质量、水资源污染、垃圾处理、野生动物保护等生态环境问题引起了全民关注和讨论，党和政府也多次强调包括生态文明建设建设在内的"五位一体"全面发展观，这一话题也成为牵动公众神经的焦点之一，影响着公众对日常生活和社会发展质量的感知与判断。因此，在此次调查中，我们也将"环境和谐"维度纳入评价体系，在原量表的基础上增加了7道相关题目，如"我们应该保持人与自然的和谐"。

最终，本次调查使用的《北京市居民心理和谐量表》共包含5个维度51个条目，分别为自我和谐（13个条目）、家庭和谐（6个条目）、人际和谐（12个条目）、社会和谐（13个条目）和环境和谐（7个条目）。量表采用Likert 5点计分（1代表"非常不同意"，5代表"非常同意"，3代表"不确定"）。

本次调查采用分层多阶按人口比例的不等概率在北京范围内取样。按照国家统计局的地区分类，调查了北京的16个地区，平均每个区约66人，共采集的有效数据是1055名北京市居民。样本量和分布符合大规模心理调查和研究的要求。表1是本次调查样本的人口学信息。

此外，为了更完整地刻画北京市居民的心理和谐状况，研究还结合了以往"国民重要心理特征调查"中北京市居民的数据，从而在纵向尺度上考察其心理和谐状况的变化趋势和特征。其中，在2006年被调查人口中，男性占49.8%，女性占44.1%；学历方面，小学及以下占2.3%，初中占8.7%，高中占21.8%，大专占26.1%，本科占37.1%，硕博及以上占4.0%；未婚人士占65.2%，已婚占30.4%，离异占3.2%，丧偶占1%。在2008年被调查人口中，男性占44.7%，女性占53.4%；学历方面，小学及以下占1.5%，初中占9.8%，高中占30.7%，大专占43.9%，本科占13.2%，硕博及以上为0。在2009年被调查人口中，男性占42.4%，女性占57.3%；学历方面，小学及以下占0；年龄结构方面，年轻人占主体，20岁以下占11.7%，21~30岁占64.6%，31~40岁占5.6%，41~50岁占5.9%，51岁以上占12.2%；其中农村户口人数占2.5%，城镇人口占97.5%；

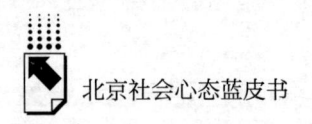

表1　2017年北京市居民心理和谐状况调查人口学信息

单位：%

项目	百分比	项目	百分比
性别		婚姻状况	
男	46.2	未婚	35.3
女	53.8	已婚	63.2
年龄		离婚	1.4
20岁及以下	6.8	丧偶	0
21~30岁	44.2	职业	
31~40岁	36	高层专业或管理人员	8
41~50岁	10	一般专业或管理人员	41.1
50岁以上		办事员或销售人员	20
民族		小型工商业主	5.1
非少数民族	94	家庭工商户	2.4
少数民族	6	工商业班组长	3
居住年限		技术工人	4.2
1年以下	7.7	半技术工人或非技术工人	3.5
1~5年	21.4	农、林、渔业雇主或管理人员	1
5~10年	14.7	农、林、渔业工人	0.7
10年以上	56.2	其他	11
户口		家庭月收入	
北京户口	55.1	1000元以下	1
非北京户口	44.9	1000~2500元	1.6
学历		2501元~4000元	6.6
小学及以下	3.7	4001元~6000元	10.2
初中	19.1	6001元~8000元	8.9
高中/中专/技校/职中	34.6	8001元~10000元	14.3
大专	16.2	10001元~15000元	17.7

续表

项目	百分比	项目	百分比
大学本科及以上	26.4	15001元~20000元	18.2
家庭户口		20001元~50000元	18.4
农村户口	25.3	50000元以上	2.9
非农户口	74.7	家住几环	
城乡差异(居住地点)		2环以内	7.9
		2环~3环之间	15.5
城镇	47.8	3环~4环之间	18.6
郊区	24.8	4环~5环之间	14.0
进城务工人员	27.4	5环~6环之间	25.6
行政区划		6环以外	18.4
东城区	8.8	小区等级	
西城区	9.0	高	4.8
		中	61.1
朝阳区	18.5	低	34.1
丰台区	7.0	物业收费	
石景山区	2.7	1~4元/月/平方米	47.1
海淀区	14.4	4~6元/月/平方米	43.0
门头沟区	0.8	6元及以上/月/平方米	9.9
房山区	2.6		
通州区	3.6		
顺义区	1.9		
昌平区	3.3		
大兴区	4.1		
怀柔区	7.7		
平谷区	5.3		
密云区	5.4		
延庆区	5.1		

学历方面，小学及以下占10.1%，初中占16.5%，高中占33.1%，大专占24.0%，本科占15.6%，硕博及以上占1%；收入方面，家庭月收入1000元以下的占3.5%，1000~4000元27.8%，4001~8000元占36.8%，8001~20000元占25.1%，5万元以上为0；本地户口人口达

90.3%，非本地户口占9.7%；1%的被调查者在北京居住1～5年，2%在北京居住5～10年，剩余97%在北京居住超过10年；非少数民族占97.8%，少数民族占2.2%；未婚人士占18.9%，已婚占75.8%，离异占1.0%，丧偶占4.3%。

一 北京市居民和谐程度的总体描述

根据受访者对量表各题项的判断和回答，计算出北京居民的总体心理和谐得分以及在心理和谐各维度上的得分。其中，1分代表"非常不和谐"，2分代表"比较不和谐"，3分代表"不确定"，4分代表"比较和谐"，5分代表"非常和谐"。得分情况如图1所示。可以看出，北京市居民在总体上处于基本和谐的状态，平均得分为3.53分。在心理和谐的五个维度中，居民的家庭氛围和谐感最高（4.20分），介于"比较和谐"和"非常和谐"之间；人际和谐感与自我和谐感水平大致相当，都处于基本和谐状态，表明民众的内心世界倾向于平稳、包容的心理状态；社会和谐感与环境和谐感水平相近但都相对较低，基本处于"不确定"状态，表明民众对诸如社会公平、环境污染等社会发展问题方面的和谐感仍需进一步提升。

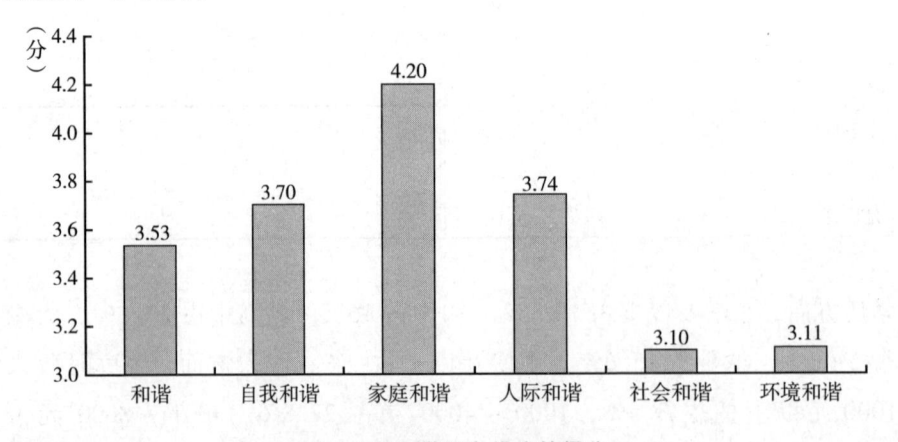

图1 心理和谐及各维度的得分

进一步分析发现（见图2），有大约一成（10.24%）的民众和谐感得分在4分以上，处于非常和谐状态；而多数被调查对象（76.21%）的和谐感得分在3~4分，处于基本和谐的状态。但仍有超过一成（13.55%）的民众和谐感得分在3分以下，处于基本不和谐的状态，这部分群体就需要我们重点关注。

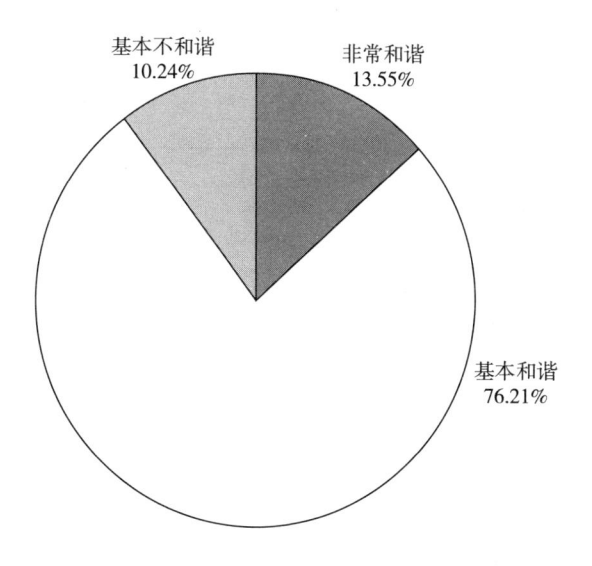

图2 不同和谐程度民众的百分比

二 不同群体之间的和谐感差异

（一）年龄差异

在进行不同年龄阶段的比较时，把年龄差异分成五组：20岁及以下、21~30岁、31~40岁、41~50岁、50岁以上。和谐得分随着年龄的增长整体呈现下降趋势。由于2017年调查中50岁以上的样本量过小（3%），可能不具有代表性。

为了进一步分析心理和谐与年龄的关系，我们选取了2013年和2017年这两个年份来进一步研究相同年龄段的人在2017年和2013年心理和谐的变化趋势。统计结果显示,年龄与年份存在交互作用的趋势,F(4,22539)=2.10,p=0.078。进一步分析发现,2013年处于40岁以下的青年群体的和谐感要低于2017年的这一群体,而2013年处于41~50岁的中年群体的和谐感要高于2017年的这一群体(见图3)。

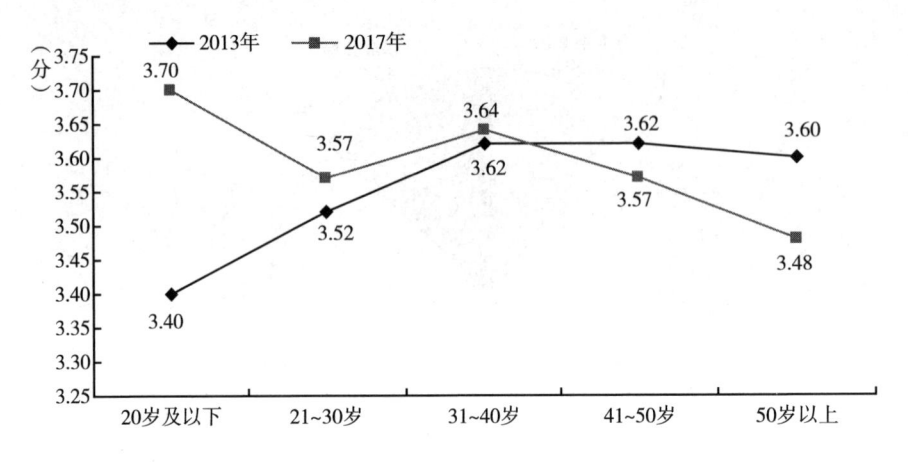

图3 不同年龄段群体的心理和谐状态

(二)教育程度差异

我们将教育程度分为了五个等级:小学及以下、初中、中专/职高/高中、大专、本科及以上。由于小学及以下学历的人太少已被排除在外,故只有四个等级。方差分析的结果表明,F(3,1050)=10.71,P<0.001。不同年龄段和谐感的得分如图4所示,高受教育水平者和谐分数明显高于低受教育水平者。从高到低依次为本科及以上(3.58分)、高中或中专(3.45分)、初中(3.41分)、大专(3.39分)。初中毕业和大专毕业的受访者的和谐得分相仿。不同受教育程度者之间的和谐得分没有呈现一个绝对的上升趋势,说明只有受教育程度达到一定差异时,和谐分数的差异才能体现。

进一步分析发现,在自我与人际和谐方面,高受教育水平者明显高于低受教育水平者,而在家庭、社会、环境和谐上不明显(见表2)。

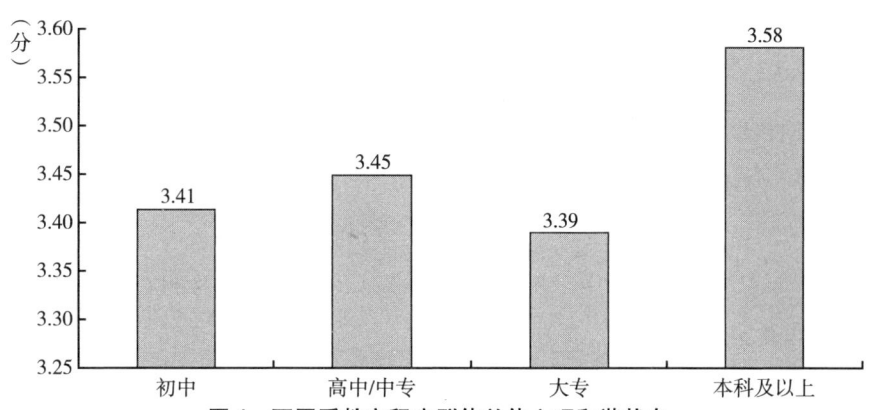

图 4　不同受教育程度群体总体心理和谐状态

表 2　不同受教育程度群体各维度心理和谐状态

单位：分

学历	自我和谐	家庭和谐	人际和谐	社会和谐	环境和谐
初中	3.55	4.21	3.66	2.94	2.94
高中/中专	3.60	4.07	3.56	3.10	3.09
大专	3.51	4.12	3.56	2.97	3.04
本科及以上	3.76	4.24	3.81	3.13	3.13

（三）性别差异

心理和谐的性别差异如图 5，女性心理和谐（3.56 分）显著高于男性（3.50），$F(1, 1053) = 4.836$，$P < 0.05$。在各维度中，男性在自我人际和社会维度上的得分均低于女性。

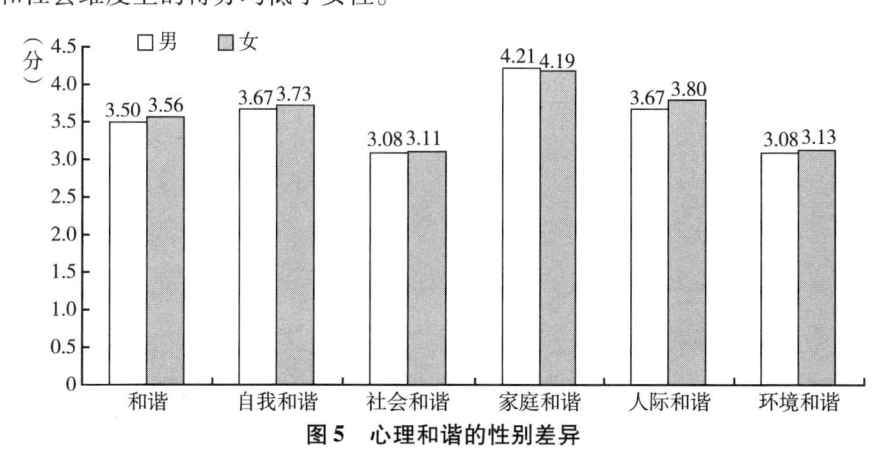

图 5　心理和谐的性别差异

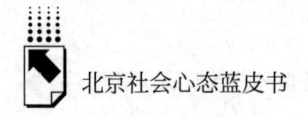

（四）家庭收入差异

我们将民众的家庭月收入分成1000元以下，1001~4000元、4001~8000元、8001~20000元、2万~5万元、5万元以上6个等级。数据结果如图6所示，不同家庭收入水平的群体的和谐感存在显著差异，$F(6, 27232) = 17.03$，$P < 0.01$。随着家庭月收入的增加，民众的心理和谐感在整体上呈上升趋势。

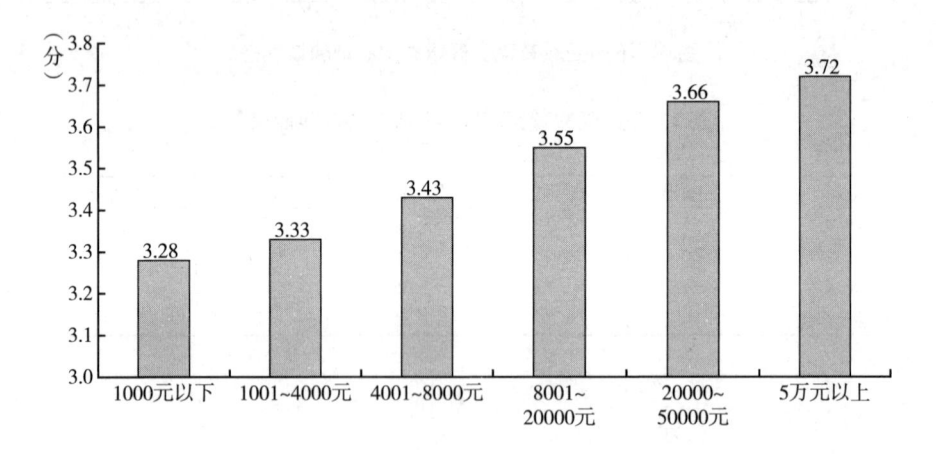

图6 不同家庭年收入群体的心理和谐状态

（五）不同婚姻状况人群的心理和谐特征

研究者将婚姻状况分为未婚、已婚、离异、丧偶这四种情况，由于调查中丧偶的样本量为0，故只列出未婚、已婚、离异三种情况。方差分析结果表明，不同婚姻状况的心理和谐得分差异显著，$F(2, 1052) = 26.996$，$P < 0.001$（见图7）。离异者的和谐分数最低为3.17，已婚者的和谐得分最高为3.61。

（六）城乡差异

随着改革开放的不断深入，越来越多的人从农村涌向城市，从而产生了

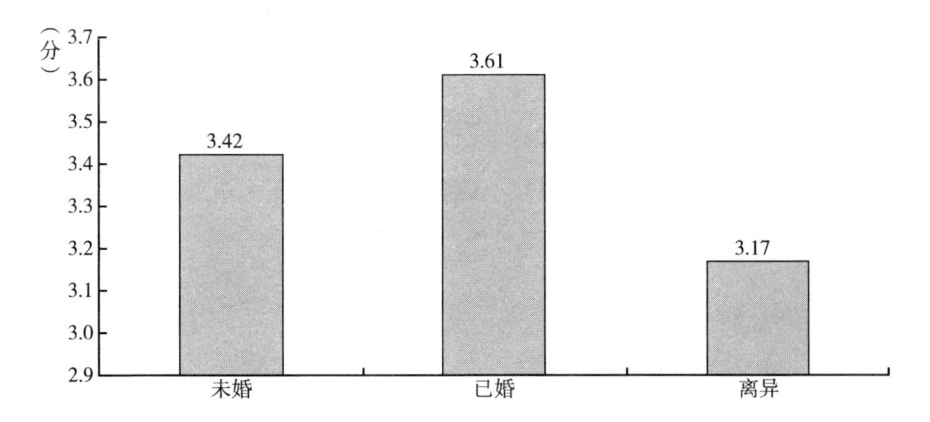

图 7 不同婚姻情况群体的心理和谐状态

大量的进城务工人员。而这些进城务工人员与当地的城市居民和农村居民在生活方式和生活环境上均存在着较大的差异。此外，城市居民和农村居民的生活方式和环境条件也存在着不同。而这些生活方式和条件的差异会导致三类群体出现不同的社会心理特征。因此对这三类群体和谐感的比较，有助于更全面地刻画民众的心理和谐状态。

本次调查发现，三类群体的心理和谐程度存在显著差异，$F(2, 1052) = 42.091$，$P < 0.001$。城区居民的心理和谐得分显著高于农村居民和进城务工人员（$ps < 0.001$）（见图 8）。

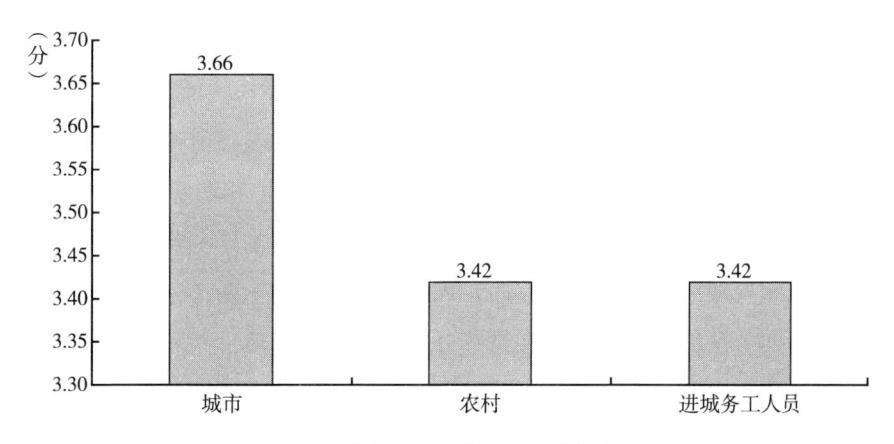

图 8 城乡居民总体心理和谐状态

进一步在心理和谐的5个维度上比较发现，城市居民在心理和谐各维度上的得分均高于农村居民和进城务工人员。其中在自我和谐上的差异最大，其次依次为人际、社会、家庭和环境。而农村居民在社会与环境和谐方面高于进城务工人员，在另外三个维度上或略低于进城务工人员或和进城务工人员基本持平（见图9）。

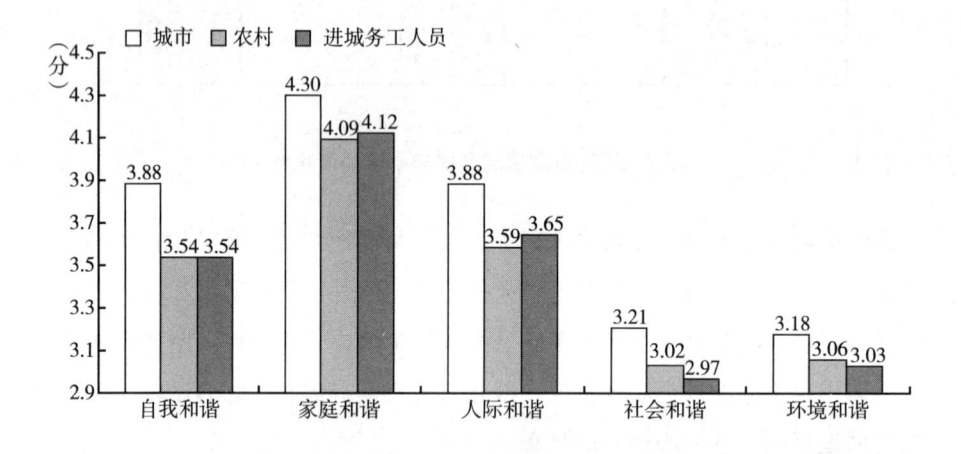

图9　城乡居民各类心理和谐状态

（七）环线差异

众所周知，北京市分为诸多环线，环数越小越靠近市中心。我们将北京按环数分为6个部分：二环以内、二环～三环、三环～四环、四环～五环、五环～六环、六环以外。分析发现，这六个区域居民的心理和谐感存在显著差异，F（5，1049）=7.873，P<0.001，居民的心理和谐感在整体上随着环线的外扩而呈现下降趋势。进一步比较发现，这种差异主要表现在五环以内的区域和五环以外的区域间，即二环以内、二环～三环、三环～四环、四环～五环四个区域的居民心理和谐感分别显著高于五环～六环及六环以外区域，而五环以内的4个区域间不存在显著差异，五环以外的两个区域间也不存在显著差异（见图10）。

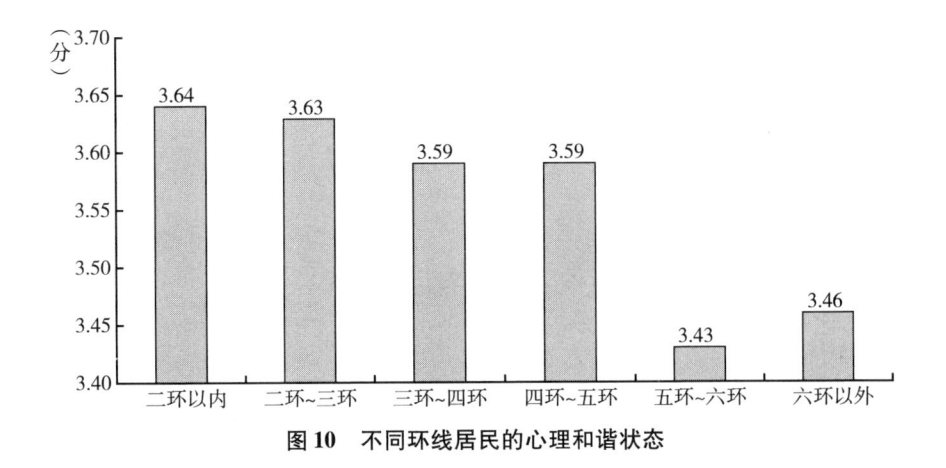

图 10　不同环线居民的心理和谐状态

（八）小区类型

家是决定国民生活幸福感的重要环节，小区的环境更是决定了居民的生活质量，我们将北京的小区按照受访者的主观报告分为高、中、低三个等级，并对比三个等级的小区居民的心理和谐得分，结果发现高中低小区居民的心理和谐状态呈现三级阶梯依次下降（见图11），差异显著，$F(2, 1052) = 69.451$，$P < 0.001$。

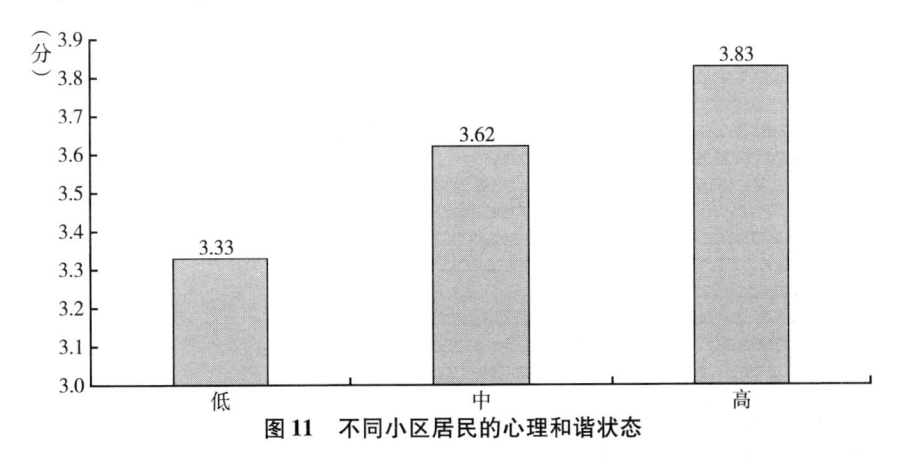

图 11　不同小区居民的心理和谐状态

为了进一步比较小区对和谐状态的影响，我们将小区的物业收费分成三个等级：1~3元/月·平方米、3~5元/月·平方米、5元及以上/月·平方米。表 12 中，对比三种物业费用下的居民心理和谐状态，我们发现随着物业收费的上涨，居民的心理和谐水平逐渐上升且差异显著，$F(2, 1052) = 20.326$，$P < 0.001$。

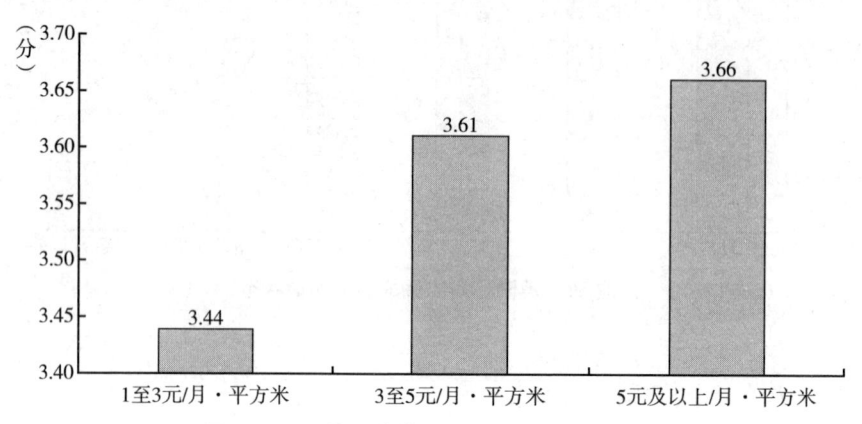

图 12 不同物业收费下居民的心理和谐状态

（九）区域差异

针对区域差异，我们以北京的 16 个行政区为分析对象，发现其在和谐感上存在显著差异，$F(15, 1039) = 2.981$，$P < 0.001$。其中和谐感分数最高的是东城区，分数最低的是昌平区（见图 13）。

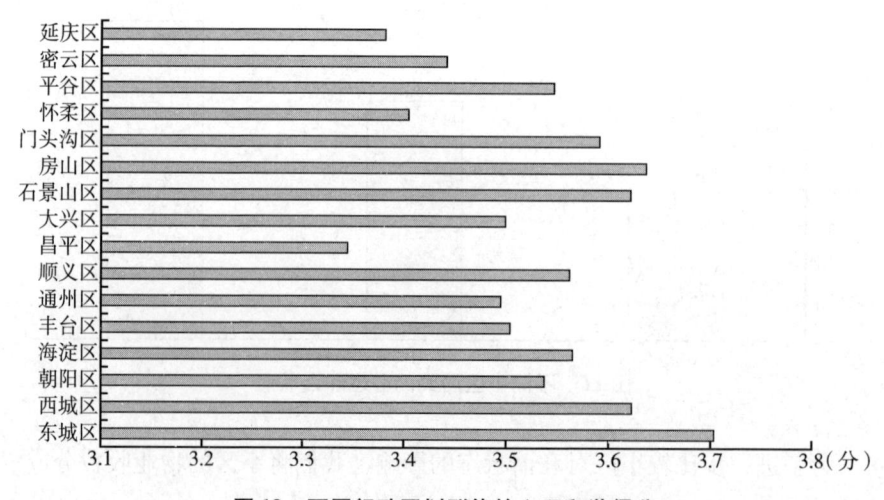

图 13 不同行政区划群体的心理和谐得分

三 与历年的对比

1. 总体比较

2006~2017年这12年间，北京民众的和谐感得分处于一个微弱的上升趋势，其中2006~2008年的上升最明显。如图14所示，和谐得分逐年增加，其中分数最低在2006年（仅为3.31分），得分最高在2017年（3.60），变化幅度为0.29分。

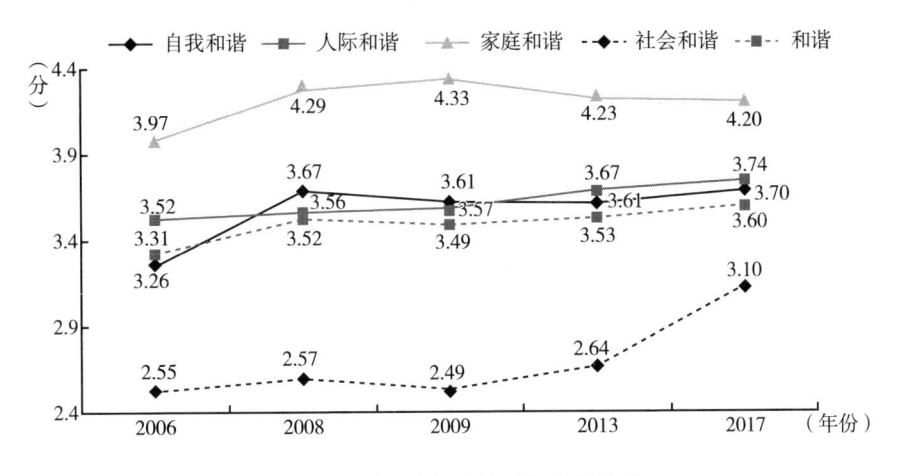

图14 和谐维度得分的时间变化趋势

自我、人际、家庭以及社会和谐四个维度在时间轴上的变化趋势如图14所示。自我、家庭和谐在2006~2008年有较大波动，人际和谐得分稳中有升，社会和谐得分在2009年有所上升，其中2013~2017年上升幅度最大（从2.64分上升到3.10分），说明北京市民对社会生活中诸多问题的满意度和积极评价有所提升。

2. 环境和谐

此次调查中，我们还特别关注了环境和谐这一指标。在此前2006年的调查中，也涉及这一维度。图15中，将两次数据对比发现，居民在2017年的环境和谐感显著高于2006年，t（729.36）=3.48，p=0.001。

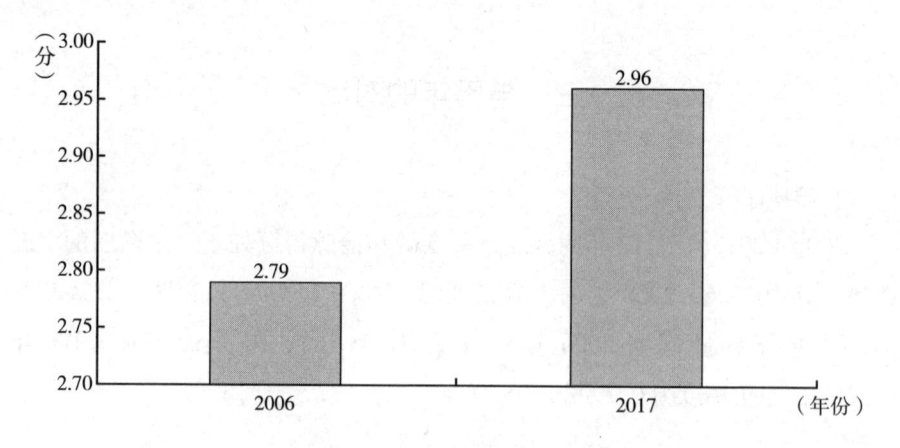

图15 环境和谐得分的变化

四 结语

此次调查表明,北京市居民的心理和谐感总体处于"基本和谐"的状态。其中,有将近八成的居民处于"基本和谐"状态,有各约一成的居民处于"非常和谐"及"基本不和谐"状态。此外,2006~2017年,北京市居民总体的心理和谐状态呈现上升趋势,特别是在自我和谐、人际和谐和社会和谐方面均出现不同程度的上升。

进一步具体分析发现,一方面,居民在不同的心理和谐成分上的感受有所不同。其中,居民在家庭氛围上的和谐感最高,说明维护婚姻家庭、倡导家庭和睦等传统美德仍然在公众的生活方式中占有极为重要的地位,在过去三十年,随着中国现代化程度的增强,整个社会的个体主义在逐渐增强(苏红、任孝鹏,2016),不过,集体主义所关注的某些价值观仍然没有降低(Zeng, 2015;Yu, 2016)。我们的研究提供了部分证据,表明在中国人的心目中,家庭和谐等集体主义价值观仍然对维持心理和谐起着积极的作用。而居民的社会和谐感和环境和谐感均相对较低,说明民众在诸如社会公平、生态环境等社会生活问题上的感受和评价较负面,对这些问题的妥善处理会进一步提升民众的心理和谐水平,进而增强国民心理健康。

另一方面,不同群体间的心理和谐状态也存在较大差异。首先,此次调查表明,社会经济地位越高的群体,心理和谐感越强。整体上受教育程度更高和家庭收入更高的群体,心理和谐程度更高。这提示随着未来整个社会国民生产力的进一步提高,居民的心理和谐感可能也会继续提升。其次,数据表明,个体年龄越大和谐感越低,这可能与当前我国整个社会对于老龄化问题的普遍担忧有关。值得关注的是,2013年处于40岁以下的青年群体的和谐感要低于2017年的这一群体,而2013年处于40~50岁的中年群体的和谐感要高于2017年。这可能说明近年来我国的社会环境越来越有利于年轻人的发展和奋斗,社会资源也更向青年群体倾斜,而不甚完善的养老制度使得更多的中年人开始担忧未来。再次,调查发现,不同居住环境和居住区域的群体心理和谐感也存在明显差异。五环内的居民的心理和谐感较五环外居民更高,高档小区的居民比低档小区的居民心理和谐感更高。这当然可能与居民自身的社会经济地位有关,但另外也与居住环境和居住区域有关,其实主要是包括交通、绿化、医疗、教育、生活等方面在内的周边配套设施水平的差异。这种差异也会导致居民的体验和感受有所不同。从这个角度来看,完善城市各区域的基础设施建设,改善居民生活环境,或许是进一步提升居民心理和谐感的有效路径。最后,和以往调查相同,数据显示城市居民的心理和谐感明显高于农村居民和进城务工人员。但和以往调查不同的是,以往调查中,外来务工人员的心理和谐感会低于农村居民。而在此次调查中我们发现,外来务工人员群体的心理和谐感与农村居民基本持平。这可能是因为我们没有用外来务工人员的心理和谐感和其家乡当地做对比。

基于上述的研究发现,我们建议如下:

第一,在社区层面和城市层面,通过老百姓喜闻乐见的方式宣传传统文化价值观,提升民众的整体和谐水平。在现代化和城市化快速发展的北京,传统文化得以有效传承的载体日益减弱,对民众的心理和谐水平是个潜在的不利影响。通过小区内的宣传栏、小区的微信公众号等宣传传统文化与民众心理和谐的关系,对于促进全民的心理和谐水平具有积极意义。

第二,在社区层面,特别是有条件的社区,通过建立社会心理服务的站点，为民众提供其需要的心理服务，有助于促进民众的人际和谐与社会和谐。比如在小区内的公共服务场所，通过不同的活动主题（例如如何进行垃圾分类），欢迎民众参与式地互动，从而提升社区居民的人际互动水平，促进人际和谐。而人际互动可以使得民众之间的熟悉度增加，可以利用熟人的方式来化解陌生人社会的纠纷，也有助于降低潜在的社会风险。

第三，善于利用政府已有的各种惠民举措，为条件比较差的社区提供某些民众需要的服务，有助于提升该社区的和谐水平，从而整体上提高整个北京的和谐水平。

综上所述，北京作为我国的首都和政治、经济、文化中心，其居民的心理和谐状况总体尚可，但也仍存在可以进一步提升的空间。如何在未来减少和降低人民日益增长的美好生活需要和不平衡不充分的发展之间的矛盾，将深刻影响着居民心理和谐感的提升，从而进一步反作用于社会各群体对全面小康社会建成的贡献。

参考文献

"国民心理和谐状况研究"项目组：《2007 我国居民心理和谐状况研究报告》，中国科学院心理研究所，2007。

"国民重要心理特征调查"项目组：《科技部科技基础性工作专项〈国民重要心理特征调查〉总报告》，世界图书出版公司，2015。

任孝鹏、白新文、郑蕊、张侃：《心理和谐的结构与测量》，《华人心理学报》2009 年第 1 期，第 85~104 页。

任孝鹏、郑蕊、周洁、陈雪峰、苏红、张凤、陈涛：《2013 年中国城乡居民和谐程度调查报告》，《中国社会心态研究报告（2014）》，社会科学文献出版社，2014。

苏红、任孝鹏、陆柯雯、张慧：《人名演变与时代变迁》，《青年研究》2016 年第 3 期，第 31~38 页。

石国兴、王紫微：《心理和谐概念辨析》，《心理科学》2013 年第 1 期，第 234~239 页。

王登峰、黄希庭：《自我和谐与社会和谐——构建和谐社会的心理学解读》，《西南大学学报》（社会科学版）2007 年第 1 期，第 1~7 页。

习近平：《决胜全面建成小康社会夺取新时代中国特色社会主义伟大胜利》，2017。

心理和谐研究项目组：《我国民众心理和谐状况研究》，《中国科学院院刊》，2008年第2期，第168~174页。

Mclaughlin, K. A. , Costello, E. J. , Leblanc, W. , Sampson, N. A. , & Kessler, R. C. (2012), "Socioeconomic Status and Adolescent Mental Disorders." *American Journal of Public Health*, 102（9）, pp. 1742–1750.

Osborne, D. , Smith, H. J. , & Huo, Y. J. （2012）, "More than a Feeling: Discrete Emotions Mediate the Relationship between Relative Deprivation and Reactions to Workplace Furloughs", *Personality and Social Psychology Bulletin*, 38, pp. 628–641.

Yu, F. , Peng, T. , Peng, K. , Tang, S. , Chen, C. S. , Qian, X. , . . . Chai, F. （2016）, "Cultural Value Shifting in Pronoun Use", *Journal of Cross-Cultural Psychology*, 47（2）, 310–316. doi: 10. 1177/0022022115619230

Zeng, R. , & Greenfield, P. M. （2015）, "Cultural Evolution Over the last 40 Years in China: Using the Google Ngram Viewer to Study Implications of Social and Political Change for Cultural Values", *International Journal of Psychology*, 50（1）, pp. 47–55.

Zhang, J. , & Tao, M. K. （2013）, "Relative Deprivation and Psychopathology of Chinese College Students", *Journal of Affective Disorders*, 150, pp. 903–907.

B.10
北京居民心理健康素养调查报告

张国礼*

摘　要： 本研究对北京市居民心理健康素养进行大样本调查。采用修订版的O'Connor和Casey（2015）编制的心理健康素养量表（MHLS）、心理健康素养案例、积极心理健康量表以及心理健康服务需求问卷对北京市16个区1820人进行调查，有效问卷为1656份。结果显示，（1）居民心理健康相关知识比较缺乏，识别心理问题能力较弱，对有心理问题的人持谨慎友好态度；（2）在心理健康素养的4个维度及总素养上，性别、年龄、文化程度等都产生不同程度的影响；（3）居民的心理健康水平与心理健康素养呈正相关；（4）居民对心理健康服务的需求正在变强烈，且需求多样化、服务便捷化。建议政府为提升居民心理健康素养保驾护航，创造良好条件；居民个人也要主动学习心理健康相关知识，提升心理健康素养，为实现健康中国助力。

关键词： 心理健康素养　心理健康　心理服务　北京居民

一　前言

心理健康素养（Mental Health Literacy）是澳大利亚学者Jorm等人在

---

* 张国礼，北京体育大学心理学院副教授，研究方向为运动与心理健康。

"健康素养"（Health Literacy）的基础上引申出的概念。他认为，心理健康素养可以理解为人们认识、处理和预防心理问题的相关知识和观点的能力。心理健康素养包括识别特定心理问题的能力、如何获取心理健康信息、认识心理问题产生原因的能力、自我治疗和专业帮助知识获取的能力和人们对于心理问题的态度等方面[1]。研究发现，较高的心理健康素养，有利于心理疾病或心理健康问题的及早识别、及时干预以及恰当求助，有利于改善公众对心理健康问题的污名化，进而提升全社会居民整体的健康水平，促发良好的社会效果[2]。

（一）研究背景及意义

据世界卫生组织（WHO）2004年统计的数据显示，全世界大约有4.5亿人有心理或行为问题，但是仅有少部分人接受了心理诊治。心理问题较多国家的人进行心理诊断与治疗的也较少。之所以出现这种现象，原因有很多方面，其中最重要的原因或许是民众的心理健康素养不高[3]。

中国社会的飞速发展给居民的身心健康带来巨大影响，人们一方面享受了丰富的物质生活，另一方面也感受到社会发展所带来的心理压力。据精神卫生相关调查的数据显示，目前我国精神病患者人数超过1600万人，但接受住院治疗的不超过12万人。Phillips等（2009）研究显示仅8%的心理疾病患者寻求过专业帮助，曾在精神科就诊的仅5%[4]。精神疾病患病率高、疾病负担重，而精神疾病患者的就诊率低。面对巨量的精神疾病患者，我们国家

---

[1] 李珺、李大光：《中国公众心理健康素养的探索研究》，《科普研究》2012年第2期，第34~41页。

[2] Yap M B, Reavley N J, Jorm A F, "Associations Between Awareness of Beyondblue and Mental Health Literacy in Australian Youth: Results from A National Survey", *Australian & New Zealand Journal of Psychiatry*, 2012, 46 (6): pp. 541–552.

[3] 周肖、姚本先：《国外心理健康素养研究：内涵、影响因素及展望》，《中小学心理健康教育》2011年第1期，第4~7页。

[4] Phillips M, Zhang I X, Shi Q C, et al, "Prevalence, Treatment, and Associated Disability of Mental Disorders in Four Provinces in China During 2001–05: An Epidemiological Survey", *Lancet*, 2009, 373 (6): pp. 2041–2053.

精神卫生资源依然比较缺乏，精神卫生床位和医务人员资源只相当于世界平均水平的1/4，加之已有的社会偏见，造成大量精神疾病患者得不到及时诊断和治疗。目前，心理健康问题已经成为我国公共卫生和社会生活领域中的重要问题和突出问题，其对公众健康危害以及影响程度的严重性日益凸显。

中共中央总书记、国家主席、中央军委主席习近平2016年参加全国卫生与健康大会并发表重要讲话。他强调，没有全民健康，就没有全面小康，要把人民健康放在优先发展的战略地位。要倡导健康文明的生活方式，树立大卫生、大健康的观念，把以治病为中心转变为以人民健康为中心，建立健全健康教育体系，提升全民健康素养，推动全民健身与全民健康深度融合。要加大心理健康问题基础性研究，做好心理健康知识和心理疾病科普工作，规范发展心理治疗、心理咨询等心理健康服务。

综上所述，我国民众的心理健康问题日益严峻，这既影响个体的成长和家庭的幸福生活，也影响到社会的和谐稳定，已引起了国家的高度重视。为了实现全面小康社会，国家将人民健康放在优先发展的战略地位。首都居民，面对人口拥挤、房价过高、竞争激烈的快节奏生活，承受着巨大的生活压力，心理健康问题尤为凸显。基于我国国情，我们提倡心理健康人人有责。因此，关注北京居民的心理健康素养，有针对性地做好心理健康和心理疾病的科普工作，将成为心理健康教育的一个重要方面。提升居民心理健康素养有助于消除人们对心理疾病患者的歧视和偏见，有助于预防居民心理疾病的发生，有助于心理疾病患者尽早接受诊断与治疗，最终为个体成长、家庭幸福、社会和谐稳定带来正能量。本调查关注北京居民心理健康素养的整体状况、具体表现以及对心理健康服务的相关需求，调查结果能为政府制定相关政策提供依据，有针对性地开展心理健康知识和心理疾病科普工作，提升民众的心理健康水平，有助于全面实现小康生活，进而实现中华民族伟大复兴。

（二）研究内容和工具

一是北京居民心理健康素养现状。调查工具为修订版的国外心理健康素养量表（MHLS）和国内常用的案例分析材料，旨在分析北京居民心理健康素养整体状况和群体特点；鉴于目前国内没有现成的符合心理测量学的心理健康素养量表，我们对国外 O'Connor 和 Casey（2015）编制的量表（MHLS）[1]进行修订。O'Connor 和 Casey（2015）根据心理健康素养概念的理论构想，经过项目编制、探索性因素分析和验证性因素分析，最终形成一份单维度的心理健康素养量表，包括35道题目，信度系数为0.873。本量表在中国化修订过程中，经过对项目翻译、专家评审、探索性因素分析和验证性因素分析，最终形成一份包括24道题目、4个因素的心理健康素养量表，分别为特定疾病的识别能力、自助他助的能力、获取信息的能力和对心理疾病的友好态度，信度系数分别为0.723、0.860、0.835、0.861，总量表的信度系数为0.824，这4个因素也符合心理健康素养概念的理论构想。本次调查的信度系数分别为特定疾病的识别能力0.884，自助他助的能力0.897，获取信息的能力0.910，对心理疾病的友好态度0.934，总量表的信度系数0.800。同时，也采用了国内常用的案例分析材料。

二是北京居民心理健康水平。调查工具为积极心理健康量表，旨在分析居民心理健康素养和心理健康水平之间的关系，即心理健康素养越高，心理健康水平就越高。本研究采用简版积极心理健康量表，共包含9个条目，是由 Lukat 和 Margraf 共同编制，李婧梅（2017）进行了修订，量表信度系数为0.89[2]。本次调查的信度系数为0.950。

三是居民心理健康服务需求。调查工具为自编心理健康服务需求问卷，旨在了解居民对心理健康服务需求的愿望、服务形式等，为后续提升北京居民心理健康素养提供针对性建议。

---

[1] O'Connor M, Casey L, "The Mental Health Literacy Scale (MHLS): A New Scale-based Measure of Mental Health Literacy", *Psychiatry Research*, 2015, 229 (1-2): p.511-516.
[2] 李婧梅：《大学生心理健康的变化趋势及积极心理特质对心理健康的影响》，南京大学硕士学位论文，2017。

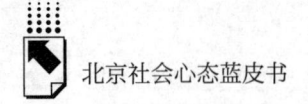

（三）抽样与调查对象

调查对象为北京市常住居民（在北京居住至少半年，20~70周岁，不包括学生）。在充分考虑调查对象人口学属性分布的基础上，本次调查在北京市16个区内采用方便抽样方法进行问卷调查。共有1860人参与了问卷填写，剔除无效问卷后，最终有效问卷为1656份，有效率为89%，被试分布见图1。

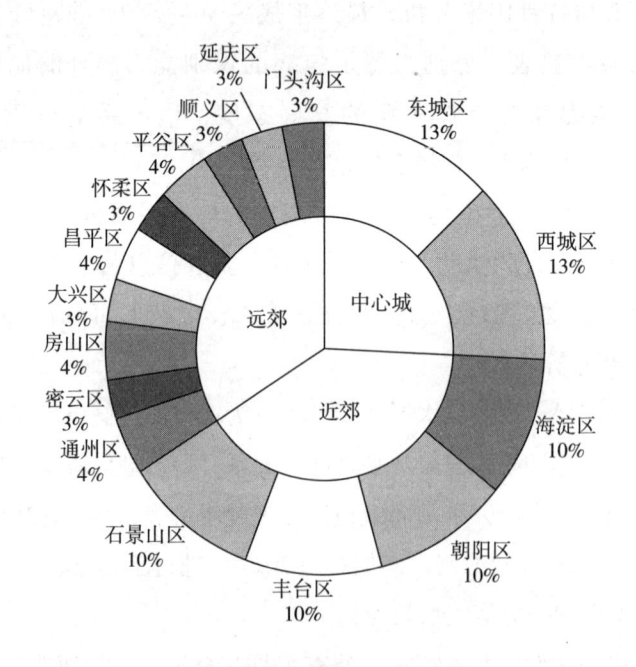

图1 调查被试分布情况

调查被试详细的人口学属性如下：

性别：男性644人（38.9%），女性1012人（61.1%）。

出生年代：1969年以前出生146人（8.8%），1970~1979年出生527人（31.9%），1980~1989年出生638人（38.5%），1990年以后出生341人（20.6%）。

居住地区[①]：中心城居民428人（25.8%），近郊居民658人（39.7%），远郊居民570人（34.4%）。

婚姻状况：未婚居民356人（21.5%），已婚居民1239人（74.8%），离异未再婚居民61人（3.7%）。

文化程度：初中及以下128人（7.7%），中专、职高、高中213人（12.9%），大专、高职331人（20%），大学本科697人（42.1%），硕士研究生及以上287人（17.3%）。

职业：国家公务员164人（9.9%），事业单位工作人员556人（33.6%），国企工作人员169人（10.2%），私企工作人员222人（13.4%），外企工作人员63人（3.8%），企事业单位管理人员48人（2.9%），外地来京务工人员147人（8.9%），自由职业者239人（14.4%），其他行业48人（2.9%）。

家庭收入水平：家庭年收入4万元及以下277人（16.7%），家庭年收入4万~10万元563人（34%），家庭年收入10万~20万元504人（30.4%），家庭年收入20万~30万元193人（11.7%），家庭年收入30万元以上119人（7.2%）。

调查时间为2017年9~10月。

（四）调查过程与质量监控

本次调查采用网络在线调查，即采用问卷星平台与手机关联，利用手机微信发布调查问卷，被试直接在手机界面完成问卷填写，提交后经调查人员审核，通过后将发放微信红包表示感谢。

需要强调的是调查过程的质量监控和无效数据的筛选。首先，在调查过程中设置手机微信监控，能够及时获知作答问卷者的个人信息以及被试的分布情况，能够控制各个区被试分布的合理性，在一定程度上保证样本的代表

[①] 中心城包括东城和西城；近郊包括海淀、朝阳、丰台、石景山；远郊包括顺义、通州等其余的10个区。

性。其次，及时剔除作答速度过快（事先内部测试制定作答时间标准）、不符合被试标准（如学生、非北京居民）、个人信息矛盾（出生年月与居住时间）的被试数据。最后，从系统导出数据后再次对数据进行核对，尽最大可能保证最终的数据有效。

二 北京居民心理健康素养整体状况

（一）整体而言，北京居民心理健康方面相关知识比较缺乏，识别心理问题能力较弱，对有心理问题的人持谨慎友好态度

基于我国公民健康素养所包括的三方面内容——基本知识和理念、健康生活方式与行为、基本技能以及相关研究关注公众对精神疾病患者的态度，本文将心理健康素养分为四个维度，即人们所掌握的心理健康相关知识、对心理疾病的识别、应对心理疾病的技能以及公众对心理问题的认识。然后在这四个方面从整体上进行调查，具体结果见表1。

表1 北京居民心理健康素养整体状况

单位：%

心理健康素养	完全不符合	不太符合	一般	比较符合	完全符合
我具有心理健康方面的相关知识	9.5	17.8	52.0	16.2	4.5
我具有识别自己和他人心理问题的能力	6.2	15.9	53.7	20.4	3.8
如果我有心理疾病,我会向心理健康专家寻求帮助	6.3	13.2	20.4	35.5	24.7
我对有心理问题(心理疾病、精神病)的人持友好态度	3.3	6.0	43.8	35.4	11.4

通过表中结果发现，约21%的居民认为自己具有一定的心理健康方面的相关知识，约28%的居民认为自己缺乏心理健康方面的相关知识；约24%的居民认为自己具有识别心理问题的能力，约22%的居民认为自己不

具有识别心理问题的能力；约60%的居民认为自己有心理疾病时，会向心理健康专家寻求帮助，约20%的居民认为自己有心理疾病时，不会向心理健康专家寻求帮助；对于有心理问题的人，约47%的居民认为自己会对其持友好态度，约9%的居民认为自己不会对其持友好态度。整体而言，居民心理健康方面的相关知识比较缺乏，识别心理问题的能力较弱，对有心理问题的人持谨慎友好态度。

心理健康相关知识的掌握可以来自个人平时的学习和读书，以及相关媒体的报道和各种信息平台的知识传递。随着信息化时代自媒体的空前发展和电子化平台学习的便捷性，居民理应有更多的平台和机会获取心理健康的相关知识，提高自己识别心理问题的能力，能够更恰当地认识心理疾病患者。但调查结果并不理想，原因可能是：第一，心理健康相关知识的宣传途径不够多；第二，心理健康相关知识的宣传量不够大；第三，心理健康相关知识的宣传形式不够恰当，无法吸引居民注意并在有意或无意中进行学习。

（二）不同个人特征居民心理健康素养特点

澳大利亚学者Jorm等人认为，心理健康素养包括识别特定心理问题的能力、如何获取心理健康信息、认识心理问题产生原因的能力、自我治疗和专业帮助知识的获取能力和人们对于心理问题的态度等方面[1]。基于Jorm等人的观点，O'Connor和Casey（2015）编制了一份心理健康素养量表（MHLS）[2]。目前国内没有现成的符合心理测量学的心理健康素养量表，因此本文对O'Connor和Casey（2015）编制的量表进行中国化修订，经过对项目的翻译、专家的评审、探索性因素分析和验证性因素分析，最终形成一份包括24道题目、4个因素的心理健康素养量表，分别命名为特定疾病的识别能力、自助他助的能力、获取信息的能力和对心理疾病的友好态度。

---

[1] 李珺、李大光：《中国公众心理健康素养的探索研究》，《科普研究》2012年第2期，第34~41页。

[2] O'Connor M, Casey L, "The Mental Health Literacy Scale (MHLS): A New Scale-Based Measure of Mental Health Literacy", *Psychiatry Research*, 2015, 229 (1-2): p.511.

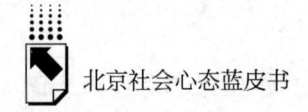

1.女性对特定心理疾病的识别能力更强，自助他助方面做得更好，心理健康总素养更高；男性对心理疾病患者有更加友好的态度

男女性别不同，或许对心理健康的认识和重视程度不同，表现出心理健康素养方面的性别差异。分析不同性别居民在心理健康素养方面的差异，具体为特定心理疾病识别的能力、获取心理健康相关信息的能力、对心理疾病进行自助他助的能力、对心理疾病患者的友好态度以及总素养上的性别差异。具体结果见图2。

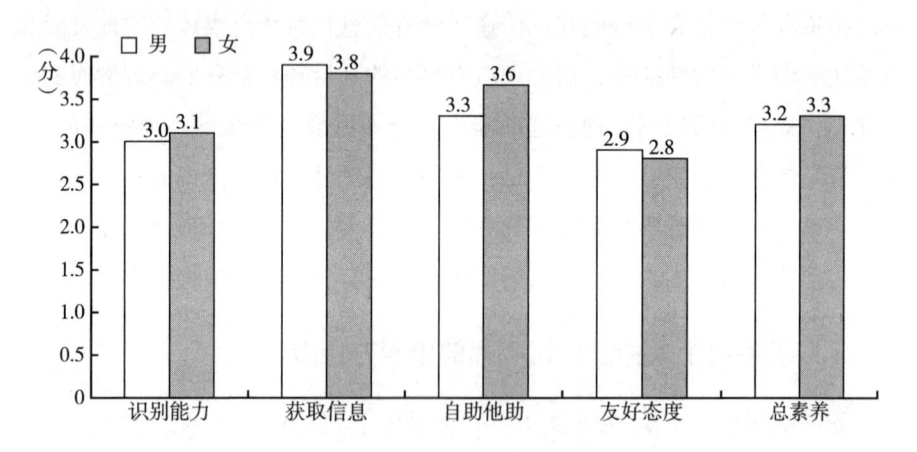

图2 不同性别居民的心理健康素养

在识别能力、获取信息、自助他助、友好态度以及总素养上进行男性、女性两组T检验，结果发现：

（1）在疾病识别能力（T = -3.96，p = 0.000）、自助他助（T = -5.53，p = 0.000）上，女性的得分显著高于男性，即女性对特定心理疾病的识别能力更强，自助他助方面做得更好。

（2）在对心理疾病患者的友好态度（T = 2.04，p = 0.042）上，男性的得分显著高于女性，即男性对待心理疾病患者具有更加友好的态度。

（3）在获取信息（T = 1.07，p = 0.285）上，男性和女性的得分不具有显著差异。

（4）在心理健康总素养（T = -2.73，p = 0.006）上，女性的得分显著高于男性，即女性的心理健康总素养更高。

男性和女性在心理健康素养方面的具体差异，体现了男性和女性的性别特点。女性在生活中比较细腻、敏感，遇到困难更善于求助，而男性在生活中不太注重细节，且社会要求男性要坚强、有担当，有心理问题时会碍于面子不去求助等。因此，女性对特定心理疾病的识别能力更强，自助他助方面做得更好。而在面对有心理疾病的患者时，男性更加友好，一方面是男性更理性、更包容一些，另一方面或许是有心理疾病的人更容易对女性造成伤害。

2."90后"居民对特定心理疾病的识别能力更弱，"60后"居民在心理疾病自助他助、心理健康总素养上表现得更差一些，"70后"居民对心理疾病患者表现出更不友好的态度

中国社会在飞速发展，不同出生年份的人在生活观念和生活方式方面都会表现出差异，对心理健康的认识和重视程度也会表现出差异。分析不同出生年份居民在心理健康素养方面的差异，具体为特定心理疾病识别的能力、获取心理健康相关信息的能力、对心理疾病进行自助他助的能力、对心理疾病患者的友好态度以及总素养上的出生年份差异。具体结果见图3。

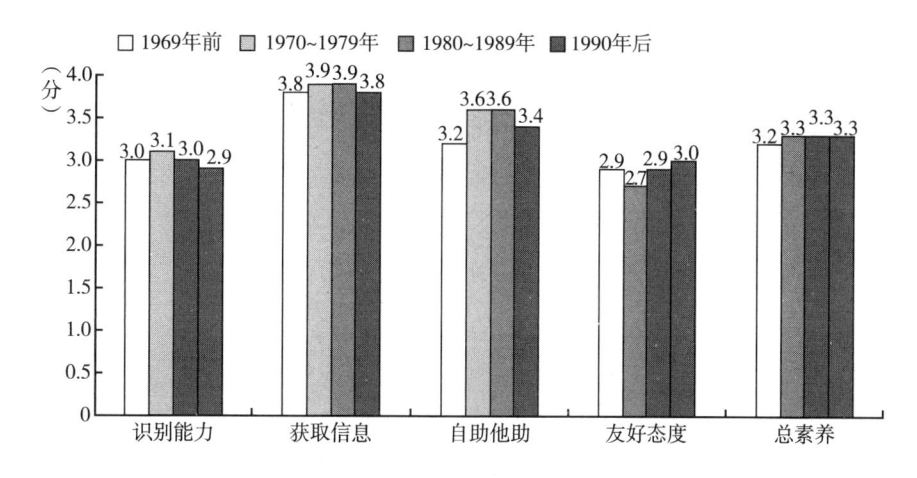

图3 不同出生年份居民的心理健康素养

在识别能力、获取信息、自助他助、友好态度以及总素养上进行不同出生年份的方差分析，结果发现：

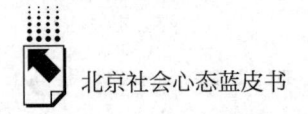

(1) 在疾病识别能力（F = 4.67，p = 0.003）上，1990 年后出生居民的得分显著低于其他年份出生的居民，即"90 后"居民对特定心理疾病的识别能力更差。

(2) 在自助他助（F = 6.13，p = 0.000）上，1969 年前出生居民的得分显著低于其他年份出生的居民，即"60 后"居民对心理疾病自助他助的能力更差。

(3) 在友好态度（F = 9.69，p = 0.000）上，1970~1979 年出生居民得分显著低于其他年份出生的居民，即"70 后"居民对心理疾病患者表现出更加不友好的态度。

(4) 在获取心理疾病信息（F = 2.19，p = 0.087）上，不同出生年份居民的得分不具有显著性差异。

(5) 在总素养（F = 2.80，p = 0.039）上，1969 年前出生居民得分显著低于"80 后"居民，即"60 后"居民心理健康素养相对较低。

不同出生年份居民在心理健康素养方面的差异是客观存在的，这主要与个人的经历和社会环境有关。"60 后"居民经历了物质生活比较贫乏的时代，更加重视物质生活的满足，忽视心理健康方面的问题和心理疾病的治疗，因此在心理疾病自助他助、心理健康总素养上的表现更差一些；"70 后"居民是社会中坚力量，开始重视个人的心理健康，或许由于生活压力大，个人观念比较保守，因此对心理疾病患者表现出不友好的态度；"90 后"居民物质生活丰富，重视个人心理健康，个人观念比较开放，但受制于个人经历有限，因此对特定心理疾病识别能力更弱。

3. 离异未再婚居民对特定心理疾病识别能力更强，已婚居民获取心理健康相关信息的能力更强，未婚居民对心理疾病患者表现出更加友好的态度

不同婚姻状况居民所经历的生活事件不同，所面临的生活压力也不同，很有可能使得他们在心理健康素养方面存在差异。分析不同婚姻状况居民在心理健康素养方面的差异，具体为特定心理疾病识别的能力、获取心理健康相关信息的能力、对心理疾病进行自助他助的能力、对心理疾病患者的友好态度以及总素养上的婚姻状况差异。具体结果见图 4。

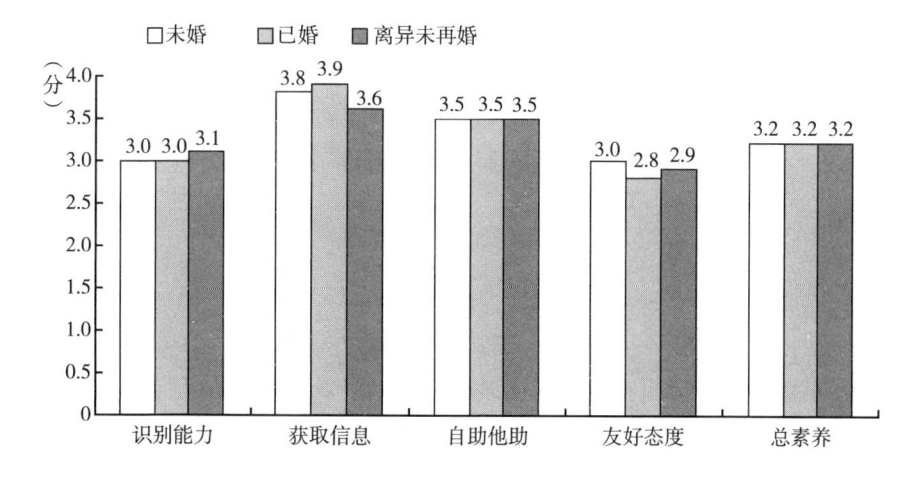

图 4 不同婚姻状况居民的心理健康素养

在识别能力、获取信息、自助他助、友好态度以及总素养上进行不同婚姻状况的方差分析，结果发现：

（1）在疾病识别能力（F=3.60，p=0.028）上，离异未再婚居民的得分显著高于其他婚姻状况的居民，即离异未再婚居民对特定心理疾病的识别能力更强。

（2）在获取信息（F=3.64，p=0.026）上，已婚居民的得分显著高于其他婚姻状况的居民，即已婚居民获取心理疾病信息的能力更强。

（3）在友好态度（F=5.46，p=0.004）上，未婚居民的得分显著高于其他婚姻状况的居民，即未婚居民对有心理疾病的患者表现出更友好的态度。

（4）不同婚姻状况的居民在自助他助（F=0.01，p=0.990）及心理健康总素养（F=0.11，p=0.895）上的得分不具有显著性差异。

居民的婚姻状况不同，面临的生活压力以及社会支持都不同，对心理健康相关知识的需求或许也不同。同已婚及未婚居民相比，离异未再婚居民所经历的生活事件更多、更复杂，会更多地关注心理健康疾病的发生、解决方法等，因而在特定心理疾病识别能力上要好于其他婚姻状况的居民。已婚居民一般年龄比较大，承担更多的家庭责任，也拥有更多的社会支持，所以获

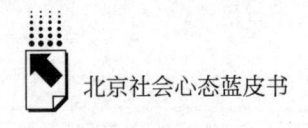

取心理疾病信息的能力更强。未婚居民一般比较年轻，个人观念比较开放，能够对心理疾病患者表现出更加友好的态度。

（三）不同社会经济特征居民心理健康素养的特点

1. 中心城区居民获取心理健康信息的能力更强

经济发展水平决定着一个地区居民的生活水平、生活环境、受教育水平及获取知识的途径等方面，特别是对心理健康问题的关注上，经济发展的差异起着重要作用。分析不同区域居民在心理健康素养方面的差异，具体为特定心理疾病识别的能力、获取心理健康相关信息的能力、对心理疾病进行自助他助的能力、对心理疾病患者的友好态度以及总素养上的区域差异。具体结果见图5。

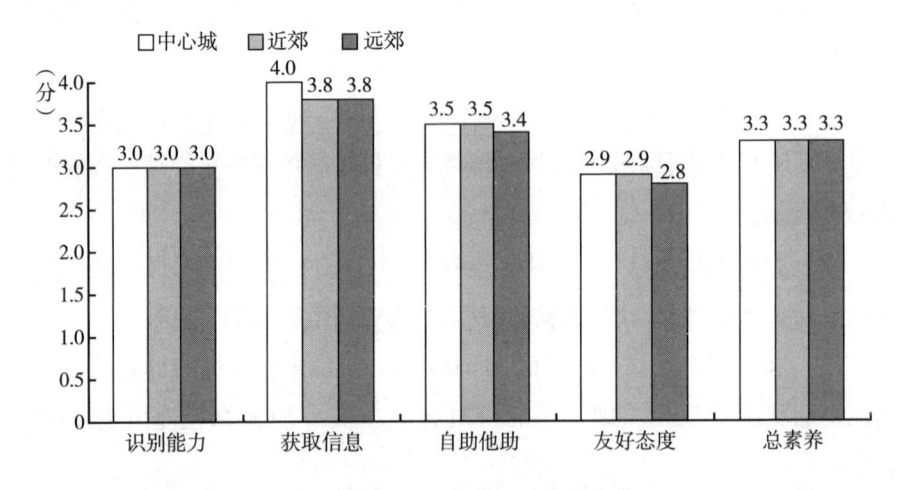

图5 不同地区居民的心理健康素养

在识别能力、获取信息、自助他助、友好态度以及总素养上进行不同地区的方差分析，结果发现：

（1）在获取信息（F=3.85，p=0.021）上，中心城区居民的得分显著高于其他区域的居民，即居住越靠近中心城区，越能获取更多心理疾病的有关信息。

（2）不同地区的居民在疾病识别能力（F=0.79，p=0.453）、自助他助（F=1.78，p=0.168）、友好态度（F=0.28，p=0.757）、心理健康总素养（F=2.62，p=0.073）上不存在显著性差异。

中心城区指东城区和西城区，这里是中国政治中心、文化中心和国际交往中心，科技、信息设施和服务比较发达和完善，生活在这里的居民能够通过多种途径及时获取所需信息，理应获取心理疾病相关信息的能力更强。还有，中心城区居民较其他区域居民或许会有更多的心理压力，为了缓解压力所产生的心理困扰，他们会搜寻与其相应的信息，因而在获取信息的能力上要优于其他区域的居民。

2. 随着学历的提高，居民对特定心理疾病识别的能力、获取心理健康信息的能力、对心理疾病自助他助的能力及心理健康总素养都在不断提高，但硕士研究生及以上居民对心理疾病患者的态度更不友好

不论是哪个时代，知识都是发展科技、提升个人素养、促进社会文明的重要因素。我们生活在一个科技文明大发展的时代，而心理学的发展将随科技文明的发展而越来越普及。但是对于不同学历的居民，他们所了解心理学知识的多少是有差异的。分析不同学历居民在心理健康素养方面的差异，具体为特定心理疾病识别能力、获取心理健康相关信息能力、对心理疾病进行自助他助能力、对心理疾病患者的友好态度以及总素养上的学历差异。具体结果见图6。

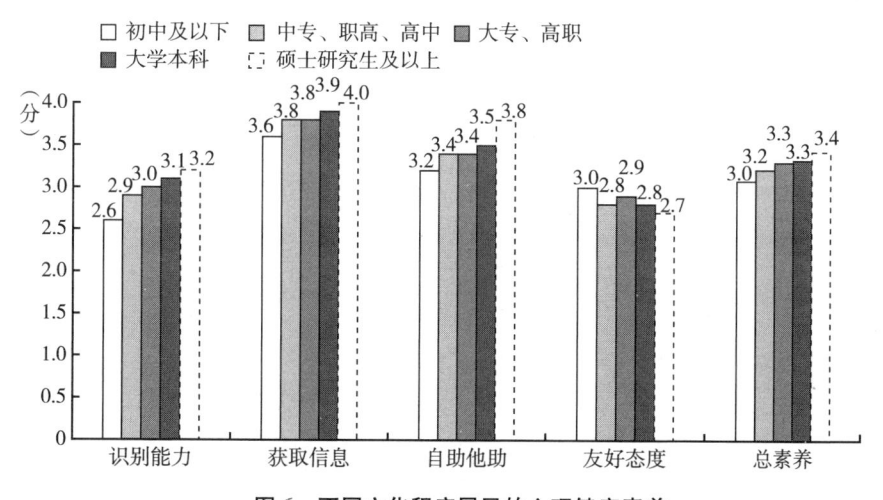

图6 不同文化程度居民的心理健康素养

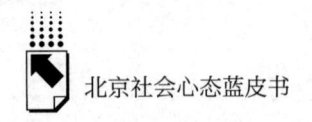

在识别能力、获取信息、自助他助、友好态度以及总素养上进行不同学历的方差分析，结果发现：

（1）在疾病识别能力（F=40.29，p=0.000）上，初中及以下学历居民得分显著低于其他学历的居民，整体表现出学历越高，特定心理疾病的识别能力越强。

（2）在获取信息（F=8.06，p=0.000）上，初中及以下学历居民得分显著低于其他学历的居民，整体表现出学历越高，获取心理健康信息方面的能力越强。

（3）在自助他助（F=9.55，p=0.000）上，初中及以下学历居民得分显著低于其他学历的居民，整体表现出学历越高，在心理疾病自助他助方面的能力越强。

（4）在友好态度（F=3.28，p=0.011）上，硕士研究生及以上学历居民得分显著低于其他学历的居民，即硕士研究生及以上居民对心理疾病患者的态度更不友好。

（5）在总素养（F=18.33，p=0.000）上，初中及以下学历居民得分显著低于其他学历居民，整体表现出学历越高，心理健康总素养越高。

不同学历居民的心理健康素养是存在差异的，这主要与他们接受的教育水平、获取的知识量及生活环境有关。学历越高，专业知识就越强，知识面越广并且接触的人、信息就越丰富，所以高学历居民在识别能力、获取信息、自助他助及总素养上都更好。但是也发现，硕士研究生及以上学历的居民对心理疾病患者更不友好，或许是由于研究生对心理健康相关知识的了解太多，表现出知识与态度分离的现象，需进一步地探究。

3. 外地来京务工人员识别特定心理疾病的能力更差，国家公务员、外企工作人员获取心理健康相关信息的能力更强，外企工作人员面对心理疾病患者时的态度更友好，心理健康总素养更高

不同职业使得人们之间的经历、生活环境、社会环境不同，从而致使不同职业的人们在面对心理问题时采取的方法及具有的心理健康知识等方面产生差异。分析不同职业居民在心理健康素养方面的差异，具体

为特定心理疾病识别能力、获取心理健康相关信息能力、对心理疾病进行自助他助能力、对心理疾病患者的友好态度以及总素养上的职业差异。具体结果见图7。

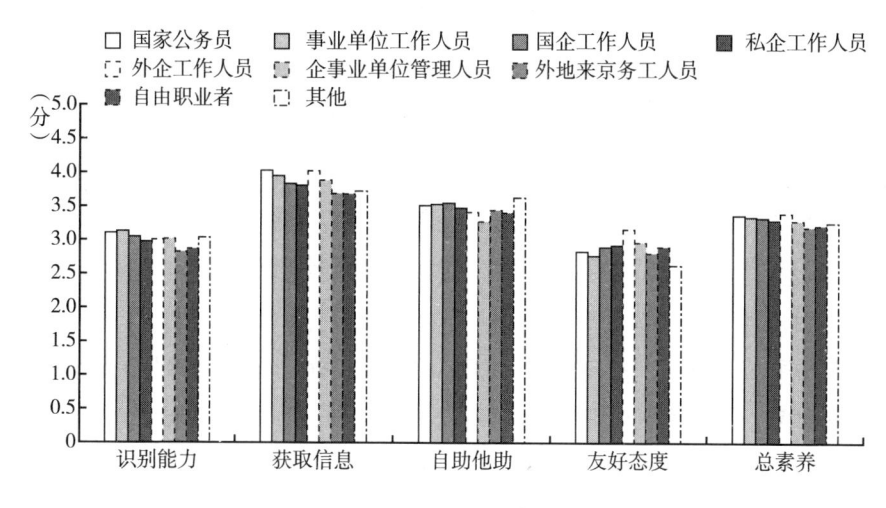

图7 不同职业居民的心理健康素养

在识别能力、获取信息、自助他助、友好态度以及总素养上进行不同职业的方差分析，结果发现：

（1）在疾病识别能力（F=9.17，p=0.000）上，外地来京务工人员的得分显著低于其他职业的居民，即外地来京务工人员识别特定心理疾病的能力更差。

（2）在获取信息（F=4.085，p=0.000）上，国家公务员、外企工作人员的得分显著高于其他职业的居民，即国家公务员、外企工作人员获取心理健康相关信息的能力更强。

（3）在友好态度（F=2.46，p=0.012）上，外企工作人员的得分显著高于其他职业的居民，即外企工作人员在面对心理疾病患者时能表现出更友好的态度。

（4）在自助他助（F=0.96，p=0.470）上，不同职业居民的得分没有显著性差异。

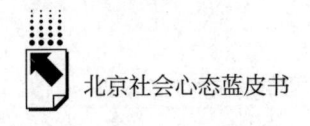

(5) 在心理健康总素养（$F=4.40$，$p=0.000$）上，外企工作人员、国家公务员的得分显著高于其他职业的居民，即外企工作人员、国家公务员在心理健康总素养上更高。

不同职业居民每天接触的人、经历的事都不同，并且职业与学历也有一定的相关性，外地来京务工人员的学历普遍偏低，因而识别特定心理疾病的能力较弱。国家公务员有稳定的工作，单位也会定期组织各种学习活动，开展一定的心理健康服务活动，获取心理健康相关信息的能力较强。心理学起源于国外，并且国外心理学发展及应用比中国好，而外企工作人员大部分时间都在与外国人员进行沟通、合作，在观念上比较开放，因而在对待心理疾病患者时能具有更加友好的态度。

4. 随家庭年收入的增加，居民特定心理疾病识别、心理健康信息获取、心理疾病自助他助以及心理健康总素养都在不断提升，但家庭年收入20万~30万元的居民在面对心理疾病患者时态度不够友好

家庭经济水平决定家庭的生活方式、生活质量、子女受教育的条件，同时也决定家庭的交际圈、接收信息的多广及接收信息的种类等。因而不同家庭年收入的居民在心理健康素养上会存在差异。分析不同家庭年收入居民在心理健康素养方面的差异，具体为特定心理疾病识别能力、获取心理健康相关信息能力、对心理疾病进行自助他助能力、对心理疾病患者的友好态度以及总素养上的家庭年收入差异。具体结果见图8。

在识别能力、获取信息、自助他助、友好态度以及总素养上进行不同家庭年收入的方差分析，结果发现：

(1) 在疾病识别能力（$F=26.22$，$p=0.000$）上，年收入4万元及以下居民的得分显著低于其他家庭年收入的居民，即年收入4万元以下居民对特定心理疾病的识别能力更弱。

(2) 在获取信息（$F=6.02$，$p=0.000$）上，年收入4万元及以下的居民得分显著低于其他家庭年收入的居民，即年收入4万元以下居民获取心理疾病信息的能力更弱。

(3) 在自助他助（$F=8.57$，$p=0.000$）上，年收入4万元及以下的居

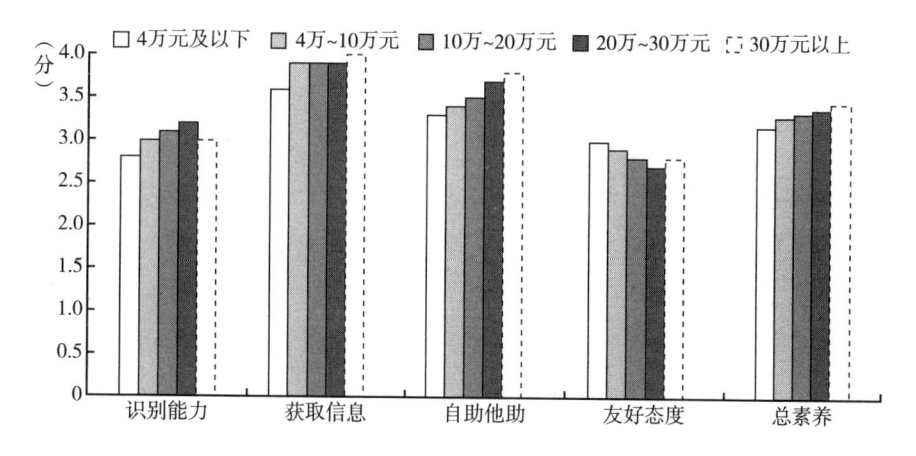

图8 不同家庭收入居民的心理健康素养

民得分显著低于其他家庭年收入的居民，即年收入4万元以下居民在自助他助上能力更弱，整体而言，随家庭收入的增加，居民自助他助的能力在不断增强。

（4）在友好态度（$F=2.67$，$p=0.031$）上，年收入20万~30万元以上居民的得分显著低于其他家庭年收入的居民，即年收入20万~30万元以上居民在面对心理疾病患者时态度更不友好。

（5）在总素养（$F=12.65$，$p=0.000$）上，4万元及以下的居民得分显著低于其他家庭收入居民，即年收入4万元及以下居民心理健康总素养水平更低，整体而言，随着家庭年收入增加，心理健康素养越来越高。

当家庭的经济水平越来越高时，人们会有更多的精力和更高的意愿去了解与心理健康有关的知识，并且对心理疾病的识别、心理疾病信息的获取、心理疾病的自助他助需要时间，更需要物质作为保障。因此，随居民家庭年收入的增加，他们识别心理疾病的能力、获取信息的能力、自助他助及总素养均逐渐提高。但是在面对心理疾病患者时，低收入家庭表现得更加友好，或许是因生活地位相似使然，这需要进一步地调查确认。

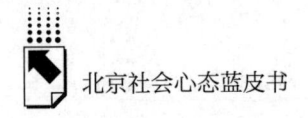

（四）不同专业经历居民心理健康素养特点

与心理学专业接触较多的居民对特定疾病的识别、获取心理健康的信息、面对心理问题时的自助他助以及对待心理疾病患者的友好态度、心理健康总素养方面表现得更好

对心理学专业知识接触较多的人，自然会具有更多心理健康方面的知识，对特定心理疾病的识别、获取心理健康的信息、面对心理问题时的自助他助、对待心理疾病患者的友好态度以及总素养方面表现得更好。分析不同专业经历居民在心理健康素养方面的差异，具体为特定心理疾病识别能力、获取心理健康信息能力、对心理疾病进行自助他助能力、对心理疾病患者的友好态度以及总素养上的专业经历差异。具体结果见图9。

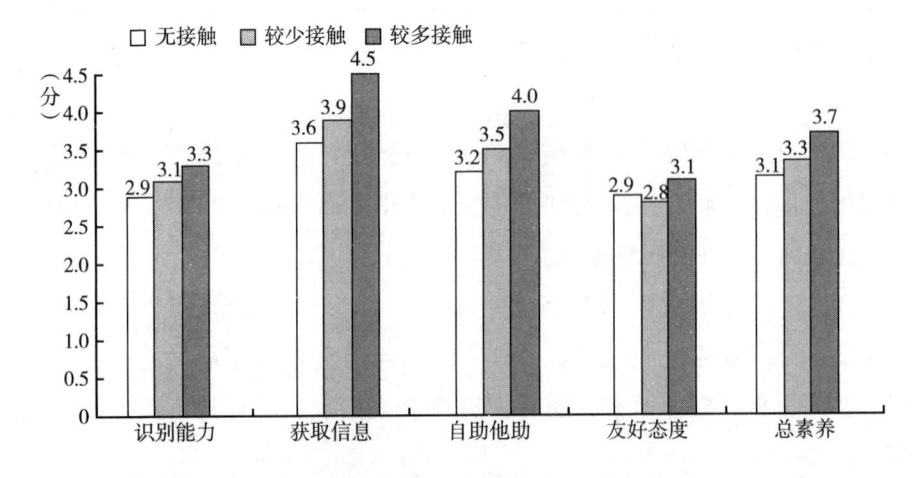

图9　不同专业经历居民的心理健康素养

在识别能力、获取信息、自助他助、友好态度以及总素养上进行不同专业经历的方差分析，结果发现：

（1）在疾病识别能力（F=32.39，p=0.000）上，接触心理学专业较多的居民得分显著高于其他专业经历居民，即心理专业知识接触较多的居民对特定心理疾病的识别能力更强。

（2）在获取信息（F=37.60，p=0.000）上，接触心理学专业较多的居民得分显著高于其他专业经历居民,即心理学专业知识接触较多的居民获取心理健康相关知识的能力更强。

(3) 在自助他助（$F=24.14$,$p=0.000$）上,接触心理学专业较多的居民得分显著高于其他专业经历居民,即心理学专业知识接触较多的居民面对心理疾病时有更强的自助他助能力。

(4) 在友好态度（$F=3.46$,$p=0.032$）上,接触心理学专业较多的居民得分显著高于其他专业经历居民,即心理学专业知识接触较多的居民面对心理疾病患者时能表现出更友好的态度。

(5) 在总素养（$F=67.68$,$p=0.000$）上,接触心理学专业较多的居民得分显著高于其他专业经历居民,即心理学专业知识接触得越多,居民的心理健康素养越高。

居民所具有心理健康方面的知识与其心理健康素养紧密相关,居民掌握心理健康方面的知识越多,心理健康素养则越高。与心理学专业领域接触较多的人,较了解心理健康相关的知识,具有一定特定心理疾病的识别能力,获取心理健康相关信息、面对心理疾病时自助他助的能力更强,对待心理疾病患者也具有更加友好的态度,心理健康总素养自然而然就更高。因此,通过有意识地学习心理健康方面的相关知识,能够提高其心理健康素养。

三 北京居民心理健康素养的具体表现

目前北京面对人口拥挤、房价过高、竞争激烈的快节奏生活,居民承受着巨大的生活压力,心理健康问题尤为凸显。因此,本文对心理疾病的识别、信息的获取、自助他助以及友好态度4个维度的具体表现进行分析。

（一）居民对心理疾病识别能力的具体表现

常见的心理疾病包括社交恐惧症、广泛性焦虑障碍、重度抑郁症、人格障碍、心境恶劣、广场恐惧症、双相情感障碍以及药物依赖八种类型。下表显示居民对这八种心理疾病的识别情况。

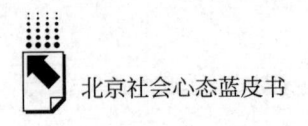

表2 居民对特定疾病的识别能力

单位：%

识别疾病	非常不可能	不太可能	有可能	非常可能
如果某人和别人在一起（如聚会）或者当众表现（如会议报告）的一种或多种情境中，担心会被他人评价或怕自己很丢人、很尴尬，因此感到极度紧张或焦虑，那么您认为他在多大程度上可能有社交恐惧症	3.1	16.9	66.5	13.5
如果某人对许多无须担忧的事情或活动感到过分担忧，很难控制这种担忧，且伴随生理症状（如肌肉紧张、感到疲劳），那么您认为他在多大程度上可能有广泛性焦虑障碍	3.6	10.6	62.3	23.5
如果某人持续两周以上情绪低落，在日常活动中缺少愉悦感和兴趣，并且食欲、睡眠发生变化，那么您认为他在多大程度上可能有重度抑郁症	3.8	16.2	61.2	18.7
您在多大程度上觉得人格障碍可能是一种心理疾病	3.1	9.9	51.7	35.3
您在多大程度上觉得心境恶劣可能是一种障碍	3.3	13.4	55.7	27.5
您在多大程度上觉得广场恐惧症的诊断可能包括对于逃避困难或尴尬情境所产生的焦虑	3.5	13.8	62.1	20.7
您在多大程度上觉得双相情感障碍的诊断可能包括间歇性的情绪高涨和低落	3.1	14.3	60.0	22.6
您在多大程度上觉得药物依赖的诊断可能包括生理和心理上对药物的耐受性，即需要更多的药物达到同样的效果	5.0	15.7	55.1	24.2

表2显示了居民对各种心理疾病的判断能力，可以看出居民对人格障碍的识别能力最高，对药物依赖的识别能力最低。针对此结果可能的原因有：居民对于大多数心理疾病的名称已经有所耳闻，并且对于较为常见的心理疾病相关特征的表现也有所认知，因此对上表中的社交恐惧症、广泛性焦虑障碍、人格障碍、心境恶劣、广场恐惧症、双相情感障碍等这些疾病的识别能力较强；但是对药物依赖的诊断及其相应的治疗用药等表现出识别能力不足。

（二）居民对心理疾病信息获取能力的具体表现

目前社会发展进入信息时代，谁先掌握了信息，谁就有可能占据主动权。并且获取信息的途径多样化，手机、电视、网络、报纸、图书都可以提供心理健康方面的信息。下表显示居民获取心理疾病相关信息的能力。

表3　居民获取心理疾病信息的能力

单位：%

获取信息	非常不同意	不同意	中立	同意	非常同意
我有信心知道哪里可以找到关于心理疾病的信息	3.3	6.1	26.0	38.6	26.0
我有信心通过电脑和电话找到关于心理疾病的信息	3.0	6.5	22.7	41.8	26.0
我有信心通过当面的会谈找到关于心理疾病的信息（如见医生）	2.9	5.6	18.2	43.5	29.8
我有信心获取关于心理疾病的信息资源（医生、互联网、朋友）	2.7	4.6	19.0	44.9	28.9

由表3可知，超过60%的居民有着上述描述中获取信息的良好能力。网络、手机等各种媒介的使用为居民信息获取提供了便捷，且网络中的信息越来越丰富，人们可以通过多种形式了解心理疾病的相关信息，以此进一步提升自己的心理健康素养。

（三）居民对心理疾病自助他助能力的具体表现

心理疾病如身体疾病一样，都需要进行专业的救治。作为普通居民，不仅要能够识别心理问题，更关键的是要对心理疾病进行恰当救治。在面对心理疾病时，自己能够有效应对，同时主动寻求心理专业人员的及时干预。表4显示居民对心理疾病自助他助能力方面的具体表现。

表4　居民对心理疾病的自助他助能力

单位：%

自助他助	非常不同意	不同意	中立	同意	非常同意
最好避开有心理疾病的人，这样您就不会得这种疾病	6.2	10.0	23.4	36.2	24.2
如果我有心理疾病，我不会告诉任何人	7.4	18.4	31.9	28.6	13.7

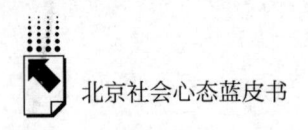

续表

自助他助	非常不同意	不同意	中立	同意	非常同意
去看心理健康专家,意味着在解决自身困难上您不够强大	7.6	18.3	23.3	31.0	19.8
如果我有心理疾病,我不会向心理健康专家寻求帮助	6.3	13.2	20.4	35.5	24.7
我认为心理健康专家提供的疗法对心理疾病的治疗不会有效果	5.5	11.4	21.8	36.2	25.1

由表4可知,60.4%的居民同意只要避开心理疾病人群就可以免除心理疾病干扰;61.3%居民同意心理专家提供的方法对心理疾病的治疗不会有效果;60.2%的居民同意当自身有心理疾病时不会向心理健康专家寻求帮助。可见,调查中的居民在心理疾病自助他助方面的表现并不理想,较多居民对心理疾病性质的认识仍然存在误解,对心理健康专家所提供的帮助仍然存在理解误区或者错误认识。这与心理疾病治疗方法的普及有一定关系,或许与目前心理治疗鱼龙混杂的现状有关,正是因为对心理疾病疗法的认识不足,居民对疗法持怀疑态度,在面对自身心理疾病时较少选择他助的途径。

(四)居民对心理疾病患者友好态度的具体表现

由于心理疾病本身具有异常性的特点,加之社会大众对心理疾病相关知识的了解不够,因而对心理疾病和心理疾病患者表现出特殊眼光和不正确的认识,这不仅阻碍了人们主动寻求精神卫生服务,也对心理疾病患者造成污名的影响。下表显示居民对心理疾病患者友好态度的具体表现。

表5 居民对心理疾病患者的友好态度

单位:%

友好态度	非常不同意	不同意	中立	同意	非常同意
您在多大程度上愿意搬去和有心理疾病的人做邻居	12.1	29.5	40.2	12.4	5.7
您在多大程度上愿意和有心理疾病的人花一晚上进行交流	6.5	21.6	39.1	25.8	6.9

续表

友好态度	非常不同意	不同意	中立	同意	非常同意
您在多大程度上愿意和有心理疾病的人交朋友	6.7	19.8	44.5	22.2	6.8
您在多大程度上愿意和有心理疾病的人在工作上紧密配合	8.3	23.0	42.0	19.7	6.9
您在多大程度上愿意接纳一位有心理疾病的人通过婚姻进入您的家庭	21.2	29.2	31.9	11.9	5.8
您在多大程度上愿意支持一个曾经患过心理疾病的政治家	9.4	19.1	41.6	21.4	8.5
您在多大程度上愿意雇用有心理疾病的人	15.7	26.7	37.1	14.3	6.2

由表5可知，在与心理疾病患者晚上进行交流时，只有32.7%的居民选择同意或非常同意。当情景是与心理疾病患者做邻居时，只有18.1%的居民选择同意或非常同意；而当情景是接纳心理疾病患者通过婚姻进入家庭时，仅17.7%的居民选择同意或非常同意。由此可以看出，居民对心理疾病患者持谨慎的友好态度，仅30%左右的居民愿意与心理疾病患者进行交流、交朋友，甚至在工作上进行配合，这是一种普通的人际关系；但是与心理疾病患者的关系进一步发展至婚姻家庭时，对其持友好态度的人群数量出现了下降。也就是说，大多数居民对于心理疾病患者的接受程度较低，在亲密的人际关系中仍对心理疾病患者持有偏见，保持戒心。

四 案例分析

王先生今年30岁，近几个星期他心情很低落，觉得非常难过和悲伤，总是感觉到累，即使是让他做以前极为感兴趣的事情，也打不起精神。这段日子，他几乎每晚都失眠，而且食欲不振，体形日渐消瘦。上班时注意力难以集中，做决定时犹豫不决，甚至日常工作也疏于应付。他的这种状态引起了上级领导的关注和担忧。

国内对个体心理健康素养的研究才刚刚起步，鲜有的几项研究是在国外案例材料分析的基础上改编为符合中国文化的案例材料[①]，然后让被调查者对案例中的主人公进行心理健康方面的分析和判断，来反映被调查者的心理健康素养。针对案例的材料和相应的调查问题，主要反映被调查者对心理疾病的识别能力、对心理疾病的自助他助能力和对心理疾病患者的友好态度。

（一）居民对心理疾病具有一定的识别能力

让北京居民对案例中王先生的表现进行判断，以及识别王先生表现出的具体问题，反映居民对心理疾病的识别能力（见图10）。

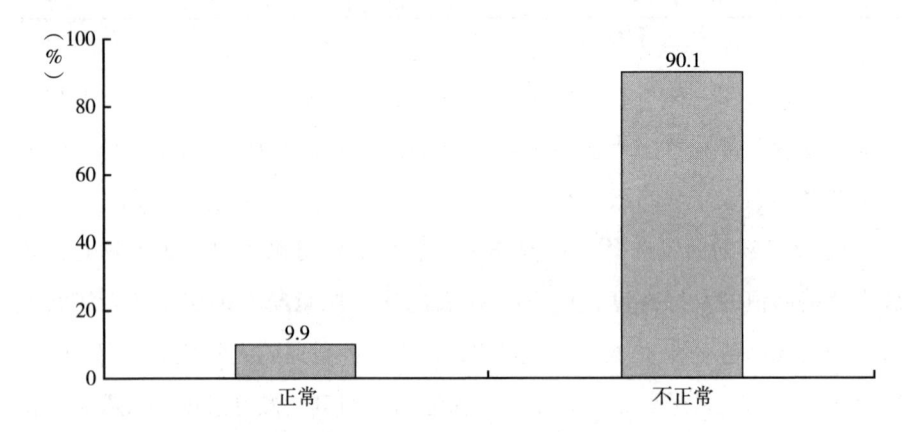

图10　居民对王先生行为表现的判断

1. 对王先生的行为基本都能做出正确判断

有90.1%的居民认为王先生的表现不正常，反映了居民对个体的行为正常与否基本都能做出正确判断。

2. 对王先生的问题大部分居民能做出正确判断

有63.1%的居民认为王先生心理出了问题，有19.1%的居民认为是由于压力过大造成，反映出大部分居民能够意识到王先生出产生了心理问题（见图11）。

---

① 李珺、李大光：《中国公众心理健康素养的探索研究》，《科普研究》2012年第2期，第34~41页。

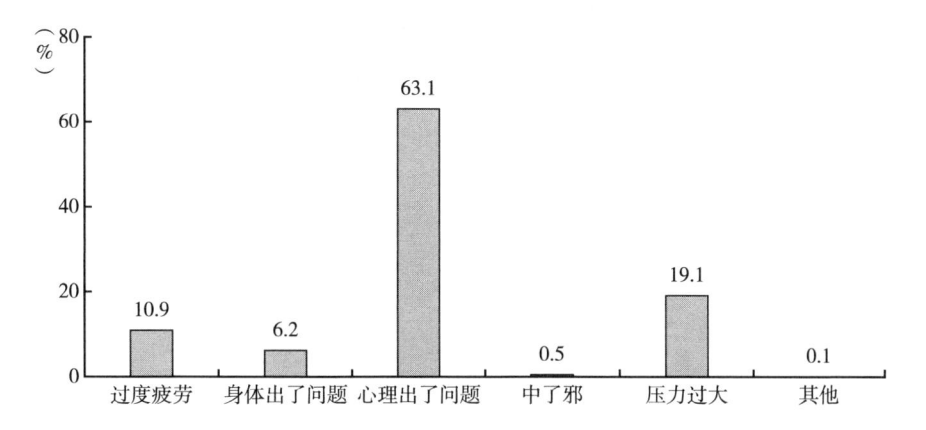

图 11 居民对王先生问题的识别

3. 对王先生的疾病半数居民能做出正确判断

有52.4%的居民认为王先生得了抑郁症，有约30%的居民认为王先生得了神经衰弱，反映出有半数居民能够对王先生的问题提出正确的具体判断（见图12）。

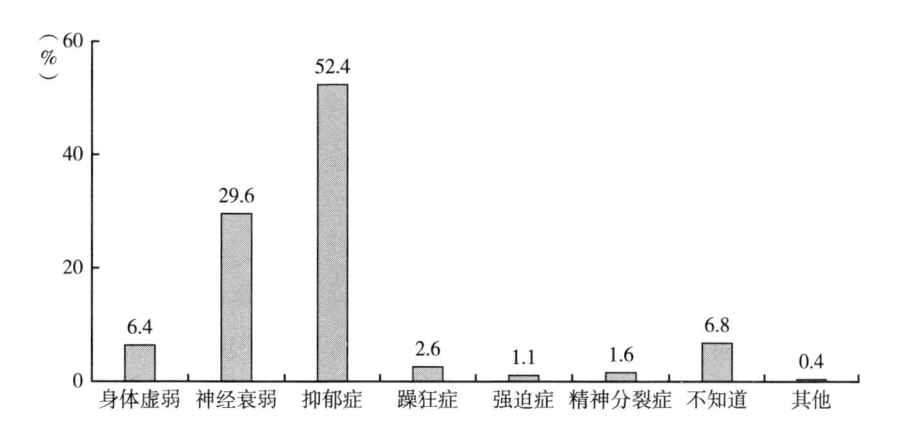

图 12 居民对王先生疾病的识别

（二）居民对心理疾病具有一定的自助他助能力

让北京居民对案例中王先生进行帮助，提供具体的建议，反映被调查者对心理疾病的自助他助能力。

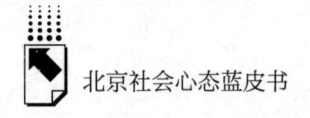

有约52%的居民建议王先生找心理专家咨询，或看精神科医生；有约36%的居民建议王先生找朋友或家人聊天，说出自己的烦恼。说明半数居民能够对王先生提出专业的帮助建议（见图13）。

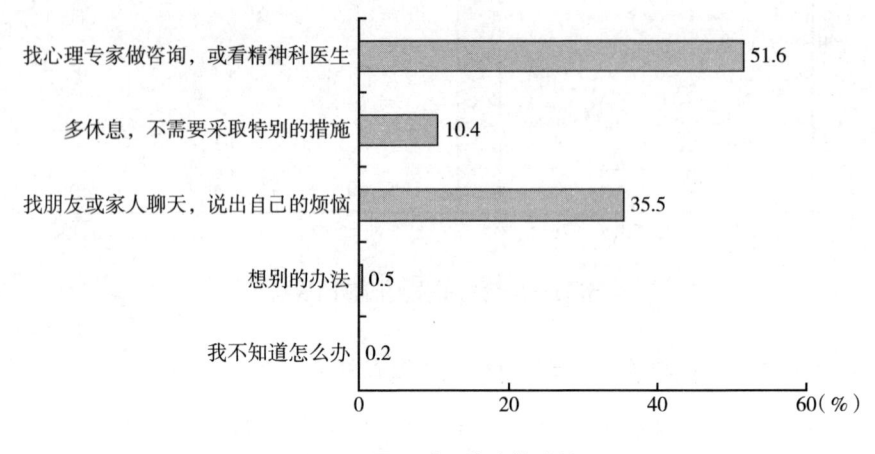

建议	百分比(%)
找心理专家做咨询，或看精神科医生	51.6
多休息，不需要采取特别的措施	10.4
找朋友或家人聊天，说出自己的烦恼	35.5
想别的办法	0.5
我不知道怎么办	0.2

图13　居民对王先生的建议

（三）居民对心理疾病患者的态度不是很友好

让北京居民对案例中王先生表达看法，是否愿意和王先生做朋友、做邻居以及是否愿意和王先生合作，反映被调查者对心理疾病患者的友好态度。

1. 有半数居民担心王先生会惹事

有51.3%的居民担心王先生做出什么不好的事情来，反映出半数居民对心理疾病患者心存戒心，愿意保持一定的距离（见图14）。

2. 仅有25.2%的居民愿意和王先生做朋友

25.2%的居民愿意和王先生做朋友，20.1%的居民明确表示不愿意和王先生做朋友，反映出还有一部分居民不愿意和王先生做朋友，且有半数多的居民表现出不确定的态度（见图15）。

3. 仅有约18%的居民愿意和王先生在工作上合作

有约18%的居民愿意和王先生在工作上合作，也有约32%的居民明确表示不愿意和王先生在工作上合作，反映出1/3的居民不愿意和王先生在工

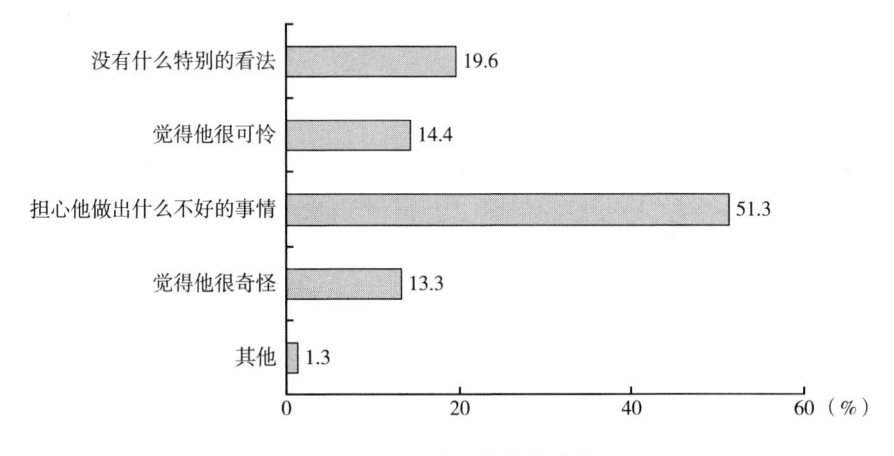

图 14 居民对王先生的看法

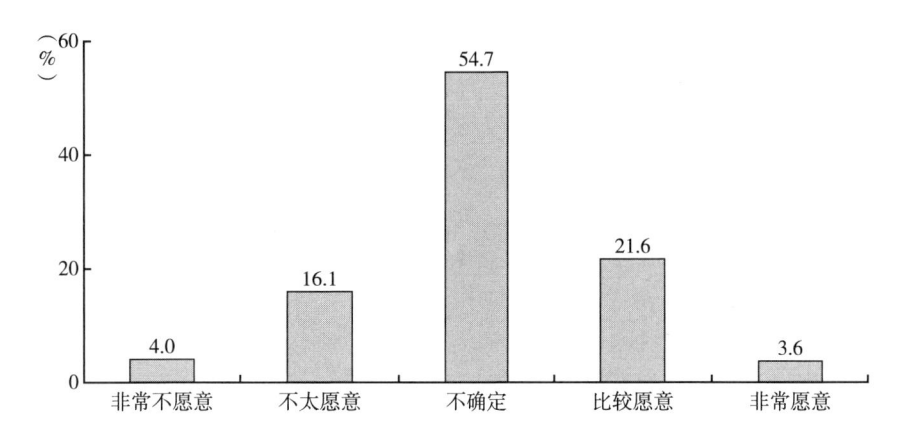

- 没有什么特别的看法 19.6
- 觉得他很可怜 14.4
- 担心他做出什么不好的事情 51.3
- 觉得他很奇怪 13.3
- 其他 1.3

图 15 是否愿意和王先生做朋友

- 非常不愿意 4.0
- 不太愿意 16.1
- 不确定 54.7
- 比较愿意 21.6
- 非常愿意 3.6

作上合作，且有半数多的居民表现出不确定的态度（见图16）。

4. 仅有20.4%的居民愿意和王先生做邻居

有20.4%的居民愿意和王先生做邻居，也有约29%的居民明确表示不愿意和王先生做邻居，反映出1/3的居民不愿意和王先生做邻居，且有半数多的居民表现出不确定的态度（见图17）。

针对案例材料的描述，当王先生近期总出现情绪低落、食欲不振及对以前感兴趣的事失去兴趣等表现时，90.1%的人认为他不正常，63.1%的人认

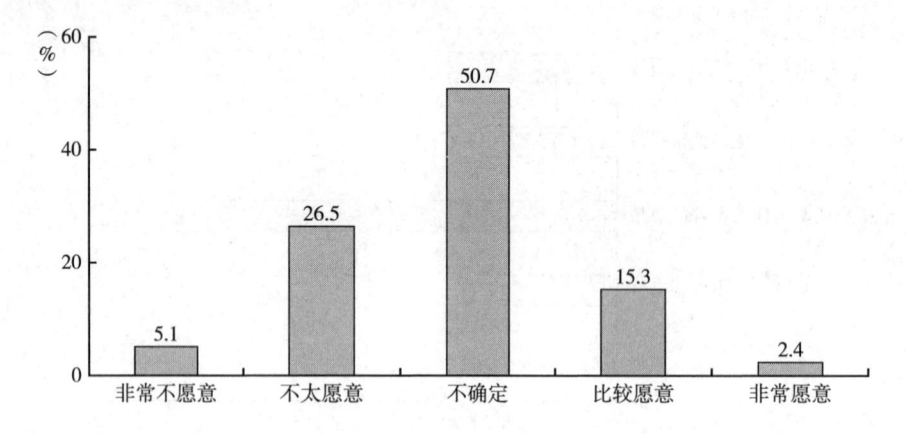

图 16　是否愿意和王先生在工作上合作

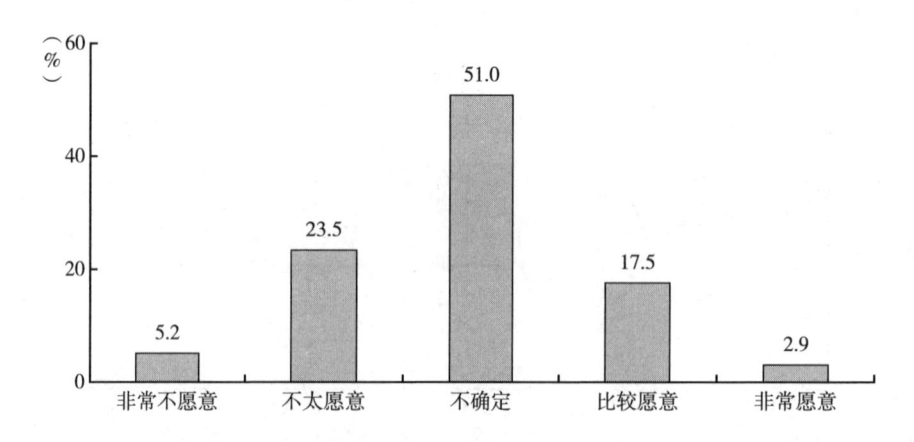

图 17　是否愿意和王先生做邻居

为王先生心理上出现了问题，52.4%的人认为他得了抑郁症，51.6%的人认为他应该找心理专家做咨询，或看精神科医生。可见，当身边的人表现出与平时明显不同的低落情绪状态时，部分居民能够发现他的这种情绪变化，并认为这是不正常的表现，应该是出现心理方面的问题，并且建议他选择专业的心理专家进行咨询与治疗。结果说明半数居民对心理疾病具有识别能力，且能寻求专业的自助他助方法解决心理问题，还有近半数的居民在疾病识别、寻求专业帮助方面存在不足。

同时结果也显示，51.3%的居民担心王先生惹事，仅有25.2%的居民愿意和王先生做朋友，仅有约18%的居民愿意和王先生在工作上合作，仅有20.4%的居民愿意和王先生做邻居。可见，当居民需要与心理疾病患者建立更加亲密的关系，甚至是工作上的合作关系时，仅有少数人表示愿意合作，大部分居民都表现出不确定的态度。因此，居民对心理疾病患者保持谨慎的友好态度，我们在消除大众对有心理问题人群的偏见上还有很长的路要走，需要做出更有效的应对，改变大众对心理疾病患者或曾有过心理疾病人群的偏见。

五 心理健康素养与心理健康水平之间的关系

研究发现，较高的心理健康素养，有利于心理疾病或心理健康问题的及早识别、及时干预以及恰当求助，有利于改善公众对心理健康问题的污名化，也有利于改善个体的心理健康水平，进而提升全社会整体的健康水平，促发良好的社会效果[1]。分析心理健康素养与心理健康水平之间的关系，为提升心理健康素养，进而改善居民的心理健康水平提供依据和抓手。

（一）居民的心理健康水平与心理健康素养呈正相关

本研究让居民对自己的心理健康水平进行报告，根据报告的结果将居民的心理健康水平分为三个等级：差、中、好。分析不同心理健康水平居民在心理健康素养方面的差异，具体为特定心理疾病识别能力、获取心理健康相关信息的能力、对心理疾病进行自助他助能力、对心理疾病患者的友好态度以及总素养上的心理健康水平差异。具体结果见图18。

在识别能力、获取信息、自助他助、友好态度以及总素养上进行不同心理健康水平的方差分析，结果发现：

---

[1] Yap, M. B., Reavley, N. J., & Jorm, A. F. (2012), "Associations between Awareness of Beyondblue and Mental Health Literacy in Australian Youth: Results from A National Survey", *Australian & New Zealand Journal of Psychiatry*, 46 (6), pp. 541 – 552.

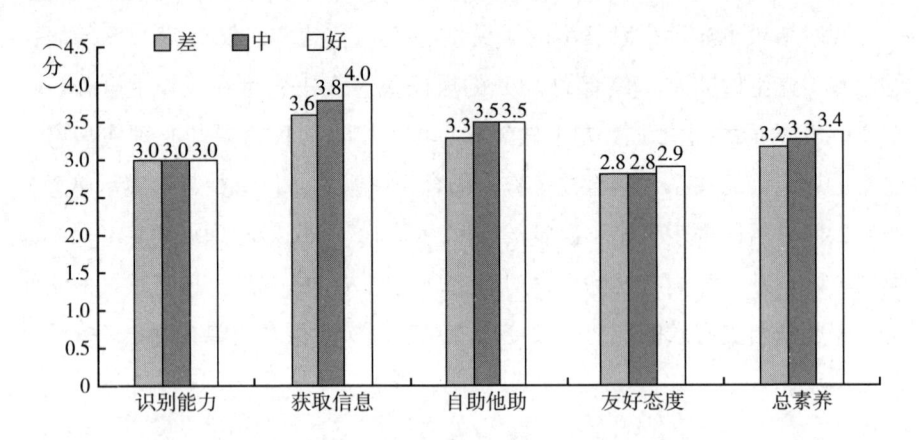

图18 不同心理健康水平居民心理健康素养特点

（1）在获取信息（F=13.42，p=0.000）上，心理健康水平为好的居民得分显著高于中、差的居民，即心理健康状况越好，越能获取心理健康的相关信息。

（2）在友好态度（F=3.29，p=0.038）上，心理健康水平为好的居民得分显著高于中的居民，即心理健康状况越好，对心理疾病患者越有友好的态度。

（3）不同心理健康水平的居民在识别能力（F=0.34，p=0.712）和自助他助（F=2.58，p=0.076）上没有显著性差异。

（4）在总素养（F=13.88，p=0.000）上，心理健康水平为好的居民得分显著高于中、差的居民，即心理健康状况越好，心理健康总素养越高。

居民心理健康素养越高，对特定心理疾病的识别能力、获取心理健康知识的能力、面对心理问题的自助他助能力越强，对待心理疾病的患者具有更加友好的态度，这样便能维持比较恰当的心理健康水平。同时，居民的心理健康水平越高，就越会注重提高自己的心理健康素养，即心理健康素养与心理健康水平相互促进。

（二）居民积极心理水平与心理健康素养呈正相关

当人们拥有更加积极的心态时，无论是面对工作还是生活，都能够乐观地面对其所遇到的各种问题，用良好的心态寻求解决的办法。采用积极心理健康量表对北京居民进行调查，根据问卷得分将居民的积极心理水平分为三个水平，即低、中、高[①]。分析不同积极心理水平居民在心理健康素养方面的差异，具体为特定心理疾病识别能力、获取心理健康相关信息能力、对心理疾病进行自助他助能力、对心理疾病患者的友好态度以及总素养上的积极心理水平差异。具体结果见图19。

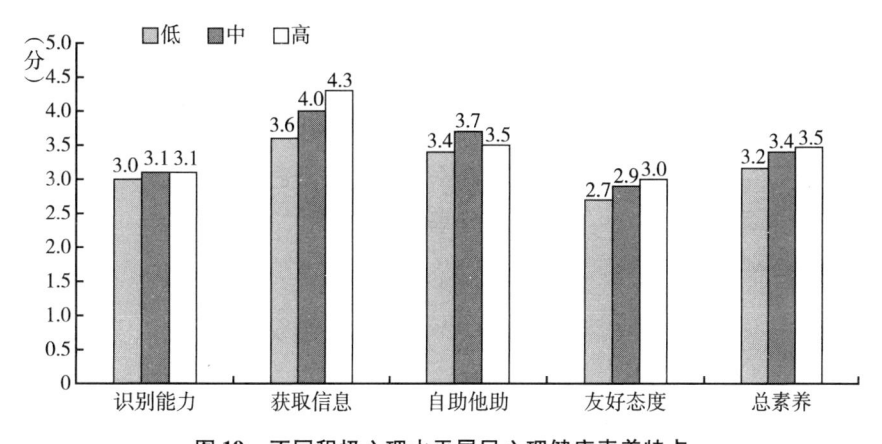

图19 不同积极心理水平居民心理健康素养特点

在识别能力、获取信息、自助他助、友好态度以及总素养上进行不同积极心理水平的方差分析，结果发现：

（1）在疾病识别能力（F=13.96，p=0.000）上，积极心理水平为低的居民得分显著低于中、高的居民，即积极心理水平越高，就越具有识别心理疾病的能力。

（2）在获取信息（F=118.38，p=0.000）上，积极心理水平为低的居民得分显著低于中、高的居民，即积极心理水平越高，获取心理疾病信息的能力越强。

（3）在自助他助（F=9.62，p=0.000）上，积极心理水平为低的居民得分显著低于中、高的居民，即积极心理水平越高，对心理疾病的自助他助

---

① 根据得分编码为低（30%）、中（40%）、高（30%）三个水平。

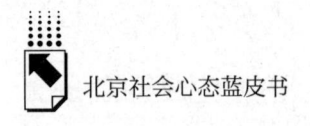

能力越强。

（4）在友好态度（$F=15.27$，$p=0.000$）上，积极心理水平为低的居民得分显著低于中、高的居民，即积极心理水平越高，对心理疾病患者的态度越友好。

（5）在总素养（$F=96.29$，$p=0.000$）上，积极心理水平为低的居民得分显著低于中、高的居民，即积极心理水平越高，居民的心理健康素养就越高。

居民的心理健康素养越高，对特定心理疾病的识别能力、获取心理健康信息的能力、面对心理问题的自助他助能力越强，对待心理疾病患者具有更加友好的态度，这样便能塑造积极的心理水平。同时，居民持积极心理的观念，包括对心理疾病等相关信息进行正确认识，正确接纳相关知识，进一步更好地预防心理疾病的发生，并且在必要时进行及时的干预，进而产生良性循环，即心理健康素养和积极心理水平相互促进。

六 居民对心理健康服务的需求

随着社会的迅速发展，居民的生活压力变大，心理问题越来越凸显，人们越来越意识到心理健康的重要性。中国即将要实现全民健康、全面小康。而心理健康是健康的重要组成部分，说明心理健康对个人、对国家具有重要意义，应该及时了解居民对心理健康服务的具体需求，在此基础上有针对性地开展心理健康服务，提升居民的心理健康水平，提高居民的心理健康素养，为实现健康中国助力。

（一）居民越来越重视自己的心理健康

由图20可知，有88.2%的居民认为未来人们会越来越重视自己的心理健康，重视心理健康已经变成了大多数居民的共识。

（二）居民对心理健康知识的需求变强烈

由图21可知，有86.9%的居民认为自己对心理健康相关的知识有需要，当然绝大部分居民仅仅是偶尔需要，反映出加强心理健康知识宣传的必要性。

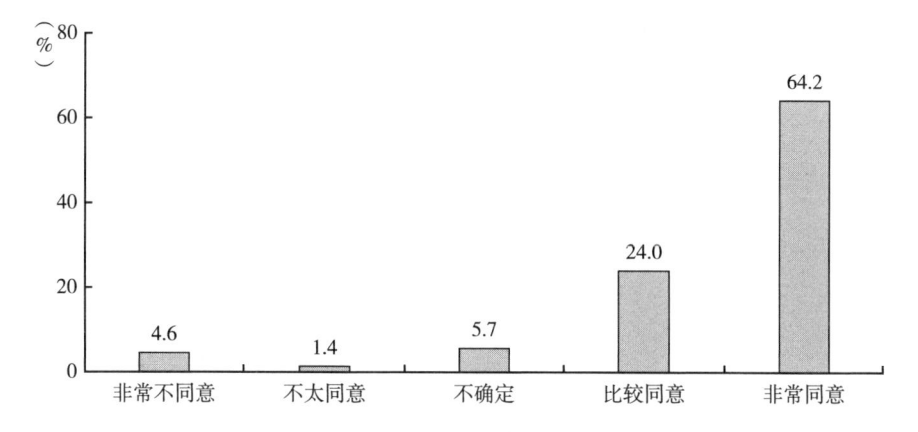

图 20　未来人们会越来越重视自己的心理健康

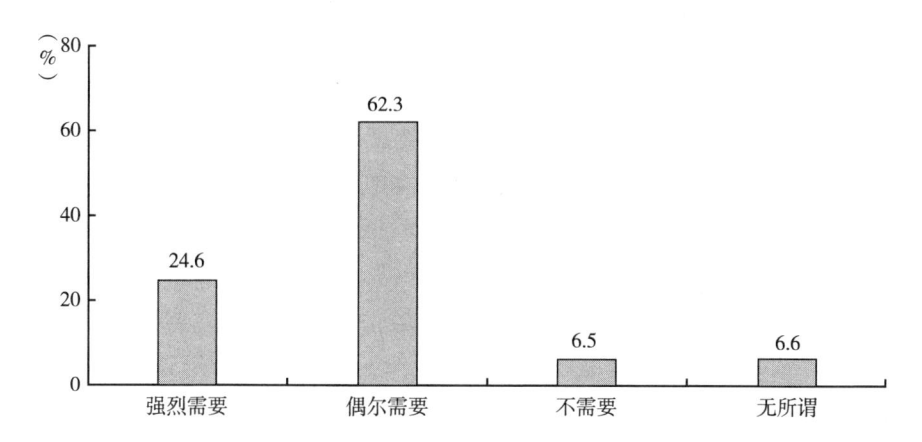

图 21　对心理健康相关知识的需求程度

（三）居民对心理健康服务途径的需求多样化

由图 22 可知，有 59.2% 的居民期待从公益组织获得心理健康服务，紧接着是社区服务站和医院。一方面体现了居民期待获得免费的或优惠的心理健康服务；另一方面也体现居民心理健康服务需求的层级模式，在社区开展心理健康服务也会受到居民的欢迎。

263

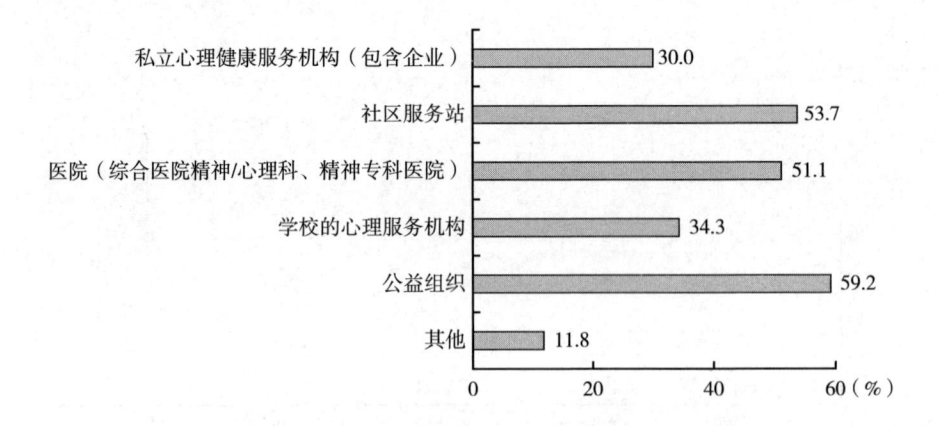

私立心理健康服务机构（包含企业） 30.0
社区服务站 53.7
医院（综合医院精神/心理科、精神专科医院） 51.1
学校的心理服务机构 34.3
公益组织 59.2
其他 11.8

图22　您期待从哪种机构获得心理健康服务

（四）居民对心理健康服务形式的需求便捷化

由图23可知，有61.4%的居民期待能够借助手机App获得心理健康服务，紧接着是电脑上网和面对面。一方面体现居民期待更加便捷的心理健康服务；另一方面也体现居民心理健康服务形式的多样性，面对面的心理健康服务也会受到居民的欢迎。

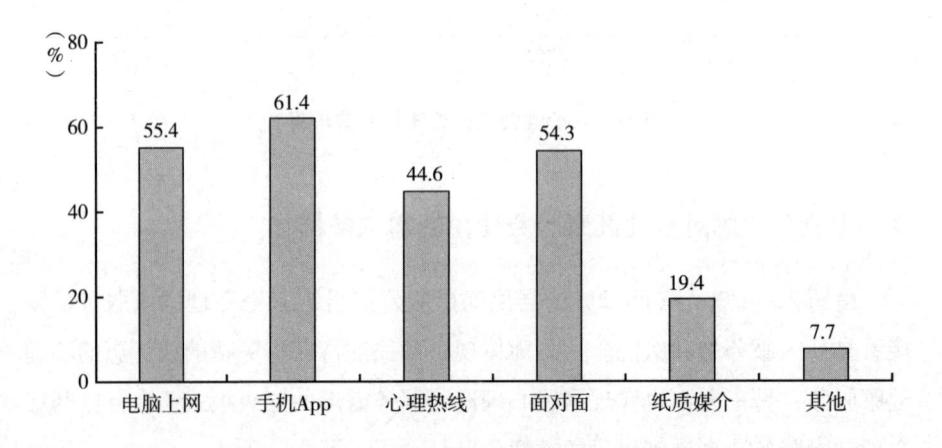

电脑上网 55.4
手机App 61.4
心理热线 44.6
面对面 54.3
纸质媒介 19.4
其他 7.7

图23　您期待借助什么方式接受心理健康服务

（五）居民直面心理健康还需时日

由图 24 可知，有 30% 的居民在节假日愿意向他人表达"祝您心理健康"的祝福，有 35.6% 的居民在节假日不愿意向他人表达"祝您心理健康"的祝福，反映居民在表达心理健康祝福时还是比较谨慎。

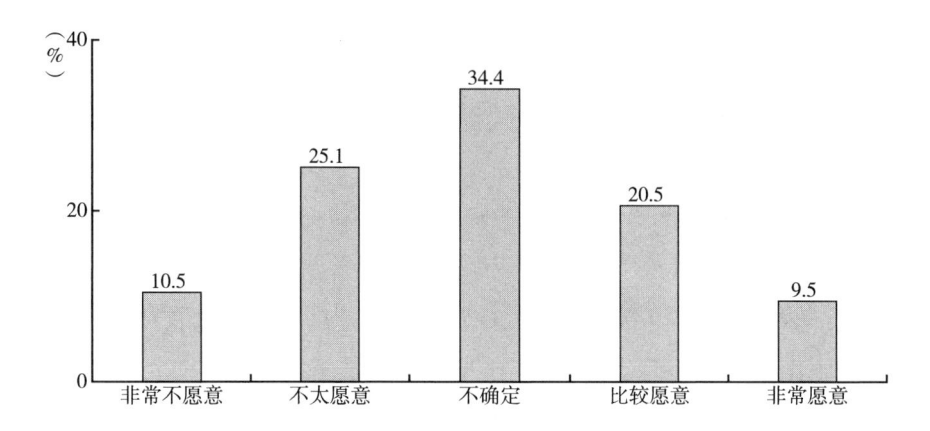

图 24　您在多大程度上愿意向他人表达"祝您心理健康"的祝福

由图 25 可知，有 38.4% 的居民在节假日收到"祝您心理健康"的祝福时，心理感觉至少不太舒服，有 29.7% 的居民在节假日收到"祝您心理健康"的祝福时，心理感觉比较舒服，反映了居民对心理健康的祝福还是比较敏感。

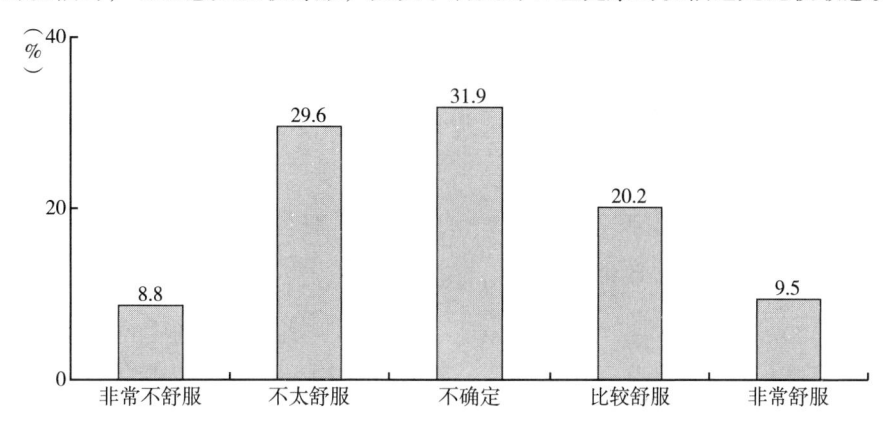

图 25　当收到"祝您心理健康"的祝福时，您会感到

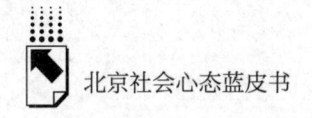

基于居民对心理健康服务需求的调查结果，人们对于心理健康越来越重视，对心理健康知识的需求变强烈，希望心理健康服务的途径多样化，服务形式便捷化，并且期待线上和线下均有相应的心理健康服务可以获取。但是居民对于心理健康依然比较敏感，且无法与身体健康相提并论，居民直面心理健康还需时机，期待有一天心理健康与身体健康一样变成普通大众的节日祝福语，与身体健康同等。

七 提升心理健康素养的建议

2017年国家22部门联合推进心理健康服务，提出全民心理健康素养要普遍提升，印发的《关于加强心理健康服务的指导意见》（以下简称《意见》）中提出，到2020年，各领域各行业普遍开展心理健康教育及心理健康促进工作；到2030年，符合国情的心理健康服务体系基本健全。

《意见》强调，大力发展各类心理健康服务，针对社会大众群体，全面开展心理健康促进与教育；针对有心理行为问题困扰和心理疾病的人群，提供心理咨询和心理治疗服务；针对各类突发事件处于心理危机中的人群，做好心理危机干预和心理援助工作。加强职业人群、老年人、妇女、儿童青少年、残疾人心理健康教育，重视特殊人群和严重精神障碍患者心理健康服务管理。

《意见》要求，各级政府及有关部门要进一步完善社区、社会组织、社会工作者"三社联动"机制，通过购买服务等形式引导社会组织、社会工作者、志愿者积极参与心理健康服务，为贫困弱势群体和经历重大生活变故群体提供心理健康服务，确保社区心理健康服务工作有场地、有设施、有保障；支持培育专业化、规范化的心理咨询、辅导机构。卫生计生部门要进一步加强心理健康专业人员培养和使用的制度建设。各级各类医疗机构要重视心理健康专业人才培养，鼓励医疗机构引进临床与咨询心理、社会工作专业的人才，加强精神科医师、护士、心理治疗师、心理咨询师、康复师、医务社会工作者等综合服务团队建设。教育部门要加大应用型心理健康专业人才培养力度，完善临床与咨询心理学、应用心理学等相关专业的学科建设。

本次调查结果显示，（1）北京居民心理健康相关的知识比较缺乏，识别自身和他人心理问题的能力较弱，居民对有心理问题的人或心理疾病患者持谨慎友好态度，不愿意与其建立亲近关系；（2）性别、年龄、婚姻状况、居住地区、文化程度、职业类型、家庭收入、专业经历等对心理健康素养各维度及总素养均产生不同程度的影响；（3）居民的心理健康水平、积极心理程度与心理健康素养呈正相关；（4）居民对心理健康服务的需求正在变强烈，需求多样化、服务便捷化，但心理健康服务生活化还有很长的路。因此，一方面国家应做好心理健康服务的规划、引导和保障工作，做好心理健康知识和心理疾病的科普工作，加强心理健康服务的网络建设；另一方面居民也应重视自己的心理健康，主动学习心理健康相关知识，增强自己识别心理疾病的能力，面对心理问题时能够恰当地进行自助他助，能够主动了解心理疾病患者，能够友好地对待心理疾病患者，提升自己的心理健康素养。

（一）加强宣传，让居民充分认识提升心理健康素养的重要意义

心理健康是人在成长和发展过程中，认知合理、情绪稳定、行为适当、人际和谐、适应变化的一种良好状态。心理健康是健康的重要组成部分，关系广大人民群众幸福安康、影响社会和谐发展。加强心理健康服务、健全社会心理服务体系是改善公众心理健康水平、促进社会心态稳定和人际和谐、提升公众幸福感的关键措施，是培养良好道德风尚、促进经济社会协调发展、培育和践行社会主义核心价值观的基本要求，是实现国家长治久安的一项源头性、基础性工作。

心理健康素养代表个体健康素养中与认识、管理和预防心理疾病和心理健康问题相关的那一部分知识、信念和能力，能够以正确的态度对待心理健康问题及心理疾病患者，具备一定程度的应对和处理心理健康问题的能力，并在认识和应对心理健康问题的过程中对自身已经具备的与心理健康有关的知识、信念、能力进行补充和提高，不断提升自身的素养水平和健康水平。

研究发现，较高的心理健康素养，有利于心理疾病或心理健康问题的及早识别、及时干预以及恰当求助，有利于改善公众对心理健康问题的污名化，进而提升居民的心理健康水平，促发良好的社会效果。本研究也发现，心理健康素养越高，居民的心理健康水平也越高。因此，应加强宣传，让居民充分认识到心理健康素养在个体心理健康中的重要性，提升居民的心理健康素养有利于改善个体的心理健康水平。

（二）提供更多公益性心理健康服务，立足社区构建心理健康服务网络，为提升居民心理健康素养保驾护航

心理健康服务是应用心理学及医学的理论和方法，预防或减少各类心理行为问题，促进心理健康，提高生活质量，主要包括心理健康宣传教育、心理咨询、心理疾病治疗、心理危机干预等。心理健康涉及不同年龄与不同职业人群，仅靠一两个政府部门或行业难以完成。要建立跨部门、多部门开展心理健康服务的机制，创新心理服务的模式、途径、内容、技术等，逐步建立依托于国家精神卫生服务体系的心理健康服务体系，确保心理服务工作有人来做、有序运行、有章可循。结合《"健康中国"2030规划纲要》，动员全社会力量和各种社会资源，政府主导、部门负责、行业协助、全社会广泛参与构建全方位、多层次的心理健康服务网络。

基于调查结果，应多发展公益性心理健康服务，鼓励心理学专业人员从事心理健康志愿服务工作。应立足社区，将心理健康服务作为城乡社区服务的重要内容，依托城乡社区综合服务设施或基层综治中心建立心理咨询（辅导）室或社会工作室（站），配备心理辅导人员或社会工作者，协调组织志愿者，对社区居民开展心理健康宣传教育和心理疏导活动。各级政府及有关部门要发挥社会组织和社会工作者在婚姻家庭、邻里关系、矫治帮扶、心理疏导等服务方面的优势，进一步完善社区、社会组织、社会工作者联动机制，通过购买服务等形式引导社会组织、社会工作者、志愿者积极参与心理健康服务，为贫困弱势群体和经历重大生活变故群体提供心理健康服务，确保社区心理健康服务工作有场地、有设施、有保障。

（三）切实落实学校心理健康教育，面向大众宣传心理健康知识，提升居民心理健康素养

儿童是祖国的花朵和未来，中小学阶段是身心发展过程中的关键阶段。在中小学切实落实心理健康教育，一方面有利于个体当时的心理健全发展，另一方也有利于心理健康素养的提升，自我维护良好的心理健康水平。中小学心理健康教育，是提高中小学生心理素质、促进其身心健康和谐发展的教育，是进一步加强和改进中小学德育工作、全面推进素质教育的重要组成部分。中小学生正处在身心发展的重要时期，随着生理、心理的发育和发展、社会阅历的扩展及思维方式的变化，特别是面对社会竞争的压力，他们在学习、生活、自我意识、情绪调适、人际交往和升学就业等方面，会遇到各种各样的心理困扰或问题。因此，在中小学开展心理健康教育，是学生身心健康成长的需要，是全面推进素质教育的必然要求。

各部门应培育和践行社会主义核心价值观，将提高公民心理健康素养作为精神文明建设的重要内容，充分发挥我国优秀传统文化对促进心理健康的积极作用。结合"世界精神卫生日"及心理健康相关主题活动等，广泛开展心理健康科普宣传。各级宣传和新闻出版广播电视部门要充分利用广播、电视、书刊、影视、动漫等传播形式，组织创作、播出心理健康宣传教育精品和公益广告，利用影视、综艺和娱乐节目的优势传播自尊自信、乐观向上的现代文明理念和心理健康意识。各地基层文化组织要采用群众喜闻乐见的形式，将心理健康知识融入群众文化生活。创新宣传方式，广泛运用门户网站、微信、微博、手机客户端等平台，传播心理健康知识，倡导健康生活方式，提升全民心理健康素养，培育良好社会心态。各类媒体要树立正确的舆论导向，在传播心理健康知识与相关事件报道中要注重科学性、适度性和稳定性，营造健康向上的社会心理氛围。

基于调查结果，应探索创新便捷灵活的心理健康服务途径。采用手机App，启动"云医院诊所"，大众通过视频、电话等方式即可享受到专科医生的远程心理咨询、康复指导等服务，使群众能足不出户就接受专业的心理

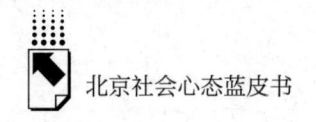

健康咨询服务，让群众意识到心理健康服务为他们带来的好处，增进群众认可度。

（四）加强社会引导和互动，让居民关爱心理疾病患者

由于社会大众对心理疾病相关知识了解得不够，因而对心理疾病和心理疾病患者带有特殊眼光和不正确的认识。我们应充分开发和利用现有的新技术、新媒体，系统、持续、全方位地开展心理疾病、精神卫生宣传工作，促进公众对各种常见、多发精神障碍患者的了解，努力减少社会歧视和社会偏见。同时，创造条件让普通居民走近心理疾病患者，倾听心理疾病患者的心声。

基于调查结果，居民不愿意与心理疾病患者建立亲近关系，心理疾病污名（Stigma）现象依然存在。污名是一种标签或者标志，导致其个人价值受损，社会价值被贬。有研究证实，心理疾病是普遍受污名的疾病。污名会给其对象带来广泛的社会影响，污名与糟糕的心理健康状态、躯体疾病、低学业成就和社会成就、工作机会减少等相关联。因此大众对心理疾病患者的污名，会降低心理患者的就诊率、健康心理的恢复程度，并且会加深他们自身的自我污名（Self-stigma）。自我污名是当人们内化公众污名时产生的自尊和自我效能感的丧失，指的是受大众群体成员将污名化态度指向自己而产生的反应。由此可见心理患者在遭受公众污名的同时，可能还会将这种污名化观点看作与自我相关。心理疾病患者相信自己没有能力、无法对社会做出贡献，自我效能感自然会低，自尊心就会受挫，也因此加剧心理疾病。我们应普及心理疾病相关知识，让大众了解心理疾病的产生，减少对心理疾病的污名态度。

（五）居民应重视自身心理健康，主动提升自己的心理健康素养

应倡导"每个人是自己心理健康第一责任人"的理念，引导公民在日常生活中有意识地营造积极心态，预防不良心态，学会调适情绪困扰与心理压力，积极自助。作为社会中的个体，应主动学习心理健康的相关知识，掌握常见心理疾病的识别技术，遇到心理问题时能够恰当地进行自助和他助，

能对心理疾病患者保持友好的态度。

基于调查结果，尽管大部分居民都认为心理健康会越来越受到重视，也承认心理健康的重要性，但在心理疾病的识别、对心理疾病患者的友好态度方面还有很大的提升空间。未来需要居民不断提高自己对心理疾病、心理问题的识别能力，能够接纳心理疾病患者，关爱心理疾病患者，与心理疾病患者建立良好关系，提升双方的心理健康素养。

综上所述，一方面党和政府为提升居民心理健康素养保驾护航，创造良好的条件，另一方面每个居民也要切实行动起来，主动学习心理健康相关的知识，提升自己的心理健康素养，为实现健康中国助力。

特殊群体篇
Special Groups

B.11
北京市小学生家长对美育的功能性认知及参与度调查

汪艳丽　李斌　张菊玲　王昕　王启忱　耿胜男[*]

摘　要： 本文从美育的学理研究和政策解读入手，采用自编问卷对家长对美育的功能性认知及参与度进行了调查，分析影响家长认知及参与度的因素，结果表明，家长对美育功能的基本认知积极正向，家长对美育的参与程度较高，家长对美育的认知及参与程度有差异，应从加强学校美育课程建设、满足家庭需求、重视美育社会性功能的发挥、加强艺术教育对美育的推动、教育主管部门加大对

---

[*] 汪艳丽，女，北京联合大学师范学院教授，副院长兼教务处处长，主要研究方向为美育心理学；李斌，女，北京联合大学师范学院副教授，主要研究方向为心理健康教育；张菊玲，女，北京联合大学师范学院讲师，主要研究方向为心理健康教育；王昕，女，北京联合大学师范学院讲师，主要研究方向为心理健康教育；王启忱，女，北京联合大学师范学院北京大学心理与认知科学学院博士研究生，研究方向为心理健康教育、发展心理学；耿胜男，女，北京联合大学师范学院北京市海淀区培星小学教师，主要研究方向为心理健康教育。

美育工作的支持力度等方面加强美育功能整合及促进美育工作。

关键词： 美育　小学生家长　功能性认知　参与度

家庭是教育的第一课堂，家庭生活、家长行为都对儿童的发展有着较大的影响。家庭的美育教育有以下特点：①广泛性。家长在美育的各个方面都可以对孩子有潜移默化的影响；②渗透性。家庭教育与日常生活的统一性决定了文化氛围、生活习俗，家长的爱好等都会耳濡目染地渗透到孩子的心灵中去；③灵活性。家庭教育不受时间、地点、场合、条件的限制，可以随时进行；④长期性。与学校教育相比，家庭教育更具有连续性和持久性。鉴于以上特点，现代美育教育需要社会、家庭和学校形成教育合力，做到教育要求的一致性，教育作用的互补性，各方面互相联系支持，校内外结合，互相补充促进。从现实来看，北京市小学生的家长在美育方面存在认识水平较低或仍停留在个体层面的现象，具体表现在有一些家长单纯重视智育、德育和体育忽略美育，只是在入小学之前或小学低年级给孩子报一些所谓的艺术特长培训班，认为美育就是一技之长，孩子只要上了大学，有一份工作即可，有无特长并不重要。家长要么将学习一技之长误以为是增加升学的砝码，要么注重培养孩子的个体心理，如通过艺术训练培养孩子的胆大、意志力强等品质，而忽略了美育的社会化功能。家长为何有这种认知？造成这种认知度的原因有哪些？针对这些因素提高家长对美育功能的全面认知，提高其参与的动力直接影响着小学美育的合力。

一　美育研究概述

1902年，王国维翻译日本牧濑五一郎的《教育学》，首次将"美育"一词引入中国，由此开启了中国"美育"学的探讨和研究。迄今为止，"美育"学在中国的发展演变已经历时一百多年，以此为中心衍生的政策措施、文章撰述等可以说是相当繁多，也颇为驳杂。20世纪90年代，义务教育在全国范围内试行推广，"美育"与义务教育合流带来了两大后果,一是"美育"作为义务教育的组成部分被确立,并获得制度保障,实施方案趋于系统化;二是"美育"内涵由狭隘走向宽广,"大美育"观念自诞生之日起,在当代义务教育领域内一直占据主导地位。

2015年9月15日,国务院办公厅印发了《关于全面加强和改进学校美育工作的意见》(以下简称《意见》)。《意见》明确了当前和今后一个时期加强和改进学校美育工作的指导思想、基本原则、总体目标和政策措施,提出到2020年,要初步形成大中小幼美育相互衔接、课堂教学和课外活动相互结合、普及教育与专业教育相互促进、学校美育和社会家族美育相互联系的具有中国特色的现代化美育体系。《意见》指出:"美育是审美教育,也是情操教育和心灵教育,不仅能提升人的审美素养,还能潜移默化地影响人的情感、趣味、气质、胸襟,激励人的精神,温润人的心灵。美育与德育、智育、体育相辅相成、相互促进。"针对学校美育改革发展中存在的突出问题,《意见》提出了四个方面的举措:"一是构建科学的美育课程体系。二是大力改进美育教育教学。三是统筹整合学校与社会美育资源。四是保障学校美育健康发展。"对于学校美育的具体实施途径,《意见》认为:"学校美育课程建设要以艺术课程为主体,各学科相互渗透融合,重视美育基础知识学习,增强课程综合性,加强实践活动环节。要以审美和人文素养培养为核心,以创新能力培育为重点,科学定位各级各类学校美育课程目标。""学校美育课程主要包括音乐、美术、舞蹈、戏剧、戏曲、影视等。"国家政府对美育的重视程度逐渐加大,也积极在政策上给予支持和调整。同时,所颁布的政策也由以往的纲领性文件逐渐发展为更加具体、更加详细的政策和措施。但总体上看,美育仍是整个教育事业中的薄弱环节,主要表现在一些地方和学校对美育育人功能认识不到位,重应试轻素养、重少数轻全体、重比赛轻普及,应付、挤占、停上美育课的现象仍然存在;资源配置不达标,师资队伍仍然缺额较大,缺乏统筹整合的协同推进机制。《意见》提出了三项基本原则,其中之一是坚持改革创新,协同推进。加强美育综合改革,统筹学校美育发展,促进德智体美有机融合。整合各类美育资源,促进学校与社会互动互联,齐抓共管、开放合作,形成全社会关心支持美育发展和学生全面成长的氛围。

二 研究框架与方法

在对美育本身的学理研究和政策解读的基础上,本文主要考察家长对美育的理解,从认知度和参与度两个方面进行测查。关于美育功能认知的研究可以分为两个大的方面。一是美育的个体层面功能:培养鉴赏力是美育的基本功能,这也是它不可替代的功能,因为德育、智育、体育都承担不了培养鉴赏力的任务。拉尔夫·斯密斯(Ralph A. Smith)(2000)认为:"审美教育的总的目的,就是要培养人们的艺术欣赏能力,必须使他们在观赏艺术品时,获得艺术品所能提供的珍贵经验。"曾繁仁(2003)指出:"审美的主要功能是审美能力的培养。"叶朗(2009)写道:"美育的功能主要就是培养一个人的审美心胸、审美能力、审美趣味,促进个体的审美发展。"二是美育的社会性功能:美育在促进个体全面发展的基础上也促进个体社会性的发展,两种作用是有机统一的。其主要作用有:美育是自觉促进个体社会化角色实现的有效手段。在个体的发展历程中,社会意识的形成是从自我承认和自我肯定开始的,唯有在这种前提下,个体才能从意识中建立关于他人和社会的概念;美育促进儿童理解和沟通能力。在学校美育课中,人们彼此合作的精神得到充分体现。通过美育活动中丰富的情感形式的提供,美育发挥着使人与人加深理解的社会功能。这种功能不仅体现在一所学校、一个民族或一个国家的范围内,而且也体现在广泛的人类文化现象中(杜卫,2004)。

综合查阅到的文献,学者对美育功能的认知越来越全面。前些年的文献偏重美育的个体功能的论述,近些年的论述已转向多层次功能的论述。促进鉴赏力是它基本的、原生的功能。但美育的功能不止于此,它还在跟教育的其他方面的关系中,以及跟教育的总体目标的关系中发挥它应有的功能,这些是美育衍生的功能(潘必新 2011)。然而,学者们还鲜有对北京市居民对小学美育功能的认知和参与度进行有针对性调查及研究的分析报告。

如图1所示,本项目采用问卷调查、田野研究、行为实验、"互联网+"等方式对北京市小学生家长对美育功能认知及参与度进行调查。我们希望通过一系列研究，揭示国家出台《意见》大力加强学校美育、开齐开足美育课程所反映出来的现实意义。我们主要探讨如下几个问题：第一，家长对美育功能的认知现状，包括美育与同伴关系、亲子关系、合作能力、社会交往技能形成的关系；第二，探讨小学生家长对学校美育参与类型、参与时间、参与体验等。针对以上问题，我们用四个研究加以解决。

```
家长对美育的功能性认知及参与度  →  文献法、问卷法、调查法
现状调查
      ↓
家长对美育的功能性认知对其美育参与  →  调查法、互联网+研究手段
度影响研究
      ↓
美育课程对家长美育功能性认知及参与  →  调查法、实验法
度影响研究
      ↓
家长美育认知度、参与度对小学生  →  实验法
心理成长的比较研究
```

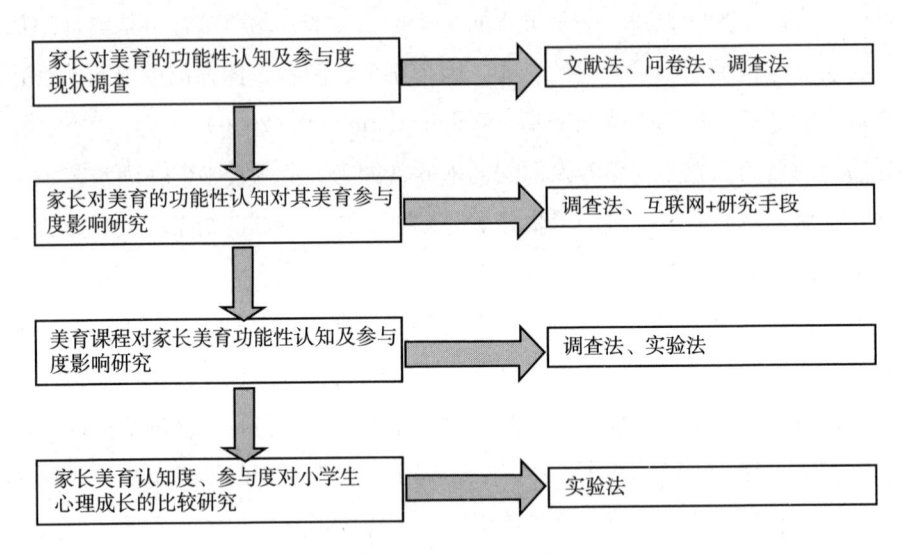

图 1　课题的总体框架

（一）家长对美育的功能性认知及参与度现状调查

研究方法：调查法。

研究对象：北京市小学生家长 1932 名（见表 1）。

表 1　被调查家长年级分布

单位：人

题目		1. 您的孩子在：							总计
		一年级	二年级	三年级	四年级	五年级	六年级	其他	
4. 您是孩子的：	父	146	115	94	82	63	57	0	557
	母	327	265	221	248	191	118	5	1375
总计		473	380	315	330	254	175	5	1932

现场实验：自编《学生家长对美育功能的功能性认知及参与度调查问卷》，内容包括家长对美育功能的认知（同伴关系、亲子关系、合作能力、社会交往技能）、家长对美育的支持度和参与度（参与类型、参与时间、参与体验），问卷还采集小学生家长的受教育程度、工作性质、工作岗位、家庭的社会经济地位、年龄、家庭的孩子数量等。

分析方法：采用数据统计软件SPSS对当前北京市小学生家长对美育的功能性认知的现状和美育的参与度现状进行分析。

预期结果：（1）当前北京市小学生家长对美育的功能性认知不足，更多是功利性认知。（2）随着年级的增长，小学生家长对美育的功能性认知减少，功利性认知增多。（2）不同家庭状况的家长对美育功能性认知和参与度有差异。

（二）家长对美育的功能性认知对其美育参与度影响的研究

研究方法：调查法。

研究工具：自编《北京市小学生家长对美育的功能性认知及参与度调查问卷》，包括受参与调查者的基本情况和基本问题两个部分，基本问题包括9个选择项目和1个16个条目的5点自评表，1表示非常同意，5表示非常不同意。

研究对象：北京市小学生家长1932名（见表2）。

表2 被调查家长性别分布

单位：人

题目		1. 您的孩子在：							总计
		一年级	二年级	三年级	四年级	五年级	六年级	其他	
2. 您的孩子是	男孩	227	195	187	180	141	97	3	1030
	女孩	246	185	128	150	113	78	2	902
总计		473	380	315	330	254	175	5	1932

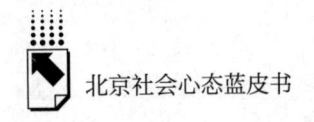

分析方法：采用数据统计软件 SPSS，对当前北京市小学生家长对美育的功能性认知和美育的参与度之间的关系进行分析。

预期结果：北京市小学生家长对美育的功能性认知水平影响美育参与度，两者存在正相关关系，美育功能性认知正向预测美育参与度。

（三）小学开设美育课程情况对其家长的功能性认知及参与度影响研究

研究方法：实验法和案例分析。

研究对象：北京市小学生家长600名（每个年级100名）。

研究工具：同上。

现场实验：利用"互联网+"研究手段，在"高参小"办公室的配合下，选取北京联合大学主要牵手的青年湖小学、安华小学等，对1~2年级的小学生开设美育课程（以美术类课程和戏剧类课程为主），开设时长为一学期。分别在开设之前和开设之后调查小学生家长的美育功能性认知与参与度。与此同时，对照没有开设美育课程的小学生家长在美育功能性认知与参与度水平方面的差异。

分析方法：采用数据统计软件 SPSS，对当前北京市小学生家长在实验前后的美育功能性认知和美育的参与度的变化进行分析。

预期结果：北京市小学生家长在美育课程实验之后的美育功能性认知水平和美育参与度显著高于美育课程实验之前。

（四）家长美育认知度、参与度对小学生心理成长的比较研究

研究方法：实验法。

研究对象：北京市小学生家长及小学生各300名（每个年级的小学生及家长各50名）。

研究工具：同上

现场实验：将4所小学的家长分为两组：认知参与度高为一组，认知参与度低为一组，比较两组家庭中小学生的各种心理成长的指标（重点是亲

子关系、合作关系、人际交往能力等)。

分析方法：采用数据统计软件 SPSS，对当前北京市小学生受家长认知度和参与度的影响分析。

预期结果：北京市小学生在不同家长对美育功能认知与参与影响下，其心理发展水平（特别是群体心理）是有差异的。

三　小学生家长对美育功能的认知与参与

（一）家长对美育功能的基本认知积极正向

96.57%的家长认为参与美育活动能够促进学习成绩，59.28%的家长认为美育能够使孩子有健康的人格，16.91%的家长想让孩子有一技之长，21.68%的家长尊重孩子自己的选择。家长对美育的观点不再将美育拘泥于德育、情育、艺术教育、美学知识教育、美感教育、审美教育，而是从系统论的角度出发，指出了美育全面育人——促进德、智、体、劳等素质全面和谐发展的功能，这样就比较全面地透视了美育的功能。

表3　小学生家长的美育功能性认知与参与度

单位：人

题目	完全同意	比较同意	一般	较不同意	完全不同意
1. 美育通过音乐、书法、绘画等课程来实现	787（40.82%）	822（42.63%）	276（14.32%）	32（1.66%）	11（0.57%）
2. 美育是音乐美术知识的传授	618（32.05%）	681（35.32%）	428（22.2%）	165（8.56%）	36（1.87%）
3. 参加美育活动能够培养孩子的艺术鉴赏力	1078（55.91%）	677（35.11%）	148（7.68%）	12（0.62%）	13（0.67%）
4. 参加美育活动能够提高孩子的审美能力	1093（56.69%）	709（36.77%）	105（5.45%）	9（0.47%）	12（0.62%）
5. 参加美育活动能够促进孩子的理解和沟通能力	973（50.47%）	750（38.9%）	180（9.34%）	15（0.78%）	10（0.52%）
6. 参加美育活动能够促使孩子理解他人和社会	945（49.01%）	714（37.03%）	234（12.14%）	23（1.19%）	12（0.62%）

续表

题目\选项	完全同意	比较同意	一般	较不同意	完全不同意
7. 参加美育活动能够提高孩子的情绪管理能力	944 (48.96%)	740 (38.38%)	218 (11.31%)	15 (0.78%)	11 (0.57%)
8. 参加美育活动能够促进孩子的个体社会化角色实现	918 (47.61%)	743 (38.54%)	235 (12.19%)	23 (1.19%)	9 (0.47%)
9. 参加美育活动能够促进亲子关系	838 (43.46%)	748 (38.8%)	300 (15.56%)	27 (1.4%)	15 (0.78%)
10. 参加美育活动能够提高孩子处理同伴关系的能力	846 (43.88%)	741 (38.43%)	303 (15.72%)	29 (1.5%)	9 (0.47%)
11. 参加美育活动能够提高孩子的合作能力	922 (47.82%)	753 (39.06%)	224 (11.62%)	18 (0.93%)	11 (0.57%)
12. 参加美育活动能够让孩子更大胆	898 (46.58%)	728 (37.76%)	256 (13.28%)	30 (1.56%)	16 (0.83%)
13. 参加美育活动能够让孩子意志力更强	895 (46.42%)	722 (37.45%)	283 (14.68%)	18 (0.93%)	10 (0.52%)
14. 美育是一技之长	780 (40.46%)	718 (37.24%)	345 (17.89%)	66 (3.42%)	19 (0.99%)
15. 美育具有促进思想品德发展的功能	886 (45.95%)	757 (39.26%)	256 (13.28%)	18 (0.93%)	11 (0.57%)
16. 美育会影响孩子的幸福生活	850 (44.09%)	662 (34.34%)	247 (12.81%)	76 (3.94%)	93 (4.82%)

与此同时，从调研中我们也看到，家长对于课程重要性的排序是：语文（85.48%）、数学（72.41%）、英语（54.98%）、心理教育（22.56%）、思想品德（21.37%）、体育（20.7%）（见表4）。我们发现虽然想象与创新类的课程占的比重最大，但仍有将近1/3的家长认为数学、英语和语文是学校最应该开展的课外课程。由此看来，虽然现代的教育中，美育已经渐渐被大家熟知，但家长最关心的依然是孩子们的学习（见表5）。

（二）家长对美育的参与程度较高

调查显示，家长对学校美育课程的评分较高，65.51%的孩子在课后学习美育课程，59.49%的孩子每周参加美育活动的时间大于2小时，其中23.16%的学生在4小时以上。学校开设的美育课程以音乐、绘画类为主（见表6）。51.87%的家长会主动安排孩子的美育活动。

表4 家长对于课程重要性认知

单位：人，%

选项	小计	比例
A. 语文	1648	85.48
B. 数学	1396	72.41
C. 英语	1060	54.98
D. 思想品德	412	21.37
E. 美术	87	4.51
F. 音乐	115	5.96
G. 体育	399	20.7
H. 信息技术	33	1.71
I. 劳动与技术教育	98	5.08
J. 科学	101	5.24
K. 心理教育	435	22.56
本题有效填写人次	1928	

表5 家长认为学校应该开展的课外活动

单位：人，%

家长认为学校应开展的课外活动	小计	比例
A. 语文类课外补习班（如大语文）	523	27.13
B. 数学类课外补习班（如奥数）	442	22.93
C. 英语类课外补习班（如新概念）	492	25.52
D. 思想品德类教育活动	344	17.84
E. 美术类兴趣活动	488	25.31
F. 音乐类课外活动	480	24.9
G. 体育类竞技活动	767	39.78
H. 计算机类兴趣活动	286	14.83
I. 劳技制作类活动	352	18.26
J. 想象与创新类课外活动	876	45.44
K. 心理健康素质课外活动	721	37.4
L. 其他	13	0.67
本题有效填写人次	1928	

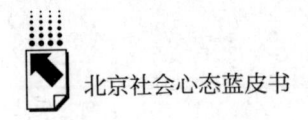

表6 调查对象学校目前开设的美育课程

单位：人，%

学校目前开设的美育课程	小计	比例
A. 音乐、声乐	1651	85.63
B. 绘画	1501	77.85
C. 诵读	772	40.04
D. 手工	1019	52.85
E. 插花	59	3.06
F. 书法	1066	55.29
G. 舞蹈、街舞	554	28.73
H. 钢琴、大提琴、小提琴	270	14
本题有效填写人次	1928	

（三）家长对美育的认知及参与程度有差异

从调研中，我们发现，家长的性别、年龄、家庭经济状况、职业等因素都对其认知及参与程度产生影响。

1. 年级：美育认知的五年级现象

调研中发现，不同年级的家长对于美育认知有差异，其中五年级家长对于"参加美育活动能够提高孩子的审美能力"、"美育是一技之长"有态度上的差异（见图2、图3）。

2. 学校性质

在教育均衡化呼声日益高涨的今天，学校性质对于家长的美育认知有影响。我们发现，相对于普通小学，重点学校家长对于美育功能尤其是社会功能的认知更为清晰（图4、图5、图6）。

3. 家长的受教育程度

从调研结果看，家长的受教育程度影响对美育功能的认知，学历水平越高的家长对于美育的社会功能的认识程度越高（见图7）。

4. 家庭人均月收入

从调研结果看，家庭人均月收入在3000元以下的家长对美育的社会功能认可程度较低（见图8）。

图8 家庭人均月收入对美育的社会功能的认识影响

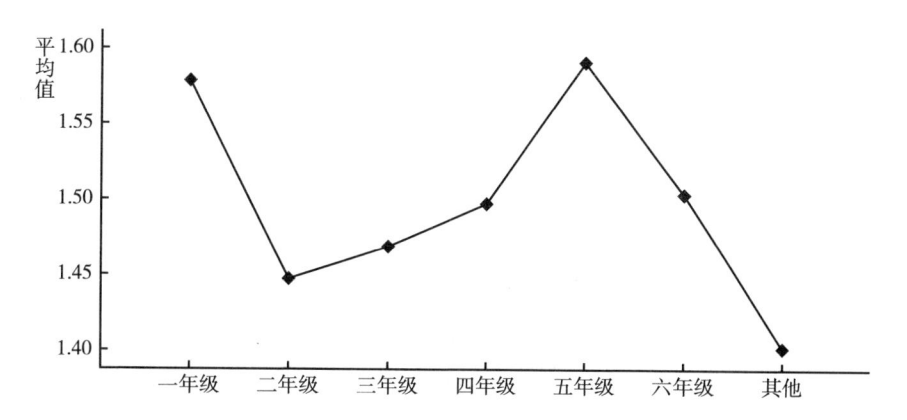

图2 家长对参加美育活动能够提高孩子的审美能力的认知的差异

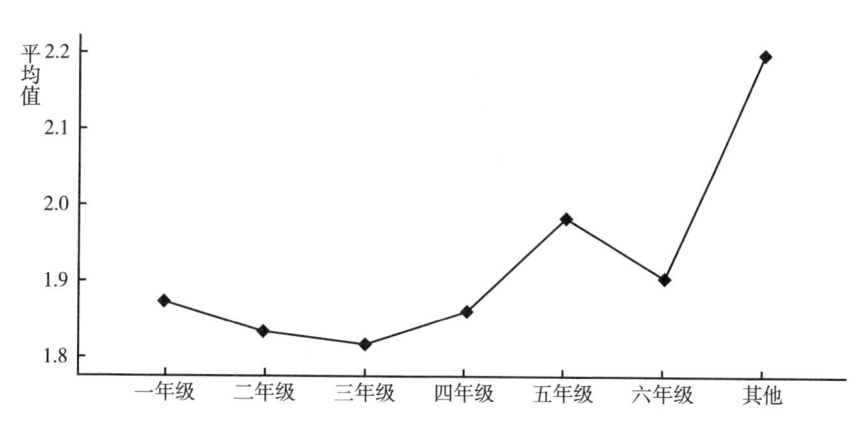

图3 家长对美育是一技之长的态度的差异

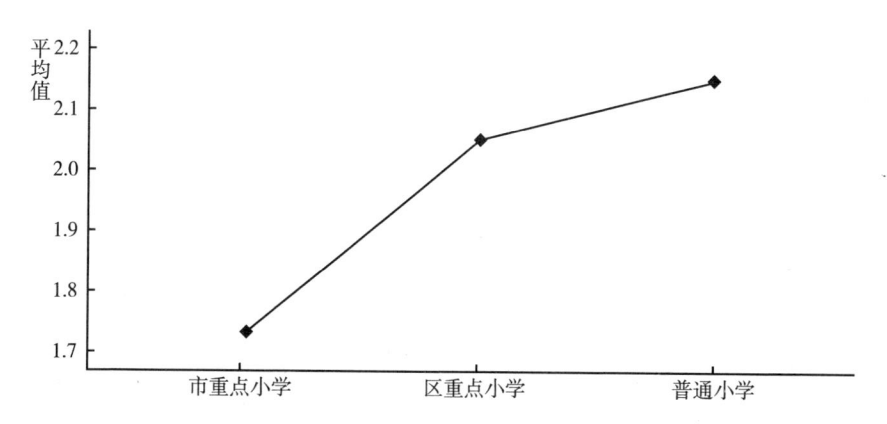

图4 不同学校性质家长对"美育是音乐美术知识的传授"的看法

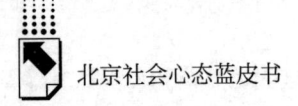

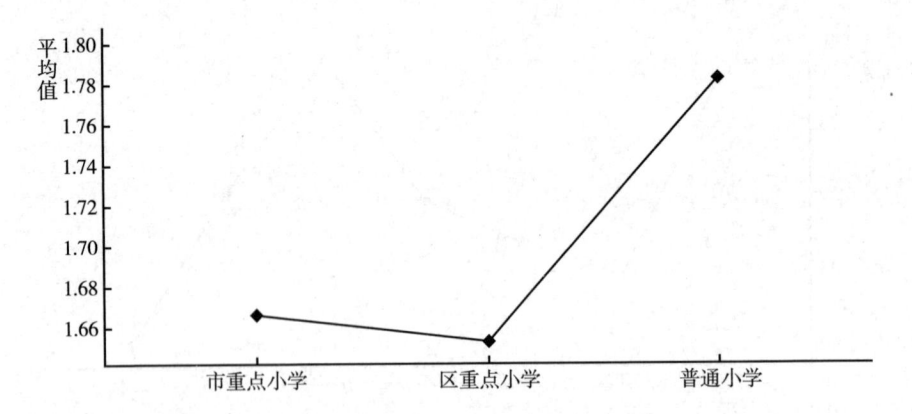

图5　不同学校性质家长对"参加美育活动能够提高孩子处理同伴关系的能力"的看法

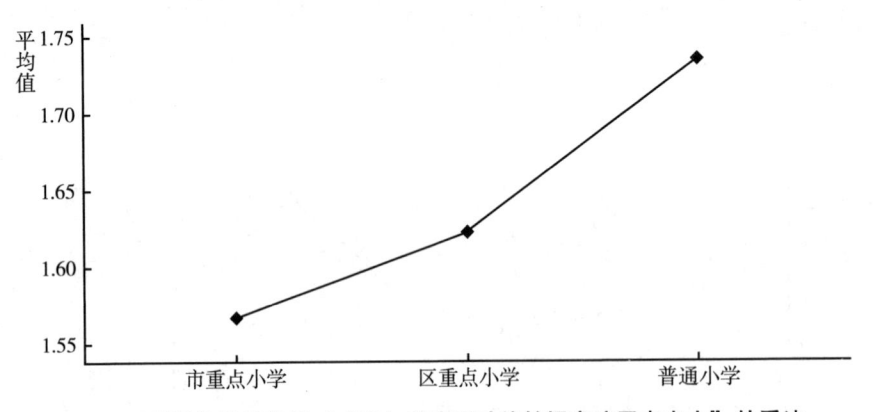

图6　不同学校性质家长对"参加美育活动能够提高孩子意志力"的看法

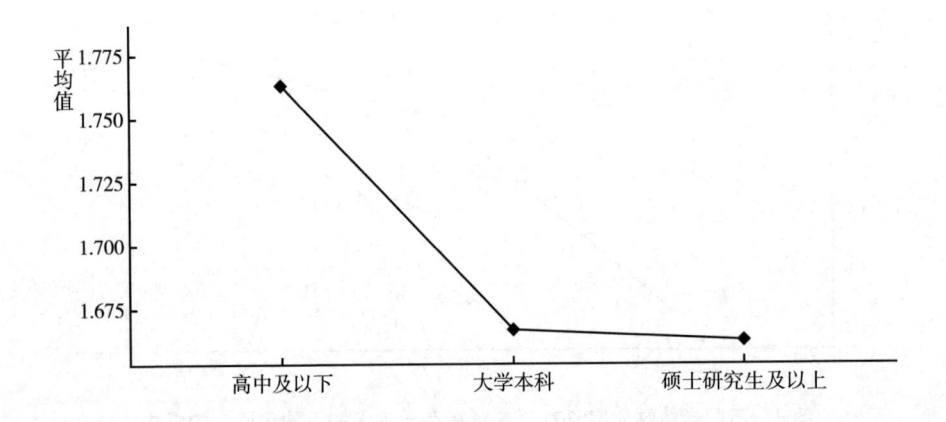

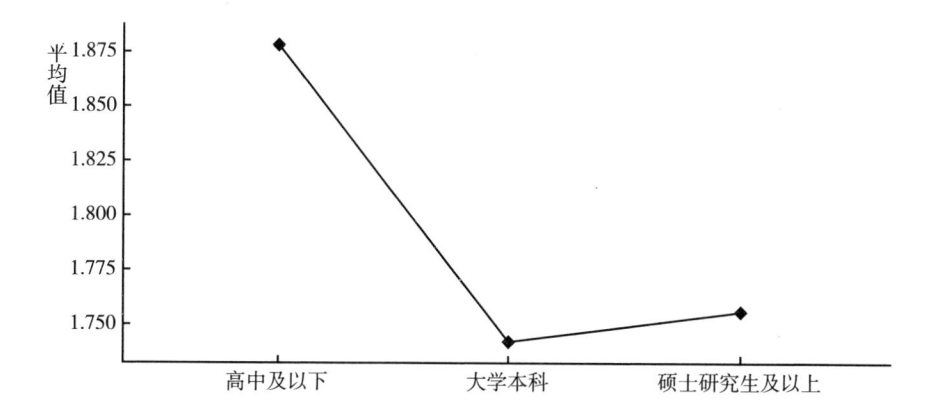

图7 家长学历对于美育的鉴赏功能的重视程度的影响

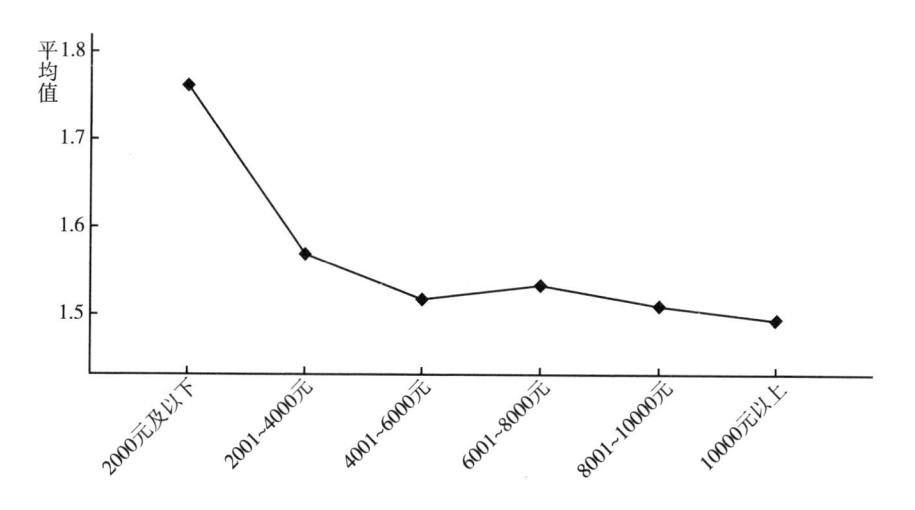

图8 家庭人均月收入对美育的社会功能的认知影响

5. 家长美育认知度与孩子亲子关系、合作关系、人际交往能力的关系

家长认知度与孩子的亲子关系、合作关系和人际交往能力有显著正相关。家长认知度越高，孩子的亲子关系、合作关系和人际交往能力也越好（见表7）。

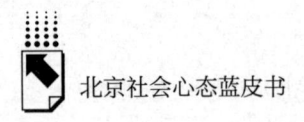

表7　家长美育认知度与孩子亲子关系、合作关系、人际交往能力的关系

项目		亲子关系	合作关系	人际交往能力
家长认知度	Pearson 相关性	0.612**	0.547**	0.547**
	显著性（双侧）	0.000	0.000	0.000
	N	1932	1932	1932

注：** 表示在 0.01 水平（双侧）上显著相关。

6. 家长美育参与度与小学生亲子关系、合作关系、人际交往能力的相关性

家长参与度也与孩子的亲子关系、合作关系和人际交往能力显著正相关（见表8）。家长参与度越高，孩子的亲子关系、合作关系和人际交往能力越好。

表8　家长的美育参与度与小学生亲子关系、合作关系、人际交往能力的关联性

项目		亲子关系	合作关系	人际交往能力
家长参与度	Pearson 相关性	0.068**	0.091**	0.101**
	显著性（双侧）	0.003	0.000	0.000
	N	1932	1932	1932

7. 不同组学生亲子关系、合作关系、人际交往能力差异比较

从表8中可看出，亲子关系、合作关系、人际交往能力的 F 值均显著。即不同家长美育参与度的学生其亲子关系、合作关系、人际交往能力均有显著差异。经对比，各组都存在显著差异（见表9、表10）。

表9　不同组学生亲子关系、合作关系、人际交往能力的差异

项目		平方和	df	均方	F	显著性
亲子关系	组间	8.739	3	2.913	4.405	0.004
	组内	1275.054	1928	0.661		
	总数	1283.793	1931			
合作关系	组间	9.555	3	3.185	5.557	0.001
	组内	1105.010	1928	0.573		
	总数	1114.565	1931			
人际交往能力	组间	15.871	3	5.290	8.336	0.000
	组内	1223.555	1928	0.635		
	总数	1239.427	1931			

表 10 不同组学生亲子关系、合作关系、人际交往能力差异的事后比较检验结果

项目		事后比较检验					
因变量	家长美育参与度		均值差(I-J)	标准误	显著性	95%置信区间	
						下限	上限
亲子关系	2小时以内	2~4小时	-.027	.083	.991	-.26	.20
		4~6小时	-.017	.075	.997	-.23	.19
		6小时以上	-.154	.074	.228	-.36	.05
	2~4小时	2小时以内	.027	.083	.991	-.20	.26
		4~6小时	.010	.056	.999	-.15	.17
		6小时以上	-.127	.055	.148	-.28	.03
	4~6小时	2小时以内	.017	.075	.997	-.19	.23
		2~4小时	-.010	.056	.999	-.17	.15
		6小时以上	-.137*	.042	.015	-.26	-.02
	6小时以上	2小时以内	.154	.074	.228	-.05	.36
		2~4小时	.127	.055	.148	-.03	.28
		4~6小时	.137*	.042	.015	.02	.26
合作关系	2小时以内	2~4小时	-.028	.077	.987	-.24	.19
		4~6小时	-.101	.069	.546	-.30	.09
		6小时以上	-.198*	.069	.042	-.39	.00
	2~4小时	2小时以内	.028	.077	.987	-.19	.24
		4~6小时	-.073	.052	.579	-.22	.07
		6小时以上	-.169*	.051	.012	-.31	-.03
	4~6小时	2小时以内	.101	.069	.546	-.09	.30
		2~4小时	.073	.052	.579	-.07	.22
		6小时以上	-.096	.039	.113	-.21	.01
	6小时以上	2小时以内	.198*	.069	.042	.00	.39
		2~4小时	.169*	.051	.012	.03	.31
		4~6小时	.096	.039	.113	-.01	.21
人际交往能力	2小时以内	2~4小时	.062	.081	.901	-.16	.29
		4~6小时	-.040	.073	.961	-.24	.16
		6小时以上	-.179	.072	.105	-.38	.02
	2~4小时	2小时以内	-.062	.081	.901	-.29	.16
		4~6小时	-.101	.055	.331	-.25	.05
		6小时以上	-.241*	.054	.000	-.39	-.09
	4~6小时	2小时以内	.040	.073	.961	-.16	.24
		2~4小时	.101	.055	.331	-.05	.25
		6小时以上	-.140*	.041	.010	-.26	-.02
	6小时以上	2小时以内	.179	.072	.105	-.02	.38
		2~4小时	.241*	.054	.000	.09	.39
		4~6小时	.140*	.041	.010	.02	.26

注：*. 均值差的显著性水平为0.05。

爱美之心人皆有之，追求美、欣赏美是人的本性，但是，一个人拥有正确的审美能力和审美观念却不是天生就有的，需要后天的教育。从根本上讲，美育是一种对人的全面教育，以实现人的全面发展为目标。美育能够培养人们积极向上的健康的审美观念，发展人们鉴赏感受以及创造美的能力，培养人们高尚的道德情操和良好的文明素养。美育对每个人都是非常需要的，小学阶段接受审美教育对于提高孩子的心理健康水平具有不可低估的作用，它将直接影响小学生的亲子关系、合作关系和人际交往能力。

虽然美育越来越受到家长的重视，但是家长对美育的认知和参与仍然不同程度地存在各种问题。家庭是教育的第一课堂，家庭生活、家长行为都对儿童的发展有着较大的影响。父母需要认识到，美育能够强化和提升生理与心理的先天素质，从而激发和释放学生的自然天赋。在良好的美育环境的熏陶下，小学生的天赋会得到更为充分的发展。美育是人文教育与科学教育的复合载体，可以开发人的想象力、创造力，也可以最大限度地降低非智力因素的心理暴力的干扰。瑞士心理学家荣格认为："对于现代社会来说，威胁它的不再是野兽、巨石和洪水，而是某种心理上的暴力。"因此，要充分认识和回避心理能量进行暴力干扰的负面效应。席勒也认为："有促进健康的教育，还有促进鉴赏力和美的教育。这最后一种教育的目的在于培养我们感性和精神力量的整体达到尽可能和谐。"可见，美育不仅可以促进美育和智育的互化，而且也可以提升人的精神境界，重塑人的价值品格，从而全面促进人性的养成。

因此，家庭要注重从小培养孩子对美好事物的理解和欣赏能力，加强他们对美好事物的创造性才能的教育，积极为孩子创造条件，使他们在长期的美的熏陶中，养成良好的审美情趣，培养健康的心理素质。美育有"随风潜入夜，润物细无声"的功能，在家长的高度重视和参与下，孩子将接受更多美的启迪，陶冶情操，完善人格，为将来的成长成才打下坚实的基础。

四 美育对于提升小学生社会功能性的实验研究

在调查研究的基础上,课题组针对美育功能的不同侧面,开展了两个方面的实验研究,主要的研究结果呈现如下。

(一)教育戏剧课程对小学生社会观点采择能力与合作行为的培养

社会观点采择能力和合作行为在儿童社会化过程中起着至关重要的作用。然而社会调查显示,儿童这两项指标的现状不容乐观。诱发上述现象的原因有很多,比如,成长过程中父母的溺爱、独生子女同伴的缺失、学龄期家长和教育工作者对于"智育"的片面重视等,凡此种种均可能导致儿童在克服自我中心、与他人沟通、合作中受阻。针对上述问题,论文聚焦小学生群体展开调查研究,并设计干预性方案,旨在为规避现实弊病,促进儿童健康发展提供可行性方法与路径。目前学界已有的成果多停留在学理论证上,本论文注重研究的实际效能转化,故不乏创新与突破。

在"实施基础教育课程改革,推进素质教育"与"加强和改进学校美育工作"政策背景下,教育戏剧课程逐渐受到了教育工作者的关注与青睐。就近年来以研究教育戏剧课程现实效应为中心的成果而言,大多选择评述课程之于小学生诸如兴趣爱好、审美力、创造性等个人能力的引导与开发价值,针对课程社会性功能的挖掘有待进一步深入。鉴于此,本实验拟立足课程教学实践解决如下问题:(1)测查小学阶段儿童的社会观点采择能力和合作行为的发展现状、趋势及两者间的关系;(2)基于现实问题设计干预性的教育戏剧课程;(3)实施干预课程并进行课程效果验证,为教育戏剧对儿童社会性的培养提供实证支撑。

包括两个研究,研究一通过社会观点采择能力测验故事和"困境决策游戏"实验对一、二年级小学生的社会观点采择能力和合作行为现状及其相互预测关系进行测查;研究二基于研究一结果,从两个年级中各随机选出三个自然班,确定三个班级学生的社会观点采择能力和合作行为前测成绩无显著差异后,分别将其编排为实验组、对照组和空白组实施不同教学方案:实验组学生体验为期十四周的教育戏剧干预课程,对照组学生参加相同课时量的软笔书法课程,空白组学生不参加任何拓展课程。干预结束后,通过三组学生的前、后测成绩对比,验证教育戏剧干预课程对低年级小学生两项指标数值的提升作用,以及在整个动态干预过程中两项指标之间的相互关系。

研究结果发现:(1)教育戏剧干预课程对小学一、二年级学生的社会观点采择能力和合作行为具有显著的提升作用,对二年级学生的提升作用尤为明显。(2)小学生的社会观点采择能力和合作行为随着年级的增长而提升,女生的两项指标显著高于男生;(3)小学低年级学生的合作行为能够显著预测其社会观点采择能力,前者在后者发展过程中发挥着一定的前提、基础作用。

(二)美术类课程对小学生创意自我效能和创造性倾向的影响

21世纪是创新的时代,如何创新,怎样实现创新,终将落实到"由谁来创新"的问题上。换言之,创新之践行有赖于创新性人才的突破与超越,而在创新性人才成长过程中教育一直扮演着核心角色,任重而道远。今天,美术教育作为教育诸多门类中的一种,是公认的以审美育人的有效途径。创意自我效能感(Creative Self-efficacy)作为一种特殊的自我效能,是个体创意行为中的一个重要激励因子,能够持续不断地激励生命个体坚守创意工作的信念,对创造力的发展具有显著影响;创造性倾向(Creative Tendency)是个体对创造性活动所具备的积极心理倾向,是创造性思维的基础。上述两个概念均是创新研究领域近年来的新锐提法,在当代教育界引发广泛关注。鉴于此,借助北京联合大学"高参小"实践项目平台,本文以小学美术类课程为研究对象,考察其对小学生创意自我效能和创造性倾向的影响与作用。

本文针对北京市青年湖小学4~6年级的学生展开调查研究,从中抽取407名学生作为被试,借助创意自我效能量表和创造性倾向量表对被试实施前测和后测，继而凝练美术类课程对小学生创意自我效能感和创造性倾向的影响与作用；探讨小学生创意自我效能感和创造力倾向在人口学变量方面的差异；论证小学生创意自我效能感和创造力倾向的关系。研究结果表明：

（1）小学生创意自我效能感水平以及创造性倾向水平良好；美术类课程对小学生创意自我效能和创造性倾向的提升有着显著影响。

（2）在性别方面，小学生创意自我效能和创造性倾向均不存在显著差异；在是否是学生干部方面，小学生创意自我效能在创意思考策略和创新成品信念因子上存在着显著差异，小学生创造性倾向在挑战性因子上存在着显著的差异；在年级方面，小学生创意自我效能和创造性倾向均存在显著差异。

（3）小学生创意自我效能和创造性倾向具有显著的正向相关关系。

（4）小学生创意自我效能能够部分预测小学生的创造性倾向。创意思考策略能够正向预测冒险性和挑战性；创新成品信念能够正向预测挑战性；抗负面评价也能够正向预测挑战性。

五　关于加强美育工作的对策建议

（一）加强学校美育课程建设，满足家庭需求

开齐开足各门艺术教育课程，因地制宜地开设民俗、戏曲等课程；更要在各门文化课的教学中发掘课程美育资源，将美育渗透到各学科教学的全过程。在学校管理中，文化立校、美育立校，创造条件、开展活动，将师生引导到生动活泼、积极健康的文化艺术活动中去。让师生少一些唯分数论的拼争，更多地感受精神净化和升华的美好和愉悦。做好家庭的教育与协调工作。要通过各种方式，让家长充分认识美育工作的意义，从而理解、支持学校的美育工作，并且创造良好的家庭美育氛围。另外，做好学校美育和社会美育沟通的桥梁。比如让学生走进博物馆、剧场，让戏曲剧团走进校园等。

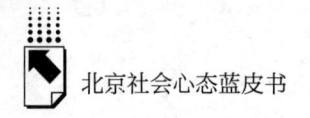

（二）重视美育社会性功能的发挥

我们可以发现将近 60% 的家长是因为想通过美育课程让孩子拥有一个健康的人格。家长认为美育对思想品德、人格品质、人生态度的影响，认识到了美育对德育的辅助功能，即美能辅德。德育与美育之间有着密不可分的关系。它们相互配合、相互补充、相互渗透。但是并不能互相代替，更不能将美育视为德育的一种手段、一种方法。无论就性质来说或是就社会作用来说，美育和德育都是有区别的。就性质来说，德育是规范性教育（行为规范），在规范教育中使人获得自觉的道德意识，美育是熏陶、感发（中国古人所说的"兴""兴发""感兴"），在熏陶、感发中对人的精神起激励、净化、升华的作用。德育主要是作用于人的意识、理性的层面（思想的层面、理智的层面），作用于中国人所说的"良知"（人作为社会存在而具有的理性、道德），而美育主要作用于人的感性的、情感的层面，包括无意识的层面，就是我们常说的"潜移默化"，它影响人的情感、趣味、气质、性格、胸襟等。就社会功用来说，德育主要着眼于调整和规范社会中人与人关系的失序、失范、失礼；美育主要着眼于保持人（个体）本身的精神平衡、和谐与健康。美育使人的情感具有文明的内容，使人的理性与人的感性生命沟通，从而使人的感性和理性协调发展，塑造一种完美和谐的人。那种将美育等同于德育的错误理念，不可避免地会导致美育依附于德育，亦有被德育取代之嫌。

目前政府已正式确立了中国现代的教育方针：德、智、体、美，四者既相互区别又互为补充的，只有这样才能从不同侧面共同促进受教育者人格的全面发展，保持心理世界的健康和谐。虽然对于美育属性的讨论，应立足于其概念范畴本身的逻辑内涵进行演绎分析，但更重要的是结合现代教育制度设计的总体框架，动态性地考察其与其他教育环节之间在实践过程中可能形成的功能性互补关系。无论美育还是与之相关的审美、艺术等概念，其内涵都不是静止的固定不变的，而是随历史文化背景的变化不断地调整着，因此，对于美育之特性和功能的讨论，也应该置于动态性的现实实践关系之中。

(三)加强艺术教育对美育的推动

美育以艺术为基本实施途径,从目前学校审美教育工作的实际看,艺术教育已成为某种意义上的美育的同义语。艺术最根本的特征,就在于它所表现的永远是独一无二的"这一个"。也就是说,艺术代表的是一种个性化的观看世界的眼光,这种眼光去除了日常思维中阻隔在我们与对象之间的普遍性概念的遮蔽,从而有可能更深入完整地感受对象的存在。

对于个性化精神人格的建构来说,要永远将自己的对象定位为"这一个"的艺术创造,无疑是最丰富的营养资源。在世俗生活中,人与人之间的沟通,心灵与心灵之间的情感共鸣,总是会受到这样或那样的客观条件的限制。但在艺术中,在艺术的虚拟情境中,我们超越了现实的利害与限制,有可能全身心地投入到对虚拟情境中种种真实的人物性格的精神情感世界的充分同情之中,有可能最大限度地体会自我之外的另外一个个体的种种悲欢、期冀、忧郁、迷惘、激愤、偏执,体会另外一个个体心灵深处的全部奥秘。可以说,艺术世界所透视的琳琅满目的典型人物画廊,为欣赏者内在个性精神情感的舒展提供了各具特色的形形色色的舞台,借助在这些不同舞台上的友情出演,借助与这些舞台上不同个性角色的倾情对话,我们的人格主体将得到阳光雨露般的养育。受教育者的个性发育、普遍性的社会成员内在精神宇宙的丰富,不仅是整个社会发展的动力源泉,也反过来为艺术家的创作提供了取之不尽的宝藏,成为艺术审美之树常青的有力保障。

(四)加大教育主管部门对美育工作的支持力度

配齐配强美育师资,改变对学校教育"唯分数论"的社会需求,将"育人"作为对教育的根本需求和基本评价标准。要创造良好的美育氛围,杜绝各种粗糙、低俗或者腐朽的"文化"污染社会环境,影响学校美育工作。摈弃"唯分数论"的管理思维,更多地变"检查"为"服务"。如果对学校仍主要进行兴师动众的"检查""评估""验收",就很难避免学校新一轮的"美育造假运动"。教育管理部门应服务好学校美育工作,比如组织、开展各种生动活泼的、有师生广泛参与的活动，积极协调社会、家庭与学校之间的关系，从各方面做学校美育工作的坚强后盾，等等。每个学校领导的主导思想不一样，学校的软硬件不一样，也造成了差异。例如，有的学校领导能够按照国家课时计划标准开全开足美育教育学科，为学生的长远发展奠定一个良好的基础。可是，受到中考指挥棒的影响，很多学校领导少开或在某些年级不开美育课的情况也屡屡出现。同时，学校的教学设施，对能不能有效地推进美育教学也很重要，因为现实中教学环境及设施的差异的确存在。再者，教师教学的积极性和教学能力也很关键。这些都在影响着美育的开展。

美育在中国教育体系的推广是一项长期而艰巨的任务，应重视家校合作，促进美育社会性功能的发挥，重视艺术教育对美育的推动，加大对美育的投入力度，加强美育综合改革，统筹学校美育发展，促进德智体美有机融合。整合各类美育资源，促进学校与社会互动互联，齐抓共管、开放合作，形成全社会关心支持美育发展和学生全面成长的氛围。

参考文献

陈桂霞：《加强学校美育教学，促进学生全面发展》，《艺术教育与研究》2017年第15期，第46~48页。

席勒：《美育书简》，中国文联出版公司，1984，第一版。

聂振斌：《论美育的精神与人文价值》，《美育学刊》2011年第1期，第1~8页。

田虎：《中小学美育的困境与对策》，《现代教育科学》2013年第8期，第115~117页。

蒋新秀、田夏彪：《中小学美育"虚无化"成因及其消解》，《现代中小学教育》2016年第9期，第70~72页。

B.12
城市企业员工心理扭力、抑郁和自伤行为间关系研究

张 杰 刘延峥*

摘 要： 随着生活节奏不断加快，员工压力问题和精神卫生问题备受关注。以往解释压力、抑郁和自杀行为的理论模型均存在局限性。本研究旨在验证扭力（相互冲突的价值观、未实现的愿望、相对剥夺、应对不足）是抑郁和自伤行为的有效预测因素，扭力既可导致自杀，也可通过作用于抑郁导致自杀。通过"问卷星"随机抽取北京市企业职工1051名，采用自编《职工生活环境和工作状况问卷》收集企业职工的人口学、扭力、社会支持、抑郁、幸福感等信息。结果扭力与抑郁显著负相关。愿望扭力、价值观扭力和应对扭力分别是终生自杀意念、过去12个月自杀意念、终生自杀计划的显著危险因素。扭力理论适用于职场，为制定降低心理扭力、增进精神健康的措施提供参考。

关键词： 扭力 抑郁 自杀 工作压力 职业卫生

一 研究背景

根据北京市第三次全国经济普查数据表明，截至2013年底，企业有

---

* 张杰，中央财经大学社会学系特聘教授，博士生导师，纽约州立大学布法罗分院终身教授；刘延峥，山东大学卫生学院社会医学与卫生事业管理专业在读博士。

591815家，其中企业职工9403640人，占期末从业人员总数的84.6%[1]。企业在市场经济的主体地位越来越重要，日益成为吸纳就业的主要渠道；企业职工也越来越成为参与经济活动和劳动力市场的重要组成部分。

企业是市场活动的主体，企业自身的存在和发展，不仅关系到自身市场地位和竞争能力的强弱，也关系到社会主义市场经济的进一步发展。企业员工是企业实现技术进步，提高企业现代化管理水平，提升企业服务质量和经济效益的主要参与者和生力军。企业与员工是相辅相成、共同成长的关系。对个人而言，企业是施展才华、实现个人抱负的舞台；对企业而言，企业的发展源于每个员工的劳动和创造，员工实现自我价值的过程就是企业蓬勃发展的过程，二者相互推动，共同进步。但面临着快速的生活节奏和较大的生活与工作双重压力，员工的身心健康问题日益突出。2009年，对我国北京等六省市的职业人群调查显示，城市职业人群的抑郁和焦虑较为严重，而获得社会支持较差[2]。一个组织的员工心理健康不佳的影响包括旷工和保险索赔的增加，以及生产力和工作绩效的降低[3,4]。其中最为典型的例子便是著名民营企业"富士康"员工"十六跳"事件，自从2010年1月至2014年1月的四年间，"富士康"企业连续发生16起员工跳楼身亡事件，廊坊和重庆"富士康"企业也发生过员工自杀未遂事件，这些引起了社会各界乃至全球的关注。不仅如此，国企通信巨头"华为"发生过员工楼道内自缢身亡和跳楼身亡悲剧，企业的形象受到重大打击。除了员工，自1980年以来，我国有1200多名企业家因为各种心理障碍走上了自杀的道路[6]。不仅在我国，发达国家也屡屡出现企业员工自杀事件。2003~2010年，美国有1719人在工作场所自杀，2007年后自杀率急剧增长，并且男性、65~74岁，从事保卫、农牧业自杀率最高[7]。2014年澳大利亚有903名员工死于自杀，2303人自伤导致完全丧失工作能力[8]。法国电信是法国最大的企业和全球第四大电信运营商，该公司在2008~2011年有69名员工自杀，41人自杀未遂[9]。人们不禁要问，为何这些著名的民族企业频频出现员工死亡事件？员工的自杀到底与企业有没有直接的关系？自杀员工的心理为何如此脆弱？对于心理弱势的员工该如何进行拯救？怎样避免类似的悲剧再次发生?一般来说,自杀包括自杀意念、自杀未遂、自杀完成三个阶段。国内外的研究均证实抑郁是自杀最重要的危险因素之一。研究自杀特征并从根本上掌握自杀的根本原因,对防止再次自杀,降低自杀率有重要意义。本研究的主要目的就是通过运用"自杀的扭力理论"对企业员工抑郁及自伤行为关系进行研究,探求事件背后的原因。

二 前人研究综述

(一)国内外企业职工心理健康、抑郁与自杀研究

在国外,已经有大量证据证实,充满压力的工作环境可以导致员工情感障碍、心理障碍和适应不良行为的发生,最严重的行为就是自杀。职场人群最常见的精神障碍有抑郁、物质滥用、焦虑、工作压力,并且这些障碍常常共存[10]。工作压力是抑郁、焦虑甚至自杀意念的最常见原因[11]。国外学者描述压力较多地使用 Work Stress,Job Strain,Work Strain 来描述企业员工的心理健康。工作压力与抑郁(抑郁症,抑郁症状,重度抑郁发作等)密切相关[12-14]。需求—控制模型、付出—回报失衡模型和工作—家庭冲突模型常用于职业人群健康研究[15]。工作控制与抑郁[16],付出—回报失衡与抑郁[16-18],工作—家庭冲突与抑郁[19]均密切相关。工作压力,付出—回报失衡和工作—家庭冲突既可以单独预测抑郁,也可以综合作用于抑郁。工作压力越高,付出—回报失衡、工作—家庭冲突与抑郁之间的显著性越强[15]。除此之外,低社会支持[20,21]、令人厌恶的人际关系[20]、职场欺凌[22]、角色压力(Role Strain)、家庭和工作中的剥夺感[23]等都是精神障碍的危险因素。前瞻性研究也表明了职业因素与情绪障碍(抑郁和自杀)的关系[24]。

在影响员工自杀行为的因素方面,有学者提出了与工作相关的自杀[25]的概念,并且与工作有关的自杀涉及有压力的工作、生活条件和个体脆弱性之间的相互作用[26]。澳大利亚一项研究发现,在642起与工作相关的自杀事件中,55%是由于工作压力,包括业务困难,失业/裁员,与同事或上司

的冲突等，其中抑郁和物质滥用是两个预测与工作相关的自杀的最重要的危险因素[25]。职业压力可带来精神障碍如抑郁、焦虑甚至自杀行为[27,28]。即使没有精神病诊断，不利的工作条件也导致自杀风险水平升高[29]。除此之外，工作单调会增加自杀死亡风险，低社会支持会增加自杀未遂风险[30]。而良好的同事关系可以减少自杀意念和自杀行为[26]。上述研究如付出—回报失衡与相对剥夺扭力具有相同之处，但只是从某个单一的压力或扭力分析抑郁与自杀现象，从某个角度来看，这只是扭力的某种表现形式，个体会有多种扭力体验存在，我们需要把尽可能多的扭力考虑在内。

相比企业员工的自杀现象，国内很多学者对企业员工的心理健康状况研究较多，这些研究多采取横断面研究方法，关注企业人群的心理健康状况及影响因素[31~33]，也有企业员工工作压力与健康的研究[34~37]。这些研究中普遍测量了员工的抑郁状况，但自杀研究很少。而对企业员工的自杀研究中，常集中于某一因素与自杀，如职业倦怠与自杀意念[38]等；较多的研究是在富士康员工"N连跳"事件后爆发的，但大多数研究是分析自杀背后的原因[39~42]，自杀干预的建议[40,43~45]。值得注意的是，也有少量研究是从某个理论视角分析企业员工自杀现象，尤其是富士康员工的自杀事件，如心理学角度[46]、社会—组织—个体水平的"动机—生命意义模型"[47]、组织学[48]、经济学[49]、博弈论[50]等。综合来看，上述研究对企业员工的自杀研究多是分析表面原因，或从某个单一的特殊角度阐述背后的根源，没有尽可能多地考虑多种因素的综合影响。

综合来看，国外对企业员工心理健康研究比国内多，但对企业员工抑郁等精神状况研究却具有相似性，即在找出某种影响因素。虽然有的学者试图从某种理论或模型去解释企业员工的抑郁和自杀现象，但却不具有普遍性。抑郁或是自杀行为在国内仍然属于一个较为隐私和禁忌的话题，大量的小样本研究也仅仅使得我们了解了更多的压力来源和危险因素。本研究引入全新的扭力理论，既是为了证明该理论同样适用于城市企业职工群体，更是为了证明集社会学、心理学于一体的扭力理论来解释抑郁、自杀与扭力之间的深层关系，为广大学者和有关部门提供参考和借鉴。

（二）理论依据

为克服以往理论研究的不足，张杰教授引入了"扭力"或"不协调压力"的概念[51]。以往的社会学家如 Durkheim 的社会整合理论，Merton 的越轨行为的社会失范理论和 Agnew 的普通压力理论等为自杀的扭力理论的建构有所启示。扭力即不协调的压力，与简单的压力不同，压力只是一种单向的现象，只要有一个"压力源"即可产生压力，而扭力的形成至少包含两种相互冲突或对立的压力源或社会体验，类似于认知不协调的形成。扭力是导致自杀和精神疾病的重要原因。作为认知上的不协调，压力是一种心理上的挫折感，甚至是痛苦，个人必须找到解决的途径来缓解它。但事实上，压力不协调要比认知不协调更严重、更让人沮丧、威胁性更强，极端的解决方法就是自杀或者发展成精神疾病。

扭力理论认为至少有四种相互独立而又彼此关联的扭力：相互冲突的价值观、愿望与现实的不一致、相对剥夺、危机和应对危机技能的缺乏。①相互冲突的价值观。当两种相互抵触的社会价值观或者观念在个人的日常生活中不断被体验到，并且不断被内化和强化时，个人就会体验到价值观方面的扭力。两种相互抵触的社会因素就是内化为个体价值观系统并相互冲突的两种信念。如果个体在生活中把两种相互抵触的价值观或观念同等看待的时候，就会体验到不协调的压力；如果个人认为其中一种价值观比另一种价值观更为重要的时候，就不会产生不协调压力。当两种不同的价值观存在但没有被个体内化或强行接受时，不协调压力也不会产生。例如，有些女性一方面相信男女平等的观念，但同时又被传统儒家文化中包含的性别歧视所浸染，当她既希望男女平等，同时又认为女性应该遵从男性时，两种观念就会产生冲突，就有可能产生扭力。②愿望与现实的不一致。如果个人的愿望或高目标期待与其必须面对的现实之间有较大差距的时候，个人就会体验到愿望扭力。这就有两个相互冲突的社会体验：一是个人美好的理想或目标，二是可能阻碍其获得目标的现实存在。比如，人们一方面期望得到平等的机会和待遇，但另一方面，残酷的现实是生活中存在很多不平等，当这种希望与现实之间存在较大差距时，就会产生扭力。③相对剥夺。当处于极度贫困中的人发现与自己背景相同或相似的人却过着优越的生活的时候，这个人就会体验到相对剥夺的压力。在这种情况下，相互冲突的社会现实是：个人不幸的生活困境与知觉到的他人的富裕。如果一个人住在贫困地区，大家一样都一无所有，他/她未必会感到痛苦或者被剥夺。然而，如果这个人了解到和他/她同样的人却生活更富裕，他/她就会感到被剥夺，因此情绪低落。在一个经济上穷人和富人处于两极分化严重，而地理位置上却比较接近的社会中，人们更有可能感到这种贫富悬殊或相对剥夺。知觉到的相对剥夺越多，压力就越大。俗话说"人比人，气死人"，说的就是这种情况。④危机与应对危机技能的缺乏。面对人生中的危机，如果缺乏应对手段，不知所措或者应对不当，他们就会体验到危机和应对手段缺乏所带来的压力。生活中的危机与适当的应对方法形成了相互冲突的社会因素。单纯经历一种危机只可能会产生普通压力，而不会形成扭力；只有对那些缺乏应对技能的人来说，他们才会体验到不协调的压力。应对经验和技能越少，当危机发生时压力就会越强。比如，某些人出现了损失财产、失去地位、丢面子、离婚、失去爱人等危机时，由于不知道如何应对这些负面生活事件，就可能产生严重的不协调压力。

在不协调的压力导致自杀行为的路径中会受到社会和心理因素的调节，及心理病理因素的干预或强化。由于这两个中间因素的存在，多数体验到不协调压力的人群并没有选择自杀。社会和心理调节因素包括家庭背景、受教育程度、经济生活状况、宗教信仰、社会地位以及个性（包括冲动性格）。不协调压力与自杀之间可能被社会整合、社会调节以及诸如个性的心理的因素所缓解。如果个人在家庭、学校、工作等诸方面的社会体制中有良好的整合，即使面临较大的不协调压力时自杀的风险也会比较低。社会和心理调节因素应该先于不协调压力和自杀行为的关系而存在。心理病理学的干预或强化因素包括物质滥用和酗酒在内的精神错乱、焦虑、绝望感、抑郁症和其他精神疾病的诊断，是发生在不协调压力与自杀行为之间，同时是前者的结果和后者的原因。干预是对症状的抑制或治疗从而降低自杀的可能，而强化则是加重症状的发展进而加大自杀的可能。

运用一种简约的理论去解释中国特殊文化背景下的自杀现象,因此自杀的扭力理论开辟了一个新的方向。扭力理论前期经过了农村自杀死亡者[52,53]和自杀未遂者[54,55]及大学生群体[56]的实证研究,证明自杀行为确实与四种扭力中的几种或全部有直接关系,但尚未在城市企业员工群体进行过实证研究。更重要的是,中文版和英文版的扭力量表经过验证,具备良好的信度和效度,可以在实证中进行应用[57,58]。这些为我们进行本研究提供了必要基础。

三 研究过程

(一)调查对象

本次研究的调查对象为北京市企业正式员工,不包含实习生;年龄为18~65岁。

(二)调查方式

本次研究委托第三方"长沙冉星信息科技有限公司"(以下简称"问卷星")收集数据。"问卷星"是国内知名的中文在线问卷调查平台,成立于2006年。创立11年来,"问卷星"积累了广泛的用户基础。与传统调查方式和其他调查网站或调查系统相比,"问卷星"具有快捷、易用、低成本的明显优势,已经被大量企业和个人广泛使用。课题组负责人张杰教授与"问卷星"双方在平等协商基础上签订了"问卷星样本服务协议",按照合同要求,由"问卷星"向本课题组有偿提供符合数量和质量要求的调查问卷。

(三)调查内容

本次研究采用课题组自制问卷《城市企业员工生活环境和工作状况问卷》(见附录)。在前期大量研究经验和文献回顾的基础上,课题组初步编

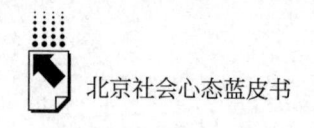

制了调查问卷初稿，后经多次修改和完善，最终形成《城市企业员工生活环境和工作状况问卷》。该问卷主要包含以下十部分内容：

1. 社会人口学特征：包括性别、年龄、教育程度、婚姻状况、岗位类别、职称、工作时间、政治面貌等。

2. 宗教信仰：包括宗教信仰种类、参加宗教仪式的频率等。

3. 心理扭力：采用张杰教授及其团队的《心理扭力量表》，该量表包括四个分量表：价值观扭力量表、愿望扭力量表、相对剥夺扭力量表和应对扭力量表。

4. 自尊状况：评价调查对象关于自我价值和自我接纳的总体感受。

5. 社会支持状况：评价调查对象的社会支持程度、强调个体对社会支持的主观体验。

6. 抑郁水平状况：评价调查对象当前抑郁症状的频度、着重于其抑郁情境或心境。

7. 自杀行为及态度：包括自杀意念、自杀计划、自杀未遂及对自杀合理性的态度等。

8. 幸福感：测量调查对象的主观幸福感或幸福程度。

9. 生活满意度：测量个体基于自身设定的标准对生活质量做出的主观评价。

10. 时间流逝感：测量个体对过去时间流逝快慢的感知。

（四）调查工具

1. 心理扭力量表

根据自杀的扭力理论，张杰教授及其研究团队编制了《心理扭力量表》（Psychological Strain Scale，PSS），包括四个分量表：价值观扭力量表、愿望扭力量表、相对剥夺扭力量表和应对扭力量表，分别测量个体的价值观扭力、愿望扭力、相对剥夺和应对扭力。每个量表采用Likert 5级评分，从"非常不同意"到"完全同意"，每个分量表计算总分即为该扭力得分，四个分量表得分之和即为扭力总分。得分越高，个体所经受的心理扭力越强，自杀的风险也就越高。中文版[57]和英文版[58]扭力量表在实证研究中均证实具有较好的信度和效度。

2. 自尊量表

采用 Rosenberg 于 1965 年编制的自尊量表（Rosenberg Self-esteem Scale, RSES）[59]，该量表用来评价个体关于自我价值和自我接纳的总体感受，是目前我国心理学界使用最多的自尊测量工具。自尊是通过社会比较形成的，是个体对其社会角色进行自我评价的结果。自尊不仅表现为自我尊重和自我爱护，还包含要求他人、集体和社会对自己尊重的期望。低自尊或自尊不足的人具体表现为两种行为和态度：一种是自伤性行为或态度，主要指向自我。其表现有自暴自弃、自怨自艾、自哀自怜、自轻自贱等，甚至可能放弃生命，自绝于世；另一类是自恋式或自我中心的行为与态度，主要指向他人与环境。自尊与总体健康和幸福感均有密切关系[60]。自尊量表由 10 个条目组成，分四级评分，1 表示很不符合，2 表示不符合，3 表示符合，4 表示非常符合，受试者只需直接报告量表的这些描述是否符合他们自己。其中 2，5，6，9 需要反向计分。考虑到中西方文化差异，将第 8 题改为正向计分[61]。总分即为各项分数之和，总分范围是 10~40 分，分值越高，自尊程度越高。根据研究和选项分类的不同，自尊量表总分有时也为 0~30，即 0 表示很不符合，30 表示非常符合。

3. 领悟社会支持量表

采用 Zimet 等编制的多维领悟社会支持量表（Multidimensional Scale of Perceived Social Support，MSPSS）测试个体的社会支持程度[62]，强调个体自我理解和自我感受的社会支持。本量表共 12 个条目，包括家庭支持（条目 3，4，8，11）、朋友支持（6，7，9，12）和其他支持（1，2，5，10）三种来源，每种支持来源包含 4 个条目。本量表为 Likert 7 级评分，选项从 1 表示极不符合过渡到 7 表示极其符合。社会支持总分由三个指标的分数相加而成，分数越高，个体感受得到的社会支持程度越高。该量表可用于测量中国人群的心理幸福感[63]。

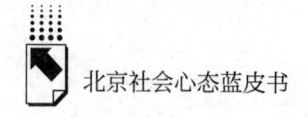

4. 流调中心用抑郁量表

流调中心用抑郁自评量表（Center for Epidemiologic Studies Depression Scale，CES-D）[64]，是为评价受试者最近一周内抑郁症状的频率而设计的，该量表不能用于临床，也不能用于对治疗过程中抑郁严重程度变化的监测。CES-D 测量内容包括抑郁情绪、积极情绪、躯体症状与活动迟滞和人际关系困难四个因素。本量表共有 20 题，其中 4 个为反向计分（条目 4，8，15，20）。为增加调查对象抑郁症状的差异性，本研究将原量表的四级评分（0 表示少于 1 天，1 表示 1~2 天，2 表示 3~4 天，3 表示 5~7 天）扩展为 8 级评分，0~7分别表示个体过去一周出现该情况的天数。总分为 0~140 分，分数越高，抑郁出现的频度越高。

5. 自杀行为

采用 National Comorbidity Survey（NCS）基线调查中的自杀模块测量被试者的自杀意念，自杀计划和自杀企图。NCS 基线调查是美国 1990 年 9 月至1992 年 2 月针对 8098 名 15~54 岁受访者进行的一次全国性调查。它的目的是基于修订后的《精神疾病诊断与统计手册》第三版（DSM-III，或 DSM-III-R）中最新的疾病分类来评估精神疾病。自杀行为由复合性国际诊断交谈的自杀模块予以评估[65]。该模块包括对自杀意念、计划和企图的终生发生率和过去一年发生率进行评估。答案包括"是"和"否"。对于有自杀企图的还需评估其自杀意图，包括三个描述语句：①您确定要自杀，但只是运气不好，没有成功；②您试图自杀，但您知道那种方法不行；③您企图自杀是渴求关注或帮助，而不是想死。为了区分自伤行为，只有选择陈述 1 或 2 的才被认为是自杀未遂（计 1 分），选择陈述 3 的被认为是自杀姿态（计 0 分）[66,67]。我们曾在中国农村和大学生中使用 NCS 测量自杀行为[68,69]。另外，我们增加了调查对象对他人自杀行为的看法来评价个体对自杀的态度。

6. 主观幸福感

幸福感是人类基于自身的满足感与安全感而主观产生的一系列欣喜和愉悦的情绪。本研究采用 Campbell 等人于 1976 年编制的幸福感指数量表

(Index of Well-being），用来测量受试者目前的幸福程度（Subjective Measures of Well-being）[70]。该量表包括两个部分：总体情感指数（Index of General Affect）和生活满意度指数（Index of Life Satisfaction）。前者包括 8 个条目，权重为 1，它们从不同的角度描述了情感的内涵；后者仅有 1 项，权重为 1.1。每个条目均为 7 级计分。幸福感总分为总体情感指数量表的平均得分与生活满意度指数的得分之和。其范围是 2.1～14.7 分。总分越高，个体主观幸福感越强。为便于后续统计分析和表述，研究中需要先将各选项反向计分，如条目 9 中 1 表示十分不满意，7 表示十分满意，其他以此类推。幸福感指数与抑郁、焦虑之间的负相关均达到显著水平[71]。

7. 生活满意度量表

生活满意度（Life Satisfaction）是指个体基于自身设定的标准对生活质量做出的主观评价，是衡量某一社会人们生活的重要参数。作为认知因素，它影响着个体的情绪体验，从而影响到个体生活目标的定位和行为追求的取向，对个体乃至社会都会产生重要影响。本研究中采用 Diener 于 1980 年编制的生活满意度量表（Satisfaction With Life Scale，SWLS）[72]。该量表包含 5 个条目，采用 Likert 7 级计分法，其中"强烈反对"计 1 分，"极力赞成"计 7 分。得分越高，生活满意度越高。该量表在大陆人群具有较好的心理测量学特征[73,74]。

8. 时间流逝感

个体体验到的时间流逝速度与情绪密切相关。一般来说，人们感觉时间过得很快，他们往往感觉到更快乐；相应地，当个体处于痛苦或悲伤时，往往会感觉度日如年[75,76]。国内也有学者研究过时间流逝感与情感之间的密切关系[77,78]。基于此，课题组通过询问被调查者对过去时间感知（如每一天、每个周、每个月、每一年和这一生）过得快或慢来评价个体的情绪。该自制量表包括 5 个条目，采用 Likert 7 级评分，总分越高，感知到时间流逝越快，越容易感觉到幸福或满意。

（五）质量控制

本次网上数据收集和回收的质量控制流程如下：

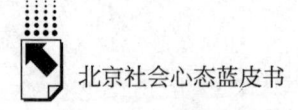

1. 定向投放：根据人口的社会学属性，如性别、年龄、工作经历、学历等，"问卷星"定向将问卷推送给用户。

2. 筛选控制：根据合同要求，设置筛选题目。通过设置筛选题目，判断参与者身份状态。

3. 填写控制：包括系统与人工处理，保障数据质量。包括IP地址、同一电子设备、陷阱题、填写问卷时间控制、相似度检测和人工抽检等。

4. 数据核查："问卷星"回收问卷交付后，课题组成员逐一对数据库格式，是否完整，有效性等再次检查。

（六）数据分析

本研究采用专业统计分析软件SPSS（Statistical Product and Service Solutions）录入和分析数据。对于定量资料，主要采取t检验，单因素方差分析（包括事后两两比较），相关分析，偏相关分析；对于分类资料，主要采取卡方检验和秩和检验。对于结果变量为二分类的资料，如自杀意念、自杀计划等，采取二分类Logistic回归分析预测自杀行为的因素；对于结果变量为连续性资料，如自杀倾向，采用多重线性回归分析预测自杀倾向的因素。运用SPSS软件中process插件进行中介效应分析，验证抑郁在扭力与自杀意念之间的中介效应。本次研究中以$p<0.05$为差异具有统计学意义。两两比较检验需调整检验水准$p=0.05/$检验次数。

四 结果分析

（一）心理扭力量表及其他量表在城市企业职工的信度检验

信度检验表明，五个价值观扭力分量表的克朗巴哈系数（Cronbach's Alpha）均大于0.800，心理扭力量表为0.968。分半信度系数（Guttman Split-Half Coefficient）也均大于0.800，其中心理扭力量表为0.894。这表明扭力量表在城市企业职工人群中具有较好的信度和内部一致性，详见表1。

本研究中应用的其他量表的信度检验如下：自尊量表（Cronbach's α = 0.801）、社会支持量表（Cronbach's α = 0.943）、抑郁量表（Cronbach's α = 0.937）、幸福感指数量表（Cronbach's α = 0.946，其中总体情感指数分量表 Cronbach's α = 0.954）、生活满意度量表（Cronbach's α = 0.913）、时间流逝感量表（Cronbach's α = 0.937）。

表1 心理扭力量表在城市企业员工人群应用的信度检验

量表	Cronbach's 系数	Guttman Split-Half 系数
价值观扭力分量表	0.896	0.872
愿望扭力分量表	0.926	0.885
相对剥夺扭力分量表	0.924	0.860
应对扭力分量表	0.923	0.886
心理扭力量表	0.968	0.894

（二）北京市城市企业员工一般社会人口学特征分析

本次"问卷星"在网络平台共收集1088份问卷，其中有效问卷1051份，有效率为96.6%。本次调查的城市企业员工年龄在17～68岁，平均年龄为36.48岁；已婚员工的配偶年龄在17～66岁，平均年龄为38.84岁。女性员工较多，占56.3%（592/1051）；学历以本科及以上为主，占66.6%（700/1051）；78.4%的员工已婚（824/1051）；在已经有过婚史的824人中，61.0%的职工有一个孩子；在从事的岗位中，以专业技术岗位为主，占45.6%，其次是行政管理岗位，占38.9%；近一半是初级甚至无职称（520/1051）；45.1%的职工每周工作时间在41～50小时（474/1051），其次是少于40个小时（33.9%）；政治面貌以普通群众为主，其比例超过一半（51.7%，543/1051），但也发现近三成的职工是中共党员；认为自己是教徒的仅占5.9%（62/1051），详见表2。

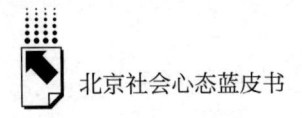

表2 北京市城市企业职工一般社会人口学特征分析

分组标志	变量	频数(百分比)
性别	男	459 (43.7)
	女	592 (56.3)
年龄		36.48±8.06
配偶年龄		38.84±7.44
教育水平	本科以下	351 (33.4)
	本科及以上	700 (66.6)
婚姻状况	已婚	824 (78.4)
	未婚	227 (21.6)
子女数量	无	73 (6.9)
	1个	641 (61.0)
	2个	98 (9.3)
	3个及以上	12 (1.1)
岗位类别	行政管理	409 (38.9)
	专业技术	479 (45.6)
	工勤技能	163 (15.5)
职称	初级及以下	520 (49.5)
	中级	168 (16.0)
	高级	363 (34.5)
每周工作时间	40小时以下	356 (33.9)
	41~50小时	474 (45.1)
	51~60小时	148 (14.1)
	61~70小时	37 (3.5)
	70小时以上	36 (3.4)
宗教信徒	教徒	62 (5.9)
	非教徒/无神论者	631 (60.0)
	不知道	358 (34.1)

表3是城市企业职工不同扭力及其他精神心理因素得分情况。可以看出，高达22.0%（231/1051）的企业职工曾出现过自杀意念，而过去一年内自杀意念的发生率也高达14.7%。相比之下，真正有自杀计划和自杀未遂的人数较少，过去一年曾制订过自杀计划和自杀未遂的仅有4.0%（42/1051）和1.1%（12/1039）。在对自杀的合理性态度上，有30.5%（321/

1051）人对他人的自杀持"非常不合理"的态度，可见企业员工并不接受自杀。其次是14.3%的（150/1051）人保持中立。仅有6.6%（69/1051）人认为他人的自杀"总是合理的"。

表3 北京市城市企业职工心理因素及自杀行为状况分析

变量		平均数±标准差/频数（百分比）
价值观扭力		23.94±8.02
愿望扭力		24.47±8.66
相对剥夺扭力		23.28±7.90
应对扭力		21.90±7.36
心理扭力		93.60±28.21
自尊		29.93±3.94
社会支持		60.81±11.87
幸福感指数		10.55±2.72
生活满意度		21.58±6.63
时间流逝感		27.64±6.59
抑郁		25.22±23.39
自杀意念		
终生自杀意念发生率	是	231（22.0）
	否	820（78.0）
过去12个月自杀意念发生率	是	155（14.7）
	否	896（85.3）
自杀计划		
终生自杀计划发生率	是	60（5.7）
	否	991（94.3）
过去12个月自杀计划发生率	是	42（4.0）
	否	1009（96.0）
自杀未遂		
终生自杀未遂发生率	是	37（3.5）
	否	1014（96.5）
过去12个月自杀未遂发生率	是	1（0.0）
	否	1050（99.9）
自杀的合理性		中位数=3，$P_{25}=1$，$P_{75}=6$

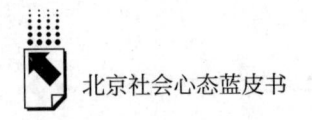

(三)扭力在一般人口学特征的分布

从表4可以看出,价值观扭力在性别、教育水平、婚姻状况、每周工作时间和宗教信徒分布差异具有统计学意义。男性,本科以下和未结过婚的企业职工具有较高的价值观扭力（$p<0.01$）。两两比较发现,员工家中有3个及以上孩子的要比没有孩子（均差 = -6.545, p = 0.007）、一个孩子（均差 = -5.156, $p=0.032$）的家庭价值观扭力更大。每周工作时间在70小时以上的职工要比每周工作时间小于40小时（均差 = -3.799, $p=0.007$）、工作41~50小时（均差 = -3.039, p = 0.028）和工作51~60小时（均差 = -3.314, $p=0.026$）的职工扭力更高。教徒要比非教徒/无神论者的价值观扭力大（均差 = 3.081, $p<0.05$）,而非教徒/无神论者要比不确定自己是否教徒的人价值观扭力要小（均差 = -2.370, $p<0.001$）。

男性员工和本科以下学历的员工愿望扭力更大。两两比较的结果表明,行政管理岗位的员工比工勤技能岗位的员工（均差 = -2.029, $p=0.011$）,非教徒/无神论者要比不确定自己是否为教徒的人价值观扭力要小（均差 = -1.725, $p=0.005$）。

对于相对剥夺扭力,男性员工,本科学历以下和未婚员工感到该扭力更大。在不同岗位中,从事工勤技能岗位的员工比行政人员（均差 = -2.619, $p<0.001$）和专业技术人员（均差 = -1.614, $p=0.024$）相对剥夺扭力更大。不确定自己是否为教徒的员工要比非教徒/无神论者相对剥夺感更强（均差 = 1.721, $p=0.003$）。

在应对扭力方面,本科以下学历和未婚员工感受到更多。两两比较发现,工勤技能人员的应对扭力比行政人员（均差 = -2.021, $p=0.003$）更大。同样,不确定自己是否为信徒的员工比不是信徒的员工感受到更大应对扭力（均差 = 1.690, $p=0.001$）。

将四种类型的扭力计算总和,进一步分析总的心理扭力在人口学特征的分布情况。结果表明,本科以下学历的企业职工心理扭力更强。两两比较分

城市企业员工心理扭力、抑郁和自伤行为间关系研究

表 4 四种不同类型扭力在一般人口学特征中的分布

变量		价值观扭力 平均数±标准差	t/F 值	P 值	两两比较结果	愿望扭力 平均数±标准差	t/F 值	P 值	两两比较结果
性别	男	24.89±8.34	3.386	0.001		25.25±8.85	2.232	0.026	
	女	23.21±7.69				23.95±8.48			
教育水平	本科以下	25.48±7.56	4.452	<0.001		25.86±8.25	3.774	<0.001	
	本科及以上	23.17±8.14				23.78±8.78			
婚姻状况	曾结过婚	23.58±7.95	-2.743	0.006		24.22±8.55	-1.805	0.071	
	未结过婚	25.23±8.16				25.39±8.99			
子女数量	无(1)	22.21±6.29	4.986	0.004	(1),(2)<(4)	22.44±7.82	1.462	0.223	
	1个(2)	23.59±8.00				24.49±8.61			
	2个(3)	23.92±8.73				23.68±8.72			
	3个及以上(4)	28.75±5.23				25.33±7.92			
岗位类别	行政管理(1)	23.52±8.12	2.488	0.084		23.92±8.52	3.220	0.040	(1)<(3)
	专业技术(2)	23.88±7.96				24.44±8.83			
	工勤技能(3)	25.17±7.87				25.95±8.38			
职称	初级及以下	23.77±7.78	0.226	0.798		24.48±8.34	0.148	0.862	
	中级	24.07±8.21				24.17±8.68			

311

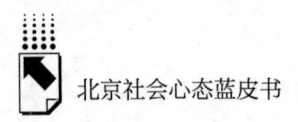

续表

变量	价值观扭力 平均数±标准差	t/F值	P值	两两比较结果	愿望扭力 平均数±标准差	t/F值	P值	两两比较结果
高级	24.12±8.28				24.61±9.10			
每周工作时间		2.500	0.041	(1)<(5),(2)<(5),(3)<(5)		1.524	0.193	
40小时以下(1)	23.31±7.74				24.07±8.47			
41~50小时(2)	24.07±7.86				24.76±8.37			
51~60小时(3)	23.80±8.38				23.74±9.52			
61~70小时(4)	25.78±8.93				25.08±9.24			
70小时以上(5)	27.11±9.66				27.19±9.62			
宗教信徒		12.223	<0.001	(1)>(2),(2)<(3)		6.044	0.003	(2)<(3)
教徒(1)	26.03±9.60				26.48±10.52			
非教徒/无神论者(2)	22.95±7.94				23.72±8.68			
不确定(3)	25.32±7.61				25.45±8.12			

变量	相对剥夺扭力 平均数±标准差	t/F值	P值	两两比较结果	应对扭力 平均数±标准差	t/F值	P值	两两比较结果
性别		4.390	<0.001			1.287	0.198	
男	24.49±8.16				22.23±7.62			
女	22.35±7.57				21.64±7.16			
教育水平		4.590	<0.001			3.066	0.002	
本科以下	24.85±7.71				22.85±6.97			
本科及以上	22.50±7.88				21.42±7.51			
婚姻状况		-1.975	0.049			-2.433	0.015	
曾结过婚	23.01±7.65				21.59±7.15			

续表

变量	相对剥夺扭力 平均数±标准差	t/F值	P值	两两比较结果	应对扭力 平均数±标准差	t/F值	P值	两两比较结果
未结过婚	24.26±8.68				23.02±8.00			
子女数量		1.856	0.136			1.268	0.297	
无	21.60±7.05				20.26±6.24			
1个	23.20±7.63				21.68±7.05			
2个	22.44±7.94				21.73±7.94			
3个及以上	26.25±9.06				23.75±10.48			
岗位类别		6.614	0.001	(1),(2)<(3)		4.481	0.012	(1)<(3)
行政管理(1)	22.42±7.83				21.25±7.52			
专业技术(2)	23.42±7.92				21.99±7.14			
工勤技能(3)	25.04±7.75				23.27±7.47			
职称		0.115	0.891			0.185	0.831	
初级及以下	23.17±7.79				21.79±7.19			
中级	23.30±8.05				21.83±8.18			
高级	23.43±8.01				22.09±7.23			
每周工作时间		1.570	0.180			2.020	0.089	
40小时以下	22.74±7.71				21.68±7.21			
41~50小时	23.57±7.62				22.25±7.47			
51~60小时	22.80±8.74				21.07±6.82			
61~70小时	24.89±9.00				24.16±8.75			
70小时以上	25.08±8.24				20.50±7.61			
宗教信仰		5.620	0.004	(2)<(3)		6.372	0.002	(2)<(3)
教徒(1)	23.73±9.49				22.39±9.55			
非教徒/无神论者(2)	22.63±7.69				21.26±7.13			
不确定(3)	24.35±7.86				22.95±7.23			

析结果得出，在三类岗位中，工勤技能人员的心理扭力更强。不确定自己是否为教徒的员工（骑墙派）扭力也比非教徒强，详见表5。

表5 心理扭力在一般人口学特征的分布

变量	平均数±标准	t/F 值	P 值	两两比较结果
性别		3.210	0.001	
男	96.75±29.11			
女	91.15±27.26			
教育水平		4.634	<0.001	
本科以下	99.04±25.98			
本科及以上	90.86±28.89			
婚姻状况		-2.606	0.009	
曾结过婚	92.41±27.62			
未结过婚	97.90±29.91			
子女数量		1.934	0.122	
无	86.51±22.81			
1个	92.96±27.88			
2个	91.78±29.00			
3个及以上	104.08±24.80			
岗位类别		5.116	0.006	(1),(2)<(3)
行政管理(1)	91.11±28.59			
专业技术(2)	93.74±28.30			
工勤技能(3)	99.42±26.17			
职称		0.147	0.863	
初级及以下	93.21±26.81			
中级	93.37±29.89			
高级	94.25±29.39			
每周工作时间		1.664	0.156	
40小时以下	91.80±27.38			
41~50小时	94.65±27.77			
51~60小时	91.41±29.79			
61~70小时	99.92±32.47			
70小时以上	99.89±29.69			
宗教信仰		9.326	<0.001	(2)<(3)
有(1)	98.63±33.82			
无(2)	90.56±28.00			
不确定(3)	98.07±26.83			

（四）不同出生年代的企业职工扭力及抑郁分析

近年来，我国的自杀率有所下降。近期的研究表明，自杀率随着年龄增长而增加[79,80]，出生并成长于改革开放后的新生代员工在经济社会转型期的自杀现象亟须受到重视[47]，因此我们根据企业员工的出生年代，比较不同年代的员工之间是否体验到的扭力有所不同。本研究中主要以"80后"员工为主，占43.6%（458/1050），其次是"70后"（34.5%，362/1050），最少的是"50后"，仅占1.3%（14/1050）。"80后"和"90后"员工合计占57.0%（599/1050）。由于"50后"和"60后"人数较少，为便于分析，我们把"50后"和"60后"员工合并为"60后"。结果表明，不同类型的扭力在不同年代之间差异不具有统计学意义。但"90后"企业员工的抑郁情绪均明显高于"80后"（均差=7.317，$p=0.001$）、"70后"（均差=8.381，$p<0.001$）和"60后"（均差=7.776，$p=0.014$），详见表6。

表6 不同出生年代企业职工扭力及抑郁的方差分析

出生年代	"60后"($n=89$) 均数±标准差	"70后"($n=362$) 均数±标准差	"80后"($n=458$) 均数±标准差
价值观扭力	24.33±8.26	23.70±7.55	23.60±8.23
愿望扭力	25.79±8.77	24.74±8.08	24.01±8.98
相对剥夺扭力	24.56±7.84	23.37±7.33	22.88±8.13
应对扭力	23.53±7.55	21.93±6.78	21.35±7.46
心理扭力	98.20±28.32	93.74±25.73	91.84±29.67
抑郁	24.15±23.90	23.54±23.54	24.60±23.15

出生年代	"90后"($n=141$) 均数±标准差	F值	P值
价值观扭力	25.35±8.28	1.909	0.126
愿望扭力	24.44±8.93	1.238	0.295
相对剥夺扭力	23.55±8.55	1.222	0.302
应对扭力	22.55±8.22	2.496	0.060
心理扭力	95.89±29.14	1.608	0.188
抑郁	31.92±22.33	4.707	0.003

注：表中"60后"一列包括"50后"（14人）和"60后"（75人）；"90后"指出生于1990—1999年的人群，其他以此类推。下同。

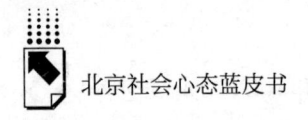

（五）不同出生年代企业职工心理因素及自杀行为分析

四组之间的单因素方差分析表明，四个不同年代的职工主观幸福感感受没有显著差异。但是"90后"的生活满意度要显著低于另外其他三组；相应的，与"60后"和"70后"相比，"90后"感觉时间过得较慢。在个体自尊水平上，"90后"的自尊得分低于"80后"。另外，"60后"和"70后"与"80后"相比，感觉获得的社会支持较少，详见表7。

表7 不同出生年代企业职工幸福感、生活满意度等因素单因素方差分析

出生年代	"60后"($n=89$) 均数±标准差	"70后"($n=362$) 均数±标准差	"80后"($n=458$) 均数±标准差
幸福感	10.64±2.70	10.49±2.82	10.64±2.63
生活满意度	22.56±5.92	21.23±6.61	22.18±6.54
时间流逝感	28.67±5.93	27.94±7.28	27.71±5.99
自尊	29.81±3.38	29.77±3.50	30.45±4.25
社会支持	58.39±11.08	59.49±11.78	62.37±11.72

出生年代	"90后"($n=141$) 均数±标准差	F值	P值	多重比较
幸福感	10.37±2.79	0.475	0.700	—
生活满意度	19.89±7.10	5.383	0.001	①、②、③＞④
时间流逝感	26.03±6.78	3.757	0.011	①、②＞④
自尊	28.82±4.00	6.150	<0.001	③＞④
社会支持	60.68±12.54	5.434	0.001	①＜③，②＜③

注：①为"60后"，②为"70后"，③为"80后"，④为"90后"。

从表8可以看出，无论是自杀意念、自杀计划，"80后"员工人数最多，分别为91人、68人、24人、26人。其中对于自杀意念，"70后"和"90后"的人数紧随"80后"。从所占比重来看，"90后"员工在终生自杀意念发生率（29.8%）、终生自杀计划发生率（10.6%）和终生自杀未遂发生率（9.2%）均最高。而在过去12个月内自杀意念发生率（20.2%）、自杀计划发生率（6.7%）和自杀未遂发生率（2.2%）占比最高的是"60后"。两两比较的结果表明，"90后"员工终生自杀计划发生率高于"70后"（$\chi^2=8.563, p=0.003$），终生自杀未遂发生率高于"80后"（$\chi^2=16.038, p<0.001$）和"70后"（$\chi^2=7.491, p=0.006$）；"80后"员工的

城市企业员工心理扭力、抑郁和自伤行为间关系研究

表8 不同出生年代企业职工自杀行为分布

自杀行为		"60后"频数（百分比）	"70后"频数（百分比）	"80后"频数（百分比）	"90后"频数（百分比）	χ^2值	P值
终生自杀意念发生率	有	18(20.2)	80(22.1)	91(19.9)	42(29.8)	6.360	0.095
	无	71(79.8)	282(77.9)	367(80.1)	99(70.2)		
在过去12个月内自杀意念发生率	有	18(20.2)	48(13.3)	68(14.8)	21(14.9)	2.765	0.429
	无	71(79.8)	314(86.7)	390(85.2)	120(85.1)		
终生自杀计划发生率	有	7(7.9)	14(3.9)	24(5.2)	15(10.6)	9.592	0.022
	无	82(92.1)	348(96.1)	434(94.8)	126(89.4)		
在过去12个月内自杀计划发生率	有	6(6.7)	5(1.4)	26(5.7)	5(3.5)	11.637	0.009
	无	83(93.3)	357(98.6)	432(94.3)	136(96.5)		
终生自杀未遂发生率	有	3(3.4)	12(3.3)	9(2.0)	13(9.2)	16.782	0.001
	无	86(96.6)	350(96.7)	449(98.0)	128(90.8)		
在过去12个月内自杀未遂发生率	有	2(2.2)	4(1.1)	3(0.7)	3(2.1)	3.140	0.370
	无	87(97.8)	358(98.9)	455(99.3)	138(97.9)		

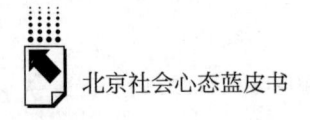

过去12个月自杀计划发生率高于"70后"（$\chi^2 = 10.257$，$p = 0.001$）。可见，"80后"和"90后"是自杀高危群体。

（六）扭力与抑郁及其他心理因素之间的相关关系

将四种扭力分别与抑郁与其他积极心理因素如幸福感、生活满意度和时间流逝感等做线性相关分析。结果表明，价值观扭力、愿望扭力、相对剥夺扭力和应对扭力均与抑郁情绪呈现显著的中等程度相关（$r = 0.429 - 0.568$，$p < 0.001$）。同时，扭力均与幸福感（$r = -0.337 \sim -0.462$）、生活满意度（$r = -0.286 \sim -0.441$）、时间流逝感呈现显著的负相关（$p < 0.001$），但扭力与时间流逝感之间的相关性较弱（$r = -0.117 \sim -0.185$）。这可以说明扭力是一种可以造成个体心理痛苦的情绪体验。扭力还与自尊与社会支持呈显著负相关（$p < 0.001$）。虽然扭力与自杀的可接受性之间相关性不强，但仍然可以看出扭力越强的员工，对他人的自杀越能持接受态度，详见表9。当分别控制年龄、性别、年龄与性别、所有人口学变量时，抑郁与四种扭力及扭力总和仍然具有显著的正相关关系，从相关系数来看，这种相关关系与未控制变量前的相关系数变化不大，详见表10。同时，表11进一步表明了抑郁与幸福感、生活满意度和时间流逝感呈显著负相关（$p < 0.001$），而幸福感、生活满意度与时间流逝感之间彼此显著正相关（$p < 0.001$）。自尊和社会支持分别与抑郁呈中等负相关（$p < 0.001$）。

表9 扭力与抑郁及其他心理因素的相关关系

变量	价值观扭力相关系数	愿望扭力相关系数	相对剥夺扭力相关系数	应对扭力相关系数	扭力总和相关系数
抑郁	0.429	0.515	0.492	0.568	0.566
幸福感	-0.337	-0.454	-0.431	-0.405	-0.462
生活满意度	-0.286	-0.441	-0.420	-0.329	-0.420
时间流逝感	-0.117	-0.147	-0.160	-0.185	-0.171
自尊	-0.409	-0.392	-0.423	-0.480	-0.476
社会支持	-0.331	-0.401	-0.406	-0.437	-0.442
自杀的可接受性	0.148	0.207	0.177	0.230	0.212

注：表中所有p值均小于0.001。

表10 控制其他变量后扭力与抑郁的相关关系

控制变量	抑郁				
	价值观扭力相关系数	愿望扭力相关系数	相对剥夺扭力相关系数	应对扭力相关系数	扭力总和相关系数
年龄	0.428	0.521	0.497	0.573	0.570
性别	0.427	0.514	0.490	0.567	0.565
年龄与性别	0.426	0.520	0.496	0.573	0.569
人口学变量	0.423	0.519	0.492	0.567	0.568

注：人口学因素包括性别、年龄、学历、婚姻状况、岗位类别、职称、政治面貌及宗教信仰。表中所有 p 值均小于0.001。

表11 抑郁、幸福感、生活满意度及时间流逝感之间相关关系

变量	抑郁相关系数	幸福感相关系数	生活满意度相关系数	时间流逝感相关系数
抑郁	—	-0.495	-0.408	-0.272
幸福感	—	—	0.361	0.142
生活满意度	—	—	—	0.215
时间流逝感	—	—	—	—
自尊	-0.443	0.358	0.435	0.192
社会支持	-0.435	0.384	0.485	0.206

注：表中所有 p 值均小于0.001。

（七）扭力在自杀意念、自杀计划、自杀未遂之间的单因素分析

表12～表14分析了扭力及抑郁在自杀意念、自杀计划及自杀未遂之间的分布情况。可以看出，四种扭力及抑郁均在终生自杀意念、自杀计划及自杀未遂（除终生自杀未遂中的相对剥夺扭力外）中分布差异有统计学意义。有自杀意念、计划及尝试的人要比没有自杀意念、计划及尝试的人体验到更多的扭力和抑郁情绪。而在过去12个月内的自杀行为分析中，仅在自杀意念中的分布差异全部有统计学意义。虽然有自杀计划的员工比没有自杀计划的员工在四种扭力及扭力总和上得分要高，但却没有显著性差异。在自杀未遂中也是如此，曾经尝试过自杀的人相对剥夺扭力和应对扭力得分均比没有尝试过自杀的人高，但统计分析表明这种差异没有统计学意义。

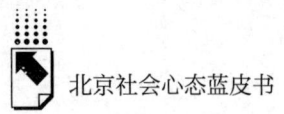

表 12　扭力和抑郁在自杀意念中的分布

单位：%

变量	终生自杀意念发生率			过去 12 个月内自杀意念发生率		
	是 平均数±标准差	否 平均数±标准差	t 值	是 平均数±标准差	否 平均数±标准差	t 值
价值观扭力	26.90±8.29	23.11±7.75	6.464	27.93±8.23	23.25±7.78	6.852
愿望扭力	28.11±8.58	23.45±8.41	7.413	29.32±8.89	23.64±8.34	7.749
相对剥夺扭力	26.23±8.27	22.45±7.59	6.549	27.26±8.69	22.59±7.55	6.298
应对扭力	24.39±7.79	21.20±7.09	5.913	25.62±8.43	21.26±6.97	6.097
心理扭力	105.63±28.32	90.21±27.25	7.533	110.13±29.51	90.74±26.98	8.146
抑郁	36.45±28.02	22.06±20.87	7.262	41.98±28.97	22.33±20.99	8.088

注：表中所有 p 值均小于 0.001。

表 13　扭力和抑郁在自杀计划中的分布

单位：%

变量	终生自杀意念发生率			过去 12 个月内自杀意念发生率		
	是 平均数±标准差	否 平均数±标准差	t 值	是 平均数±标准差	否 平均数±标准差	t 值
价值观扭力	28.17±7.95	23.68±7.96	4.238	26.26±9.36	23.84±7.95	1.917*
愿望扭力	25.93±8.96	24.17±8.55	4.707	27.31±10.23	24.36±8.57	1.844*
相对剥夺扭力	25.72±7.71	23.13±7.89	2.465	24.24±9.30	23.24±7.84	0.684*
应对扭力	26.25±7.69	21.64±7.26	4.762	24.60±9.24	21.79±7.26	1.946*
心理扭力	109.67±26.58	92.62±28.02	4.588	102.40±34.21	93.23±27.89	1.715*
抑郁	43.00±30.77	24.15±22.44	4.671	45.00±33.23	24.40±22.54	3.979

注：* p > 0.05；其他所有 p 值均小于 0.05。

表 14 扭力和抑郁在自杀未遂中的分布

单位：%

变量	终生自杀意念发生率 是 平均数±标准差	终生自杀意念发生率 否 平均数±标准差	t 值	过去12个月内自杀意念发生率 是 平均数±标准差	过去12个月内自杀意念发生率 否 平均数±标准差	t 值
价值观扭力	26.86±8.39	23.83±7.99	2.263	30.50±9.47	23.86±7.98	2.860
愿望扭力	27.49±8.26	24.36±8.66	2.158	29.42±8.62	24.42±8.65	1.991
相对剥夺扭力	24.78±8.72	23.23±7.87	1.178*	26.92±10.75	23.24±7.86	1.605*
应对扭力	25.22±8.68	21.78±7.29	2.799	26.58±11.64	21.85±7.29	1.407*
心理扭力	104.35±26.93	93.20±28.19	2.367	113.42±30.25	93.37±28.12	2.454
抑郁	39.70±30.38	24.70±22.95	2.974	62.25±37.00	24.80±22.87	3.499

注：* $p > 0.05$；其他所有 p 值均小于 0.05。

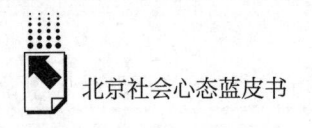

（八）影响城市企业职工自杀意念、自杀计划和自杀倾向的多因素回归分析

由于自杀计划和自杀未遂的员工例数较少，不适合做回归分析。因此我们只在自杀意念和终生自杀计划中进行二分类 Logistic 回归分析（Binary Logistic）。我们将前面所有的变量全部纳入回归模型。采用偏最大似然估计的前进法（Forward：LR）对终生自杀意念的非条件 Logistic 回归分析表明，愿望扭力（OR = 1.038；95% CI：1.016～1.060）与抑郁（OR = 1.013；95% CI：1.005～1.020）是其重要的危险因素。工作时间更长（OR = 1.328；95% CI：1.138～1.551）的职工产生自杀意念的可能性更大。有宗教信仰的信徒有可能产生自杀意念（OR = 1.901；95% CI：1.049～3.448），详见表15。同样对过去12个月内自杀意念的影响因素进行前进法回归分析，结果表明，价值观扭力（OR：1.035；95% CI：1.009～1.062）和抑郁（OR：1.018；95% CI：1.010～1.026）均是重要的危险因素，详见表16。

终生自杀计划的前进法（Forward：LR）回归分析结果显示，应对扭力（OR：1.063；95% CI：1.002～1.128）和工作时间（OR：1.394；95% CI：1.071～1.814）均是显著的危险因素，详见表17。

为进一步分析影响自杀的因素，我们把自杀条目1～7求和，称之为自杀倾向（suicidality），并进行多重线性回归分析。采用逐步法（stepwise），将变量全部纳入模型。结果表明，工作时间较长，信徒，有价值观扭力、抑郁的员工自杀倾向更高。幸福感较低的员工自杀倾向也高，详见表18。

表15 影响城市企业员工终生自杀意念的因素

变量	偏回归系数	P 值	OR 值	OR 值95%可信区间
性别(女性)	-0.359	0.030	0.699	0.505～0.966
长工作时间	0.284	0.000	1.328	1.138～1.551
非教徒/无神论者		0.017		
不确定	-0.257	0.143	0.774	0.549～1.091
信徒	0.643	0.034	1.901	1.049～3.448

续表

变量	偏回归系数	P 值	OR 值	OR 值95%可信区间
愿望扭力	0.037	0.001	1.038	1.016 ~ 1.060
自尊	-0.056	0.018	0.946	0.903 ~ 0.991
抑郁	0.013	0.001	1.013	1.005 ~ 1.020
常数	-1.315	0.117	0.268	
R^2	Cox & Snell $R^2 = 0.093$, Nagelkerke $R^2 = 0.143$			
	Hosmer-Lemeshow $\chi^2 = 2.991, p = 0.935$			

注：非教徒/无神论者为参照组。OR = Odds Ratio，又称比值比、优势比。

表16 影响城市企业员工过去12个月自杀意念的因素

变量	偏回归系数	P 值	OR 值	OR 值95%可信区间
价值观扭力	0.035	0.008	1.035	1.009 ~ 1.062
抑郁	0.018	<0.001	1.018	1.010 ~ 1.026
幸福感	-0.156	<0.001	0.856	0.792 ~ 0.925
常数	-1.656	0.004	0.191	
R^2	Cox & Snell $R^2 = 0.096$, Nagelkerke $R^2 = 0.170$			
	Hosmer-Lemeshow $\chi^2 = 14.152, p = 0.078$			

注：OR = Odds Ratio，又称比值比、优势比。

表17 影响城市企业员工终生自杀计划的因素

变量	偏回归系数	P 值	OR 值	OR 值95%可信区间
学历（本科以下）	-0.814	0.013	0.443	0.234 ~ 0.840
长工作时间	0.332	0.014	1.394	1.071 ~ 1.814
应对扭力	0.061	0.042	1.063	1.002 ~ 1.128
幸福感	-0.161	0.011	0.851	0.751 ~ 0.964
常数	-1.304	0.460	0.272	
R^2	Cox & Snell $R^2 = 0.068$, Nagelkerke $R^2 = 0.192$			
	Hosmer-Lemeshow $\chi^2 = 8.314, p = 0.403$			

表18　自杀倾向预测因素的多重线性回归分析

变量	非标准化系数	标准误	t 值	P 值
性别(女性)	-0.154	0.061	-2.533	0.011
长工作时间	0.116	0.031	3.709	0.000
信徒	0.257	0.126	2.044	0.041
价值观扭力	0.010	0.004	2.399	0.017
抑郁	0.010	0.002	6.366	0.000
幸福感	-0.049	0.013	-3.861	0.000
常数	0.372	0.195	1.909	0.056
R^2	$R^2=0.149$,调整 $R^2=0.144$ $F=30.513, p<0.001$			

（九）抑郁在扭力与自杀行为之间的中介效应分析

参照Preacher和Halers在2004年提出的Bootstrap方法进行中介效应检验，样本量选择5000，Bootstrap取样方法选择偏差校正的非参数百分位法，对置信区间的置信度，选择95%。偏差校正的非参数百分位Bootstrap方法具有最高的统计功效和较为准确的系数乘积置信区间估计[81]。在95%的置信区间下，中介检验的结果的确没有包含0（LLCT=0.004，ULCI=0.011），表明抑郁的中介效应显著，且中介效应大小为0.008。此外，控制了中介变量抑郁后，自变量心理扭力对因变量自杀意念的影响也显著（LLCT=0.005，ULCI=0.018）。因此，抑郁在心理扭力对终生自杀意念影响中发挥着中介作用，但并非是完全中介，而是部分中介。同样，我们分别对四种类型扭力是否通过抑郁影响自杀意见分别进行中介效应检验，结果表明，应对扭力的直接效应不显著（$p=0.137$），但应对扭力通过抑郁作用于自杀意念的中介效应依然显著（中介效应为0.037），抑郁在应对扭力对终生自杀意念影响中发挥着完全中介作用。除此之外，其他扭力均可以通过引起个体的抑郁情绪，最终导致自杀意念（p均小于0.05），详见表19。

表 19 扭力通过抑郁对终生自杀意念的中介作用

路径	效应量	标准误	Z值	P值	LLCI	ULCI
价值观扭力						
价值观扭力对终生自杀意念的总效应	0.060	0.010	6.211	<0.001	0.041	0.079
价值观扭力对终生自杀意念的直接效应	0.035	0.011	3.327	0.001	0.015	0.056
抑郁对终生自杀意念的间接效应	0.024	Boot SE 0.004			Boot LLCI 0.015	Boot ULCI 0.033
愿望扭力						
愿望扭力对终生自杀意念的总效应	0.064	0.009	7.037	<0.001	0.046	0.082
愿望扭力对终生自杀意念的直接效应	0.039	0.010	3.679	<0.001	0.018	0.059
抑郁对终生自杀意念的间接效应	0.023	Boot SE 0.005			Boot LLCI 0.014	Boot ULCI 0.033
相对剥夺扭力						
相对剥夺扭力对终生自杀意念的总效应	0.062	0.010	6.283	<0.001	0.042	0.081
相对剥夺扭力对终生自杀意念的直接效应	0.032	0.011	2.860	0.004	0.010	0.054
抑郁对终生自杀意念的间接效应	0.027	Boot SE 0.005			Boot LLCI 0.017	Boot ULCI 0.038
应对扭力						
应对扭力对终生自杀意念的总效应	0.058	0.010	5.709	<0.001	0.038	0.078
应对扭力对终生自杀意念的直接效应	0.019	0.012	1.488	0.137	−0.006	0.043
抑郁对终生自杀意念的间接效应	0.037	Boot SE 0.007			Boot LLCI 0.023	Boot ULCI 0.051
心理扭力						
心理扭力对终生自杀意念的总效应	0.020	0.003	7.134	<0.001	0.015	0.026
心理扭力对终生自杀意念的直接效应	0.012	0.003	3.456	0.001	0.005	0.018
抑郁对终生自杀意念的间接效应	0.008	Boot SE 0.002			Boot LLCI 0.004	Boot ULCI 0.011

注：SE 为标准误，LLCI 为非参数百分位法、Bootstrap 方法置信区间下限，ULCI 为上限。

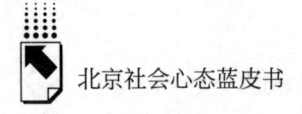

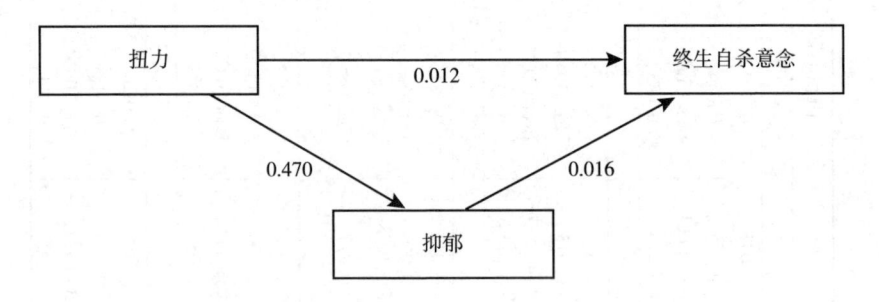

图1　扭力、抑郁与终生自杀意念的路径模型

注：图中路径系数的 p 值均小于0.01。

同样，我们对抑郁是否在扭力与过去12个月内自杀意念间的中介效应进行检验。结果表明，抑郁在扭力与过去12个月内自杀意念中发挥部分中介作用，效应量为0.010（LLCT = 0.006，ULCI = 0.014）。除应对扭力对过去12个月内自杀意念的直接效应不显著（$p = 0.065$），抑郁在应对扭力与自杀意念之间发挥完全中介效应外（效应量为0.045），其他扭力均可通过抑郁作用于自杀意念，详见表20。

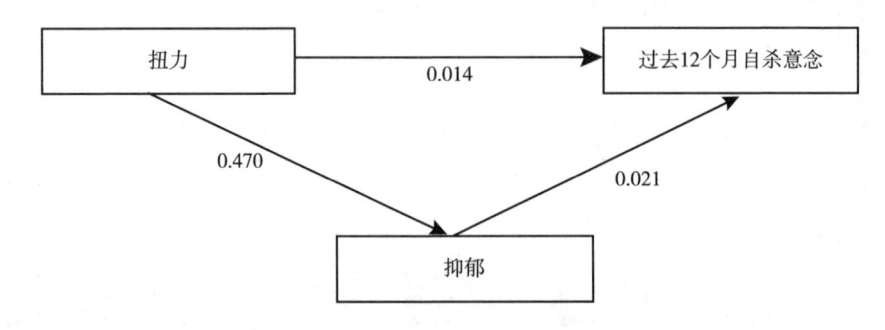

图2　扭力、抑郁与过去12个月自杀意念的路径模型

注：图中路径系数的 p 值均小于0.01。

五　研究讨论

本研究是通过调查北京城市企业职工的心理健康，研究抑郁与扭力和自

表 20　扭力通过抑郁对过去 12 个月内自杀意念的中介作用

路径	效应量	标准误	Z值	P值	LLCI	ULCI
价值观扭力						
价值观扭力对终生自杀意念的总效应	0.074	0.011	6.507	<0.001	0.052	0.096
价值观扭力对终生自杀意念的直接效应	0.041	0.013	3.249	0.001	0.016	0.066
抑郁对终生自杀意念的间接效应	0.031	Boot SE 0.005			Boot LLCI 0.022	Boot ULCI 0.041
愿望扭力						
愿望扭力对终生自杀意念的总效应	0.079	0.011	7.259	<0.001	0.057	0.100
愿望扭力对终生自杀意念的直接效应	0.042	0.012	3.373	0.001	0.018	0.066
抑郁对终生自杀意念的间接效应	0.032	Boot SE 0.006			Boot LLCI 0.021	Boot ULCI 0.044
相对剥夺扭力						
相对剥夺扭力对终生自杀意念的总效应	0.076	0.012	6.599	<0.001	0.053	0.099
相对剥夺扭力对终生自杀意念的直接效应	0.035	0.013	2.633	0.008	0.009	0.061
抑郁对终生自杀意念的间接效应	0.036	Boot SE 0.006			Boot LLCI 0.024	Boot ULCI 0.048
应对扭力						
应对扭力对终生自杀意念的总效应	0.079	0.012	6.601	<0.001	0.055	0.102
应对扭力对终生自杀意念的直接效应	0.027	0.015	1.846	0.065	−0.002	0.056
抑郁对终生自杀意念的间接效应	0.045	Boot SE 0.008			Boot LLCI 0.031	Boot ULCI 0.063
心理扭力						
心理扭力对过去12个月内自杀意念的总效应	0.026	0.003	7.588	<0.001	0.019	0.032
心理扭力对过去12个月内自杀意念的直接效应	0.014	0.004	3.370	0.001	0.006	0.022
抑郁对过去12个月内自杀意念的间接效应	0.010	Boot SE 0.002			Boot LLCI 0.006	Boot ULCI 0.014

注：SE 为标准误，LLCI 为非参数百分位法、Bootstrap 方法置信区间下限，ULCI 为上限。

杀之间的关系。扭力理论强调，压力只是一种单向的现象，只要有一个压力源即可产生压力，但扭力至少包括两种压力源或两种相对立冲突的社会体验[51]。根据自杀的扭力理论，扭力既可以直接导致自杀行为，也可以通过作用于其他精神病理因素导致自杀。基于此，经数据分析，本研究结果支持了上述观点。

信度是指测量结果的一致性、稳定性和可靠性。在信度分析中，Cronbach's α 系数和分半信度系数常用来描述测量结果的一致性或稳定性。信度系数越高，反映量表的内在一致性越高，结果越稳定与可靠。一般来说，Cronbach's α 系数达到 0.8 即可认为信度不错。信度检验表明，扭力量表在城市企业职工中的信度较高，未来可考虑将该量表应用于企业人群。本研究进一步扩大了心理扭力量表的应用人群范围，证明了该量表的条目适用于中国人群。其他量表的信度检验也证明了在城市企业职工中具有较高的信度。

单因素分析结果表明，男性企业职工比女性承受较大的价值观扭力、愿望扭力和相对剥夺扭力。在中国，男性一直被认为是家庭的顶梁柱，女性的主心骨，不同的性别角色定位使得男性更易体验到较强的扭力。本科以下学历人员则是四种扭力均较本科及以上学历的人员高。学历较低的人在人才济济的就业市场中备受歧视和煎熬，尤其是在就业竞争日趋激烈的今天，是否拥有良好的学历是决定企业录用与否的"敲门砖"。一般来讲，学历与个体的工资收入、职级相挂钩，学历较低的人从事工作准入门槛较低，一般收入不高、不稳定，在就业市场上处于劣势地位。一旦与经济条件优于自己的同龄人相比，会感受到更强的挫败感。对于很多年轻的"北漂"来说，远离熟悉的亲人和家庭在北京打拼，能获得的社会支持少之又少。但也有研究认为本科及以上学历的员工由于个体对自身或社会期望较高，心理预期与实际差距较大（愿望扭力），更容易抑郁[82,83]。未婚的员工要比结过婚的员工有更多的扭力体验（虽然愿望扭力得分没有统计学差异）。这可能反映了婚姻对于夫妻间释放压力，相互扶持的积极意义。在不同岗位类别中，从事工勤技能工作的职工要比行政人员和专业技术人员体验到更多的心理扭力。工勤岗位一般是指那些从事简单体力劳动或一般技术工种的岗位，如清洁工、维修工、水电工、司机等，虽然工勤技能岗位也分为不同等级并有相应的任职条件，但总体来看该类岗位人员流动性大、技术含量低、工资收入不高、尤其从事"脏乱差"的工作与个人收入不相配，社会存在感低。宗教信徒的"骑墙派"的扭力均比非教徒高，可以看出在某些方面他们陷入进退两难、手足无措的境地。教徒要比非教徒有更强的价值观冲突。生活在一线城市不仅要面对巨大的工作压力和生活压力，而且还有面对各种思想激烈碰撞所带来的价值观冲突。企业价值观与个人价值观、外来文化与本土文化、传统文化与现代文化的交锋势必带来价值观的冲突。这提示我们企业应该重点关注男性、较低学历、工勤技能岗位和"骑墙派"的企业员工。员工心理状况较差，不仅影响工作绩效，严重者发展成不同程度的精神疾病，甚至产生轻生念头，使家庭、社会承受难以估计的负担。扭力理论指出，这种负面的、对人体健康不利的心理病理因素，如焦虑、抑郁、绝望感甚至物质滥用等精神障碍，是发生在不协调的压力即扭力与自杀行为之间，既是扭力的结果，也是自杀行为的原因，这种心理病理因素会加重症状的发展进而增大自杀发生的可能性。企业应该重点针对上述人群开展员工帮助计划和心理健康管理。只有员工具有较高的幸福感和心理资本，才能最大限度地创造价值和效益。

抑郁与扭力呈现显著的正相关关系，即使在控制其他重要的人口学因素后，这种相关关系依然存在。扭力可以导致抑郁，进而导致自杀意念的产生。扭力与抑郁之间较强的相关关系在之前的研究中均得到过证实[69,84]。有调查发现，影响不同性别心理健康的压力源不同，男性是人际关系、角色模糊、工作家庭平衡、职业发展，而女性是工作家庭平衡[85]。2011年"中国企业健康行"对30座城市的50家全国500强企业员工的调查显示，78.9%的员工有过烦躁情绪，59.4%的人感受过焦虑，38.6%的人觉得抑郁[86]。不同地区的企业员工心理健康调查表明，企业员工的抑郁高于全国常模[83,87-89]。流行病学调查显示，职业人群是抑郁症现患率最高的人群之一[90,91]。目前是我国经济社会双转型的重要时期，尤其是国内经济正在经历着一场全面而深刻的结构性变革。在中国经济换挡转型期内，企业结构调整是经济转型的重要基础。我国宏观经济的整体转型能否成功，取决于企业转型的进展和效果。处于改革中心的企业职工，必然要面对不断激烈的市场竞争、企业效益下滑、原有制度变革等诸多挑战。据统计，目前我国抑郁症的发病率高达7%左右，抑郁症患者的自杀风险比一般人群高出20倍，抑郁症导致的自杀行为是15～29岁人群死亡的第二大原因[92]。在国内外自杀学研究证实，抑郁不仅是显著的预测因子，甚至是自杀行为最重要的危险因素。频繁发生的自杀惨剧再次提醒企业、社会和政府，应重视企业员工抑郁情绪的发现和治疗，及时为有自杀风险的员工提供心理帮助。

价值观扭力是过去一年自杀意念和自杀倾向形成的重要危险因素。虽然仅有5.9%的员工认为自己是宗教信徒，但终生自杀意念和自杀倾向的回归模型显示，该群体是自杀意念的高危人群，这类人群很有可能有价值观扭力的存在。在中国，宗教信仰在以往的研究中证实不仅与自杀意图有关[93]，也与抑郁有关[84]。以往企业员工自杀事件的发生反映了企业文化和员工价值观的剧烈冲突[34,48,50]。从企业角度来说，追求利润最大化是其终极目的，只有不断榨取员工的剩余价值，才能使得企业利益最大化。如华为企业盛行的"床垫文化""狼性文化"，富士康企业的军事化管理等，虽然提高了组织运行效率，但不可避免地使得企业员工尤其是追求自由的新生代员工内心的不良情绪难以得到宣泄，经年累月的焦虑、抑郁、愤怒等负面情绪的积累很容易因受到外界不良因素的诱发而走上绝路。这种企业文化或许不是导致员工自杀的直接原因，但是缺乏人性关怀势必影响其工作满意度和心理健康。如今企业员工在追求高收入的同时，还希望在工作中有获得感和成就感，实现人生价值，这对某些片面追求利润的企业来说是矛盾的。由于高强度工作而选择辞职或自杀的员工，其对企业的经济影响较微小，企业依然会选择可带来高收益的"高强度"工作[50,94]。首先，在确定企业价值观时应尽量与员工价值观共性化[95]，即两种价值观应具有相似性。其次，企业应不断完善人性化的企业文化，通过培训、组织活动、职业生涯规划等使员工认同企业价值观并内化为自身价值观。最后，企业应当建立与其价值观相一致的选拔、奖惩、晋升等制度，并随着时代的变化不断创新自己的价值观。除了企业价值观与员工价值观的冲突之外，市场经济条件下形成的商品社会对个体价值的判断是财富的多寡，地位的高低，这种单一武断的成功价值判断标准让很多人背负沉重的压力，这在一线城市表现得尤其明显。企业员工物质主义价值观易于出现工作狂，也可以显著影响工作压力的形成[96]。现如今很多员工自我意识觉醒，崇尚自由和个人主义，追求享乐，两种价值体系的不一致也易使其产生强烈的挫败感，但企业并不会因为员工的"压力山大"而放松对利益的追求和制度的执行。政府、社会和企业除了要营造积极向上的多元价值观外，还应加强个体价值取向的教育和引导，理性对待物质和精神追求。

愿望扭力是城市企业职工自杀意念的显著预测因子。虽然本研究中没有加入定性研究条目测量企业员工有哪些未能实现的愿望，但是之前的研究中发现那些未能实现的愿望主要有：婚姻对象的选择、教育机会、工作机会、社会参与、信念选择、健康等[52,53]。愿望多用来指个体实现心中期望的想法，一般多指美好的想法，是对某一特定物或情感的欲望、向往或强烈倾向性。理想与现实差距产生的挫败感是职业人群焦虑的重要因素[86]。虽然企业既有知识型员工，也有普通型员工，既有年长员工，也有年轻员工，既有核心员工，也有一般员工，但企业员工的需求或愿望应该具有某些相似性或一致性。就企业员工在工作中的愿望来说，主要为报酬奖励、自我发展实现、环境氛围、工作自主等[97~101]。就愿望扭力来说，两个相互冲突的社会体验是个体美好的理想或目标与阻碍其实现目标的现实存在。如果个体的愿望无法实现，则极有可能引起个体精神苦闷、心理抑郁等负面情绪，严重者可能会导致精神疾病。长此以往不仅会导致心理健康问题，还会引起一系列生理和社会问题。"富士康"员工自杀事件发生后，很多人认为是该企业的管理体制和用工方式导致的，但背后的深层原因更值得思考。曾有学者总结出这些导致自杀悲剧的工作压力源：收入、工作本身（包括工作强度和工作内容）、员工关系（包括同事之间，上下级之间）、职业生涯发展、工作环境和氛围[34]。企业员工的工作压力可以归纳为职业发展、角色冲突、工作超载、角色模糊、工作可控性和工作氛围[36]。员工的愿望与需求和工作压力源之间具有高度的一致性。不同年龄、学历、性别、职称、岗位、工龄甚至企业性质会有不同的需求或愿望特征[99,100]。对于广大的职场人群来说，虽然工作压力的表现各有不同，但是工作压力是客观存在且不可避免的。满足员工的愿望或需求，员工可能就有更多的工作积极性和忠诚度，从而为企业创造更大的价值。因此，我们可以从以下方面提出措施，降低员工的愿望扭力。首先，企业建立合理的薪酬和福利制度。既要有明确的等级标准，又要有明确的绩效考核体系；既要保证基本的生存需要，又要多元化和差异化考虑，拉开收入差距。作为员工个人来讲，应该学会知足常乐、量力而行。愿望是要靠自己的双手来创造的，只有不断提升工作能力，做出超过企业报酬的服务和努力，才能赢得高额回报。其次，建立自己的企业文化，尤其是企业核心价值观[102]，以此提升员工的归属感。最后，建立企业能上能下、能进能出的成长渠道，打造团结高效的团队。除此之外，当企业出现抑郁症倾向患者，应及时提供心理咨询服务。企业应承担必需的社会责任，为员工减压，重视心理健康，防患于未然。

　　回归模型未能包括相对剥夺扭力，这可能是由于多重共线性的影响。相对剥夺扭力之两个相互冲突的社会体验是个体不幸的生活困境与知觉到的他人的富裕。不同于西方文化，中国人更注重事物之间的联系和周围的环境，更注重人际关系[103]。因此，我们在判断自我价值与生存状态时，更多是与周围的人或自己的期望标准比较。而且，人们普遍是与比自己好的而不是比自己差的个体进行比较。当个体将自己的处境与某种标准相比而发现自己处于劣势时，会产生一系列消极情绪，比如愤怒、绝望、压抑、自卑，甚至会引起暴力行动。相对剥夺还会通过降低社会凝聚力和社会支持影响健康[104]。相对剥夺与幸福感和生活满意度呈负相关关系，这在我们的研究中得到证实。有时候，即使个体当前的劣势处境有所改善，但如果改善的程度依旧低于其他参照物的改善程度，相对剥夺感也会产生。相对剥夺不仅仅是考虑个体经济层面的受剥夺感，其他如婚姻、教育、信仰、工作、社会生活等也会让个体感觉到被剥夺[52]。人们感到剥夺的标准并不是绝对的或永恒的，既可以是跟其他人相比，也可以是跟其他群体相比，或者是与自己的过去相比，因此这种剥夺感是相对的。国有企业的相对剥夺感高于外资企业[105]，跨国企业中本土员工的相对剥夺感高于外籍员工[106]，相对剥夺感不仅能导致企业生产效率的下降，而生产效率的下降会进一步加剧相对剥夺感[107]。相对剥夺理论认为，在社会转型期，由于在参照物的选择上人们普遍处于一种"失范"状态，因此对薪酬差距的感知更加敏感，较小的差距可能更令人沮丧[108]。收入是影响员工工作满意度和相对剥夺感的核心因子[109]，也会影响员工的自尊水平[110]，虽然我们未能在研究中加入员工个人收入或期望收入的题目，但薪酬水平仍然是企业职工重点关注的问题之一。当人们评价幸福感或生活满意度时，不仅会关注自身的收入，还会将自身收入与那些和自身具有相同特征的人的收入进行比较[111]。《社会蓝皮书：2016年中国社会形势分析与预测》指出，虽然北京、上海和广州均为一线城市，但相对于广州和上海而言，北京的中间阶层生活节奏最快，生活压力最大[112]。当前，较高的收入往往与较高的生活质量挂钩，绝对的收入与健康密切相关。在工业社会中，人们对个体成功的评判标准就是财富获取上的成功，地位上的成功，这被很多人当成了人生唯一的奋斗目标。在这样的价值取向下，很多企业员工背上了沉重的压力。合理的收入差距可以调动员工的工作积极性，但随着相对剥夺感的增强，势必会导致员工工作倦怠。降低相对剥夺扭力，作为员工个人，应该纠正不合理的主观心理偏差，不盲目攀比，辩证地看待公平与效率。对企业来说，除了制定更加科学合理的薪酬体系外，在使用物质激励时，还可以对员工的相对剥夺敏感程度进行确认，通过扩大或缩小薪酬差距促使员工将其产出提升至更高水平[113]。

应对技能缺乏也是自杀计划显著的预测因素。应对方式可以分为积极应对和消极应对。当面对人生中的危机时，个体一方面想应对，另一方面却又不知道怎么应对，或缺少有效的应对方法，就会形成应对扭力。积极应对方式（如解决问题，求助）会减少职业倦怠[114,115]，而且员工越具有较高自尊水平[116]。应对方式不仅与工作满意度显著相关,而且积极应对还是员工工作满意度的重要预测因素[117-119]。在纷繁复杂的市场竞争中,内外环境的变化使得企业必须进行组织变革,变革压力是企业员工主要的压力源之一,应对策略也是变革情境中员工最典型的心理活动和反应形式[120]。工作压力不仅可以直接影响企业员工的心理健康,还可以通过消极应对方式对其产生间接影响,即消极应对方式可以在工作压力与心理健康[121],或工作倦怠[122]之间起到部分中介作用。研究发现收入较低的员工更有可能采取消极应对方式[119]。但消极的应对方式也不是一无是处,只有那些被动等待、逃避、依赖别人、离职等应对方式在被极端地毫无变通地作为应对手段时才是"消极"的[123]。企业应该鼓励员工结合自身特点选择合理的压力应对方式。对于缺乏应对危机的技能的员工,企业应该提供支持资源,化危机为机遇,促使个体更多地采取寻求帮助、自我调节等应对危机。有些应付方式如暂时的逃避、追求某种信仰等看似不够积极的应对方式,只要有助于缓解员工的压力和身心健康,企业应予以鼓励。对于应对危机的方式不正确的员工,企业应制定科学的培训方案和制度如团建旅行,员工家庭日,素质拓展训练等,定期或不定期地提供培训,必要时应该借助心理咨询机构的帮助。员工帮助计划(EAP)也可以提供员工解决问题和应对压力的能力[124]。

我们还发现,较长的工作时间有可能导致自杀意念、自杀计划和自杀倾向。这可能与工作时间长但与收入不成正比,或者某些员工由于工作能力不足,而需要额外的时间完成与同事同样的工作量,或者时常有紧急的任务而不得不加班有关。这就相当于形成了愿望扭力、相对剥夺扭力和应对扭力。这种现象在某些行业如IT、通信、电子和互联网等行业比较常见。据《智联招聘2015年白领8小时生存质量调研报告》表明,仅有28.6%的企业白领不需要加班,不同岗位和级别的白领加班时间也不同。来自9个西方国家的研究也表明,40%~60%以上的女性和60%的男性有过加班,加班和周末工作对员工的压力、睡眠以及社会和心理健康都有负面影响[125]。工作时间较长与抑郁、焦虑、睡眠甚至心脏疾病有密切关系[126]。即使控制了人口学和职业因素,长时间的工作也与自杀意念有关[127,128]。虽然有研究表明适度的工作(每天6～7小时)会使职业幸福感最大化,但是更多人认为工作时间与工作满意度之间呈"倒U"形[129]。在一些员工被迫加班的同时,还有一些员工是"主动"加班,可能是为了获得更多的收入,可能是为了保住饭碗,其实这种主动的过度劳动对健康也是不利的。"过劳自杀"要求企业变人事管理为人力资源管理,变刚性管理为柔性管理[130],除了实行弹性工时,还可以加强劳动法对职业群体的保护,或者调节社会心态。

六 本研究的创新点

本研究选择在城市企业员工中进行扭力、抑郁和自杀行为之间关系的调查,通过严谨的问卷设计和科学的问卷收集方法,达到了课题预期的研究目的。总体来看,主要有以下创新之处。

首先,研究证实了心理扭力量表在新的人群即城市企业职工中的适用性,为扭力量表扩大使用范围,验证自杀的扭力理论提供了必要条件。城市企业职工不同于之前的农村自杀者或在校大学生群体,有自己的特殊性,该研究可以为国内同类的企业员工自杀研究提供借鉴。

其次,证实了自杀扭力理论在城市企业职工中的适用性。本研究是首次运用扭力理论分析城市企业员工群体的自杀行为,不再仅仅局限于找出其危险因素,而是要力求发现自杀行为背后深层的动机和共性原因,从而为广大企业提高心理健康水平提供帮助。

最后,根据研究发现,我们提出了针对性的降低扭力的措施。扭力理论不但较为全面地考虑了个体在接受各种观念或者社会体验时的心理状态,而且考虑了社会因素的影响。以此为指导,我们可以从根本上开展自杀研究和预防工作。减弱或者消除产生扭力过程中相互矛盾的社会体验的其中一个方面,就不会形成扭力,也就会大大减少自杀机率。

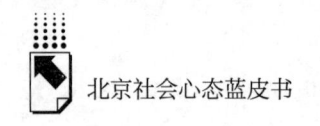

七 问题思考

本研究采用网络问卷调查，相比面对面的纸质问卷，成本更低、更加便利，而且数据直接使用数据库记录，方便核查与分析。从回收结果来看，质量较高，令人满意。在整个研究过程中，课题组本着严谨求实的精神，力求从问卷设计、方法选择、数据收集等各方面做到完美，但由于时间和能力所限，研究中仍然存在一些不足之处，希望这些不足能够在将来的研究中得到完善，或者为他人的研究提供借鉴。

第一，本研究是通过第三方公司网上调查进行取样，面向的人群虽然广泛，但由于网络的隐蔽性，不排除一些不真实的问卷回答出现，我们不能对调查对象的真实身份进行核查，因此研究结果有待进一步证实。未来研究中除增加问卷中的筛选性题目外，还应该采取技术措施定向投放问卷。

第二，相比于北京市庞大的企业人口基数，我们只问卷调查了1000余人。样本量较小导致结果中发现有自杀计划和自杀未遂行为的人数很少，未能进行回归分析和中介效应检验，以后的研究中应加大调查范围，可以采取分层抽样方法收集样本。

第三，虽然问卷中增加了企业员工从事岗位类别的问题，但如果能进一步细化所从事的行业或职业，将有助于我们进一步发现到底哪个行业的职工更容易产生扭力和抑郁情绪。

第四，虽然研究证实了扭力对抑郁和自杀行为的预测作用，为了进一步区分不同企业性质之间是否会有不同，未来的研究可以考虑在问卷中加入企业类型一项，如国有企业、私营企业、三资企业、大型企业、中小型企业等。

第五，不同工作年限对员工的心理健康状况有不同影响，但本研究中未考察不同工作年限的企业员工之间扭力体验是否不同，未来的研究可以考虑将工作年限纳入研究。

参考文献

[1] 北京市第三次全国经济普查领导小组办公室等：《北京经济普查年鉴2013》，北京：中国统计出版社，2015。

[2] 杨宠、李英华、马昱等：《我国6省市5类城市职业人群心理健康状况及社会支持状况调查》，《中国健康教育》2009年第6期，第407~410页。

[3] Dollard MF, Bakker AB. Psychosocial safety climate as a precursor to conducive work environments, psychological health problems, and employee engagement. Journal of Occupational & Organizational Psychology. 2011, 83 (3): 579–599.

[4] Mcternan WP, Dollard MF, Lamontagne AD. Depression in the workplace: An economic cost analysis of depression-related productivity loss attributable to job strain and bullying. Work & Stress. 2013, 27 (4): 321–338.

[5] 刘戈：《别让自杀毁了你的企业》，《中外管理》2010年第5期，第58~59页。

[6] 华诚：《企业老总为何走上自杀路?》，《现代工商》2004年第23期，28~30页。

[7] Tiesman HM, Konda S, Dan H, et al., Suicide in U. S. Workplaces, 2003–2010: A Comparison With Non-Workplace Suicides, *American Journal of Preventive Medicine*, 2015, 48 (6): 674–682.

[8] Kinchin I, Doran CM, The Economic Cost of Suicide and Non-Fatal Suicide Behavior in the Australian Workforce and the Potential Impact of a Workplace Suicide Prevention Strategy, *International Journal of Environmental Research & Public Health*, 2017, 14 (4): 347.

[9] Chabrak N, Craig R, Daidj N, Financialization and the Employee Suicide Crisis at France Telecom, *Journal of Business Ethics*, 2016, 139 (3): 1–15.

[10] Organisation WH, Mental Health Policies and Programmes in the Workplace, Geneva: WHO Press, 2014.

[11] Shin YC, Lee D, Seol J, et al., What Kind of Stress Is Associated with Depression, Anxiety and Suicidal Ideation in Korean Employees? *Journal of Korean Medical Science*, 2017, 32 (5): 843–849.

[12] Wang J, Schmitz N, Does Job Strain Interact with Psychosocial Factors Outside of the Workplace in Relation to the Risk of Major Depression? The Canadian National Population Health Survey, Social Psychiatry & Psychiatric Epidemiology, 2011, 46 (7): 577–584.

［13］Theorell RT, Hammarstr AM, Gustafsson EP, et al., Job Strain and Depressive Symptoms in Men and Women: A Prospective Study of the Working Population in Sweden, *Journal of Epidemiology & Community Health*, 2014, 68 (1): 78 – 82.

［14］Madsen IEH, Nyberg ST, Hanson LLM, et al., Job Strain as A Risk Factor for Clinical Depression: Systematic Review Andmeta-analysis with Additional Individual Participant Data, *Psychological Medicine*, 2017, 47 (8): 1342 – 1356.

［15］Wang J, Smailes E, Sareen J, et al., Three Job-related Stress Models and Depression: A Population-based Study, *Social Psychiatry & Psychiatric Epidemiology*, 2012, 47 (2): 185 – 193.

［16］Pikhart H, Bobak M, Pajak A, et al., Psychosocial Factors at Work and Depression in Three Countries of Central and Eastern Europe, *Social Science & Medicine*. 2004, 58 (8): 1475 – 1482.

［17］Dragano N, He Y, Moebus S, et al., Two Models of Job Stress and Depressive Symptoms, *Social Psychiatry & Psychiatric Epidemiology*, 2008, 43 (1): 72 – 78.

［18］Niedhammer I, Chastang JF, David S, et al., Psychosocial Work Environment and Mental Health: Job-strain and Effort-reward Imbalance Models in a Context of Major Organizational Changes, *International Journal of Occupational and Environmental Health*, 2006, 12 (2): 111 – 119.

［19］Wang JL. Perceived Work Stress, Imbalance between Work and Family/Personal Lives, and Mental Disorders, *Social Psychiatry & Psychiatric Epidemiology*, 2006, 41 (7): 541 – 548.

［20］BOCCIO DE, MACARI AM, Workplace as Safe Haven: How Managers Can Mitigate Risk for Employee Suicide, *Journal of Workplace Behavioral Health*, 2014, 29 (1): 32 – 54.

［21］Stansfeld S, Candy B. Psychosocial work Environment and Mental Health-a Meta-analytic Review, *Scandinavian Journal of Work Environment & Health*, 2006, 32 (6): 443 – 462.

［22］Takaki J, Taniguchi T, Fukuoka E, et al., Workplace Bullying Could Play Important Roles in the Relationships between Job Strain and Symptoms of Depression and Sleep Disturbance, *Journal of Occupational Health*, 2010, 52 (6): 367 – 374.

［23］Keith PM, Schafer RB, Role Strain and Depression in Two-Job Families, *Family Relations*, 1980, 29 (4): 483 – 488.

［24］Woo JM, Postolache TT, The Impact of Work Environment on Mood Disorders and Suicide: Evidence and Implications, *International Journal on Disability & Human Development*, 2008, 7 (2): 185 – 200.

[25] Routley VH, Ozanne-Smith JE, Work-related Suicide in Victoria, Australia: A Broad Perspective, *International Journal of Injury Control & Safety Promotion*, 2012, 19 (2): 131-134.

[26] Organization WH, Public Health Action for the Prevention of Suicide, Geneva: WHO Press, 2012.

[27] Koerner M. Mental Strain Among Staff at Medical Rehabilitation Clinics in Germany, *Psycho-social Medicine*, 2011, 8 (4): 1-12.

[28] Mark G, Smith AP, Effects of Occupational Stress, Job Characteristics, Coping, and Attributional Style on the Mental Health and Job Satisfaction of University Employees, *Anxiety Stress & Coping*, 2012, 25 (1): 63-78.

[29] Schneider B, Grebner K, Schnabel A, et al., Impact of Employment Status and Work-related Factors on Risk of Completed Suicide: A case-control Psychological Autopsy Study, *Psychiatry Research*, 2011, 190 (2-3): 265-270.

[30] Ostry A, Maggi S, Tansey J, et al., The Impact of Psychosocial Work Conditions on Attempted and Completed Suicide Among Western Canadian Sawmill Workers, *Scandinavian Journal of Public Health*, 2007, 35 (3): 265-271.

[31] 罗晓丽、黄丽丽、马锦华等:《广州市小型工业企业工人心理健康状况及其影响因素》,《职业与健康》2012年第22期,第2709~2711页。

[32] 林赞歌、樊富珉、吴吉堂:《新时期制造业员工心理健康状况调查与分析》,《中国健康心理学杂志》2012年第9期,第1345~1348页。

[33] 张知光、丁明、谢才文等:《某日资企业员工心理健康状况调查》,《职业与健康》2012年第9期,第1045~1048页。

[34] 许鸿儒:《富士康科技集团员工工作压力研究》,南京工业大学,2012。

[35] 文良慧:《Y证券公司核心员工工作压力源、应对方式与心理健康的相关研究》,华中师范大学,2013。

[36] 李冰:《工作压力与北京企业员工健康状况的研究》,首都经济贸易大学,2007。

[37] 刘彭娟:《企业员工压力源对压力后果的影响:乐观人格的中介效应》,安徽大学,2014。

[38] 常向东、马丹英:《企业员工工作倦怠与自杀意念的相关性》,《中国健康心理学杂志》2014年第6期,第847~850页。

[39] 朱小根:《企业员工自杀现象的心理归因及预防建议》,《广西政法管理干部学院学报》2012年第2期,第127~129页。

[40]《中国企业发展过程中心理建设问题的探索——对富士康职工连续跳楼自杀问题的分析及对策建议》,《经济界》2010年第4期,26~30页。

[41] 杨曦、刘铁榜、杨洪等:《富士康深圳工厂12名员工丛集性自杀原因的回顾

性分析》，《中国心理卫生杂志》2012年第2期，第120~123页。

[42] 贺艳萍、何岑成：《新时期劳动力密集型企业人力资源管理方式——基于富士康员工自杀事件的分析》，《经营与管理》2012年第1期，第62~64页。

[43] 肖保根：《国外名企是如何预防员工自杀的?》，《职业》2010年第7期，第29~29页。

[44] 游丽琴、刘铁榜、杨洪等：《富士康深圳工厂员工丛集性自杀事件精神卫生干预的主要经验》，《中国心理卫生杂志》2012年第2期，129~132页。

[45] 肖水源、胡宓：《对企业员工自杀预防工作的若干建议》，《中国心理卫生杂志》2010年第10期，725~726页。

[46] 刘细妹、岑瑞庆、贺斐：《从心理学角度论新生代员工自杀的原因》，《校园心理》2012年第3期，178~180页。

[47] 刘玉新、张建卫、张西超等：《新生代员工自杀意念的产生机理》，《心理科学进展》2013年第7期，第1150~1161页。

[48] 谭星、蒋蒙：《从组织角度浅析员工自杀的原因及预防措施》，《东方企业文化》2013年第24期，第109~110页。

[49] 石理恒：《从经济学视角浅析富士康员工自杀事件》，《保险职业学院学报》2010年第4期，第69~70页。

[50] 魏子秋、李赫、刘国山等：《富士康公司员工自杀行为的内在机理分析》，《经营与管理》2013年第11期，第113~115页。

[51] 张杰：《自杀的"压力不协调理论"初探》，《中国心理卫生杂志》2005年第11期，第778~782页。

[52] Zhang J, Dong N, Delprino R, et al., Psychological Strains Found from In-Depth Interviews with 105 Chinese Rural Youth Suicides, Archives of Suicide Research, 2009, 13 (2): 185-194.

[53] Sun L, Li H, Zhang J, et al., Psychological Strains and Suicide Intent: Results from a Psychological Autopsy Study with Chinese Rural Young Suicides, *International Journal of Social Psychiatry*, 2015, 61 (7): 677-683.

[54] Sun L, Zhang J. Psychological Strains and Suicidal Intent: An Empirical Study to Relate the 2 Psychopathological Variables, *Journal of Nervous & Mental Disease*, 2016, 204 (11): 855-860.

[55] Zhang J, Liu Y, Sun L. Life Satisfaction and Degree of Suicide Intent: A Test of the Strain Theory of Suicide, Comprehensive Psychiatry, 2017, 74: 1-8.

[56] Zhang J, Liu Y, Hennessy D, Effects of Psychological Strains on Chinese College Students' depression and Suicidal Ideation, *Journal of Forensic Psychology*, 2016, 1 (2): 106.

[57] Zhang J, Lu J, Zhao S, et al., Developing the Psychological Strain Scales (PSS):

Reliability, Validity, and Preliminary Hypothesis Tests, *Social Indicators Research*, 2014, 115 (1): 337–361.

[58] Zhang J, Lyu J. Reliability, Validity and Preliminary Hypothesis Tests for the English Version of the Psychological Strain Scales (PSS), *Journal of Affective Disorders*, 2014, 164 (2014): 69–75.

[59] Rosenberg M., Society and the Adolescent Self-image, NJ: Princeton University Press, 1965.

[60] Urbán R, Szigeti R, Kökönyei G, et al., Global Self-esteem and Method Effects: Competing Factor Structures, Longitudinal Invariance, and Response Styles in Adolescents, *Behavior Research Methods*. 2014, 46 (2): 488–498.

[61] 韩向前、江波、汤家彦等:《自尊量表使用过程中的问题及建议》,《中华行为医学与脑科学杂志》2005 年第 8 期, 第 763 页。

[62] Zimet GD, Powell SS, Farley GK, et al., Psychometric Characteristics of the Multidimensional Scale of Perceived Social Support, Journal of Personality Assessment, 1990, 55 (3–4): 610–617.

[63] Zhang J, Norvilitis JM, Measuring Chinese Psychological Well-Being with Western Developed Instruments, *Journal of personality Assessment*, 2002, 79 (3): 492–511.

[64] Radloff LS, The CES-D Scale: A Self-Report Depression Scale for Research in the General Population, Applied Psychological Measurement, 1977, 1 (3): 385–401.

[65] Kessler RC, Ustun TB, The World Mental Health (WMH) Survey Initiative Version of the World Health Organization (WHO) Composite International Diagnostic Interview (CIDI), *International Journal of Methods in Psychiatric Research*, 13 (1049–8931 (Print)): 93–121.

[66] Association AP, Practice Guideline for the Assessment and Treatment of Patients with Suicidal Behaviors, *American Journal of Psychiatry*, 2003, 160: 1–60.

[67] O'Carroll PW, Berman AL, Maris RW, et al., Beyond the Tower of Babel: a Nomenclature for Suicidology, Suicide & life-threatening Behavior, 1996, 26 (3): 237–252.

[68] Zhang J, Zhou L. Suicidal Ideation, Plans, and Attempts Among Rural Young Chinese: The Effect of Suicide Death by a Family Member or Friend, *Community Mental Health Journal*, 2011, 47 (5): 506–512.

[69] Zhang J, Zhao Z, Psychological Strain and Suicidal Ideation among Chinese Young People, *International Journal of Asian Social Science*, 2017, 7 (6): 497–504.

[70] Campbell A., Subjective Measures of Well-being, The American Psychologist,

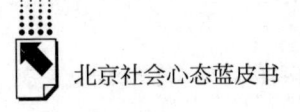

1976，31（2）：117－124.

［71］李靖、赵郁金：《Campbell 幸福感量表用于中国大学生的试测报告》，《中国临床心理学杂志》2000 年第 4 期，第 225～226 页。

［72］Diener E, Oishi S, Lucas RE. Personality, Culture, and Subjective Well-Being: Emotional and Cognitive Evaluations of Life, *Annual Review of Psychology*, 2003, 54（1）：403－425.

［73］Bai X, Wu C, Zheng R, et al., The Psychometric Evaluation of the Satisfaction with Life Scale Using a Nationally Representative Sample of China, *Journal of Happiness Studies*, 2011, 12（2）：183－197.

［74］Wang D, Hu M, Xu Q, Testing the factorial invariance of the Satisfaction with Life Scale Across Chinese Adolescents, *Social Behavior & Personality An International Journal*, 2017, 45（3）：505－516.

［75］Droitvolet S, Gil S. The Time－emotion Paradox, *Philosophical Transactions of the Royal Society of London*, 2009, 364（1525）：1943－1953.

［76］Droit-Volet S, Meck WH, How Emotions Colour Our Perception of Time, *Trends in Cognitive Sciences*, 2007, 11（12）：504－513.

［77］余习德、邓丽仪、鲁成等：《时间流逝感：概念探索、问卷编制及其信效度研究》，《心理技术与应用》2017 年第 9 期，第 542～552 页。

［78］彭春花、林姝含、陈有国：《主观时间流逝速度调节情绪效价的特异性》，《心理科学》2015 年第 4 期，第 834～838 页。

［79］Wang C-W, Chan CLW, Yip PSF, Suicide Rates in China from 2002 to 2011: An Update, *Social Psychiatry and Psychiatric Epidemiology*, 2014, 49（6）：929－941.

［80］Zhang J, Sun L, Liu Y, et al., The Change in Suicide Rates between 2002 and 2011 in China, *Suicide & life-threatening behavior*. 2014, 44（5）：560－568.

［81］杜岸政、古纯文、丁桂凤：《心理学研究中的中介效应分析意义及方法评述》，《中国心理卫生杂志》2014 年第 8 期，第 578～583 页。

［82］徐金平、赵容、李香玲：《某劳动密集型电子企业员工抑郁状况及影响因素分析》，《职业卫生与应急救援》2017 年第 1 期，第 6～8 页。

［83］张知光、丁明、蒲晓霜等：《广州市 239 名外资企业员工心理健康状况调查分析》，《华南预防医学》2011 年第 1 期，第 21～24 页。

［84］Zhang J, Lv J. Psychological strains and depression in Chinese rural populations. Psychology, health & medicine. 2014 年第 3 期：365－373.

［85］张西超、连旭、车宏生：《IT 企业员工压力源、应对方式与身心健康的相关研究》，《心理学探新》2006 年第 1 期，第 91～95 页。

［86］彭文卓、王维砚：《中国约 2～3 亿人存心理健康问题职场沦为重灾区》，《劳

动保障世界》2014年第30期，第38~39页。

[87] 游丽琴、金冬、杨洪等：《深圳市企业员工心理健康状况调查及影响因素》，《中国健康心理学杂志》2013年第10期，第1495~1497页。

[88] 詹劲基、丘天祥、苏展等：《工厂企业女性外来务工者心理健康状况的对照研究》，《医学综述》2008年第12期，第1907~1909页。

[89] 刘寒、郭延萍、朱紫青：《企业职工主观抑郁情绪调查》，《神经疾病与精神卫生》2011年第2期，第131~133页。

[90] 谷桂珍、余善法、周文慧等：《13家企业员工抑郁症状及其影响因素》，《中华劳动卫生职业病杂志》2015年第10期，第738~742页。

[91] 戴俊明、余慧珠、吴建华等：《不同职业紧张因子与抑郁症状的关联分析》，《卫生研究》2010年第3期，第342~346页。

[92] 黄筱：《我国抑郁症呈现"三高三低"特征》http://news.xinhuanet.com/local/2017-04/07/c_1120767832.htm。

[93] Zhang J, Xu HL, The Effects of Religion, Superstition, and Perceived Gender Inequality on the Degree of Suicide Intent: A Study of Serious Attempters in China, Omega: *Journal of Death and Dying*. 2007, 55 (3): 185-197.

[94] 肖红军、张俊生、曾亚敏：《资本市场对公司社会责任事件的惩戒效应——基于富士康公司员工自杀事件的研究》，《中国工业经济》2010年第8期，第118~128页。

[95] 左博：《中国企业员工价值观的确立》，《经济研究导刊》2010年第23期，第100~101页。

[96] 宋肖：《企业员工的物质主义价值观、工作狂行为及工作压力关系研究》，浙江大学，2013。

[97] 宋琦：《浅谈企业员工需求特征及激励中的问题》，《边疆经济与文化》2004年第6期，第81~82页。

[98] 毕鹏志：《我国企业知识型员工需求特征研究》，天津商业大学，2007。

[99] 陈雪晶：《企业核心员工的需求特征及其激励研究》，大连海事大学，2009。

[100] 曾艳：《基于需求特征的企业知识型员工激励研究》，湖南大学，2003。

[101] 赵伟：《国有企业青年员工工作需求特征研究——以冶金行业标杆J企业为例》，首都经济贸易大学，2014。

[102] 杨林：《员工价值观与企业文化的相互影响》，《企业导报》2011年第1期，第185页。

[103] Zhang J, Reference and Perception: Towards a Social Relativism Perspective, *Theory in Action*, 2013, 6 (2): 148-173.

[104] 任国强、黄云：《相对剥夺对个体健康影响研究进展》，《经济学动态》2017年第2期，第112~123页。

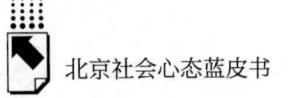

[105] 蔡禾、张应祥：《不同所有制企业职工工作满足感比较》，《中山大学学报》（社会科学版）2000年第2期，第100~107页。

[106] 周二华、李晓艳：《在华跨国企业中外员工薪酬差异的实证研究：基于相对剥夺理论》，《管理评论》2011年第10期，第91~101页。

[107] 王清、李海兵：《论公平与效率的互补关系——以相对剥夺感与企业生产率作为置换变量的分析》，《湖北行政学院学报》2007年第4期，第27~30页。

[108] Davis JA, A Formal Interpretation of the Theory of Relative Deprivation, Sociometry, 1959, 22 (4): 280-296.

[109] 杜慧、卢旖旎、李丁：《基于HLM模型的员工相对剥夺感影响因子实证研究》，《科学与管理》2013年第3期，第41~46页。

[110] 刘亚晓：《企业员工核心自我评价与应对方式、主观幸福感的关系研究》，河南大学学位，2013。

[111] 小盐隆士、野崎华世、小林美树等：《亚洲的相对收入和幸福感：来自中国、日本和韩国的全国性调查证据》，《国外理论动态》2014年第6期，第65~74页。

[112] 李培林、陈、张翼：《社会蓝皮书：2016年中国社会形势分析与预测，社会科学文献出版社，2015。

[113] 郭强、姜澄宇：薪酬差距、相对剥夺感知及企业绩效研究》，《西安财经学院学报》2014年第5期，第57~62页。

[114] 谢金雨、李灵、李慧等：《大连市IT企业员工职业自我效能感、应对方式与职业倦怠的关系研究》，《社会心理科学》2012年第8期，第46~49页。

[115] 侯艳飞、张小远：《技工型企业员工职业倦怠、应对方式与心理健康的关系》，《现代预防医学》2017年第3期，第406~409、423页。

[116] 李岗、常向东：《企业员工自尊水平与应对方式的相关性》，《中国健康心理学杂志》2016年第11期，第1650~1654页。

[117] 邓海生、王兆良、沈寅虎：《合肥市5家企业员工工作满意度与社会支持和应对方式的关系》，《中华疾病控制杂志》2011年第7期，第594~597页。

[118] 杨颜瑄：《IT企业员工工作压力、压力应对方式及工作满意度的关系研究》，南京师范大学，2015。

[119] 欧阳婷：《新生代企业员工压力应对、心理弹性和工作满意度的关系研究》，湖南师范大学，2015。

[120] 王玉峰、蒋枫、刘爱军：《企业组织变革压力下员工的应对策略研究》，《工业技术经济》2014年第6期，第102~110页。

[121] 徐明津、黄霞妮、冯志远等：《应对方式在核企业员工工作压力与心理健康关系中的中介效应》，《环境与职业医学》2016年第2期，第134~138页。

[122] 游丽琴、金冬、杨洪等：《应对方式在工作压力与工作倦怠关系中的调节作

用》，《中国健康心理学杂志》2014 年第 4 期，第 571~574 页。

[123] 高飞、陈龙、裴华等：《企业员工应对方式与心理健康之间的关系》，《中国临床心理学杂志》2005 年第 3 期，第 353~353 页。

[124] 徐婧：《基于 EAP 视角的 80 后员工工作压力管理的实证研究》，福州大学，2011。

[125] Costa G, Akerstedt T, Nachreiner F, et al., Flexible Working Hours, Health, and Well-being in Europe: Some Considerations from A SALTSA Project, *Chronobiology International*, 2004, 21 (6): 831 - 844.

[126] Bannai A, Tamakoshi A., The Association between Long Working Hours and Health: A Systematic Review of Epidemiological Evidence, *Scandinavian Journal of Work Environment & Health*, 2014, 40 (1): 5 - 18.

[127] Yoon J. H., Jung PK, Roh J, et al., Relationship between Long Working Hours and Suicidal Thoughts: Nationwide Data from the 4th and 5th Korean National Health and Nutrition Examination Survey, PloS one, 2015, 10 (6): 1 - 12.

[128] Kim KU, Park SG, Kim HC, et al., Association between Long Working Hours and Suicidal Ideation, *Korean Jouranl of Occupational and Environmental Medicine*, 2012, 24 (4): 339 - 346.

[129] 吴伟炯：《工作时间对职业幸福感的影响——基于三种典型职业的实证分析》，《中国工业经济》2016 年第 3 期，第 130~145 页。

[130] 张建丽：《过劳死和过劳自杀对企业管理的启示研究》，《企业导报》2012 年第 15 期，第 91 页。

B.13 居住流动性与人际信任的建立

赵 娜[*]

摘 要： 北京作为快速发展的特大城市，吸引了大量的流动人口，该群体的信任问题受到了学者们的广泛关注。本研究通过问卷调查与实验室相结合的方法，探讨了居住流动性与人际信任之间的关系及其内在的心理机制。研究1采用问卷调查，结果发现，居住流动性与人际信任之间呈现显著负相关，$r = -0.37, p < 0.05$。研究2采用实验设计的方法发现，流动组个体的信任水平显著低于稳定组，$t(67) = 3.46, p < 0.01$。研究3进一步发现模糊性在居住流动性与人际信任之间起部分中介作用。

关键词： 居住流动性　模糊性　人际信任

一 选题依据

（一）引言

随着全球化的发展，人们为了追求更好的生活，工作和生活的地方会经常发生改变，并且这种趋势还在逐渐扩大。北京作为首都和快速发展的特大城市，吸引了大量的流动人口，是全国流动人口的三大聚集区之一。通过

---

[*] 赵娜，中央财经大学社会与心理学院副教授，硕士生导师，研究方向为社会心理学。

《北京统计年鉴2014》可知,截至2013年底,北京市流动人口已达到802.7万人,占常住人口的38%。也即是说,北京市每五个人中就有两个是流动人口。此外,与2000年相比,北京流动人口增长了2.1倍,流动人口增长已成为北京人口增长的主要原因。目前学者们已对北京流动人口方面展开了大量的研究,如流动人口的基本状况、空间分布、人口政策及调控管理等。然而,这些研究基本上都是相关研究,并没有得到相应的因果关系。如有研究表明流动性较高的地区有更高的犯罪率,但是研究并不能说明是高犯罪率引起了居住流动性还是居住流动性导致了高犯罪率(Sampson,2012)。综合来看,目前很少有研究具体到个体的微观层面来考察居住流动性对人们的人际关系、信任特点、社区认同等的影响(Oishi & Talhelm,2012)。由于人们的居住流动性增加,居住地频繁发生改变,流动性人口人际信任的建立问题应该引起学者的关注。目前因为居住地的频繁变化,个体的关系网发生了巨大的变化,人们面临着新的情景,可能会导致个体模糊性的认知,这些模糊性使得人际关系网的异质性、松散性越来越高。人们对泛泛的关系网不敢认同。社会各个体、阶层及社会群体之间的矛盾日益剧烈,如何建立信任关系已是流动人口面临的一个重要问题。

人际信任是建立和维持良好人际关系的最重要因素之一,也是提升群体合作、维持社会秩序的润滑剂(Simpson,2007)。半个世纪以来,人际信任研究的相关理论基础及研究方法也得到了较大的完善。然而,由于人际信任定义的复杂性、其在人际关系不同阶段的差异性、在实验室中的不易被觉察性,及与其他概念的不易剥离性等原因,有关信任的形成、信任的发展和维持、背叛后信任的修复、信任在整个人际关系发展过程中的相关研究还不多。在人际交往过程中,个体愿意相信他人会给予自己资源的回馈,至少相信他人不会违背自己的利益,并愿意承担一定的风险,这种现象即为人际信任。已有研究表明,风险是人际信任建立中的一个核心变量,在缺少监控或第三方制裁的情况下,任何人际信任行为都会涉有风险(Dohmen,Falk,Huffman & Sunde,2012)。由于这种风险的存在,人们在信任建立过程的初期,通常会对即将出现的信任行为中的风险有不同程度的估计。那么在流动性背景下，个体的风险认知是如何评估的？在陌生地方人们的模糊性感知如何影响到人际信任的建立？影响这种关系的边界变量又是什么？探明这些问题，不仅可以增加已有的信任研究理论，而且也为如何促进人际信任的建立，提高民众、政府的公信度等提供科学理论根据和技术支持。

（二）国内外研究梳理

1. 居住流动性

居住流动性（Residential Mobility）是指人们居住变量的频率（Oishi，2010）。从个体层面上来说，它被定义为一个人在某个时间段（或未来期待的时间段）居住地上变动的次数。从宏观上来说，它是指某个社区、城市、州或者国家在某个阶段或者未来的某个阶段居民流动的比率。有理论认为居住流动性也是一个重要的心理概念（Myers，2007）。

心理学研究者主要关注居住流动性对个体短期和长期的影响。首先，居住流动性影响到个体即时的心理反应，如兴奋、焦虑、期望及孤独感。研究发现，当让个体描述他们流动的生活方式时，与稳定的生活方式比起来他们会用到更多与焦虑有关的词语（Oishi, Miao, Koo, Kisling & Ratliff, 2012）。也有研究发现，流动性高的个体更容易追求"熟悉度"效应，原因之一即在于熟悉的东西可以降低他们的焦虑水平（Oishi et al., 2012）。居住流动还会对个体带来其他的影响。如当让个体去想象他们的流动生活方式时，他们更关注他们未来的人际关系（Oishi, Kesebir et al., 2013）。他们会认为未来亲密朋友有可能会减少并且愿意扩大他们的社会交往圈。这是因为个体的孤独感使得他们更愿意扩大信息网络。除此之外，居住流动性对人际知觉也有重要的影响。有研究探索了流动性生活方式下的个体更喜欢公平的助人者（对陌生人和亲密的人提供相同的帮助）还是喜欢更忠诚的助人者（人们愿意帮助亲密朋友更多）（Lun, Oishi & Tenney, 2012）。结果发现，稳定性下的个体对上述两种助人者的喜欢程度是相同的，但是流动性下的个体则更喜欢公平的助人者。这种结果可能是因为居住流动性强的个体可能更需要陌生人的帮助（Wang & Leung, 2010）。

除了这些短期的心理状态外，心理学家也考察了居住流动性带来的长期后果。如儿童居住地频繁的流动可以影响到其成人后的自我概念。研究发现，居住流动频繁的个体的自我性更高，但是不流动的个体集体性自我（Central self）更高（Oishi, Lun & Sherman, 2007）。频繁的流动性对个体的幸福感也有重要的影响。一个实验室研究及一个两周的追踪研究表明，流动性高的个体当知觉到他们的个体的自我性时，幸福感更高，非流动的个体当知觉到集体自我时幸福感更高。也有研究探讨了儿童时期的流动性与成年期抑郁水平的关系。结果发现，即使在控制了社会经济地位、父母婚姻状态及其他变量的情况下，两者还有较强的关系（Jelleyman & Spencer, 2008）。居住流动性高的个体对他们的主观幸福感（生活满意度、积极情感）有消极的影响作用（Oishi & Schimmack, 2010）。然而，这种关系仅存在于性格内向及神经质水平高的个体上，而对于外向的个体则不存在这种现象（Oishi & Schimmack, 2010）。这可能是因为外向性的个体能建立更好的社会关系网络。同样，他们用一个10年的追踪数据发现，流动性高的个体寿命更短，而外向型的个体则在寿命长短上没有显著并异（Oishi, Krochik, Roth & Sherman, 2012）。

从心理学的角度对居住流动性的相关研究，另外一方面的研究结果是对居住流动性及其后果之间的因果机制进行了探讨。例如，居住流动性高的地区也有较高水平的犯罪率（Sampson, 2012），相反，居住稳定性的个体则从事更多的集体事务（Kang & Kwak, 2003），同时他们更容易从事一切亲社会行为（Oishi, Rothman et al., 2007）。但是这种因果关系的方面还不明确。Oishi、Rothman等（2007）采用实验设计的方法发现，稳定组的个体与流动性的个体相比起来更愿意去帮助他人。他们的研究进一步解释了这样一种现象，认为对所在"社区"的认同中介了两者之间的关系。稳定性可以增加社区认同，反过来又会进一步影响到两者的关系。

2. 居住流动性与人际信任：模糊性感知的作用

居住流动性的增加，有可能会降低个体的信任感。这种信任感知会进一步影响到人际信任建立。从人际信任的定义可以看出，人际信任与风险有着密切的关系，是一种敢于托付（愿意承担）风险的心理状态（Simpson，2007）。人际交往中时刻充满着变化和不确定性，而个体就需要在这些变化和不确定性之间做出各种决定。针对信任与风险之间的关系，很多学者对此进行了探讨。综合这些研究来看，其结果普遍认为信任本身即为风险，认为只有在风险情境下个体之间才需要信任（Deutsch，1958），信任他人本身即承担着风险（Sabel，1993）。为了更好地理解信任与风险的关系，研究者提出模糊性（uncertain）和概率（probability）两个概念以帮助理解信任与风险两者之间的关系。模糊性是指信任建立过程中广泛意义上的不确定性结果，概率则是指个体对这种模糊性的主观评价。用社会交换的视角来看，信任在维持人际关系中非常重要，因为其能使双方的利益最大化（Kelly，2003）。在信任建立的过程中，风险认知的评估是影响个体行为决策的一个最重要的原因。Kelly（2003）认为，个体如果害怕面临风险，他们会出于自我保护、竞争等原因而选择拒绝合作。对于居住流动性高的个体来说，他们更可能高估到在与他人建立信任过程中的风险，从而降低他们建立信任的意愿。

Budner（1962）认为，"一个模糊的情境可以被定义为由于缺乏足够的线索，个体无法对它进行结构化或者分类"，换句话说，在一个清晰的情境下，个体能够把握其主要特征，并加以解释或给出答案；而在模糊的情境中，刺激可以被归为不同的类别，特别是当它属于两个类别的可能性相同时，因此对它的解释和处理都更加困难。有研究发现很多与模糊性相联系的心理现象，如模糊性状态下可能增加个体的爱国主义和对现状的支持（Heine，Proulx & Vohs，2006）。居住流动性高的个体可能会暂时性地采取爱国主义，采用保守的政治态度。

我们认为居住流动性会增加个体的模糊性感知。因为在一个新的居住地，新的居住成员可能不知道去哪儿、要干什么、可以依赖谁。在模糊性较强的情景下，个体通常在做人际决策时会更保守。因此我们认为，流动性可能会降低人际信任，其中个体觉察到的模糊性起到中介作用。

3. 居住流动性与人际信任：认知闭合的作用

在个体模糊性概念（Sorrentino & Roney，1986）及其相关概念的基础上，Kruglanski 和 Webster（1996）提出了一个模糊性单独的、首要的结构，即认知闭合（Need for closure，NFC），是决策制定下背后的认知层面。认知闭合的定义为：个体对某个特定的主题想得知一个固定答案而不是容忍或者坚持某种模糊性的渴望程度（Kruglanski，1989）。NFC 被认为是个体对信息追求和加工的动机驱力（Jost，Glaser，Kruglanski & Sulloway，2003）。个体的认知闭合被认为是一个连续体，高水平认知闭合的个体对答案精确性的要求是高需求的，低认知闭合的个体对答案精确性要求是低需求的。对于认知闭合要求低的个体来说，认知闭合要求高的个体表现出更少的耐心及用更少的努力去寻求标准答案。低认知闭合的需求则会对各种不同的信任有更大的容忍性和开放性，他们会有更复杂的思维方式，更精细的信息加工方式，并且需要等到提供充分的信息之后才会做出决策。

以往的研究认为，认知闭合与人际信任有密切的关系。对于低认知闭合的个体来说，高认知闭合的个体更喜欢与他们相似或者亲密的人在一起。如高认知闭合的个体更容易增加对群体内的偏好及对外群体排斥（Kruglanski et al.，2006）。因此个体的信任行为的决策有可能受到个体 NFC 水平的影响。具体来说，高认知闭合的个体更倾向于寻找关系近的建立社会网络，因为这样他们能很快对他人做出是否可信的判断。而低认知闭合的人有可能会对各种信息进行加工，直到最后得出一个数据驱使的结果，进而做出进一步的判断。除此之外，与高认知闭合的个体相比，低认知闭合的人在面对新信息时灵活，因为他们不需要做出一个确切的判断，他们对新证据的判断可以调整他们的策略。

流动性会给个体带来模糊感，这种模糊感又将进一步影响人际信任的建立。然而，这种关系并不是线性的，它还与个体的认知闭合水平的高低有关。具体来说，对于认知闭合水平高的个体来说，居住流动性对人际信任的建立具有损耗作用；然而，对于认知闭合水平低的个体来说，这种效应有可能不存在。因此我们提出，个体的认知闭合水平在居住流动性与人际信任之间起调节作用。

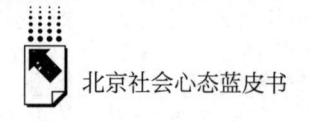

（三）研究问题

居住流动性可能会导致人际信任水平的降低，导致这种现象的原因有可能是因为居住流动性增加了个体的模糊性认知。同时个体对模糊性的容忍程度不同，有可能会改变流动性与人际信任之间的关系。基于此，本研究拟探讨以下问题：

(1) 居住流动性与人际信任之间的关系如何？
(2) 个体的模糊性感知在居住流动性与人际信任的建立之间起什么样的作用？
(3) 个体的认知闭合需求在居住流动性与人际信任之间起什么样的作用？

二 研究假设与框架

（一）研究假设

假设1：居住流动性对人际信任的建立具有消极的影响作用。

假设2：个体的认知模糊性在居住流动性与人际信任的建立之间起中介作用。

假设3：个体的认知闭合需求在居住流动性与人际信任的建立之间起调节作用。

（二）研究框架

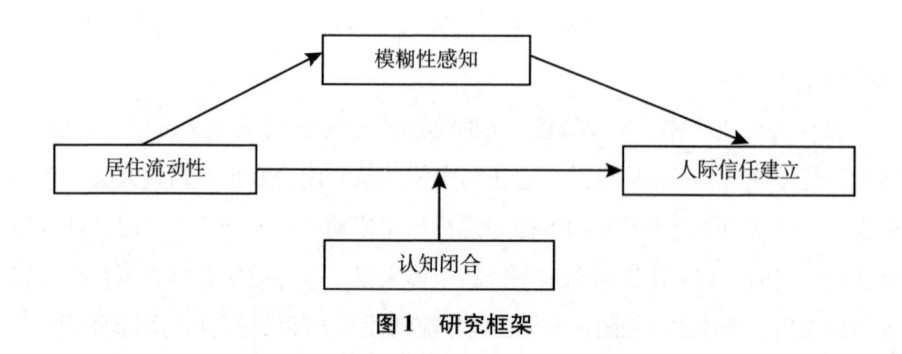

图1 研究框架

三　研究内容

（一）研究1：居住流动性与人际信任的建立（问卷调查）

1. 研究目的：初步探讨居住流动性与人际信任之间的关系。
2. 研究方法：问卷调查法。
3. 研究步骤：对个体的居住流动性进行调查，接着对他们的人际信任进行问卷测量。
4. 被试：在北京地区随机选择被试120名；男女比例均衡，其中男性57名（M_{age} = 29.3）。
5. 测量工具

流动性的测量：

请被试写出他们曾经居住过的地方及他们居住在某个地方的时间长度。凡被试在5岁以后，无论其在同一个城市流动还是在不同城市流动，只要变换一次即编码为一次流动（Oishi, Lun & Sherman, 2007）。同时我们还会让被试写出他们流动性的原因，并进行人工编码。

信任的测量：

一般信任感量表。我们采用Rempl和Holmes（1996）编制的一般信任感量表。量表共15道题目，采用1~7点记分，1代表"完全不同意"，7代表"完全同意"。样题如"当我向我的同伴分享我的问题时，我知道他会用什么样的方式回应我"。分数越高，代表信任水平越高，在本研究中的a系数为0.82。

6. 研究结果

采用相关分析，结果发现，居住流动性与人际信任之间呈现显著负相关，（$r = -0.37$，$p < 0.01$），说明居住流动性越大的地方，流动性越强，初步验证了我们的研究假设。

7. 讨论

通过问卷调查的方法初步发现，居住流动性与人际信任水平呈负相关，

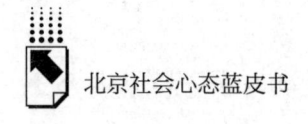

即流动性越强,人们的信任水平越低。由于该研究仅是一个一般的问卷调查,因此在研究2中我们拟进一步来探讨居住流动性的关系,以确定两者之间的因果关系。

(二)研究2:居住流动性与人际信任的建立(实验研究)

1. 研究目的

在研究1的基础上,通过实验研究的方法,进一步探讨居住流动性与人际信任的因果关系。

2. 研究方法:实验室研究。

3. 研究被试

随机选择大学生69名,其中男性27名,平均年龄20.3岁。

4. 研究程序

被试进实验室后,首先要完成居住流动性的操纵。然后要完成一项投资博弈游戏(信任的测量)。

5. 实验操纵

流动性组操纵:

接下来的时间,请您认真阅读下列的情境并尽可能详细地回答下面的问题。假设你现在获得了一份你十分需要的工作。但是这份工作要求你每年都要在不同的地方出差。请在下面尽可能详尽地描写出这种生活方式是什么样的。每一年就要换一个新的地方是一种什么样的感受?这样的好处和坏处是什么?你觉得这会影响到你与别人的关系吗?比如,你会有什么样的朋友,或者说它会怎么样影响到你的朋友关系及家庭关系呢?

对照组(稳定性)的操纵:

假设你现在获得了一份你比较渴望的工作。这份工作需要你在某个固定的地方至少待10年。请在下面尽可能详尽地描写出这种生活方式是什么样的。在一个地方生活10年是一个什么样子的?它的优点和缺点分别是什么?你觉得这种生活方式会影响到你与别人的关系吗?比如,你会有什么样的朋友,或者说它会怎么样影响到你和朋友的关系及家庭关系呢?

信任的测量：

我们采用 Berg、Dickhaut 和 McCabe（1995）的投资游戏，这个范式被广泛地应用到信任行为的测量上（Johnson & Mislin，2011）。在研究中我们要求被试完成一个一轮的风险投资游戏。首先，我们给被试一个固定的额度，他可以把自己的一部分钱和或者全部的钱都给对方，他给对方的钱在对方手里将会增加3倍。被投资的对方拿到钱后，可以把钱返回也可以不返回。投资的金钱数量越少，代表着他们的信任水平越低；投资的金钱数量越高，代表他们的信任水平也越高。被试投资的金钱数量代表着因变量的测量。

6. 研究结果

操纵检验。首先我们对实验是否成功进行了操作性检验，结果表明，流动性操纵小组感受到的流动性（$M = 3.2, SD = 0.9$）明显高于稳定组感受到的流动性（$M = 3.9, SD = 1.1$），$t(67) = 2.78, p < 0.05$，说明实验的操纵是成功的。

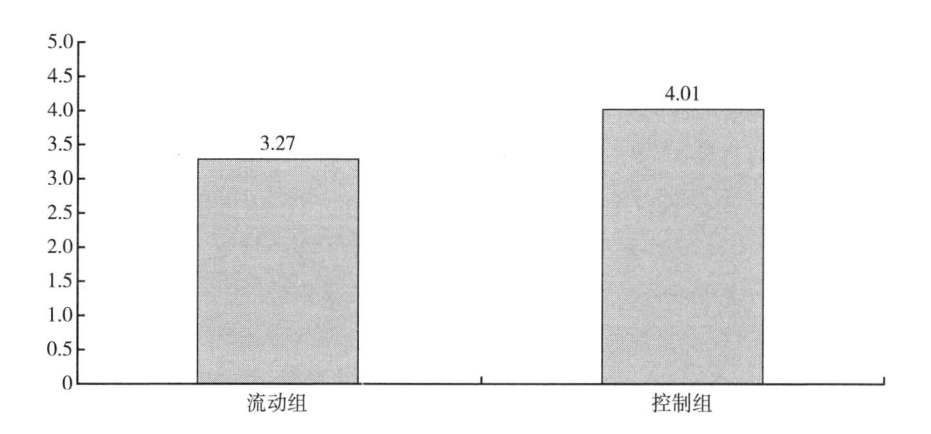

图2　流动组与控制组个体在信任水平上的差异

独立样本 t 检验。为了对比流动性和稳定性两组个体的信任水平，我们进行了独立样本 t 检验。结果表明，流动性小组的信任水平（$M = 2.76, SD = 1.32$）显著低于稳定小组个体的信任水平 [$M = 3.14, t(67) = 3.46, p < 0.01, d = 0.37$]。这个研究结果再次证明了假设2。

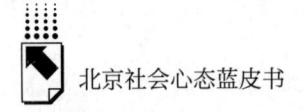

7. 讨论

在研究1的基础上，研究2通过实验操纵的方法再次探讨了居住流动性与个体信任水平的关系，研究结果再次证明了我们的假设：流动性越强，个体的信任水平越低。在本研究中，流动性小组的个体分配给被试的金钱显著少于稳定组的被试。

（三）研究3：居住流动性与人际信任的建立：模糊性的中介作用

1. 研究目的

探讨模糊性在居住流动性与人际信任的建立之间的中介作用以进一步明确两者之间的心理机制。

2. 被试：随机选取了大学生被试90人（男性24人，M_{age} = 20.7岁）。

3. 研究程序：被试到达实验室之后，首先让其在安静的实验室等待5分钟。随后对被试进行流动性和稳定性操纵；接着测量个体的一般信任水平，然后再测量他们的模糊性认知。

4. 变量的操纵

居住流动性的操纵：同研究2。

模糊性的测量：

模糊性感知量表（Tracy & Johnson, 1981），共30道题目。题目采用1~7点记分，1代表非常清晰，7代表非常模糊。数字越高，代表个体的模糊性越强。

信任的测量：同研究2。

5. 研究结果

首先，我们对实验结果进行了操纵性检验，结果表明实验的操纵是成功的。首先，我们对人口统计学变量进行检验，结果发现不同性别的信任水平并没有显著差异，$t(88) = 1.47$，$p > 0.5$。与此同时，其他的人口统计学变量在因变量的差异上均不显著，因此在后续的统计分析中，本研究没再对人口统计学变量进行分析。

接下来我们检验个体的模糊性感知在居住流动性与人际信任建立之间的

关系。首先,我们以人际信任为因变量,居住流动性为自变量做回归,结果表明,居住流动性能显著预测个体的人际信任水平 β = 0.40, t(88) = 2.23, p < 0.01。其次,我们以模糊性为中介变量,居住流动性为自变量,结果显著,居住流动性对模糊性能显著地预测个体对身份的关注程度, β = 0.32, t(88) = 2.01, p < 0.001。最后我们以人际信任水平为因变量,同时以居住流动性和模糊性为自变量进行回归分析,结果发现,居住流动性能显著地预测个体的人际信任水平, β = 0.33, t(88) = 2.11, p < 0.01。

表1 模糊性在居住流动性与人际信任之间的中介作用

模型	因变量	Step	自变量	β	R^2	F
1	人际信任	1	流动性	0.40**	0.12	15.10**
2	模糊性	2	模糊性	0.32**	0.11	14.19**
3	人际信任	1 2	流动性 模糊性	0.33** 0.03	0.10	7.54**

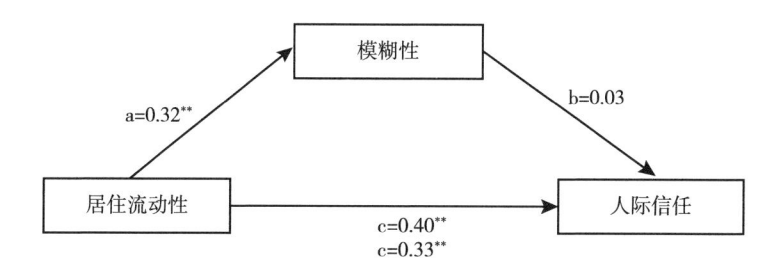

图3 模糊性在居住流动性和人际信任之间的中介作用

6. 讨论

通过对居住流动性的操纵,并通过问卷的测量,本研究探讨了居住流动性与人际信任之间的关系,并进一步探讨了模糊性在其中的中介作用。

四 本研究的特色及创新之处

首先,已有对居住流动性的研究主要是探讨相关关系研究。本研究从心

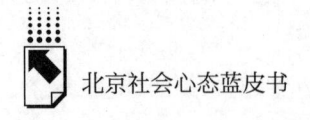

理学的微观变量上探讨居住流动性对个体行为的影响，并对其内在机制进行了研究，是一个创新性的课题。

其次，本研究采用实验室研究的方法来探讨当前社会存在的问题。通过实验室严格的操纵来考察相关居住流动性对人际信任建立的作用，建立可靠的因果关系。同时通过对调节变量的探讨，能为解决当前的社会问题提供可靠的理论依据和技术支持。

参考文献

Acar-Burkay, S., Fennis, B. M., Warlop, L., Trusting Others: the Polarization Effect of Need for Closure, *Journal of Personality and Social Psychology*, 107（4）, *Psychological Science*, 2014, 4: 264 – 268.

Heine, S. J., Proulx, T., & Vohs, K. D.（2010）, The Meaning Maintenance Model: on the Coherence of Social Motivations, *Personality and Social Psychology Review*, 10（2）: 88 – 110

Jelleyman, J., Spencer, N.（2008）, Residential Mobility in Childhood and Health Outcomes: A Systematic Review, *Journal of Epidemiology & Community health*, 62（7）, 584 – 592

Johnson, N. D., Mislin, A. A.（2010）, Trust Game: a Meta Analysis, *Journal of Economic Psychology*, 32（5）: 865 – 889

Jost, J. T., Glaser, J., Kruglanski, A. W., & Sulloway, F. J.（2003）, Political Conservatism as Motivated Social Cognition, *Psychological Bulletin*, 129, 339 – 375.

Kang, N., Kwak, N.（2003）, A Multilevel Approach to Civic Participation Individual Length of Residence, Neighborhood Residential Stability, and Their Interactive Effects with Media Use, *Communication Research*, 30（1）, 80 – 106.

Kruglanski, A. W., Pierro, A., Mannetti, L., De Grada, E.（2006）, Groups as Epistemic Providers: Need for Closure and the Unfolding of Group-centrism, *Psychological Review*, 113, 84 – 100.

Oishi, S.（2010）, The Psychology of Residential Mobility: Implications for the self, Social Relationships, and Well-being, *Perspectives on Psychological Science*, 5, 5 – 21.

Oishi, S., Schimmack, U.（2010）, Residential Mobility, Well-being, and Mortality, *Journal of Personality and Social Psychology*, 98, 980 – 994.

Oishi, S., Talhelm, T. (2012), Residential Mobility: What Psychological Research Reveals, *Current Directions in Psychological Science*, 21 (6), 425 – 430

Oishi, S., Krochik, M., Roth, D., Sherman, G. D. (2012), Residential Mobility, Personality, and Well-being: An analysis of Cortisol Secretion, *Social Psychological & Personality Science*, 3, 153 – 161.

Oishi, S., Lun, J., Sherman, G. D. (2007), Residential Mobility, Self-concept, and Positive Affect in Social Interactions, *Journal of Personality and Social Psychology*, 93, 131 – 141.

Oishi, S., Miao, F., Koo, M., Kisling, J., Ratliff, K. A. (2012), Residential Mobility Breeds Familiarity-seeking, *Journal of Personality and Social Psychology*, 102, 149 – 162.

Oishi, S., Rothman, A. J., Snyder, M., Su, J., Zehm, K., Hertel, A. W., … Sherman, G. D. (2007), The Socioecological Model of Procommunity Action: The Benefits of Residential Stability, *Journal of Personality and Social Psychology*, 93, 831 – 844.

Simpson, J. A. (2007), Psychological Foundations of Trust, *Current Directions in Psychological Science*, 4: 264 – 268.

B.14
涉罪未成年人社会工作融合心理疏导试点研究

蔡鑫 郭涯航[*]

摘 要： 未成年人犯罪是各种因素交互作用的结果，其中有心理和情绪的影响。本研究利用社会工作的基本方法，借鉴心理学方法和工具，以个案工作和小组工作为重点，对几名涉罪未成年人作为案例开展心理服务。本研究对推进犯罪未成年人的心理疏导的工作机制有所促进，有助于推动社会工作与心理辅导对犯罪未成年人的联合工作。本研究也调研了2017年北京100多名违法犯罪未成年人，进而归纳出引发其违法犯罪行为的主要原因是家庭环境不良、学校和同伴、社会不良影响和个人原因。文末提出相关思考建议，为预防犯罪和确保未成年人健康成长，应大力推动家庭教育和对家庭的教育。

关键词： 涉罪未成年人 社会工作 心理疏导 家庭教育

未成年人犯罪是其自身的悲哀，是家庭的不幸，更是和谐社会之痛。近年来，未成年人犯罪比例不断攀升，犯罪的低龄化、智能化、团体化等特点明显，再犯罪现象严重，涉嫌抢劫罪、故意伤害罪和盗窃罪的犯罪嫌疑人占全部未成年犯罪嫌疑人总数的90%以上，犯罪行为的暴力性和侵

---

[*] 蔡鑫，首都师范大学政法学院社会工作系副教授；郭涯航，首都师范大学政法学院社会工作系2016级硕士研究生。

财性倾向较为突出。未成年犯罪问题已经成为社会、学校、家庭共同关注的焦点。

实践证明，未成年人犯罪是各种不良因素交互作用的结果。缺少父母关怀、学校教育缺失、社会环境污染，加上未成年人容易冲动的性格特征，往往一失足就铸成大错。司法实践中屡次证明，对未成年人一味加大惩罚和打击力度，并不是降低未成年人犯罪率的最好办法，反而容易造成交叉感染和重新犯罪。对未成年被告人需进行心理疏导是2013年1月1日新刑事诉讼法专章规定未成年人刑事诉讼的特别程序，即对未成年人刑事案件，人民法院根据情况，可对未成年被告人进行心理疏导。

该如何理解涉罪未成年人心理疏导的对象？他们仅仅是看守所、少管所的少年犯吗？涉罪未成年人的心理疏导本身是一个系统化的工程，从公安机关、检察院、法院，从涉罪未成年人被捕、取保、羁押，更是从审前程序、审判程序、执行程序中对涉罪未成年人的心理疏导的相互衔接与相互支持。因此，涉罪未成年人从外沿上涵括了未成年犯罪嫌疑人、未成年被告人、未成年罪犯、未成年刑满释放人员等。

一 项目实施情况

此次研究项目依托北京CY社工事务所，从公安侦查阶段即介入未成年人犯罪案件，团队成员以一线社工为主体，在介入的同时进行接案登记、初次社会调查，并依据公安机关提供的相关材料以及一线社工的评估判断以甄别筛选出有心理问题和无心理问题的涉罪未成年人。针对有严重心理问题的经过审批和监护人同意转介给专业心理咨询师，对于一般心理问题和心理问题倾向不是很严重的，依照常规程序进行，项目的基本开展过程如图1所示。

项目的核心内容是针对涉罪未成年人进行心理疏导与社区融合，具体服务以个案访谈、小组活动、社区工作为主，重点是个案访谈和小组活动。

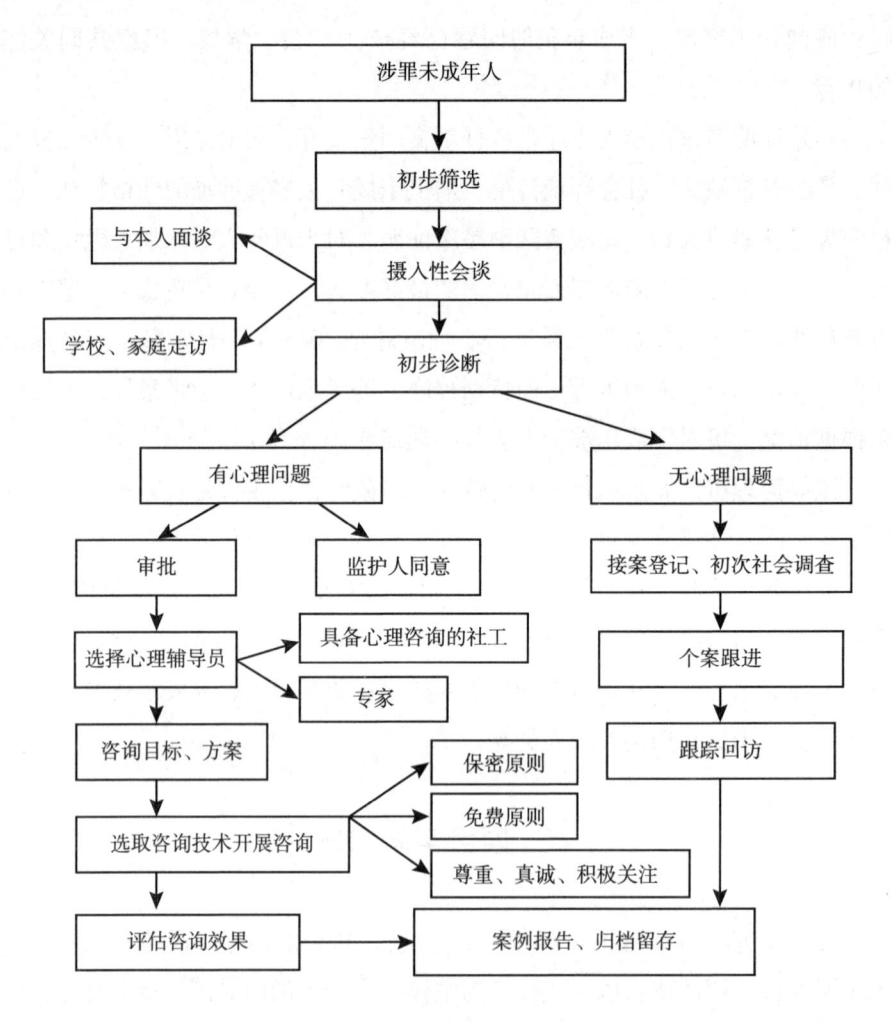

```
                    ┌─────────────┐
                    │ 涉罪未成年人 │
                    └──────┬──────┘
                           ↓
                    ┌─────────────┐
                    │  初步筛选   │
                    └──────┬──────┘
     ┌──────────┐          ↓
     │与本人面谈│←──┬─────────────┐
     └──────────┘   │  摄入性会谈  │
     ┌──────────────┐└──────┬──────┘
     │学校、家庭走访│←──────┤
     └──────────────┘       ↓
                    ┌─────────────┐
                    │  初步诊断   │
                    └──┬───────┬──┘
                       ↓       ↓
              ┌──────────┐  ┌──────────┐
              │有心理问题│  │无心理问题│
              └──┬────┬──┘  └────┬─────┘
                 ↓    ↓          ↓
            ┌──────┐┌──────────┐┌──────────────────┐
            │ 审批 ││监护人同意││接案登记、初次社会调查│
            └──┬───┘└──────────┘└────────┬─────────┘
               ↓                          ↓
      ┌──────────────┐  ┌───────────────┐┌──────────┐
      │选择心理辅导员│→│具备心理咨询的社工││ 个案跟进 │
      └──────┬───────┘  └───────────────┘└────┬─────┘
             │         ┌──────┐                ↓
             │         │ 专家 │          ┌──────────┐
             │         └──────┘          │ 跟踪回访 │
             ↓                           └────┬─────┘
      ┌──────────────┐                        │
      │咨询目标、方案│                         │
      └──────┬───────┘   ┌──────────┐         │
             ↓           │保密原则  │         │
      ┌───────────────────┐└──────────┘       │
      │选取咨询技术开展咨询├→┌──────────┐      │
      └──────┬───────────┘  │免费原则  │      │
             ↓              └──────────┘      │
                        ┌──────────────────┐  │
                        │尊重、真诚、积极关注│  │
                        └──────────────────┘  │
      ┌──────────────┐  ┌──────────────────┐  │
      │ 评估咨询效果 │  │ 案例报告、归档留存│←─┘
      └──────────────┘  └──────────────────┘
```

图 1　项目开展流程

1.研究样本与个案选取

北京 CY 社工事务所 2017 年受某区公安与检察机关委托的违法未成年人，总数是 186 例。

选取依据主要根据办案人员的反馈，并依据一线社会工作者评估推荐，其中包括对刑事案件的基本判断，以尽可能确保长时间进行跟踪为目的，以及对心理测评作答数据的简单分析。最终选取重点个案 5 人，完成持续跟进与最终评估的3人,2人未能完成最终评估是因为参加小组活动次数不足,未达到最终评估的要求。

2. 项目常规工作

一是社会工作者完成司法社会调查,警司警戒①及合适成年人工作;二是个案与小组工作,工作主要涉及以社会调查为主的个案跟踪与帮教,以及小组性质的活动等;三是未成年所属社区的融合工作。

3. 项目工作方法

主要运用了个案工作、小组工作和社区工作。

个案工作的运用:可参考下文对典型个案的描述。

小组工作的运用:对于取保候审的涉罪未成年人通过矫治性小组,使得心理、行为有偏差的小组成员改变个人价值观念、态度,改善人际关系,从而实现再社会化。

社区工作:对涉罪未成年人所在社区开展未成年人的社区教育和社区照顾。通过一系列的活动,达到对未成年人违法犯罪的预防教育的目标。

同时对未成年人的心理疏导,除了整合在个案、小组、社区工作的实施过程中,还运用了合理情绪疗法、放松训练、正念冥想等心理咨询技术。

二 工作的具体开展

1. 个案工作的开展

本文选取的两个典型个案均为附条件不起诉,经由社会调查组转介到服务组,其中案例一中的小A完整地参与了个案、小组、社区工作,尤其小组活动参与得十分完整,是一个典型的个案。而案例二中的小C是在公安侦查阶段,通过进行心理量表分析发现具有一定心理问题,但是人格特质较为稳定,结合其自身的案情分析,社工人员将其列为追踪对象,并完成了个

---

① 指由公安机关开展的对违法未成年人教育矫正服务,具体内容是针对违法但未构成犯罪的未成年人的训诫。

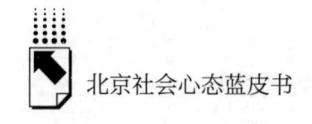

案的社会调查与小组活动。

案例一：小A，男，16岁。小A与其同伙以非法占有为目的，多次盗窃便利店内售卖的商品，后被抓获。案发前，小A未实施过其他违法行为。小A是北京人，家庭结构完整，小学初中一直成绩较好，初中毕业后，小A考入某重点中学的高中部，却在高中时实施了本次违法犯罪行为。取保候审之后，小A转学，据其父亲描述他在新学校表现还不错，在班里属于中等水平。

小A被抓后，社工于看守所与他进行了第一次面对面交流，收集相关的资料，并且对他进行了情绪安抚，嘱其反思错误；后又与小A的母亲进行沟通，完成了家庭调查；取保后社工与小A进行了多次面谈，待情况合适及他情绪趋于稳定，社工同时与小A和其父母进行了数次面谈。之后小A进入服务组接受青少年辅导服务。经多次面谈，发现小A与其父母沟通上存在较大问题。小A有不良交友纪录，对满足自己物质欲望有较强烈需求，经朋友劝诱而实施盗窃行为，一开始得逞未被抓激发了其侥幸心理，并使他们再次违法。

案例二：小C，男，16岁。小C因与人起小争执而打人被抓，社工第一时间在看守所与之进行了初次社会调查。小C是北京人，从小成绩一直不错，对计算机很感兴趣，其父母对他较为关心，但是父母在家经常争吵，小时候他很受其父母关系困扰，不喜欢待在家里，长期受家庭环境影响，使其情绪也容易出现失控。本次违法行为与其情绪不稳有关。其父母有较高文化素质，对心理学并不排斥，社工在征得小C监护人以及其本人的同意下，请小C填写了心理测评问卷。小C主要还是情绪管理问题。

由于近似程度高，限于篇幅，案例三的小B本文不阐述。

2. 小组工作的开展

服务案例都进行了一般性小组与城市历奇，比如"城市历奇——地铁十号线"以及"城市历奇——露营者"社工小组计划等。"城市历奇——地铁十号线"活动针对的是处于附条件不起诉、取保候审及跟进期内的涉罪未成年人，他们在以往的生活中经历了一些挫折，并且时常处于被要求、被否定的状态，而在本阶段他们也正处于比较困难的阶段，压力较大，因此为他们设计城市历奇系列活动以提升他们的自我效能感，帮助其获得挑战与克服困难的信心。

"城市历奇——露营者"活动针对的是处于附条件不起诉、取保候审及跟进期内的涉罪未成年人，他们是都已参与过城市历奇的系列活动，有些成员已经开始形成归属感、乐观感、效能感等重要能力，但有些成员还面临着重大生活压力，需要进一步活动提升起个体能力，以支持其形成正向抗逆力，对抗生活的重大压力。

开展小组工作时，如果有同案犯，活动负责人会将其安排在不同的小组进行活动，从而避免了同案伙伴关系的再次出现。另外，为了突出群体的多样性和异质性，参与小组的成员不仅仅是涉罪未成年人，还有学校社工在学校中发现有行为偏差的学生，以及涉罪未成年人邀请的伙伴[1]，同时还有大学生、研究生等志愿者。

3. 社区工作的开展

针对涉罪未成年人所在社区共开展两次活动，一次是社会照顾模式的活动，另一次是有关社会教育模式的活动。通过两次活动的开展，基本起到未成年人正确定义自己的人生观和价值观的目的，有助于心理或行为有偏差的青少年转变思想、矫正行为，并促进对社区归属感的提升。在社区工作中确保未成年人相关违法情况作为隐私受到保护。

活动一："课后互助学习"，工作人员以社区工作者为主。服务目的是使帮教对象在社区工作人员的督促和辅导下，课后能够主动回到活动地点学习，同龄的孩子们之间建立友好的互助学习氛围，从而使其远离社会不良风气，预防违法犯罪。

活动二："光影周"，在这个活动中，社区内未成年人可以独自或者在家长陪同下参与，活动共分四次进行。第一次放映教育影片《爱》，影片展示了未成年学生从逃课、上网吧、打架到犯罪的全过程。第二次放映的纪录

---

[1] 无犯罪记录的未成年人。

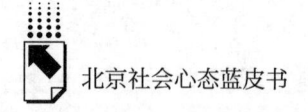

片为《变形记》，真实记录了一名来自大都市的学生和一名来自贫困山区的学生进行一周互换生活的故事。第三次放映的纪录片为《2016年感动中国颁奖典礼》，这些感动中国的获奖者，每个人故事各不相同，但他们都是在平凡的生命中做着不平凡的事。第四次放映的是《汶川大地震纪录片》（选取青少年教育专辑），面对困难，团结就是力量。服务案例及其家庭参与到活动家庭当中。

三 工作效果评估

案例一中的小A截至目前共参与两次亲子活动、八次系列小组活动，仅有一次因高中会考请假，其参与活动态度积极、投入度较高，自我约束力较强，遵守小组规范情况。在亲子活动中，小A与母亲的沟通十分充分，既展现出其亲厚的亲子关系，也通过活动增进了亲子间合作、了解的机会，小A的母亲在尝试了解小A内心感受以后，母子间的交流模式得以有新的探索与改善。在系列活动中，小A能够展现自己懂礼貌、尊重他人等良好的个人素质，也通过活动获得了展现自己能力的机会，同时通过坚持每周参与活动，积极与工作员、小组成员互动，锻炼了其适应能力与协作能力，并获得了良好的自我认同感与自信心。

案例二中的小C总共参加五次小组活动与一次亲子活动，以及接受六次心理疏导服务，小C表示："现在感觉自己已经成年了，应该学着为自己的不当行为负责""想要有个美好的未来，我必须加倍地努力，不能依靠他人帮我""社会环境很糟糕，有的时候自己也迷失了，在社会中游荡自己也有很多无奈，但犯罪只能让我更无奈，我至少可以做个守法的公民，绝不做违法的事"。通过小C的表述，他对自我的认识在逐步增强，对过往生活事件的反省较为深刻，内在的力量感和是非观都有所提升。

综上所述，个案工作评估除对案主进行个案辅导帮助外，为更好地矫正案主的不良行为，针对案主的父母，社工与其进行多次谈话，包括建议父母多关心孩子的日常生活和学习、改变粗暴单一的家庭教养方式等。社工在后期的谈话中也发现案主本身生活方式改善、学习成绩提高，父母的教养方式也有所转变。从以上反馈结果显示，个案工作基本达到预期目标。

四 总结和反思

贯穿于案主整个服务过程中都会有接案登记表、初次社会调查报告[①]、社会调查服务及个案跟进记录、社会调查报告[②]、个案服务报告、涉罪未成年再犯罪风险评估表、服务转介表等。这些记录、报告和评估表都用来做效果评价和评估。

个案服务报告记录了涉罪未成年人每次在参加小组活动前、活动中、活动后的表现，包括服务情况、服务效果、社工评估以及后续建议；跟踪社会调查报告会详述涉罪未成年人的基本信息；成长经历，包括违法犯罪行为历史、重大生活事件；个体心理及行为习惯，包括个体能力及情绪情感、法律法规认知情况、个体行为习惯等；家庭及社会关系状况，包括家庭情况，注入家庭结构、家庭教育，社会关系状况等；回归社会状况，包括本人对今后发展的期望，家庭支持资源；综合评估意见，包括此次违法行为因素分析，回归社会的有利、不利因素分析；最后还有社工的帮教建议。尤其是涉罪未成年人再犯罪风险评估表的运用，将质性分析和量化分析进行了有机结合。

1. 本文研究案例的思考和工作启示

根据对个案的跟踪社会调查以及心理测评，研究发现一般涉罪未成年人无明显的严重倾向性心理问题，但是由于选择心理量表简单、统计分析存在不严谨不科学的问题，以及涉罪未成年人的一些情绪抵触等因素，所以在项目开展中的心理统计无法准确反映出涉罪未成年人的真实心理问题，但通过研究仍可以将涉罪未成年人一般常出现的心理或情绪特质归纳为：敌对、敏

[①] 此报告涵盖案主个人基本情况、个体心理及行为情况、家庭情况、社会及群体情况、再犯风险评估、帮教条件及建议等主要部分。
[②] 涉及案主基本信息、成长经历、个体心理及行为习惯、家庭及社会关系状况、回归社会状况、综合评估意见、帮教建议等部分。

感、偏执、易冲动等。而社会问题的表现较为复杂，包括同伴关系、家庭、学校等问题，在实际工作开展中每一个案的结案报告中都进行了详细描述和解释。仅就这两个案例来说，家庭缺乏良好沟通的氛围，不仅是亲子间，更包括夫妻之间的不良沟通，实际上都对孩子产生了很大负面影响。从这个角度来看，未成年人的行为偏差问题主要还是一个家庭问题，即使家庭结构形式完整，也并不能涵盖一个有利于未成年人成长家庭的全部要素。

从研究对象的总体情况归纳总结，涉罪犯罪未成年人违法原因主要是环境原因，而不是个体心理原因，主要还是来自家庭、同伴的不良影响，也与社会大环境相关（比如小A就受到物质主义的影响）。绝大多数人的违法行为不是心理问题所导致，但又有很多情绪不良的反应，所以对这个群体的辅导应突出情绪疏导和管理。社会工作者开展青少年工作要促进其家庭成长环境和教育环境的改善，如有可能也助其改善学校环境和同伴环境。

2. 涉罪未成年人违法犯罪原因

通过对更广大数量的涉罪未成年人违法犯罪原因分析，可以将违法犯罪原因归纳为以下四点，即家庭因素、学校与同伴因素、社会因素以及个人因素。

（1）家庭因素。与本文呈现案例不同，在访谈中会发现很多涉罪未成年人的父母在他们很小的时候就来京务工，稍有经济基础的父母会选择在孩子大一点的时候将其接到北京一同居住。但是由于父母的工作一般都很忙，导致孩子平时很少有人看管，同时家长往往忽略了孩子最基本的家庭教育，也缺乏给孩子精神上的关爱。甚至有些涉罪未成年人的父母在孩子被羁押期间，依旧对孩子表现得十分冷漠，或者更多表现为悲观、失望，很少会表达安慰和鼓励，很多家长无法直面自己对孩子家庭教育缺失和不当的问题。这在一定程度上也是一个社会问题，虽然说因为工作繁忙到无力观护孩子不能是一个有力的借口，但这种缺失还是体现了社会结构的影响。

（2）学校与同伴因素。在探访涉罪未成年人的学校过程中发现很多学校疏于对学生的管理，而老师对学生也缺乏足够的重视，由于种种原因，教师在课堂上无法对成绩一般的孩子更加关注，在课下也无余力给予这些孩子更多的情感支持。学校很大程度上正在丧失对家庭教育不良和成长缺失的孩子进行弥补的能力。这种育人能力具有极高社会价值，似应有更高教育政策的定位支持。关于同伴，对于涉罪未成年人的同伴群体一般表现出成群结队的现象，一些行为偏常的学生常常聚集在一起，很多违法犯罪行为的实施都不是个人所为，而是结伙。所以，有不良行为的孩子们混在一起是引发违法犯罪行为的重要诱因。因此有必要进一步完善学校社会工作者，心理辅导老师更积极协助班主任工作，加强对学生偏常行为的合理干预。

（3）社会因素。研究发现各种社交媒介以及不良的社会风气和不健康、不积极的价值观构成了社会因素的重要组成部分。在访谈中发现，有些涉罪未成年人因为看了个别新闻报道事件觉得自己所做的事情并不严重，不构成严重的社会危害。还有些涉罪未成年人是看了网络中的偷盗视频进行模仿，甚至个别人因为看了有暴力倾向的电影和电视剧产生了模仿行为。更为严重的是部分涉罪未成年人在网上会有自己的约定群体不定时地进行交流，互相传播不健康的观点和视频。如前所述，违法犯罪未成年人中很大比例有家庭环境不良的情况，而家庭教育环境、经济条件与社会结构实际上密切相关。因此社会的结构性因素是我们分析未成年人违法犯罪行为时必须给予足够重视的。家庭教育、家长学堂是我国社会工作与心理工作者应该大力介入的领域。

（4）个人因素。未成年人还处在身心未成熟的发展阶段，他们的思想简单、法律意识淡薄、任性冲动、行为不计后果。在研究过程中发现，大部分涉罪未成年人的人生观、价值观有偏差，这导致了他们的生活没有方向、人生没有目的，对是非对错缺乏正确的价值判断。未成年人的情绪兴奋性很高，并且具有波动性、冲动性大的特点。未成年人很多时候都欠缺自我控制力，理智控制较为薄弱，心理、生理的调节能力也不高，因此当个人需要受限时，就会产生强烈的不满情绪，做出攻击行为，或为满足自己需要而不惜犯法，进而导致违法犯罪行为的出现。对于这些个人因素的表现实际上又与家庭和学校环境与教育方式密切相关，个人因素也不纯粹是个人因素，因此全社会对未成年人负有责任义务，对于犯罪的未成年人同样如此，这就是现今我国大力推进未成年人司法制度改革的重要依据。

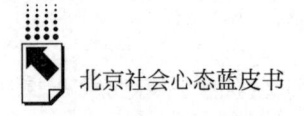

3. 工作机制衔接还需理顺

现行社会工作者介入涉罪未成年人的司法处理实践也还是一种新生事物，全国各地基本还处于试点阶段。这就存在很多工作衔接的问题，比如整体工作周期短，涉罪未成年人在羁押情况下无法保证充分的会面时间，适合成年人警司警戒项目也难以保证见面时间。在取保的情况下虽然时间充足，但涉罪未成年人配合心理辅导的意愿比较低。尤其是在公安阶段，初次见面时间极为有限，若想做一些心理测评需要向涉罪未成年人的监护人及其本人进行解释并征得同意，但很多人往往因为缺乏对心理辅导的认识或存偏见，故而测评很难有效完成。

4. 缺乏对心理疏导的认同

在涉罪未成年人的心理疏导和普及率上，我国与国外尚有不小的差距。在对办案人员和涉罪未成年人的访谈中不难发现，在对心理辅导的看法上，许多人的观念更新并不彻底，没有真正重视其价值。部分涉罪未成年人访谈中会提到，他们将心理问题等同于精神病或神经病，将心理辅导等同精神病治疗，因此产生对心理辅导的强烈排斥。一些地方的实践也把心理辅导安排得像"坐堂问诊"，使得涉罪未成年人很难把心理世界在短时间内真实完全地暴露出来。因而如何在未成年人司法领域提高心理疏导的认同是需要进一步改善的，一个好的策略就是心理与社工紧密结合，要求社会工作者具有更加专业的心理学应用与辅导能力。

五　建议和对策

1. 重视家庭教育与对家庭的教育

家庭教育和家庭关爱对未成年人的成长影响极大。家庭是一个人在社会之中最先接触的地方，影响重大而深远，家庭教育引导着青少年的人格形成和发展。家庭环境如何、家庭教养方式、家庭是否有爱，直接决定着一个未成年能否成长为一个人格健全、身心健康的人。有爱、和谐、平和的家庭氛围有助于未成年的健康成长。相反，不良的家庭环境则容易导致青少年的人格缺陷和行为偏差。无论从预防青少年犯罪的微观角度，还是从国家未来前途的宏观角度出发，都应该极大重视家庭教育，重视对家庭的教育。

2. 摸索并发展诉讼各阶段的"无缝衔接"理念

社工、心理咨询师、办案人员相互配合，对涉罪未成年人进行心理疏导与矫治：一是在立案、侦查阶段，通过交付心理咨询师作统一的心理测试，与社会工作者的调查工作配合，对涉罪未成年人性格特征、恶性程度和再犯的可能性等进行判断；二是在审前非羁押措施、不起诉决定风险评估中，对未成年犯罪嫌疑人进行社会调查，了解其生理心理特征、成长经历和环境，作为裁量依据；三是在审判阶段，检察机关将审前的心理测试、心理辅导与矫治情况作为量刑建议的一部分提交法庭，法院将之作为是否判处非罪处理、非监禁刑时的裁量依据之一；四是在社区矫正中，检察机关未检部门、少年法庭与司法行政机关基层工作科之间定期举行联席会议。这些环节当中都离不开社会工作者的参与。

3. 加强特色化的心理疏导与服务能力建设

所谓特色化的心理疏导与矫治手段就是需要立足于我国国情和实践，根据我国涉罪未成年人的基本现状，进行心理疏导与矫治手段的本土化研究，在结合国外研究的基础上，不断提高我国的矫治手段与方法。

具体来讲有两点，一是继续发展和完善社会观护基地和专门学校教育、关爱基地教育，先解决有工作场域的问题；二是要探索适合中国少年司法需要的心理测试量表，现有的心理量表多是从国外引进，本土化程度不够，尤其是涉及未成年人回答，需要通俗易懂且信效度高；涉罪未成年人的心理疏导需要心理学、社会工作、教育学、法学等多学科的共同努力，人才培养需要进一步加强。

B.15 北京地区医务工作者工作压力、心理健康及医疗改革影响调查

王处渊　张丽梅　魏军平　王健　汪卫东[*]

摘　要： 本文抽样调查北京市地区医务工作者的工作压力、心理健康水平和医疗改革对压力及心理健康水平的影响。采用自制问卷，设计医务工作者压力调查问卷，对北京市30余家医疗机构的2000余名医务工作者进行问卷调查。本次研究共收集有效受访者数据共1937份，43.2%的受访者表示工作压力大，27.7%的受访者存在抑郁状态，29.6%的受访者存在焦虑状态，79.9%的受访者存在强迫检查情况，89.9%的受访者存在躯体不适情况；医疗改革开始以来，55.8%的医务工作者反映收入没有明显变化，49.5%的医务工作者反映工作量增加，39.1%的医务工作者反映工作量无明显变化。目前医务工作者工作压力偏大，心理健康水平偏低，一定程度上影响其工作效率与生活质量，目前医疗改革进程对医务工作者的工作压力与心理健康水平无明显改善作用。

关键词： 医务工作者　工作压力　心理健康　医疗改革

---

[*] 王处渊，中国中医科学院广安门医院医师；张丽梅，中国中医科学院主任医师、医务处副处长；魏军平，中国中医科学院主任医师、科研处处长；王健，中国中医科学院广安门医院主任医师、心理科主任；汪卫东，中国中医科学院广安门医院主任医师，博士生导师，中医心理学术带头人。

一 调研背景

（一）研究现状与趋势

1. 背景

国家"十三五"规划中明确提出了推进健康中国建设，提出了：①深化医药卫生体制改革，建立符合医疗行业特点的人事薪酬制度；②完善纠纷调解机制，构建和谐医患关系。北京市重磅推出以价格调整为核心的医改新政——《北京市医药分开综合改革实施方案》，这次改革与大家息息相关，北京所有公立医疗机构都将取消挂号费、诊疗费、药品加成，设立医事服务费，435项医疗服务价格也要进行规范调整。新政于2017年4月8日正式实施。医务工作者是医疗行为的一线执行者，新的人事制度、医患调解机制都会影响医务工作者的工作环境与心理状态，医务工作者的心理健康水平对整个医疗行业的工作效率有着重要影响。

随着《京津冀协同发展规划纲要》的正式出台，医疗成为京津冀一体化步伐的"先行者"，京津冀医疗的改革发挥了疏解北京非首都功能的作用。北京市卫计委副主任雷海潮到："北京地区医疗机构门诊患者中，69%是北京本地病人，31%是外地患者，而外地患者中来自河北的最多，每年就超过820万。从数据看，三地每位医生日均诊疗人次中，北京和天津基本持平，而河北仅是两地的一半左右。"可推断北京、天津地区医务工作者的临床工作压力必然高于河北地区平均水平，心理健康水平是缓解工作压力的重要堤防，调研北京地区医务工作者的工作压力及心理健康水平，反映医务人员的心理健康维护需求，对进一步医疗体制改革具有重要的参考，同时也对京津冀医疗卫生协调发展中医务人员的心理卫生保健工作具有重要参考意义。

近年来医患关系日益成为社会关注的焦点，各种医患矛盾事件层出不穷，南京口腔医院护士被官员夫妇殴打、河北易县一外科医生遭患者割颈、齐齐哈尔医生出诊遭患者报复身亡、温岭市第一人民医院耳鼻咽喉科主任医师王云杰被患者刺杀、北大医院医生拒开假证明被刺中五刀、北京人民医院医生被患者切断颈内静脉……在这样一个暴力袭医事件层出不穷的社会背景之下，医务工作者的工作压力与日俱增，很多医生在临床中不敢用更好的治疗方案，医院不敢收病情严重的病人，甚至越来越多的医生选择了退出临床岗位。医务人员在面对复杂的医患关系时，良好的心理素质是医生及时化解矛盾、面对冲突随机应变的基础，同时心理健康状况也是化解工作压力的核心缓冲器。

2. 国内外研究现状和发展趋势

2001年Smith R在《英国医学杂志》刊登了一篇题为"医生为什么如此不高兴"的评论文章，引起世界各地医生的强烈反响，医务工作者的心理状况逐渐成了一个研究热点；在Bergin E随后的国际性调查中发现医生的情绪低落问题已成了一个较为普遍的现象。Alison M与Eric SW提出医生工作满意度降低，其消极影响主要表现在以下方面：导致医生流失率、精神疾患增加；导致医生危险的行医（处方）行为，甚至自杀；为患者提供保健服务的连续性受到影响；导致医患关系紧张，医疗纠纷增多；导致卫生服务系统成本上升等。目前国外对医生工作状况研究主要集中在理论探讨、医生工作满意度与患者就诊或住院满意度的关系、对医疗服务质量或治疗结果的影响、对健康保健成本和提供保健服务连续性的影响、衡量医生工作满意度的维度、影响医生工作满意度的主要因素以及满意度与离职意向的关系等方面。

当前国外对医务工作者群体的研究状况是，普遍重视和关注医务工作者心理健康问题，也有很多相关的研究成果发表。但是有心理疾病或存在心理障碍的医务工作者仍然呈现逐年增多的趋势，需要我们给予高度关注。研究表明，美国大约有12%的医师在一生中曾经患过抑郁症，同时，与一般民众相比，医师自杀的概率更大。挪威等国家的调查显示，比起其他职业，医师的自杀率明显较高，在35~40岁和75~79岁这两个年龄组，医生的自杀率是平均水平的3倍，未婚医师的自杀率是平均水平的5倍。

"心身耗竭综合征"是近年来美国、日本等国学者通过对医护人员的心理健康状况调查提出的一个新概念，即因心理能量在长期奉献给别人的过程中消耗过多，而产生以极度身心疲惫和感情枯竭为主的综合征，表现为厌恶工作、烦躁、失去同情心等。英国的一项研究结果显示，医师焦虑的发生率为23%，抑郁的发生率为9%；同项研究显示，医师人员创伤后应激障碍的发生率为22%。

中国医师协会2002年在首届中国医师论坛上公布的一项调查显示，60.63%的医师对自己目前的执业环境不满；而医患双方不满意也成为目前一个难以解决的焦点问题；已有研究表明执业环境、医患关系是影响社区卫生服务医务人员工作心态稳定性的重要因素。施跃健等对350位医生进行了压力与心理健康状况的相关性研究，发现医生所有的职业压力源对心理健康因子均有明显的正向预测作用，表明执业压力是影响医生心理健康状况的原因。苏虹等对医务人员的压力与心理健康关系研究报告中除了发现压力因素对临床医生心理健康具有预测作用外，还发现消极应对方式和积极应对方式分别对临床医生心理健康状况具有正向和反向预测作用。

在国内，山东社会科学院省情综合研究中心、山东大明经济发展研究中心2009年在山东省全省范围内进行了"山东医务人员精神状况调查"。调查主要围绕医务人员精神压力（包括个人生活压力、工作压力、人际关系压力、社会尊重与社会环境压力）和思想动态两个方面展开，取得了一些相关数据并进行了分析。中国科协委托"医务工作者从业状况调研"课题组选定北京、辽宁、山东、山西、江苏、宁夏、新疆、湖南、广东、云南10个省（市、自治区）的80多家医院，于2008年1~4月进行问卷调查，发布了《中国医务工作者从业状况调查》。

（二）基本内容和总体框架

本文将从工作压力、心理健康水平和医疗改革对压力及心理健康水平的影响三个角度出发，对医务工作者现在的工作压力、心理、医改状况予以调研。

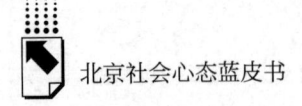

1. 本调研的主要目的

①了解目前北京地区医务工作者的主要工作压力；

②了解目前北京地区医务工作者的心理健康水平；

③医疗改革中对医务工作者的心理卫生工作提供民意调研基础；探索医务工作者面对新形势的工作压力水平及心理健康状况变化。

2. 研究内容

本研究通过问卷评估，对北京地区医疗机构现职的医务工作人员进行调查，了解北京地区医务工作者的工作压力、心理状态及医疗改革对其影响等，分析不同地区医务工作者主要工作压力与心理健康状况之间的关联性；分析医务工作者的人格发展状况对于应对工作压力所发挥的作用；评估不同地区医务工作者对于心理咨询服务的需求前景。

3. 调研进度与调研路线

第一阶段：2017年5~6月，课题组通过前期访谈、文献分析及专家论证，初步形成调研基本框架，明确了本次调研的目标、重点和实施方案，形成初步问卷450道题目，划分了工作任务及进度。

第二阶段：2017年7~8月，调查问卷的进一步修正。经过实际预调查及受访者反馈，结合专家意见，对调查问卷进行了3轮修改及完善，先后删减了人格问卷部分，压缩抑郁及焦虑问卷，最终以PHQ-2和GAD-2取代抑郁自评及焦虑自评量表，增加了医疗改革相关调研，最终确定36道题目，其中个人信息12道、工作压力9道、心理状态12道、医疗改革相关3道并进行了信度效度评价。

第三阶段：2017年9~10月，问卷调查及数据回收。调研过程先后更换了医脉通的医米调研及丁香园调研，最终确定以问卷网作为问卷调研的主要平台，通过青年医师协会及社区管理中心在北京各级医院及社区卫生中心招募问卷调查专员30人，并进行统一培训。每个医疗机构由1人负责，每位调查员负责向自己所属医疗机构的同事发放问卷链接，并进行质量把控。

第四阶段：2017年11~12月，统计分析及形成初步报告。截至10月

31日问卷收集系统关闭，封存数据导出后交由第三方数据分析公司进行数据分析，11月30日前完成数据分析任务并开始书写报告。

（三）问卷设计思路

围绕课题任务的主题、调研对象及调研问题，课题组设计了医务工作者压力与心理健康问卷，在询问相关专家意见后，考虑调研过程的实际情况，删减了人格发展相关指标，增加医疗改革指标，总体上设立一级指标梳理问卷逻辑关系；再进一步将一级指标分解为二级指标，进一步细化为三级具体问题。本次调研最终确定了医务工作者的职业概况、压力指标、心理健康指标、医疗改革相关指标四个一级指标（见表1）。

职业概况主要是受调查对象的基本人口学指标及单位基本信息；压力指标参考职业压力问卷、职业倦怠问卷并结合医务工作者实际情况，设置9道问题；心理健康指标应用PHQ-2量表及GAD-2量表对受访者进行抑郁与焦虑评定，结合医务工作者职业特性，结合强迫症状问卷，设计了3道强迫水平问题及1道躯体化症状问题；鉴于2017年4月北京市新开展的医疗改革，在医疗改革指标中设计了3道医疗改革给自身带来的压力与心理影响，以及1道开放式医疗改革意见征询问题。

表1 问卷提纲

一级指标	二级指标	三级题目
人口学指标（基本信息）	医院指标	级别、所在地、产权、规模、中西医
	医生指标	性别、年龄、学历、职称、科室、月收入
	护士指标	性别、年龄、学历、职称、科室、月收入
压力指标（压力问卷表）	工作压力指标	1.每月夜班数；2.每天工作时间；3.工作压力感；4.兼职情况
	生活压力指标	1.每月收入；2.人均居住面积；3.每月支出后节余；4.每周休闲活动次数
	职业倦怠指标	1.职业衰竭感；2.情感淡漠；3.个人成就感
	工作满意度	1.工作满意度；2.薪酬与付出是否相符；3.再择业机会，是否

续表

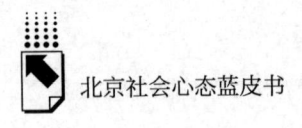

一级指标	二级指标	三级题目
心理健康指标	抑郁指标	PHQ-2
	焦虑指标	GAD-2
	强迫指标	做事习惯性反复检查；做事情一丝不苟追求完美；有一定洁癖，反复消毒洗手；反复出现没有必要的思绪
	躯体化指标	最近一月身体疲劳或不适
	心理影响	1. 目前心理状态与医患沟通中的影响；2. 目前心理状态对工作效率的影响；3. 目前心理状态对生活质量的影响
医疗改革指标	收入与工作量	1. 医改之后收入变化；2. 医改之后工作量变化
	压力变化	医改之后工作压力变化
	心理健康	医疗改革在医护心理健康中的方向

问卷效度：针对本研究，研究测量共从工作压力、心理健康、心理状况影响、医疗改革变化共四个维度进行，研究项的设计结合专家评阅，经过研究小组人员讨论形成，并且在前期测量时结合用户的反馈建议综合修改，前期进行了40份预调查，内容效度上，经专家组评议，被调查医务人员对问卷涉及问题的理解和回答与条目设计者希望收集的信息高度一致。

问卷信度：本次研究使用内部一致性信度进行分析，即使用 Cronbach's α 系数衡量本研究数据的信度质量，通常情况下，Cronbach's α 系数值高于 0.8，则说明信度水平很好；如果 Cronbach's α 系数值介于 0.7~0.8，则说明信度水平可以接受；如果分量表信度系数值介于 0.6~0.7，信度水平也可以被接受。如果 Cronbach's α 系数值小于 0.6，则说明信度水平较差，此时需要修正测量量表问项。本研究使用 Cronbach's α 系数值测量数据信度质量，包括工作压力、心理健康、心理状况影响、医疗改革变化。最终测量结果见表2。

表2 问卷信度

量表	维度	题项个数	Cronbach's α 值
工作压力		2	0.709
心理健康		7	0.871
	抑郁状况	2	0.824
	焦虑状况	2	0.83
	强迫状况	3	0.707
	身体不适感	1	—
心理状况影响		3	0.831
医疗改革变化		2	0.774

从上表可知：工作压力由2个态度题项表示，其信度系数值为0.709，大于0.7，意味着工作压力维度具有较高的信度水平；心理健康共由四个维度表示，但是身体不适感仅由1个题项表示，因而无法测量信度系数，余下三个维度的信度系数值均高于0.7；心理状况影响、医疗改革变化这两个维度的信度系数值也均高于0.7。所有测量维度的信度系数值均高于0.7，因而综合说明本次研究数据具有良好的信度水平，收录数据具有良好的可靠性，数据可用于后续进一步研究使用。

（四）质量控制

严谨的研究对象筛选：所有调查员均为各医疗机构的医务工作者，调查前进行培训，了解本研究的基本概况及目的，明确调研对象：北京地区医务工作者。具体为：1. 纳入标准：①年龄≥22周岁；②初中（含）以上学历，具备执业医师资格或护师资格者；③从事医务工作一年以上。2. 排除标准：①已明确诊断患有中重度精神疾病者；②具有医疗技能资质，但已脱离临床医务工作一年以上者。3. 剔除标准：①相关问卷未完成或完成质量较差者；②未按照研究流程进行，依从性较差者；③答卷态度不认真，存在明显的应付情绪，结果不可靠者。

数据处理方面：采取第三方统计的处理方式，研究者、调查者、受调查者、数据统计者之间互盲，最大限度地避免研究中的偏倚。

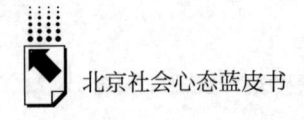

（五）数据分析

本研究针对北京及周边地区的医务人员压力状况及心理健康水平进行研究，共收集有效受访者数据1937份。首先针对研究受访者人群的基本背景，包括性别、年龄、学历、职称、月收入、医院级别、医院类别等进行基本描述分析。接着针对工作压力、心理健康、心理状况影响、医疗改革变化共四个维度进行信度分析，以保证数据质量的可靠性。另外，本研究使用描述性研究方法对于工作压力水平现状、心理健康、理状况影响、医疗改革带来变化的基本态度等进行研究，通过频数分布、均值或者标准差等指标进行表述。

为更深入地研究不同人群（比如性别、年龄、学历、职称、月收入、医院类别、医院所有权、用工性质、职业或者属地等）在工作压力、心理健康、心理状况影响、医疗改革变化上的差异性，本研究使用卡方检验，或者方差检验进行研究，卡方检验使用Pearson卡方值测量差异性，并且综合各项的选择比例差异情况进行差异对比。方差检验使用F值测量差异性，通过对比不同人群在某项上的平均值得分，深入了解不同人群的现状或者态度差异情况。

二 调研结果

（一）调研对象结构

本次研究共收集有效受访者数据共1937份，研究群体来自北京城八区（60.6%）、郊区（37.1%），以及少量北京周边地区（2.3%）。受访者中女性占比为80.4%，男性占比19.6%，说明北京地区医务工作者中女性居多。年龄分布上，25~34岁受访者人群占比为五成，还有24.2%的受访者年龄介于35~44岁，45岁以上者占比17.1%，本次参与调查的医务工作者以中青年医师为主，基本符合目前总体医务工作者的年龄分布。从学历情况来看，本科人群占比是五成，24.8%的受访者为硕士，近两成受访者为大专及以下学历。研究受访者人群中初中级职称比例较高，分别是48.9%和36.4%。从月收入分布情况来看，41.4%的受访者人群收入介于5001~8000元。受访者大部分来自三级医院，比例是62.2%。从医院类别上看，综合医院的比例是47.8%，以及35.9%为中医医院。研究受访者中有46.3%属于区县公立医院，32.2%来自卫计委或中医局直属医院。事业编员工占比近七成，而且多数为医生或者护士等一线临床工作者（见表3）。

（二）医务工作者工作压力研究

1. 工作压力调研总体情况

本部分针对研究群体工作压力水平情况进行分析，包括当前研究受访者感受到的压力水平、当前每天工作时间、每月夜班数、每月开支后节余情况、每周休闲活动次数、工作中职业疲惫感或者成就感情况、兼职情况、工作压力来源等各个侧面。综合分析出研究群体的压力水平情况。

从表4可知，整体上看，大部分医务工作者表示感受到较大的工作压力，43.2%的受访者表示压力大，以及17.8%的受访者表示压力很大。平均来看，54.8%的受访者每天工作8~9小时，17.2%的受访者工作时间为9~10小时，10小时以上的比例是12%，整体上看，八成左右的人群每天均会超过8小时的工作时间。从每月夜班数上看，43.7%的受访者并没有夜班，但34.7%的受访者每月会超过四次夜班。从每月开支后节余上看，57.2%的人群表示每月节余不足2000元，28.7%的受访者每月节余介于2001~4000元，整体上看，超过八成受访者每月节余不足4000元，北京作为我国核心一线城市，日常的生活成本十分高昂，大多数医务工作者的经济富裕程度不甚乐观。

从受访者每月休闲活动来看，46.7%的受访者表示每天不足1小时的休闲活动，38.6%的受访者每天1~2小时休闲活动，整体上受访者每天休闲活动不足2小时。受访者有着工作压力的同时也会感到精疲力竭，43.4%的受访者经常会感到精疲力竭，28.6%的受访者偶尔感到精疲力竭，仅1.9%

表3 调研概况

单位：%

基本信息	选项	频数	百分比	基本信息	选项	频数	百分比
性别	男	379	19.6	医院类别	综合医院	925	47.8
	女	1558	80.4		专科医院	317	16.4
年龄	25岁以下	167	8.6		中医医院	695	35.9
	25~34岁	971	50.1	所有权	卫计委或中医局直属医院	623	32.2
	35~44岁	468	24.2		市属公立医院	355	18.3
	45~55岁	291	15		区县属公立医院	897	46.3
	55岁以上	40	2.1		民营医院	62	3.2
学历	大专及以下	365	18.8	用工性质	事业编	1331	68.7
	本科	965	49.8		合同制	586	30.3
	硕士	480	24.8		退休返聘	20	1
	博士	127	6.6	职业	医生	918	47.4
职称	初级	947	48.9		护士	599	30.9
	中级	706	36.4		医技	249	12.9
	副高	204	10.5		行政	171	8.8
	正高	80	4.1	属地	北京城八区	1173	60.6
月收入	3000元以下	127	6.6		北京郊区	718	37.1
	3001~5000元	517	26.7		天津	28	1.4
	5001~8000元	801	41.4		河北	18	0.9
	8001~10000元	287	14.8	医院级别	三级医院	1204	62.2
	10000元以上	205	10.6		二级医院	323	16.7
					一级医院	410	21.2
合计		1937	100	合计		1937	100

北京地区医务工作者工作压力、心理健康及医疗改革影响调查

表 4 医务人员工作压力状况

单位：人，%

问题	选项	频数	百分比	问题	选项	频数	百分比
感受到工作压力	很小	45	2.3	每周休闲活动次数	7小时以下（平均每天不足1小时）	904	46.7
	小	42	2.2		7~13小时（平均每天1~2小时）	748	38.6
	一般	668	34.5		14~27小时（平均每天2~4小时）	236	12.2
	大	837	43.2		28~34小时（平均每天4~5小时）	34	1.8
	很大	345	17.8		34小时以上（平均每天5小时以上）	15	0.8
每天工作时间	8小时以下	309	16	工作中职业疲惫感	从来没有	36	1.9
	8~9小时	1061	54.8		偶尔感到（一年感到几次）	554	28.6
	9~10小时	334	17.2		经常感到（每个月都感到几次）	840	43.4
	10小时以上	233	12		频繁感到（每周都感到几次）	353	18.2
每月夜班数	没有	846	43.7		时刻感到（每天都感到）	154	8
	1~2次	218	11.3	工作中的成就感	从来没有	194	10
	3~4次	201	10.4		偶尔感到（一年感到几次）	1235	63.8
	4次以上	672	34.7		经常感到（一个月感到几次）	426	22
每月开支后节余	2000元以下	1107	57.2		频繁感到（一周感到几次）	44	2.3
	2001~4000元	555	28.7		每天感到	38	2
	4001~6000元	172	8.9				
	6001~8000元	60	3.1				
	8001元以上	40	2.1				
	缺失	3	0.2				
合计		1937	100	合计		1937	100

383

的受访者从来不会觉得精疲力竭。从工作成就感水平上看，63.8%的受访者表示偶尔会感到有成就感。

2. 工作压力感受分析

为了更好地体现不同受访者感受压力的不同，赋予压力体验从很小、小、一般、大、很大以分值0~4分，利用方差分析去研究不同背景人群工作压力水平的差异情况，结果见表5。从表中可以看出：除月收入与工作压力水平无关外，其余包括性别、年龄、学历、职称、医院级别、医院类别、所有权、用工性质、职业、属地等十项均与工作压力水平之间有着显著性差异关系，P值均低于0.05，具体对比差异可知：主观压力感受上，43.2%的受访者表示压力大，以及17.8%的受访者表示压力很大。其中男性承担着更多的工作压力；25岁以下及55岁以上受访者压力明显较小；学历上，大专及以下人群的压力水平明显更低；高级别职称人群压力水平明显更高；中医医院压力水平相对更高，民营医院的压力水平相对较低；退休返聘人员的工作压力水平明显较低；职业上看，医生及护士的压力水平高于行政及医技人员；郊区及北京周边地区的受访者压力水平会比城八区受访者压力更高。

表5 压力感受分布

问题	选项	N	均值	标准差	F	P
性别	男	379	3.83	0.88	7.12*	0.01
	女	1558	3.69	0.85		
年龄	25岁以下	167	3.37	1.03	11.93**	0.00
	25~34岁	971	3.72	0.8		
	35~44岁	468	3.8	0.81		
	45~55岁	291	3.85	0.91		
	55岁以上	40	3.35	1.14		
学历	大专及以下	365	3.52	0.91	11.22**	0.00
	本科	965	3.79	0.89		
	硕士	480	3.68	0.76		
	博士	127	3.89	0.75		

续表

问题	选项	N	均值	标准差	F	P
职称	初级	947	3.66	0.85	11.14**	0.00
	中级	706	3.70	0.87		
	副高	204	4.00	0.82		
	正高	80	3.94	0.85		
月收入	3000元以下	127	3.58	1.05	1.54*	0.19
	3001~5000元	517	3.69	0.84		
	5001~8000元	801	3.72	0.86		
	8001~10000元	287	3.77	0.87		
	10000元以上	205	3.79	0.79		
医院级别	三级医院	1204	3.75	0.85	5.24*	0.01
	二级医院	323	3.58	0.84		
	一级医院	410	3.75	0.89		
医院类别	综合医院	925	3.69	0.9	8.89**	0.00
	专科医院	317	3.60	0.83		
	中医医院	695	3.82	0.81		
所有权	卫计委或中医局直属医院	623	3.74	0.83	3.24*	0.02
	市属公立医院	355	3.61	0.82		
	区县属公立医院	897	3.76	0.9		
	民营医院	62	3.58	0.8		
用工性质	事业编	1331	3.73	0.85	5.37**	0.00
	合同制	586	3.71	0.87		
	退休返聘	20	3.10	1.29		
职业	医生	918	3.79	0.82	12.4**	0.00
	护士	599	3.76	0.84		
	医技	249	3.44	0.91		
	行政	171	3.62	0.99		
属地	城八区	1173	3.66	0.83	8.26**	0.00
	郊区	718	3.81	0.91		
	天津/河北	46	3.93	0.68		
总数		1937	3.72	0.86	—	—

注：$*p<0.05$，$**p<0.01$。

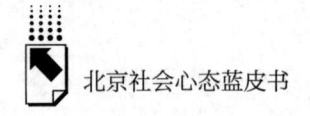

3. 加班工作为普遍现象

利用卡方分析去研究不同受访者每天工作时间的差异情况。男性的工作时间明显高于女性，以及25~44岁受访者每天工作时间明显更长。博士学历者每天工作时间明显更长，其科研、教学任务会更为繁重。从职称上看，职称越高的人群每天工作时间相对会越长；收入高于5000元的受访者每天工作时间均会更长，收入高于10000元的受访者工作时间明显最长。从医院级别来看，三级医院的受访者工作时间最长，其次是二级医院，一级医院的工作时间最短；医院类别上，专科医院或者中医医院的受访者工作时间相对更长；事业编人员的工作时间明显高于合同制或者退休返聘人员。医生人群每天工作时间明显高于行政、护士、医技人员。

4. 医务工作者每月夜班状况

利用卡方分析去研究不同受访者每月夜班时间的差异情况可知：男性夜班数明显会更多，以及34岁以下的人群他们夜班数量上也明显高于34岁以上人群。

硕士学历及初级职称人员的夜班数也相对最高，随着医院准入门槛的增高，医务工作者中的本科及以下学历基本是5年以上的工作者，大多已经是各科室的管理层，大多初级职称的医务工作者都是刚刚入职的硕士毕业生。月收入低于3000元的人员多为刚刚走入职场的医务工作者，在工作岗位上经常承担更多的一线临床任务，故他们的夜班数量最多。三级医院的夜班数量相对较高，但一级医院的夜班数量最少。中医医院的夜班数量上会高于综合或者专科医院。市属公立医院或者卫计委直属医院人群，他们的夜班数量相对也较多。从用工性质人群上看，合同制人员的夜班数量最多，但是退休返聘用人员基本没有夜班。从职业情况上看，护士的夜班数量明显高于医生、医技及行政人员，日常临床工作中病房每晚都会安排2名护士轮流值班，夜班过程中至少保持1人不能睡觉，所以其夜班的工作强度也大于其他人员。

5. 医务人员往往身兼数职

利用卡方分析去研究不同受访者兼职状况可知：男性受访者多点执业兼

职的情况相对会更高,以及25岁以下人群更可能多点执业,35~44岁受访者人群科研兼职的情况最多,55岁以上人群行政兼职情况明显偏多,45~55岁人群行政兼职的情况最多。从学历兼职差异上看,硕士或者博士更可能科研兼职,博士也更加可能进行教学兼职,本科人群行政兼职情况最多,大专及以下人群多点执业的比例最高。从职称兼职差异上看,高级职称人群科研兼职明显最多,并且他们同时也更可能进行教学兼职,或者行政管理,初级职称人群多点执业的比例相对最高。月收入少于8000元的人群更可能进行科研,尤其是10000元收入以上人群,他们更加可能进行科研或者教学兼职。同时收入高于8000元的人群进行行政管理兼职的比例也相对更高,收入低于3000元的人群多点执业比例最高。

从医院级别兼职差异上看,三级医院人群最可能进行科研或者教学兼职,三级医院人群行政管理兼职的比例最高。从医院类别上看,中医医院科研或者教学兼职的比例最高,以及综合医院进行行政管理兼职的比例最高。卫计委或中医局直属医院进行科研或者行政兼职的比例相对最高。用工性质上看,事业编人群最可能科研兼职,但是退休返聘人群更可能教学兼职,合同制员工多点执业的比例相对更高。医生进行科研兼职的比例最高,行政人员更可能从事行政管理兼职。北京城八区人群进行科研兼职的情况明显高于郊区及北京周边人群。

6. 医务工作者的压力源研究

本次调研中,受访者选择三项对自己最大的压力来源,结果显示(见图1):收入待遇低是主要的工作压力,占56.9%。工作负荷大、医患关系这两项也是主要的压力源,分别占41.7%、40.1%。尽管近30年我国的人均消费水平在不断增长,但医疗服务价格却基本没有明显改变,医务人员大多接受了较长周期的高等教育,收入水平低于同等学力其他白领及技术人员。尽管进入高级职称阶段后收入水平会有明显改善,但本次调研对象中44岁以下的中青年占74.2%,中级职称以下占75.3%,调查更大程度上体现了中青年医务工作者的压力来源。

通过对不同受访者所感受的压力来源分析可知:相对于女性,男性对于

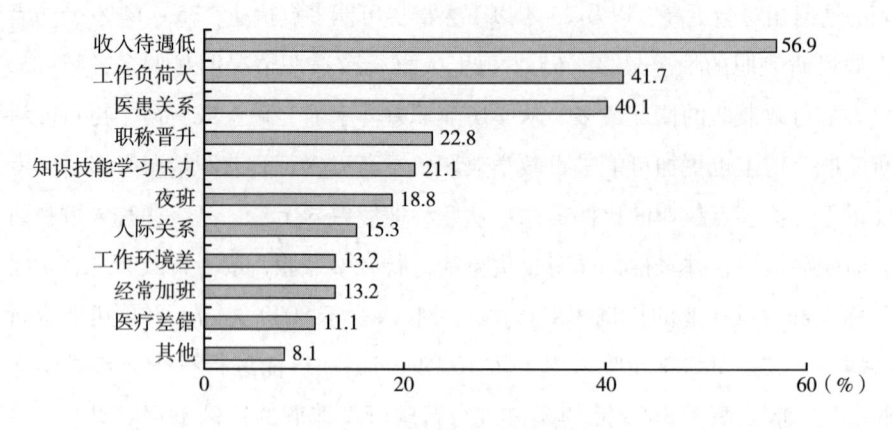

压力来源	百分比
收入待遇低	56.9
工作负荷大	41.7
医患关系	40.1
职称晋升	22.8
知识技能学习压力	21.1
夜班	18.8
人际关系	15.3
工作环境差	13.2
经常加班	13.2
医疗差错	11.1
其他	8.1

图1 工作压力主要来源

职称晋升的压力来源相对较多，女性对于夜班这类压力源更多。年龄分布上，34岁以下人群更多来自收入待遇低这种压力，35岁以上人群更可能来自工作负荷大这类压力以及职称晋升压力。从学历上看，硕士及博士人群的压力来源于知识技能学习、职称晋升相对更多，大专及以下人群更多来自收入待遇低。初中级职称人群对于收入待遇低的压力较高，但副高/正高职称人群对于工作负荷大的压力较多。收入水平较低人群更多有收入压力，但收入越高的人群对于职称晋升的压力会越大。一级医院人群更多经常加班，三级或者二级医院人群对于夜班的压力相对较大。不同类别的医务工作者的压力来源构成趋同。除此之外，民营医院人群对于知识技能学习压力最大，卫计委或中医局直属医院/市属公立医院/区县属公立医院人群对于医患关系的压力较大。事业编人群对于职称晋升压力最大，合同制员工对于收入压力最大。医生/护士/医技人员在医患关系上的压力较大，护士/医技人群还有着较高的收入压力，医生/行政人员在知识技能学习、职称晋升这两方面的压力相对较大。从属地上看，北京人群对于工作负荷、工作环境方面的压力较大，天津/河北人群对于夜班的压力最大。

7. 不同人群经济状况研究

本研究中以每月开支后节余水平评价受访者的经济状况，通过对不同受访者所感受的压力来源分析可知：57.2%的受访者每月开支后节余不足

2000元，仅有5.2%受访者每月开支后节余超过6000元，达到正高职称的受访者里只有27.5%节余超过6000元。北京地区的生活成本较高，相对来看，随着年龄增长，受访人群的每月节余逐步增长。研究生以上学历者每月经济状况明显好于本科及以下者，尤其是博士人群。职称越高的人群，其每月节余相对也会更高。相对于一级医院，二级/三级医院人群的每月节余较多。不同医院类别人群每月节余没有明显差异。卫计委或中医局直属医院人群每月节余相对最高，以及事业编、退休返聘人群的每月节余也明显高于合同制员工。医生每月的节余相对最多。郊区及北京周边医务工作者的每月节余普遍低于城八区工作者，主要参考其收入水平与城八区有着一定差距。

8. 医务工作者休闲普遍时间不足

本研究对不同受访者每周的休闲活动时间进行分析可知：46.7%受访者每周休闲活动不足7小时，平均每日休闲时间不足1小时；综合来看，女性受访者人群每周休闲活动时间相对高于男性。而且34岁以下人群每周休闲活动时间相对较多，尤其是25岁以下人群，反映了随着年龄增长，受访者的休闲娱乐时间减少，一方面由于年龄增加其社会角色变得更加重要；另一方面随着年龄增长，医务工作者越来越不重视自己的休闲娱乐时间。随着学历与职称的增高，受访者每周休闲活动时间也随之减少。民营医院中的医务工作者休闲时间明显于公立医院。另外，退休返聘人群每周休闲活动时间最多。

9. 职业疲惫感研究

本研究对不同受访者工作中的主观疲惫感进行分析，69.6%的受访者表示有中重度的职业疲惫感，其中18.2%的受访者存在重度疲惫感，8%的受访者严重疲惫，通过不同要素分析后见表6。从表中可知：不同性别、学历、职称、医院类别、用工性质或者职业人群表示出显著性差异。具体对比可知：25岁以下人群职业疲惫感状况相对最低，学历为大专及以下人群职业疲惫感的情况也相对较低。副高职称人群职业疲惫感情况最糟糕。而且中医医院人群职业疲惫感现象最为严重，55岁以上及退休返聘人员职业疲惫感情况最好，医技或者行政职业疲惫感现象相对好于医生和护士。

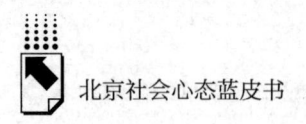

表6　职业疲惫感分析

问题	选项	N	均值	标准差	F	P
性别	男	379	3.04	0.97	0.39	0.53
	女	1558	3.01	0.92		
年龄	25岁以下	167	2.71	0.89	7.65	0.00
	25~34岁	971	3.05	0.90		
	35~44岁	468	3.07	0.97		
	45~55岁	291	3.05	0.93		
	55岁以上	40	2.6	1.06		
学历	大专及以下	365	2.81	0.91	7.83	0.00
	本科	965	3.05	0.94		
	硕士	480	3.07	0.89		
	博士	127	3.13	0.93		
职称	初级	947	2.98	0.92	3.67	0.01
	中级	706	3.01	0.92		
	副高	204	3.22	0.98		
	正高	80	3.05	0.84		
月收入	3000元以下	127	2.89	1.03	0.99	0.41
	3001~5000元	517	2.99	0.94		
	5001~8000元	801	3.04	0.91		
	8001~10000元	287	3.06	0.93		
	10000元以上	205	3.01	0.92		
医院级别	三级医院	1204	3.04	0.93	1.87	0.15
	二级医院	323	3.02	0.92		
	一级医院	410	2.94	0.92		
医院类别	综合医院	925	2.97	0.95	5.61	0.00
	专科医院	317	2.96	0.86		
	中医医院	695	3.11	0.92		
所有权	卫计委或中医局直属医院	623	3.03	0.91	0.14	0.94
	市属公立医院	355	3.01	0.96		
	区县属公立医院	897	3.02	0.94		
	民营医院	62	2.95	0.82		

续表

问题	选项	N	均值	标准差	F	P
用工性质	事业编	1331	3.04	0.91	8.14	0.00
	合同制	586	3.01	0.94		
	退休返聘	20	2.2	1.06		
职业	医生	918	3.07	0.9	6.46	0.00
	护士	599	3.06	0.92		
	医技	249	2.84	0.99		
	行政	171	2.84	0.95		
属地	城八区	1173	2.99	0.94	1.03	0.36
	郊区	718	3.05	0.91		
	天津/河北	46	3.09	0.91		
总数		1937	3.02	0.93	—	—

注：$*p<0.05$，$**p<0.01$。

10. 工作成就感研究

本研究对不同受访者工作中的工作成就感进行分析，仅有26.3%的受访者表示在工作中经常有成就感，63.8%的受访者仅偶尔感受到工作成就感，甚至10%的受访者感到毫无成就感，通过不同要素分析后见表7。从表中可知：针对工作成就感而言，不同年龄、学历、职称、月收入、医院级别、用工性质、职业、属地人群工作成就感有着显著性差异。相对来看，年龄越大的人群成就感相对会越高，高学历人群、高职称人群、高月收入人群，他们的工作成就感也会越高。三级医院受访者的成就感高于二级与一级医院，退休返聘人群成就感相对最高。医生的成就感高于护士、行政及医技人员。

表7 工作成就感分析

问题	选项	N	均值	标准差	F	P
性别	男	379	2.28	0.79	2.98	0.08
	女	1558	2.21	0.72		
年龄	25岁以下	167	2.18	0.78	4.63**	0.00
	25~34岁	971	2.17	0.68		
	35~44岁	468	2.26	0.73		
	45~55岁	291	2.33	0.83		
	55岁以上	40	2.48	0.91		

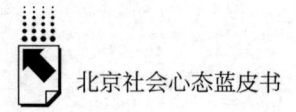

续表

问题	选项	N	均值	标准差	F	P
学历	大专及以下	365	2.13	0.77	17.47**	0.00
	本科	965	2.18	0.71		
	硕士	480	2.34	0.72		
	博士	127	2.44	0.78		
职称	初级	947	2.14	0.71	17.15**	0.00
	中级	706	2.23	0.71		
	副高	204	2.43	0.75		
	正高	80	2.61	0.89		
月收入	3000元以下	127	2.13	0.81	17.20**	0.00
	3001~5000元	517	2.09	0.68		
	5001~8000元	801	2.21	0.71		
	8001~10000元	287	2.29	0.68		
	10000元以上	205	2.57	0.84		
医院级别	三级医院	1204	2.26	0.75	3.80**	0.02
	二级医院	323	2.21	0.65		
	一级医院	410	2.14	0.74		
医院类别	综合医院	925	2.2	0.73	0.82	0.44
	专科医院	317	2.26	0.71		
	中医医院	695	2.24	0.75		
所有权	卫计委或中医局直属医院	623	2.27	0.78	2.17	0.09
	市属公立医院	355	2.26	0.74		
	区县属公立医院	897	2.18	0.69		
	民营医院	62	2.26	0.75		
用工性质	事业编	1331	2.24	0.73	9.07**	0.00
	合同制	586	2.16	0.71		
	退休返聘	20	2.8	1.24		
职业	医生	918	2.36	0.76	21.98**	0.00
	护士	599	2.06	0.64		
	医技	249	2.18	0.82		
	行政	171	2.15	0.62		
属地	城八区	1173	2.27	0.75	7.93**	0.00
	郊区	718	2.14	0.69		
	天津/河北	46	2.35	0.77		
总数		1937	2.22	0.73	—	—

注: * $p<0.05$, ** $p<0.01$。

11. 医务工作者压力状况分析总结

本调研，可初步反映北京地区医务工作者的工作压力状况：主观上，61%的受访者表示工作压力大，收入待遇差、工作负荷大及医患矛盾为主要的三项压力源；职业疲惫感较高，69.6%的受访者表示有中重度的职业疲惫感，其中18.2%的受访者存在重度疲惫感，8%的受访者严重疲惫；职业成就感不足，仅有26.3%的受访者表示在工作中经常有成就感，63.8%的受访者仅偶尔感受到工作成就感，甚至10%的受访者感到毫无成就感。

客观上，超时加班工作成为工作常态，84%的受访者每日工作时间超过8小时；夜班频繁，34.7%的受访者每月会超过四次夜班；个人生活经济水平一般，57.2%的人群表示每月衣食住行后节余不足2000元；休闲活动时间不足，46.7%的受访者表示每天不足1小时的休闲活动。调研中突出显示了中青年、初中级职称、社区、郊区及北京周边的医务工作者的经济状况不佳，压力状况较大，职业成就感不足。

医务工作者是社会医疗活动中的核心人力资源，其健康高效的从业状态有利于整个医疗体系高效运转。而目前医务工作者的工作压力状况严重不良，亟待解决；医疗改革的过程中除了整合医疗资源，为社会提供更好的医疗服务外，也应当参考医务工作者的工作现状，在整合医疗资源的方案中，重视调整医务工作者的收入待遇、工作负荷及权益保障，形成合理高效的中国特色医疗体系。

压力是每个社会个体都需要承受的，我国医务工作者由于特殊的国情状况，承担着更为巨大的社会压力。大部分医务工作者表示感受到较大的工作压力，43.2%的受访者表示压力大，以及17.8%的受访者表示压力很大。

57.2%的医务工作者表示每月节余不足2000元，28.7%的受访者每月节余在2000~4000元，整体上看，超过八成受访者每月节余不足4000元，北京作为我国核心一线城市，日常的生活成本十分高昂，大多数医务工作者的经济水平，特别是初中级医师不甚乐观。

医疗资源过于集中于核心城区的核心医院是目前医务工作者压力较大的深层原因，其导致了市区的重点医院医疗负担过重，而社区医院及一二级医

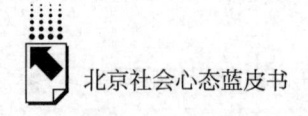

院的医务工作者收入水平不足。未来深化分级诊疗制度将是平衡医务工作者压力与收入水平的核心政策杠杆。

建立健全分级诊疗制度，要求患者首先在社区医院就诊，最为基础的常见疾病在基层卫生机构完成诊断及基本治疗，根据病种诊治的难易程度由基层医院向上级医院推送患者进一步就诊求治。根据党的十九大精神要求及《国务院办公厅关于推进分级诊疗制度建设的指导意见》，北京市目前以医联体建设为分级诊疗工作的主要抓手，本着强基层、建机制、搭平台、管长远的总体思路，采用政府主导、部门协同、机构落实、引导群众的方式。各级医疗卫生机构在医联体系内，按照不同的功能定位开展相关工作，逐步实现患者在医联体内的大医院进行救治、在社区及一二级医院或康复院护理院进行康复、在社区或家里能得到家庭医生团队服务的要求。促进优质医疗资源下沉和医疗服务连续性的有效建立。

（三）心理健康状况研究

本节主要研究不同受访者心理健康水平情况的差异性以及心理健康状况对其工作生活的影响，分别从抑郁状况、焦虑状况、强迫症状、躯体不适感四个维度进行调研。抑郁状况和焦虑状况应用了 PHQ－2 及 GAD－2 量表，分别询问受访者抑郁及焦虑核心症状的情况；强迫状况根据 SCID 评估扫描问题设计了强迫行为及强迫思维两个维度，其中强迫行为又分为强迫卫生及强迫检查；躯体不适感根据 SCID 评估扫描中躯体化问题进行调查。最终数据采取频次计数及方差分析。

1. 医务工作者心理健康状况

本研究通过对不同受访者的心理健康状态进行分析，27.7%的受访者处在抑郁状态，5.9%的受访者在两周内持续存在情绪低落及兴趣减退，有待进一步深入排除重性抑郁障碍；29.6%的受访者处在焦虑状态，5.1%的受访者在两周内持续存在紧张烦躁及不可控的担心，有待进一步深入排除广泛性焦虑障碍；79.9%的受访者存在强迫性检查情况，20.2%的受访者有待进一步深入排除强迫性神经症；59.4%的受访者存在强迫性卫生情况，17.3%的受访者有待进一步深入排除强迫性神经症；66.8%的受访者存在强迫性思维情况，7.5%的受访者有待进一步深入排除强迫性神经症；89.9%的受访者存在躯体不适情况，17.4%的受访者有待进一步深入排除躯体形式障碍（见表8）。

医务工作本身有着严格的卫生要求及反复检查的操作要求，反复检查及消毒卫生的情况是医务工作的职业特征，同时这种工作性质也易于促进强迫倾向的发展。持续两周不能控制的反复检查、卫生行为及不可控思维的情况有强迫性神经症的可能，构成强迫问题，本次调研对象的强迫问题基本在20%以内。

表8 医务人员心理健康概况

单位：人，%

心理状况	无（<3分）	轻（3分）	中（4~5分）	重（6分）	总计
抑郁状况（PHQ-2）	1400(72.3)	157(8.1)	266(13.7)	114(5.9)	1937
焦虑状况（GAD-2）	1364(70.4)	184(9.5)	290(15)	99(5.1)	1937
强迫性检查	390(20.1)	837(43.2)	319(16.5)	391(20.2)	1937
强迫性卫生	786(40.6)	627(32.4)	188(9.7)	336(17.3)	1937
强迫性思维	644(33.2)	906(46.8)	241(12.4)	146(7.5)	1937
躯体不适	195(10.1)	937(48.4)	468(24.2)	337(17.4)	1937

2. 医务工作者心理健康状态与压力水平相关性研究

为探索受访者心理健康状态与工作压力状况的相关性，通过对抑郁状态、焦虑状态、强迫检查、强迫卫生及躯体不适与工作压力状况、休闲时间、工作疲惫感、工作成就感及经济状况进行相关性分析，得出结果见表9。由表中可见：抑郁水平与工作压力水平及工作疲惫感高度相关，与休闲时间、工作成就感、经济状况中度负相关；焦虑水平与压力状况、工作疲惫感高度相关，与休闲时间、工作成就感高度负相关，与经济状况中度负相关；强迫性检查状况与压力状况中度相关，与经济状况中度负相关，与工作疲惫感弱相关；强迫性卫生状况与压力状况中度相关，与工作疲惫感低度相关；强迫思维与压力状况中度相关，与休闲时间及工作成就感中度负相关，与经济状况低度负相关；躯体不适与工作成就感高度负相关，与压力状况及工作疲惫感中度相关，与休闲时间及经济状况中度负相关。

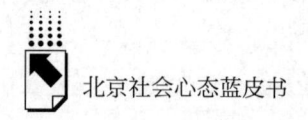

表9 心理健康与工作压力关系

项目	抑郁状态	焦虑状态	强迫性检查	强迫性卫生	强迫性思维	躯体不适
压力状况	0.86**	0.83*	0.76*	0.61**	0.54*	0.71*
休闲时间	-0.79**	-0.84**	-0.51	-0.65	-0.53*	-0.79**
工作疲惫感	0.88**	0.85**	0.25**	0.35*	-0.57	0.78*
工作成就感	-0.77*	-0.87**	-0.44	-0.51	-0.62*	-0.87*
经济状况	-0.69*	-0.75**	-0.67*	-0.56	-0.41*	-0.74*

注：*$p<0.05$，**$p<0.01$，※$r<0$ 为负相关，▲|r|<0.3 为微弱相关，▲▲0.3≤|r|<0.5 为低度相关，▲▲▲0.5≤|r|<0.8 为中度相关，▲▲▲▲|r|≥0.8 为高度相关。

3. 医务工作者心理效能研究

本部分针对受访者心理状况所发挥的社会效能进行分析，分别针对心理状态对于医患沟通、工作效率、生活质量的影响情况进行研究，以及询问受访者是否需要心理干预措施，分析整理见表10，从表中可了解到：36.5%的医生认为自己的心理状态对于医患沟通过程产生了不良影响，47.2%的医务工作者认为自己的心理状态对工作效率产生了不良影响，60%的医务工作者认为自己的心理状态对自己的生活质量产生了不良影响，但只有16.4%的医务工作者认为自己需要接受心理干预。同时也可看到有约十分之一的医务工作者对于自己的心理状态充满自信，认为自己的心理状态对生活质量、医患沟通及工作效率发挥着积极作用。

表10 医务人员心理效能概况

单位：人，%

问题	选项	频数	百分比
心理状态对医患沟通影响	不良影响	707	36.5
	没有影响	1010	52.1
	积极影响	220	11.4
心理状态对工作效率影响	不良影响	914	47.2
	没有影响	832	43.0
	积极影响	191	9.9
心理状态对生活质量影响	不良影响	1163	60.0
	没有影响	568	29.3
	积极影响	206	10.6

续表

问题	选项	频数	百分比（%）
是否需要心理干预	并不需要	728	37.6
	可有可无	892	46.1
	十分需要	317	16.4
合计		1937	100.0

4. 医患沟通影响与受访者背景关系研究

根据受调查者基本情况对医患沟通状况的反馈分析，从表11可知，不同职业或者属地人群，心理状态对于医患沟通影响的态度具有显著性差异，具体对比差异可知：相对来看，行政人员对于心理状态对医患沟通正面影响的认可态度较高。除此之外，北京郊区及周边医务人员的心理状态对医患沟通的不良影响情况较明显。

表11 心理状态影响医患沟通状况

问题	选项	心理状态对医患沟通影响			合计	χ^2	P
		不良影响	没有影响	积极影响			
职业	医生	361(39.3)	448(48.8)	109(11.9)	918(100.0)	21.921**	0.001
	护士	218(36.4)	325(54.3)	56(9.3)	599(100.0)		
	医技	87(34.9)	126(50.6)	36(14.5)	249(100.0)		
	行政	41(24.0)	111(64.9)	19(11.1)	171(100.0)		
属地	城八区	402(34.3)	617(52.6)	154(13.1)	1173(100.0)	14.567**	0.006
	郊区	287(40.0)	372(51.8)	59(8.2)	718(100.0)		
	天津/河北	18(39.1)	21(45.7)	7(15.2)	46(100.0)		

注：*$p<0.05$，**$p<0.01$。

5. 工作效率影响与受访者背景关系研究

根据受调查者基本情况对工作效率状况的反馈分析，从表12可知，不同职业或者属地人群，心理状态对于工作效率影响具有显著性差异，具体对比差异可知：相对来看，更多男性受访者的工作效率受心理状态影响较明显。55岁以上受访者的工作效率受心理状态影响显著。但是博士人群的心理状态更多对工作效率的负面影响更多。副高级医务人员更多受到心理状态的不良影响；月收入介于8001~10000元的医务人员的工作效率受不良心理状态的负面影响较多。中医医院医务人员受心理状态影响工作效率较其他人员更敏感。

表12 心理状态影响工作效率状况

问题	选项	心理状态对工作效率影响 不良影响	没有影响	积极影响	合计	χ^2	P
性别	男	204(53.8)	136(35.9)	39(10.3)	379(100.0)	9.972**	0.007
	女	710(45.6)	696(44.7)	152(9.8)	1558(100.0)		
年龄	25岁以下	57(34.1)	92(55.1)	18(10.8)	167(100.0)	22.427**	0.004
	25~34岁	480(49.4)	399(41.1)	92(9.5)	971(100.0)		
	35~44岁	239(51.1)	186(39.7)	43(9.2)	468(100.0)		
	45~55岁	125(43.0)	133(45.7)	33(11.3)	291(100.0)		
	55岁以上	13(32.5)	22(55.0)	5(12.5)	40(100.0)		
学历	大专及以下	136(37.3)	190(52.1)	39(10.7)	365(100.0)	37.304**	0.000
	本科	438(45.4)	432(44.8)	95(9.8)	965(100.0)		
	硕士	267(55.6)	165(34.4)	48(10.0)	480(100.0)		
	博士	73(57.5)	45(35.4)	9(7.1)	127(100.0)		
职称	初级	415(43.8)	436(46.0)	96(10.1)	947(100.0)	14.863*	0.021
	中级	347(49.2)	292(41.4)	67(9.5)	706(100.0)		
	副高	116(56.9)	67(32.8)	21(10.3)	204(100.0)		
	正高	36(45.0)	37(46.3)	7(8.8)	80(100.0)		
月收入	3000元以下	57(44.9)	55(43.3)	15(11.8)	127(100.0)	18.183*	0.020
	3001~5000元	216(41.8)	244(47.2)	57(11.0)	517(100.0)		
	5001~8000元	385(48.1)	350(43.7)	66(8.2)	801(100.0)		
	8001~10000元	154(53.7)	107(37.3)	26(9.1)	287(100.0)		
	10000元以上	102(49.8)	76(37.1)	27(13.2)	205(100.0)		
医院级别	三级医院	592(49.2)	505(41.9)	107(8.9)	1204(100.0)	10.070*	0.039
	二级医院	154(47.7)	132(40.9)	37(11.5)	323(100.0)		
	一级医院	168(41.0)	195(47.6)	47(11.5)	410(100.0)		
医院类别	综合医院	409(44.2)	424(45.8)	92(9.9)	925(100.0)	13.840**	0.008
	专科医院	146(46.1)	129(40.7)	42(13.2)	317(100.0)		
	中医医院	359(51.7)	279(40.1)	57(8.2)	695(100.0)		

续表

问题	选项	心理状态对工作效率影响 不良影响	没有影响	积极影响	合计	χ^2	P
所有权	卫计委或中医局直属医院	307(49.3)	258(41.4)	58(9.3)	623(100.0)	4.552	0.602
	市属公立医院	156(43.9)	160(45.1)	39(11.0)	355(100.0)		
	区县属公立医院	422(47.0)	390(43.5)	85(9.5)	897(100.0)		
	民营医院	29(46.8)	24(38.7)	9(14.5)	62(100.0)		
用工性质	事业编	661(49.7)	539(40.5)	131(9.8)	1331(100.0)	17.445**	0.002
	合同制	250(42.7)	279(47.6)	57(9.7)	586(100.0)		
	退休返聘	3(15.0)	14(70.0)	3(15.0)	20(100.0)		
职业	医生	485(52.8)	345(37.6)	88(9.6)	918(100.0)	32.704**	0.000
	护士	246(41.1)	301(50.3)	52(8.7)	599(100.0)		
	医技	99(39.8)	117(47.0)	33(13.3)	249(100.0)		
	行政	84(49.1)	69(40.4)	18(10.5)	171(100.0)		
合计		914(47.2)	832(43.0)	191(9.9)	1937(100.0)		

注：* $p<0.05$，** $p<0.01$。

6. 心理状态对生活质量影响研究

根据受调查者基本情况对工作效率状况的反馈分析，从表13可知，心理状态对于生活质量的影响具有显著性差异，针对心理状态带来生活质量影响，25~44岁人群认为心理状态对生活质量带来更明显的负面影响，以及大专及以下人群的心理状态对生活质量发挥了积极影响。高级职称明显因为心理状态不佳，导致社会功能受损、生活质量带来的负面影响。月收入低于3000元的人群心理状态对生活质量带来不良影响。事业编的医务工作者心理状态对生活质量的负面影响较明显。

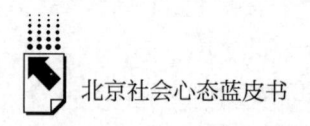

表 13　心理状态影响生活质量状况

问题	选项	心理状态对生活质量影响 不良影响	没有影响	积极影响	合计	χ^2	P
年龄	25岁以下	81(48.5)	67(40.1)	19(11.4)	167(100.0)	23.870**	0.002
	25~34岁	598(61.6)	267(27.5)	106(10.9)	971(100.0)		
	35~44岁	305(65.2)	122(26.1)	41(8.8)	468(100.0)		
	45~55岁	160(55.0)	95(32.6)	36(12.4)	291(100.0)		
	55岁以上	19(47.5)	17(42.5)	4(10.0)	40(100.0)		
学历	大专及以下	187(51.2)	136(37.3)	42(11.5)	365(100.0)	20.397**	0.002
	本科	580(60.1)	278(28.8)	107(11.1)	965(100.0)		
	硕士	313(65.2)	120(25.0)	47(9.8)	480(100.0)		
	博士	83(65.4)	34(26.8)	10(7.9)	127(100.0)		
职称	初级	550(58.1)	291(30.7)	106(11.2)	947(100.0)	12.877*	0.045
	中级	420(59.5)	217(30.7)	69(9.9)	706(100.0)		
	副高	142(69.6)	41(20.1)	21(10.3)	204(100.0)		
	正高	51(63.8)	19(23.8)	10(12.5)	80(100.0)		
月收入	3000元以下	67(52.8)	44(34.6)	16(12.6)	127(100.0)	16.877*	0.031
	3001~5000元	292(56.5)	160(30.9)	65(12.6)	517(100.0)		
	5001~8000元	500(62.4)	232(29.0)	69(8.6)	801(100.0)		
	8001~10000元	181(63.1)	81(28.2)	25(8.7)	287(100.0)		
	10000元以上	123(60.0)	51(24.9)	31(15.1)	205(100.0)		
用工性质	事业编	820(61.6)	375(28.2)	136(10.2)	1331(100.0)	10.801*	0.029
	合同制	337(57.5)	182(31.1)	67(11.4)	586(100.0)		
	退休返聘	6(30.0)	11(55.0)	3(15.0)	20(100.0)		
职业	医生	591(64.4)	228(24.8)	99(10.8)	918(100.0)	18.998**	0.004
	护士	343(57.3)	196(32.7)	60(10.0)	599(100.0)		
	医技	132(53.0)	89(35.7)	28(11.2)	249(100.0)		
	行政	97(56.7)	55(32.2)	19(11.1)	171(100.0)		

注：$*p<0.05$，$**p<0.01$。

7. 医务工作者心理状态形成原因及调整建议

（1）心理亚健康成因分析

医疗工作的性质，一方面，医疗工作会经常接触到患者的伤痛、死亡，患者及家属的抱怨等负面影响，医务工作者易于积累负面情绪；另一方面，医疗工作本身是一种高风险职业，医务工作者长期处于高强度及紧张的工作状态之中，对心理状态产生负面影响。

分级诊疗不畅，患者就医多选择公立医院，基层医疗机构的首诊制度未能贯彻落实，导致公立二三级医院人满为患，给相关的临床医生带来了超负荷的工作压力。医疗领域本身聚集较多的高学历医学人才，体制内的工作与竞争压力也带来了一定的心理压力。

同时，相当多的医务工作者对自身的心理健康状况关注不足，对心理卫生知识把握不够，不能及时有效解决自身心理问题。医务人员常关注患者的心理问题，却不能正视自身的心理问题，调查中心理状况如此不良的情况下，仅有16.4%的医务人员认为自己需要接受心理干预。

在医疗体系内部，对于医务人员的心理健康支持体系建设不足。多数医院缺乏心理科建设，即使设有心理科，本院医务人员也很少因自身问题就诊咨询。医务人员的心理卫生保障体系应得到有关部门重视。

(2) 医务人员心理状态影响医务工作

如调查所示，一方面，不健康的心理状态对于医务人员的工作效率会产生严重的不良影响，同时也会阻碍医患沟通的顺畅进行，积累医患矛盾；另一方面，不良的医患关系又会形成工作压力进一步导致医务人员的心理状态恶化。

医务人员健康的心理状态是医务工作高效进行的润滑剂，不仅可以提高医疗工作的效率，避免医患纠纷，也能给医务人员更好的生活及工作体验，有助于构建和谐的医疗氛围。

(3) 可行性的建议

首先，应从政策层面保护医务人员的合法权益，在医疗改革中调整医疗服务价格，给医务人员以合理的社会回报，减轻社会生活压力，提升其社会尊严。

其次，建立医疗卫生系统内部的心理问题筛查机制与心理干预体系，将基本的心理检查固定为医务工作者每年的体检项目，对异常的人员由院内工会组织进行心理干预。医疗工作的高风险与高压力对于医务工作者的心理健康状况有着重要影响，医疗卫生系统应建立全面的医务工作者心理健康检查规则与干预制度，各医疗机构内部应设立心理卫生室，为医务工作者提供基本心理健康咨询服务，缓解医务工作者精神压力。

最后，通过定期的心理健康宣教活动，加强医务人员自身对于心理健康卫生的意识。医务人员本身具有较高的学习能力与理论素养，当意识到心理问题对于自身生活、工作的重要影响的时候，会主动参与到心理卫生建设之中。

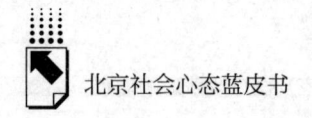

（四）医疗改革的影响

自2016年8月起，北京市医院管理局先后在中医、友谊、同仁、积水潭、天坛、安贞、世纪坛、宣武、佑安、地坛10家医院进行试点医疗改革，2017年4月8日，北京市3600多家医疗机构同时启动医药分开综合改革。预期实现基层诊疗量、医疗机构技术劳动收入占比和绝对数量、医疗机构的可分配收入、医疗保障力度和医疗救助力度进一步提升，同时降低药费、药占比、二三级医院诊疗工作量、大型设备检查费以及医保患者的个人费用。运行61年的药品加成销售机制被取消，设立医事服务费，体现尊医重卫的价值。

1. 医改对医务人员收入的影响

本调查开展时北京市医疗改革已开展5月余，本次调查特加入了医疗改革对医务人员的收入影响状况调查，调查结果见表14。由表中可见：55.8%的医务工作者反映收入没有明显变化，36.6%的医务工作者反映收入降低，其中14.6%表示降低幅度超过20%。

表14 医改对医务人员收入影响

问题	选项	频数（人）	百分比（%）
医改后收入变化	降低了20%以上	282	14.6
	降低了10%~20%	257	13.3
	降低了10%以内	169	8.7
	没有明显变化	1081	55.8
	增加了10%以内	114	5.9
	增加了10%~20%	30	1.5
	增加了20%以上	4	0.2
合计		1937	100.0

采用方差分析深入研究不同受访者的收入状况受到医疗改革的影响，见表15：月收入小于3000元的医务人员收入降低较明显，小于3000元的医

表15 不同背景医务人员收入变化状况

问题		选项	降低了20%以上	降低了10%~20%	降低了10%以内	没有明显变化	增加了10%以内	增加了10%~20%	增加了20%以上	总计	χ^2
月收入		3000元以下	28(22.0)	13(10.2)	5(3.9)	74(58.3)	6(4.7)	0(0.0)	1(0.8)	127	47.213**
		3001~5000元	79(15.3)	70(13.5)	42(8.1)	295(57.1)	23(4.4)	7(1.4)	1(0.2)	517	
		5001~8000元	98(12.2)	94(11.7)	61(7.6)	473(59.1)	60(7.5)	14(1.7)	1(0.1)	801	
		8001~10000元	40(13.9)	46(16.0)	38(13.2)	144(50.2)	13(4.5)	5(1.7)	1(0.3)	287	
		10000元以上	37(18.0)	34(16.6)	23(11.2)	95(46.3)	12(5.9)	4(2.0)	0(0.0)	205	
医院级别		三级医院	233(19.4)	210(17.4)	137(11.4)	565(46.9)	41(3.4)	16(1.3)	2(0.2)	1204	219.358**
		二级医院	31(9.6)	27(8.4)	20(6.2)	219(67.8)	21(6.5)	5(1.5)	0(0.0)	323	
		一级医院	18(4.4)	20(4.9)	12(2.9)	297(72.4)	52(12.7)	9(2.2)	2(0.5)	410	
医院类别		综合医院	118(12.8)	95(10.3)	62(6.7)	552(59.7)	79(8.5)	16(1.7)	3(0.3)	925	100.613**
		专科医院	31(9.8)	35(11.0)	21(6.6)	204(64.4)	19(6.0)	6(1.9)	1(0.3)	317	
		中医医院	133(19.1)	127(18.3)	86(12.4)	325(46.8)	16(2.3)	8(1.2)	0(0.0)	695	
所有权		卫计委或中医局直属医院	126(20.2)	95(15.2)	69(11.1)	310(49.8)	14(2.2)	7(1.1)	2(0.3)	623	90.562**
		市属公立医院	60(16.9)	58(16.3)	27(7.6)	181(51.0)	21(5.9)	6(1.7)	2(0.6)	355	
		区县属公立医院	89(9.9)	91(10.1)	67(7.5)	560(62.4)	74(8.2)	16(1.8)	0(0.0)	897	
		民营医院	7(11.3)	13(21.0)	6(9.7)	30(48.4)	5(8.1)	1(1.6)	0(0.0)	62	
合计			282(14.6)	257(13.3)	169(8.7)	1081(55.8)	114(5.9)	30(1.5)	4(0.2)	1937	

注：* $p<0.05$，** $p<0.01$。

务人员大多依靠医院平均奖金的收入支持，医疗改革过程中医院营收减少影响了基础奖金水平，故其受影响较重；三级医院的医务人员收入减少较为明显，中医医院较综合医院收入减少较为明显，部属医院较地方医院收入减少较为明显。

2. 医改对医务人员工作量的影响

采用频次计数法对医疗改革对医务人员的收入影响状况调查进行分析，调查结果见表16。由表中可见：39.29%的医务工作者反映工作量没有明显变化，49.56%的医务工作者反映工作量增加，其中12.7%表示增加幅度超过20%，11.15%表示工作量减少。

表16 医改对医务人员工作量影响

问题	选项	频数	百分比（%）
医改工作量变化	降低了20%以上	43	2.22
	降低了10%~20%	83	4.28
	降低了10%以内	90	4.65
	没有明显变化	761	39.29
	增加了10%以内	392	20.24
	增加了10%~20%	322	16.62
	增加了20%以上	246	12.70

采用方差分析深入研究不同受访者的工作量受到医疗改革的影响，见表17：35~55岁的中年人工作量增加明显，初级与中级职称者工作量较高级职称者工作量明显增加，一级医院医务人员79.9%反映工作量增加，综合医院58.1%医务人员工作量增加，各级区县所有医院医务人员工作量明显增加，这也说明随着医改的推进，社区医师及医院的普通门诊工作量上升，专家门诊的工作量相应下降；月收入在8000元以下者工作量明显增加。

表 17 不同背景医务人员工作量变化状况

问题	选项	降低了 20% 以上	降低了 10%~20%	降低了 10% 以内	没有明显变化	增加了 10% 以内	增加了 10%~20%	增加了 20% 以上	总计	χ^2
年龄	25 岁以下	7(4.2)	6(3.6)	2(1.2)	70(41.9)	45(26.9)	25(15.0)	12(7.2)	167	63.580**
	25~34 岁	14(1.4)	34(3.5)	55(5.7)	410(42.2)	194(20.0)	162(16.7)	102(10.5)	971	
	35~44 岁	8(1.7)	27(5.8)	17(3.6)	162(34.6)	93(19.9)	86(18.4)	75(16.0)	468	
	45~55 岁	13(4.5)	12(4.1)	14(4.8)	98(33.7)	56(19.2)	46(15.8)	52(17.9)	291	
	55 岁以上	1(2.5)	4(10.0)	2(5.0)	21(52.5)	4(10.0)	3(7.5)	5(12.5)	40	
职称	初级	17(1.8)	21(2.2)	38(4.0)	397(41.9)	215(22.7)	161(17.0)	98(10.3)	947	92.637**
	中级	9(1.3)	39(5.5)	29(4.1)	257(36.4)	123(17.4)	138(19.5)	111(15.7)	706	
	副高	11(5.4)	16(7.8)	17(8.3)	71(34.8)	39(19.1)	19(9.3)	31(15.2)	204	
	正高	6(7.5)	7(8.8)	6(7.5)	36(45.0)	15(18.8)	4(5.0)	6(7.5)	80	
月收入	3000 元以下	4(3.1)	5(3.9)	5(3.9)	56(44.1)	29(22.8)	17(13.4)	11(8.7)	127	79.788**
	3001~5000 元	8(1.5)	9(1.7)	21(4.1)	203(39.3)	113(21.9)	90(17.4)	73(14.1)	517	
	5001~8000 元	10(1.2)	25(3.1)	34(4.2)	298(37.2)	167(20.8)	153(19.1)	114(14.2)	801	
	8001~10000 元	12(4.2)	28(9.8)	15(5.2)	113(39.4)	51(17.8)	35(12.2)	33(11.5)	287	
	10000 元以上	9(4.4)	16(7.8)	15(7.3)	91(44.4)	32(15.6)	27(13.2)	15(7.3)	205	
医院级别	三级医院	32(2.7)	72(6.0)	74(6.1)	529(43.9)	245(20.3)	162(13.5)	90(7.5)	1204	307.435**
	二级医院	7(2.2)	9(2.8)	10(3.1)	162(50.2)	64(19.8)	48(14.9)	23(7.1)	323	
	一级医院	4(1.0)	2(0.5)	6(1.5)	70(17.1)	83(20.2)	112(27.3)	133(32.4)	410	
医院类别	综合医院	17(1.8)	30(3.2)	37(4.0)	303(32.8)	178(19.2)	191(20.6)	169(18.3)	925	102.374**
	专科医院	10(3.2)	8(2.5)	11(3.5)	144(45.4)	66(20.8)	50(15.8)	28(8.8)	317	
	中医医院	16(2.3)	45(6.5)	42(6.0)	314(45.2)	148(21.3)	81(11.7)	49(7.1)	695	

405

续表

问题	选项	降低了20%以上	降低了10%~20%	降低了10%以内	没有明显变化	增加了10%以内	增加了10%~20%	增加了20%以上	总计	χ^2
所有权	卫计委或中医局直属医院	19(3.0)	40(6.4)	41(6.6)	288(46.2)	121(19.4)	75(12.0)	39(6.3)	623	97.924**
	市属公立医院	7(2.0)	15(4.2)	17(4.8)	142(40.0)	73(20.6)	59(16.6)	42(11.8)	355	
	区县属公立医院	17(1.9)	24(2.7)	26(2.9)	306(34.1)	186(20.7)	179(20.0)	159(17.7)	897	
	民营医院	0(0.0)	4(6.5)	6(9.7)	25(40.3)	12(19.4)	9(14.5)	6(9.7)	62	
用工性质	事业编	34(2.6)	62(4.7)	62(4.7)	491(36.9)	260(19.5)	230(17.3)	192(14.4)	1331	32.858**
	合同制	8(1.4)	20(3.4)	25(4.3)	260(44.4)	131(22.4)	91(15.5)	51(8.7)	586	
	退休返聘	1(5.0)	1(5.0)	3(15.0)	10(50.0)	1(5.0)	1(5.0)	3(15.0)	20	
职业	医生	26(2.8)	59(6.4)	59(6.4)	376(41.0)	153(16.7)	132(14.4)	113(12.3)	918	70.705**
	护士	9(1.5)	12(2.0)	17(2.8)	234(39.1)	150(25.0)	114(19.0)	63(10.5)	599	
	医技	4(1.6)	9(3.6)	10(4.0)	97(39.0)	42(16.9)	46(18.5)	41(16.5)	249	
	行政	4(2.3)	3(1.8)	4(2.3)	54(31.6)	47(27.5)	30(17.5)	29(17.0)	171	

注：* $p<0.01$，** $p<0.05$。

3. 医改对医务人员工作压力的影响

采用频次计数法对医疗改革对医务人员的工作压力影响调查进行分析，结果见表18。由表中可见：39.1%的医务工作者反映工作量没有明显变化，55.8%的医务工作者反映工作压力增加，其中12.8%表示增加幅度超过20%，5.1%表示工作压力减少。

表18 医改对医务人员工作压力影响

问题	选项	频数	百分比（%）
医改后工作压力变化	降低了20%以上	19	1.0
	降低了10%~20%	30	1.5
	降低了10%以内	50	2.6
	没有明显变化	758	39.1
	增加了10%以内	515	26.6
	增加了10%~20%	317	16.4
	增加了20%以上	248	12.8

采用方差分析深入研究不同受访者的工作量受到医疗改革的影响，见表19：25~55岁的青中年工作压力增加明显，本科及以下学历者感到压力明显增大；中级职称及以下职称者工作压力较其他受访者工作量明显增加，月收入在5000~8000元者工作压力明显增加，一级医院医务人员74.8%反映工作压力明显增加，综合医院医务人员工作压力增加明显，各级区县所有医院医务人员工作压力明显增加。

4. 医疗改革未来前景

2017年4月8日《北京市医药分开综合改革实施方案》正式亮相并在北京市全面实施，全市3600余家医疗机构全覆盖，不仅包括市属医疗机构，也包括所有在北京市行政区域内政府、事业单位及国有企业举办的公立医疗机构，以及解放军、武警部队在京医疗机构，对北京市的医疗环境产生了巨大的影响与变动。北京医疗改革已经进展半年余，根据市卫计委统计，二、三级医院药占比由去年同期的42%下降到34%，且仍在下降。门急诊次均药费与去年同期相比三级、二级医院分别减少了7.4%和9.8%，一级医院

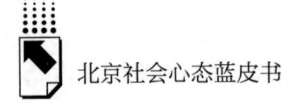

表19 不同背景医务人员工作压力变化状况

问题	选项	降低了20%以上	降低了10%~20%	降低了10%以内	没有明显变化	增加了10%以内	增加了10%~20%	增加了20%以上	总计	x^2
年龄	25岁以下	5(3.0)	2(1.2)	6(3.6)	71(42.5)	48(28.7)	24(14.4)	11(6.6)	167	53.982**
	25~34岁	8(0.8)	14(1.4)	22(2.3)	411(42.3)	246(25.3)	162(16.7)	108(11.1)	971	
	35~44岁	3(0.6)	5(1.1)	15(3.2)	152(32.5)	133(28.4)	77(16.5)	83(17.7)	468	
	45~55岁	3(1.0)	7(2.4)	5(1.7)	101(34.7)	82(28.2)	49(16.8)	44(15.1)	291	
	55岁以上	0(0.0)	2(5.0)	2(5.0)	23(57.5)	6(15.0)	5(12.5)	2(5.0)	40	
学历	大专及以下	8(2.2)	3(0.8)	9(2.5)	147(40.3)	103(28.2)	64(17.5)	31(8.5)	365	51.270**
	本科	8(0.8)	14(1.5)	23(2.4)	334(34.6)	269(27.9)	166(17.2)	151(15.6)	965	
	硕士	1(0.2)	8(1.7)	11(2.3)	220(45.8)	113(23.5)	71(14.8)	56(11.7)	480	
	博士	2(1.6)	5(3.9)	7(5.5)	57(44.9)	30(23.6)	16(12.6)	10(7.9)	127	
职称	初级	11(1.2)	9(1.0)	23(2.4)	385(40.7)	266(28.1)	151(15.9)	102(10.8)	947	43.050**
	中级	5(0.7)	13(1.8)	17(2.4)	261(37.0)	178(25.2)	134(19.0)	98(13.9)	706	
	副高	3(1.5)	4(2.0)	8(3.9)	73(35.8)	50(24.5)	23(11.3)	43(21.1)	204	
	正高	0(0.0)	4(5.0)	2(2.5)	39(48.8)	21(26.3)	9(11.3)	5(6.3)	80	
月收入	3000元以下	5(3.9)	3(2.4)	3(2.4)	53(41.7)	28(22.0)	22(17.3)	13(10.2)	127	58.528**
	3001~5000元	6(1.2)	5(1.0)	13(2.5)	197(38.1)	134(25.9)	92(17.8)	70(13.5)	517	
	5001~8000元	1(0.1)	8(1.0)	15(1.9)	288(36.0)	241(30.1)	136(17.0)	112(14.0)	801	
	8001~10000元	2(0.7)	9(3.1)	11(3.8)	132(46.0)	63(22.0)	35(12.2)	35(12.2)	287	
	10000元以上	5(2.4)	5(2.4)	8(3.9)	88(42.9)	49(23.9)	32(15.6)	18(8.8)	205	
医院级别	三级医院	12(1.0)	26(2.2)	40(3.3)	511(42.4)	331(27.5)	163(13.5)	121(10.0)	1204	149.925**
	二级医院	4(1.2)	3(0.9)	4(1.2)	154(47.7)	88(27.2)	46(14.2)	24(7.4)	323	
	一级医院	3(0.7)	1(0.2)	6(1.5)	93(22.7)	96(23.4)	108(26.3)	103(25.1)	410	

续表

问题	选项	降低了20%以上	降低了10%~20%	降低了10%以内	没有明显变化	增加了10%以内	增加了10%~20%	增加了20%以上	总计	χ^2
医院类别	综合医院	9(1.0)	4(0.4)	22(2.4)	332(35.9)	223(24.1)	182(19.7)	153(16.5)	925	66.027**
	专科医院	5(1.6)	4(1.3)	5(1.6)	134(42.3)	100(31.5)	37(11.7)	32(10.1)	317	
	中医医院	5(0.7)	22(3.2)	23(3.3)	292(42.0)	192(27.6)	98(14.1)	63(9.1)	695	
所有权	卫计委或中医局直属医院	7(1.1)	11(1.8)	26(4.2)	292(46.9)	154(24.7)	85(13.6)	48(7.7)	623	71.785**
	市属公立医院	4(1.1)	9(2.5)	10(2.8)	135(38.0)	101(28.5)	54(15.2)	42(11.8)	355	
	区县属公立医院	8(0.9)	8(0.9)	10(1.1)	307(34.2)	244(27.2)	169(18.8)	151(16.8)	897	
	民营医院	0(0.0)	2(3.2)	4(6.5)	24(38.7)	16(25.8)	9(14.5)	7(11.3)	62	
用工性质	事业编	13(1.0)	25(1.9)	26(2.0)	499(37.5)	356(26.7)	220(16.5)	192(14.4)	1331	31.099**
	合同制	6(1.0)	4(0.7)	22(3.8)	247(42.2)	156(26.6)	96(16.4)	55(9.4)	586	
	退休返聘	0(0.0)	1(5.0)	2(10.0)	12(60.0)	3(15.0)	1(5.0)	1(5.0)	20	
职业	医生	6(0.7)	21(2.3)	24(2.6)	381(41.5)	204(22.2)	151(16.4)	131(14.3)	918	39.930**
	护士	7(1.2)	4(0.7)	14(2.3)	227(37.9)	191(31.9)	98(16.4)	58(9.7)	599	
	医技	2(0.8)	5(2.0)	6(2.4)	95(38.2)	72(28.9)	38(15.3)	31(12.4)	249	
	行政	4(2.3)	0(0.0)	6(3.5)	55(32.2)	48(28.1)	30(17.5)	28(16.4)	171	
属地	城八区	11(0.9)	22(1.9)	34(2.9)	466(39.7)	320(27.3)	180(15.3)	140(11.9)	1173	21.267*
	郊区	8(1.1)	6(0.8)	15(2.1)	268(37.3)	192(26.7)	127(17.7)	102(14.2)	718	
	天津/河北	0(0.0)	2(4.3)	1(2.2)	24(52.2)	3(6.5)	10(21.7)	6(13.0)	46	

注：* $p<0.05$，** $p<0.01$。

和基层医疗卫生机构增加5.4%。住院例均药费在三级、二级和一级医院基层医疗卫生机构分别减少了17.7%、15.9%和17.2%。改革以来,城乡医疗保险患者个人负担总体下降,社会救助对象门诊、住院和重大疾病救助人均负担均减少了30%左右,社会保障制度发挥了重要的支撑作用。

不可否认医疗改革政策对于医疗保险体系及患者医药费负担是一次综合整治,然而,根据本次调研结果显示,在提高医务人员收入方面,医改效用尚未发挥。目前的医改结果对于医务人员尚未发挥积极的影响。医改前药品加成是医院收入的重要部分,医改后限制了医疗环节的药品加成后,医院的药房运营需要靠医事服务费补贴,这就导致医事服务费更大程度上需要补贴医院的运转,而一线医务人员则无法直接收到医事服务费增加而带来的收入。

一方面,随着收入的减少,医务人员只有增加周转率,增大工作量来弥补收入减少部分,这就造成了医务人员工作量的普遍增长及工作压力的普遍增加。另一方面,基层医务人员由国家财政支持,收入水平没有绩效因素,而医疗改革后,大量患者开始投入社区等医疗机构进行首诊,这也在一定程度上加大了社区医生的工作压力及工作量,但其收入水平却无明显变化。

未来的医疗改革中应理性对待医务工作者压力状况与心理健康问题,一线医务工作者的压力水平与心理健康状况就是医疗系统的润滑剂,只有各级医务工作者在一个压力适度、身心健康的状态下,才能更有效率地发挥医疗能力,提高医务工作效率。

B.16
北京市青少年人际交往能力与心理健康的关联研究

官锐园　庞芳芳　张雅文　甘伟　赵亚婷*

摘　要： 了解北京市青少年人际交往能力、人际关系质量、心理健康水平，以及他们之间的关系。为更有针对性地开展青少年在校生提供心理健康服务科学依据，采用IRAS、IRI-C、EQ-22、AQ-10和GHQ-12对1200名北京市青少年在校生进行问卷调查。青少年在校生人群中，男生在人际交往质量上要低于女生，而共情能力上要低于女生。农村人群人际交往质量上要低于城市人群，而共情能力上要低于城市人群。非独生子女人际交往质量上要低于独生子女，而共情能力上要低于独生子女。北京市青少年人际交往能力与人际关系质量和心理健康水平之间存在相关。

关键词： 青少年　人际交往能力　人际关系质量　心理健康

一　前言

随着中国物质生活水平的不断发展，人们开始关注心理健康的重要意

---

* 官锐园，北京大学医学部医学心理系，教授；庞芳芳，北京大学医学部医学心理系，研究生；张雅文，北京大学医学部医学心理系，研究生；甘伟，北京大学医学部医学心理系，研究生；赵亚婷，北京大学医学部医学心理系，研究生。

义，对心理疾病的关注和治疗需求也在不断扩展。中国"十三五"规划中，明确提出要"健全社会心理服务体系和疏导机制、危机干预机制"，"加强心理健康服务"，以推进健康中国建设。而青少年的心理健康关系着家庭的幸福稳定、国家的未来，因此，对于青少年心理问题的及时评估和筛查就显得尤为重要。

在青少年群体中，由于人际交往能力和社会合作能力缺乏而出现的心理问题和行为问题越来越受到社会的关注。有些存在人际交流困难的青少年因为不被了解而被列入问题人群，并因此受到学校、家庭乃至社会的排斥。而这类人群所面临的社会压力又会加重其社会适应能力的缺损，进而出现更为严重的心理障碍，如抑郁、焦虑甚至出现自伤、自杀等行为。因此，加强对青少年人际交往能力的调查和研究，有利于帮助家长和学校及早发现、及早预防心理问题的发生，并能促使该人群及时地接受干预，更好地适应社会。

国内外诸多研究显示，人际交往能力较强的个体能够维持和发展良好的人际关系，具有良好的社会适应。人际交往能力不足的原因既可能是生理性的，也可能是社会性的。

人际交往能力是指在人际交往过程中，个体具有交往意愿，积极、主动参与交往，并且表现出有效和适宜的交往行为，从而使自身与他人的关系处于和谐状态的能力。人际交往能力不足会出现在孤独症谱系障碍等发育问题个体中，会出现不正常的社交能力、沟通能力、兴趣和行为模式。这类发育障碍个体中有一部分具有正常的智力水平，仅限于人际交往问题，一般常见的有阿斯伯格综合征、高功能孤独症。有研究报道，英格兰普通社区成人中阿斯伯格的患病率为9.8‰。这些人群一般具有正常或较高的智力水平，由于交往受限，症状潜隐不易被识别，只有20%接受过精神卫生服务。

同时家庭或者成长环境也可能会造成人际交往能力的不足，如有研究显示，独生子女和非独生子女、城镇和乡村大学生的人际能力有差异。也有研究显示，人际能力低的个体与自我效能感会更低，并且容易缺乏对他人想法、意图和情感的理解能力，而这些能力可能通过个体调节、家庭教育以及社会接纳等干预性方式得到提高。此外，共情能力也是人际交往能力的一种核心指标，具有较高共情能力的个体能够很好地体察他人的情绪和情感，并且采取更多安慰、助人等亲社会行为，从而较好处理人际关系，维系人际和谐。

在现实生活中，由于人际交往能力所造成的情绪低落、人际关系疏离、社会适应困难等问题，继而会造成更多的心理问题和行为异常。国内开展青少年人际交往能力与心理健康关系的研究这些年也越来越多，主要在人际交往类型、表现，以及与自我效能感、压力应对等方面的联系[1~2]，而关于青少年共情能力的状况以及相关人际问题的发生率、行为特征等现象的研究还很少，因此也就无法从根本上帮助青少年去很好地应对人际困难和心理问题，故而开展青少年人际交往能力与心理健康的调查研究也是近来的研究重点和未来研究的趋势。

针对共情与人际关系的研究，有研究认为共情对个体能形成良好的人际关系有重要作用[3]。田健、房绍霞、李兴慧等人的研究结果均表明：共情能力越强，人际关系困扰越少[4~6]。然而，秦子玉的研究得出了不同的结果：共情能力越强，人际关系困扰越严重[7]。赵崇莲和郑涌在2009年的研究[8]发现：父母教养方式、价值观变量对人际关系质量的影响是间接的，主要是通过人际关系的主观因素为中介。基于以上研究综述，本研究预期对以下三个方面进行调查和评估：

（1）人际关系质量评估：主要包括社交情感、交谈、交际与交友、待人接物等几个方面的评估，以评价青少年的人际关系质量。

（2）人际交往能力评估：主要包括理解和感受他人情感的能力（共情能力），包括观点采择、共情性关注、想象力等，以评估青少年的特质性人际交往能力。

（3）心理健康水平评估：主要包括焦虑/抑郁，社会功能和自信心等内容，以评估青少年的心理健康水平。

本研究的创新之处在于首次在普通青少年群体中进行以共情能力为核心人际交往能力和心理健康水平为研究维度，开展多水平的综合分析工作，并尝试探索适用于北京市青少年人际交往能力评估的有效途径，为本领域的研究填补空白。

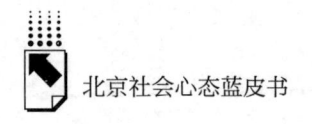

二 对象与方法

（一）对象

研究对象主要为北京地区处于青春期的北京市居民。入选标准为：自愿接受调查，无重大躯体、心理疾患。采用目的取样和分层取样的问卷调查方法，按照地区、性别、年龄段相匹配的形式选取北京地区的青春期在校生进行取样，预计总样本量1000人。实际发放问卷1200份，通过对问卷进行回收和筛选，剔除掉不合格问卷，最终得到有效问卷1142份。

其中男生534名（47.01%），女生602名（52.99%）。大学生245名（21.57%），高中生370名（32.57%），初中生257名（22.62%），小学生264名（23.24%）。调查学生中居住地来自城镇的有882人（78.19%），农村的有246人（21.81%）。非独生子女346人（30.76%），独生子女779人（69.24%）。父母学历为研究生的有214人（19.12%），大学的有473人（42.27%），高中的有248人（22.16%），初中的有159人（14.22%），小学的有25人（2.23%）。家庭年总收入大于100万元的有64人（6.34%），30万~100万元的有152人（15.06%），20万~30万元的有165人（16.35%），12万~20万元的有165人（16.35%），8万~12万元的有163人（16.16%），3万~8万元的有171人（16.95%），小于3万元的有129人（12.79%）。

（二）研究工具

（1）人际关系质量评估：采用郑日昌编制的人际关系质量评估问卷IRAS[9]，用以评价青少年的人际关系的质量。IRAS包含交谈能力、社交交友、待人接物、异性交友4个维度，共28题，计分方式为0-否，1-是。IRAS总分及各量表得分分值越高，说明困扰程度越大。

（2）人际交往能力评估：本研究中的人际交往能力，主要包括理解和感受他人情感的能力（共情能力），采用 IRI－C[10]、AQ－10[11]、EQ－22[12]这3个量表，相互验证，综合评价青少年的特质性人际交往能力。其中，IRI－C包括观点采择、共情关注、想象力和个人忧伤4个维度，IRI总分及各分量表得分分值越高，说明共情能力越高；AQ－10即自闭倾向商数量表，分值越高，自闭倾向越高。EQ－22即共情商数量表，分值越高，共情商数越高。

（3）心理健康水平评估：GHQ－12[13]即身心健康量表，主要包括焦虑/抑郁，社会功能和自信心等内容，以评价青少年的心理健康水平。GHQ－12分值越高，表示心理健康水平越低。

三 结果

（一）描述性统计

1. 不同人口学特征在IRAS量表4个分维度上得分

性别：男生在交谈能力、与异性交往2个维度上的困扰程度均显著高于女生。居住地：农村在交谈能力、与异性交往2个维度上的困扰程度均显著高于城镇。独生：非独生子女在与异性交往维度上的困扰程度显著高于独生子女。群体：社交交友与待人接物维度上，不同群体来源存在差异。进一步的事后检验表明：小学与大学，小学与高中，小学与初中在待人接物维度上均存在显著差异，且小学生的待人接物困扰程度要显著高于其他三个群体。家庭收入：不同家庭收入在交谈能力困扰方面存在差异。进一步的事后检验表明：12万~20万元家庭收入的同学在交谈能力方面的困扰程度显著小于3万~8万元和小于3万元收入家庭的同学。父母或监护人学历背景：不同父母学历背景在交谈能力与社交交友方面的困扰存在显著差异。进一步的事后检验表明：父母学历为研究生的同学在交谈能力上的困扰程度显著小于父母学历为初中的同学。而在社交交友的困扰程度上，父母学历为研究生的同学显著小于父母学历为大学和高中的同学。详见表1。

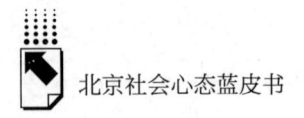

表1 不同人口学特征在IRAS量表4个维度的得分比较

项目		n	交谈能力 M±SD	交谈能力 t/F值	社交交友 M±SD	社交交友 t/F值	待人接物 M±SD	待人接物 t/F值	异性交往 M±SD	异性交往 t/F值
性别	男	535	2.30±1.74	9.59**	2.71±1.92	1.38	1.48±1.48	3.13	1.78±1.67	15.32**
	女	604	2.00±1.60		2.84±1.85		1.33±1.26		1.41±1.49	
居住地	城镇	886	2.09±1.63	4.62*	2.77±1.87	0.001	1.43±1.35	1.79	1.53±1.57	3.92*
	农村	245	2.35±1.79		2.78±1.93		1.30±1.43		1.75±41.63	
独生	是	781	2.10±1.66	1.21	2.78±1.88	0.004	1.43±1.38	1.36	1.50±1.58	5.80*
	否	346	2.22±1.68		2.77±1.87		1.33±1.33		1.75±1.57	
群体	大学	245	2.07±1.49	2.55	3.02±1.82	2.79*	1.31±1.10	4.57**	1.66±1.57	2.37
	高中	368	1.99±1.71		2.66±1.89		1.32±1.37		1.47±1.56	
	初中	256	2.24±1.81		2.60±1.90		1.33±1.47		1.49±1.58	
	小学	265	2.32±1.58		2.86±1.88		1.67±1.48		1.77±1.63	
家庭收入	100万元以上	64	2.39±2.12	3.12**	2.70±2.13	1.04	2.00±1.86	2.07	2.05±1.99	1.16
	30万~100万元	152	2.09±1.62		2.57±1.95		1.47±1.37		1.44±1.59	
	20万~30万元	166	2.04±1.62		2.68±1.85		1.41±1.24		1.59±1.65	

续表

项目	n	交谈能力 M±SD	t/F值	社交交友 M±SD	t/F值	待人接物 M±SD	t/F值	异性交往 M±SD	t/F值
12万~20万元	165	1.76±1.33		2.86±1.83		1.38±1.24		1.55±1.60	
8万~12万元	163	2.18±1.71		2.84±1.78		1.36±1.36		1.65±1.52	
3万~8万元	172	2.41±1.61		3.05±1.91		1.37±1.32		1.67±1.50	
3万元以下	129	2.38±1.75	2.80*	2.82±1.98		1.38±1.48		1.64±1.62	
父母学历					3.71**		1.33		1.89
研究生	216	1.90±1.79		2.35±1.94		1.35±1.48		1.39±1.65	
大学	473	2.10±1.58		2.86±1.79		1.48±1.32		1.55±1.52	
高中	248	2.17±1.67		2.92±1.96		1.35±1.27		1.73±1.66	
初中	159	2.42±1.71		2.79±1.88		1.25±1.40		1.60±1.54	
小学	25	2.60±1.87		3.16±2.03		1.72±1.77		2.04±1.95	

注：** 显著性水平为0.01；* 显著性水平为0.05。IRAS总分及各量表得分值越高，说明困扰程度越大。

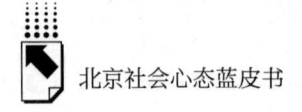

2. 不同人口学变量在IRI量表4个分维度上得分

性别：男生在幻想、共情关注和个人忧伤3个维度上的共情能力均显著低于女生。居住地：农村在观点采择、幻想和共情关注3个维度上的共情能力均显著低于城镇。独生：非独生子女在观点采择和幻想2个维度上的共情能力均显著低于独生子女。群体：进一步的事后检验表明：初中生在幻想维度上的得分显著低于小学、大学生；而大学生在个人忧伤维度上的得分显著高于小学、初中生。家庭收入：除了PD维度随收入水平的升高而降低，其余3个维度PT、FS、EC均呈现中间高，两头低的趋势。父母或监护人学历背景：进一步的事后检验表明：初中的在观点采择上显著低于大学，初中、高中在幻想上显著低于大学，初中、高中、大学在个人忧伤上均显著高于研究生。详见表2。

3. 各量表及分量表之间的相关系数

①自闭倾向与身心健康的显著正相关说明，自闭倾向越高，身心健康程度越低。②共情商数与身心健康的显著负相关说明，共情商数越高，身心健康水平越高。③IRAS的4个维度，交谈能力、社交交友、待人接物和异性交往之间均存在显著正相关。④IRI的4个维度，观点采择与幻想、共情关注之间存在显著正相关，而与个人忧伤之间存在显著负相关。⑤观点采择、共情关注得分越高，IRAS的交谈能力、社交交友、待人接物和异性交往4个分维度困扰程度越小。⑥幻想、个人忧伤得分越高，IRAS的交谈能力、社交交友、待人接物和异性交往4个分维度困扰越大。IRAS的4个分维度均与身心健康显著正相关，即各维度困扰程度越小，身心越健康。⑦IRI在观点采择与共情关注维度上得分与身心健康显著负相关，说明观点采择、共情关注能力越高，身心健康得分越高。个人忧伤得分与身心健康显著正相关，说明个人忧伤程度越高，身心健康得分越低。幻想与身心健康得分负相关，但不显著。详见表3。

表 2　不同人口学特征在 IRI-C 量表 4 个维度的得分比较

项目		n	观点采择 M±SD	观点采择 t/F 值	幻想 M±SD	幻想 t/F 值	共情关注 M±SD	共情关注 t/F 值	个人忧伤 M±SD	个人忧伤 t/F 值
性别	男	533	23.64±4.73	3.58	23.82±5.22	22.32**	23.07±4.69	19.48**	19.98±4.44	16.04**
	女	605	24.17±4.63		25.27±5.07		24.29±4.63		21.06±4.61	
居住地	城镇	884	24.17±4.79	13.33**	25.03±5.25	34.56**	23.89±4.90	6.71**	20.46±4.70	1.45
	农村	246	22.95±4.07		22.86±4.54		23.01±3.79		20.85±4.01	
独生	是	781	24.17±4.65	8.40**	24.91±5.20	9.19**	23.78±4.78	0.42	20.52±4.62	0.36
	否	346	23.30±4.61		23.90±5.10		23.59±4.45		20.70±4.38	
群体	大学	245	24.23±3.97	2.06	25.02±4.65	7.69**	24.10±4.33	1.72	21.57±4.02	6.91**
	高中	368	24.15±4.24		25.03±4.86		23.96±4.54		20.67±4.33	
	初中	256	23.32±5.09		23.22±5.75		23.34±4.80		19.87±4.88	
	小学	265	23.92±5.39		24.82±5.34		23.45±5.06		20.13±4.88	
家庭收入	100 万元以上	64	22.73±75.97	2.32*	22.28±6.73	6.40**	22.38±5.23	3.13**	19.17±5.21	3.60**
	30 万~100 万元	152	24.37±5.20		25.06±5.49		23.99±5.19		19.49±5.01	
	20 万~30 万元	166	24.19±5.25		25.94±5.44		24.80±4.63		20.37±4.92	

续表

项目	n	观点采择 M±SD	观点采择 t/F值	幻想 M±SD	幻想 t/F值	共情关注 M±SD	共情关注 t/F值	个人忧伤 M±SD	个人忧伤 t/F值
12万~20万元	165	24.61±4.17	4.95**	25.08±4.67	6.38**	23.89±4.36	2.09	20.69±4.42	6.30**
8万~12万元	163	23.67±4.99		24.26±4.99		23.22±4.86		20.86±4.26	
3万~8万元	172	23.79±3.94		24.30±4.85		23.84±4.24		21.33±3.81	
3万元以下	129	23.09±4.02		23.16±4.42		23.18±4.28		21.02±4.59	
父母学历									
研究生	216	23.76±5.25		24.39±5.76		23.74±5.28		19.21±5.09	
大学	473	24.52±4.77		25.37±5.11		24.02±4.78		20.69±4.50	
高中	248	23.72±3.94		24.04±4.86		23.46±4.05		21.03±4.37	
初中	159	22.76±4.12		23.22±4.67		23.07±4.12		21.11±3.76	
小学	25	24.80±5.03		24.68±4.43		25.16±4.21		21.32±5.84	

注：** 显著性水平为0.01；* 显著性水平为0.05。IRI，各分量表得分分值越高，说明共情能力越高。

表 3 各量表及分维度相关分析

维度	$M \pm SD$	交谈能力	社交交友	待人接物	异性交往	自闭倾向
交谈能力	2.14 ± 1.67	1				
社交交友	2.77 ± 1.89	0.612**	1			
待人接物	1.40 ± 1.37	0.490**	0.483**	1		
异性交往	1.58 ± 1.59	0.519**	0.497**	0.408**	1	
自闭倾向	3.90 ± 1.85	0.225**	0.236**	0.116**	0.196**	1
观点采择	23.93 ± 4.68	-0.189**	-0.116**	-0.160**	-0.172**	-0.297**
幻想	24.58 ± 5.19	0.073*	0.189**	0.101**	0.044	-0.083**
共情关注	23.72 ± 4.69	-0.084**	-0.028	-0.058	-0.072*	-0.159**
个人忧伤	20.55 ± 4.56	0.222**	0.339**	0.178**	0.233**	0.212**
身心健康	23.70 ± 5.69	0.386**	0.446**	0.348**	0.351**	0.267**
共情商数	21.03 ± 8.62	-0.239**	-0.233**	-0.079**	-0.246**	-0.501**

维度	观点采择	幻想	共情关注	个人忧伤	身心健康
交谈能力					
社交交友					
待人接物					
异性交往					
自闭倾向					
观点采择	1				
幻想	0.287**	1			
共情关注	0.443**	0.450**	1		
个人忧伤	-0.139**	0.210**	0.115**	1	
身心健康	-0.280**	0.015	-0.178**	0.351**	1
共情商数	0.442**	0.210**	0.291**	-0.271**	-0.332**

注：* 显著性水平为 0.05，** 显著性水平为 0.01。

（二）多元回归分析

采用逐步回归方式进行的多元回归分析结果如下：共情能力与人际关系质量对心理健康水平的多元逐步回归分析结果显示，想象力、个人忧伤、社交交友困扰这几个变量可进入回归方程；并且当这些变量全部进入模型时，模型对方差变异的解释比例最大，达 6.6%；模型的总效应显著 $F(3, 1105) = 26.94$。由表 4 可见，个人忧伤对心理健康水平的预测性最高，其次为想象力、社交交友困扰和观点采择。该结果表明，社交交友困扰越高、个人忧伤、想象力水平越高，预测其心理健康水平越低。

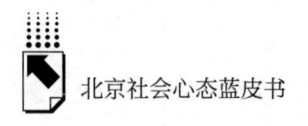

表4 共情能力与人际关系质量对心理健康水平的多元回归分析

	DV:心理健康水平(GHQ-12)	
	b	t
社交交友	0.021	3.04**
PD	0.013	4.49***
FS	0.011	4.26***
	$R^2 = 0.066$	
	$\Delta R^2 = 0.006$	
	$F(4,1104) = 26.94$	

注：因变量为心理健康水平。FS：Fantasy，想象力；PD：Personal distress，个人忧伤；GHQ-12：身心健康状况自评问卷（分数越高表明身体健康状况越差）。R^2为校正后的解释量；* $p < 0.05$，** $p < 0.01$，*** $p < 0.001$。

共情能力对人际关系质量的多元逐步回归分析结果显示：个人忧伤、自闭商数、想象力、共情关注、共情商数和观点采择这几个变量可进入回归方程；并且当这些变量全部进入模型时，模型对方差变异的解释比例最大，达18.4%；模型的总效应显著 $F(6, 1104) = 41.40$。由表5可见，个人忧伤对人际关系质量的预测性最大，其次为想象力；观点采择和共情关注紧随其后，但预测方向不同。该结果表明个人忧伤和想象力越高的个体，预测其人际关系质量越差；而观点采择和共情关注能力较高的个体，预测其人际关系质量较好。此外，自闭商数越高预测人际关系质量越差；而共情商数较高预测其人际关系质量较好。

表5 共情能力对人际关系质量的多元回归分析

	DV:人际关系质量(IRAS)	
	b	t
AQ	-0.41	-4.92***
PD	0.26	7.70***
EQ	0.20	3.52***
FS	0.19	6.08***
PT	-0.119	-3.24***

续表

DV：人际关系质量（IRAS）		
	b	t
EC	-0.117	-3.16**
	\multicolumn{2}{c}{$R^2 = 0.184$}
	\multicolumn{2}{c}{$\Delta R^2 = 0.08$}
	\multicolumn{2}{c}{$F(6,1104) = 41.40$}

注：因变量为人际关系质量 IRAS；人际关系综合诊断量表（分数越高表明人际关系质量越差）；AQ：孤独症谱系量表；EQ：共情商数；PT：观点采择；FS：想象力；EC：共情关注；PD：个人忧伤. $*p<0.05$，$**p<0.01$，$***p<0.001$。

四 讨论

（一）北京市青少年人际关系、共情能力、心理健康总体情况

总体来看，人际关系质量四个维度得分由高到低依次为：社交交友（$M=2.78$）、交谈能力（$M=2.15$）、异性交往（$M=1.59$）、待人接物（$M=1.40$），与王庆洋的研究结果一致[19]。交往良好的学生占总数的65.6%，有一定人际交往困扰的学生占总数的25.5%，有严重人际交往困扰的学生占总数的8.9%。心理健康水平较好的学生占总人数的72.4%，心理健康水平略差的学生占总人数的27.6%。根据这一研究结果可知，北京市青少年人群存在一定程度的人际交往困扰和心理健康问题，需要我们在实际工作中给予一定的重视。

（二）不同人口学变量的人际关系质量对比

从性别上来看：男生在交谈能力、与异性交往2个维度上的困扰程度均显著高于女生。这与魏明等人[14]和孙崇勇等人[15]的研究结果一致。通常的研究观点认为，男女在智力上一般不存在性别差异，但在特殊能力上存在不同程度的性别差异，例如女生的语言能力，包括语言表达的流利性和流畅性

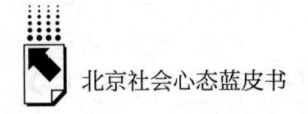

方面均优于男生，这可能部分解释了她们在与人交谈时具有较低的困扰程度[16]。

从居住地上来看：来自于农村的青少年在交谈能力、与异性交往2个维度上的困扰程度均显著高于城镇，这与贺辉的研究结果不太一致[17]。其研究结果显示在生源地上，学生人际关系总分、交谈困扰、交际困扰和异性交往困扰上均有显著差异，这可能源于对研究对象选取的范围不同有关。对这一结果的解释我们认为，城镇孩子从小的成长环境比较丰富，需要处理和面对的社交问题多且相对复杂，这对成长过程中人际交往能力的培养起到了重要的作用，而农村相对来说人际交往方式及场合都要单一得多。因而结果表现出在青少年人群中，来自农村的人群人际交往质量上要低于城市人群。

从是否独生来看：非独生子女在与异性交往维度上的得分显著高于独生子女，说明在青少年人群中，非独生子女人际交往质量要低于独生子女。这一结果与陶艳兰的报道一致[18~19]，但与魏明[14]等人的研究结果不一致。本研究分析非独生子女之间可能存在同胞竞争压力，不能同时成为家庭关注的中心角色，人际交往方面困扰程度要大于独生子女。

（三）不同人口学变量的共情能力对比

从性别上来看：男生在幻想、共情关注和个人忧伤3个维度上的共情能力均显著低于女生。这一性别差异的结果与前人研究一致[19~21]。陈武英等人认为，女性分泌的催产素有利于个体产生共情，而男性分泌的睾酮，不利于产生共情。因而部分导致了共情的这种性别差异[22]。我们认为，根据班杜拉的社会学习理论，共情的性别差异也部分与社会文化对性别角色的影响相关，女性在历史上的社会角色更加偏重于家庭和感性，而男性则偏重于工作和理性，因而也部分影响了共情在性别上的差异。

从居住地上来看：农村的青少年在观点采择、幻想和共情关注3个维度上的共情能力均显著低于城镇。对这一结果的解释我们认为，城镇孩子在成长过程中，要考虑不同场合的不同社交规则，不同社交对象的情感交流需求，相对来说农村青少年在社交中则较为纯朴、简单。因而结果表现出在青少年人群中，来自农村的人群共情能力上要低于城市人群。

从是否独生上来看：非独生子女在观点采择和幻想2个维度上的共情能力均显著低于独生子女，说明在青少年人群中，非独生子女在共情能力上要低于独生子女，这与王庆洋的研究结果不同[19]。我们认为，这一不同的结果可能源于被试取样的差异，但同时也可能是由于独生子女大多生活在城市，非独生子女多在农村，因此地域差异可能造成了独生和非独生者共情能力的差异。

（四）人际关系质量与共情能力的关系分析

人际关系质量与共情能力的相关研究结果表明：观点采择、共情关注得分越高，人际交往行为困扰程度越小，身心越健康。而个人忧伤得分越高，人际交往行为困扰程度越大，身心越健康。本研究结果与侯冉[23]和房绍霞[6]的研究结果一致。对这一研究结果的解释是：观点采择和共情关注高的个体在人际交往中，会更加考虑对方、并从对方的角度出发并善于倾听和共情他人的感受，从而存在较少的人际困扰。而个人忧伤得分高的个体，可能会较快引发自身相关的痛苦感受，造成过度卷入，因而不利于人际交往和人际关系质量。进一步多元回归分析的结果表明：观点采择、想象力、个人忧伤、社交交友困扰对心理健康水平均为显著的负向影响。而从其他量表的相关性上来看：（1）自闭倾向越高，身心健康程度越低。（2）共情商数越高，身心健康水平越高。也从侧面再次验证了共情能力与人际关系质量和心理健康的负相关关系。

从其他量表的相关性上来看：（1）自闭倾向越高，身心健康程度越低。（2）共情商数越高，身心健康水平越高。（3）观点采择、共情关注得分越高，人际交往行为困扰程度越小，身心越健康。（4）而个人忧伤得分越高，人际交往行为困扰程度越大，身心越健康。

本研究虽然收集了各年龄层青少年的数据，但出于方便取样的考虑，还有一些年级的样本数过少，可能造成取样的不均衡，对研究结果产生影响。其次，在对数据的分析上，本研究由于是调查性质，更多地采用了描述性统计方法，未进一步进行深层次的分析，例如 MANOVA 和 SEM 的分析方法。最后，在数据分析中发现，GHQ-12 的 Cronbach's α 系数较低，不利于了解青少年心理健康具体维度上的差异。基于此，在以后的同类研究中，可以增加样本的丰富性和数据分析方法，采用更有针对性的心理健康测量问卷，以便更好地对青少年共情能力、人际关系、心理健康之间的关系做更细致的探索。

综上所述，要提高青少年人群的心理健康水平，我们需要关注的方向有自闭倾向、共情能力和人际关系质量三个方面。自闭倾向提示我们要主动对青少年人群进行干预，多为他们提供一些有意义的社会交往活动，吸引他们的参与。共情能力方面提示我们可以借鉴国外的一些研究，对青少年人群进行共情能力的培养。人际关系质量方面提示我们要积极在学校设置心理咨询中心，成为青少年了解及倾诉自我人际交往方面困扰的一个有力途径。

五 建议与对策

（一）利用互联网的便利进行人际交往知识的科普

随着时代的发展，人们越来越离不开互联网了，积极健康的网络环境对人与人之间的坦诚交往具有重要作用。青少年人群需要各方的支持配合，用积极向上的网络舆论环境帮助他们树立正确的交往观。同时也可以利用互联网平台建设以人际交往为主题的科普网站，开通人际交往微信、微博公众号等，充分利用互联网平台，对青少年人群进行人际交往知识的科普。

（二）组织丰富的校园文化活动创造人际交往机会

例如，教育和文化有关部门可以利用青少年追星的心理，可以邀请一些积极正面的知名人士来到学校，组织一些大型团体活动，在活动中一方面增进同学们的互动交往；另一方面也让他们获得自信，了解这些榜样人物贴近他们的一面。在活动中完成对人际交往知识的科普。同时，各学校也可以定期举办一些以人际交往为主题的形式多样、为学生所喜欢的校园活动，比如文化艺术节、辩论会、礼仪大赛等，为不同的青少年个体提供更多交往和交流的机会，在人际交往实践中进行改善和提升。

（三）开展心理健康咨询教育解决人际交往困惑

最后，各级学校应当重视心理咨询中心的建立，以及心理老师和心理咨询师的聘请，心理咨询中心应当定期安排一些有针对性的讲座，针对一些普遍性心理问题进行调查和心理教育，学习国外一些共情训练技巧，提升青少年的共情能力。以及让一些真正有需求的同学可以放下心防，走进咨询室寻求帮助。

参考文献

[1] 李英、刘爱书、张守臣：《团体心理辅导对大学生人际交往焦虑的影响》，《中国健康心理学杂志》2005年第4期，第252~256页。

[2] 何腾腾、巩文冰、缪艳君：《et al. 大学生成人依恋与人际交往的相关性分析》，《中国健康心理学杂志》2012年第5期，第782~784页。

[3] Angel G, Developing Empathy in Nurses: An In-service Training Program, *Archives of Psychiatric Nursing*, 2006, 20（6）: 249–257.

[4] 田健：《班级心理委员共情与人际交往能力的关系及其干预研究》，河北师范大学，2015。

[5] 房绍霞：《重庆高校大学生共情能力对人际关系的影响研究》，西南大学，2010。

[6] 李兴慧：《大学生共情、人格与人际关系的关系研究》，哈尔滨师范大学，2012。

[7] 《大学生共情能力与人际关系的关系》，《山西青年》2016年第14期。

[8] 赵崇莲、郑涌：《大学生人际关系质量的影响因素研究》，《心理科学》2009年第4期。

[9] 郑日昌：《大学生心理诊断》，山东教育出版社，1999。

[10] 张凤凤、董毅、汪凯：《中文版人际反应指针量表（IRI-C）的信度及效度研究》，《中国临床心理学杂志》2010年第2期。

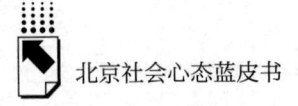

[11] MURRAY A L, ALLISON C, SMITH P L, et al, Investigating Diagnostic Bias in Autism Spectrum Conditions: An Item Response Theory Analysis of Sex Bias in the AQ-10, *Autism Research Official Journal of the International Society for Autism Research*, 2016, 10.

[12] WAKABAYASHI A, BARON-COHEN S, WHEELWRIGHT S, et al, Development of Short Forms of the Empathy Quotient (EQ-Short) and the Systemizing Quotient (SQ-Short), *Personality & Individual Differences*, 2006, 41 (5): 929-940.

[13] 杨廷忠、黄丽、吴贞一:《中文健康问卷在中国大陆人群心理障碍筛选的适宜性研究》,《中华流行病学杂志》2003年第9期,第769~773页。

[14] 魏明、赵冬、王伟琼:《医科大学生人际交往能力现状》,《中国健康心理学杂志》2013年第9期,第1416~1418页。

[15] 孙崇勇:《师范类大学生人际关系行为困扰的调查研究》,《中国特殊教育》2007年第10期,第86~90页。

[16] 贾文英、马彦民:《不同类别大学生亚健康现状及预防对策研究》,《新乡医学院学报》2004年第5期,第349~350页。

[17] 贺辉:《大学生自恋人格、防御方式与人际关系困扰的关系研究》,四川师范大学,2014。

[18] TONIFALBO著《独生子女大学生的心理健康和人际关系——兼对独生子女"刻板印象"的讨论》,陶艳兰译,《广西民族大学学报》(哲学社会科学版) 2011年第5期。

[19] 王庆洋:《应用心理学专业大学生共情、应对方式和人际关系的现状及其关系研究》,云南师范大学,2017。

[20] 姚小雪:《社会排斥对听障大学生亲社会行为的影响:特质共情与状态共情的中介作用》,陕西师范大学,2015。

[21] 张冬:《共情团体训练对改善大学生人际交往状况的干预研究》,东北师范大学,2015。

[22] 陈武英、卢家楣、刘连启等:《共情的性别差异》,《心理科学进展》2014年第9期,第1423~1434页。

[23] 侯冉:《宽恕动机对人际关系的影响:共情的中介效应》,广西师范大学,2014。

B.17
北京市青少年心理弹性状况调查

唐莹瑞 阳彩频 李勇*

摘 要： 心理弹性为个体良好适应不利环境及在遭遇挫折和逆境打击后迅速恢复的能力。以北京市青少年（10~24岁）为研究样本进行心理弹性评价可知总体情况良好，且不同性别和不同年龄段的青少年心理弹性状况差异不大，而城镇户口青少年的心理弹性状况显著优于农村户口青少年。此外通过研究不同模式的家庭教养方式、父母教育理念、家庭社会地位、个人人格对于青少年弹性心理状况的影响，以期找寻最利于培养青少年形成青少年弹性心理状态的家庭模式以及人格培养目标。研究发现，关爱孩子要掌握分寸、规则培养要注重方法、挫折教育要明确方向、赋予孩子空间要大度将有助于提高青少年心理弹性。

关键词： 心理弹性 北京市青少年 家庭 个人人格

就心理弹性而言，目前理论界和实务界并没有一致的看法。Maste, Best 和 Garmezy（1990）[1]总结为三类弹性定义。第一类指的是"克服逆境"，

---

* 唐莹瑞，国家行政学院公共管理学博士研究生，研究方向为公共管理、政府法治；阳彩频，湖南省人事考试院助理研究员，研究方向为公共管理、思想政治；李勇，国家行政学院教授，法学博士，研究方向为法理学、政府法治、社会治理。
[1] 席居哲、桑标：《心理弹性（resilience）研究综述》，《健康心理学杂志》2002年第4期。

心理弹性是个体内部的一种具体的个人力量；第二类指的是面对急性或慢性生活压力个体并未受到消极的影响，而是成功地应付了这些压力；第三类指的是在创伤后能有较好的恢复。美国心理学会（APA）（2005）定义为："指个人面对逆境、创伤、悲剧、威胁或其他重大压力的良好适应过程，也即对困难经历的反弹能力。"基于不同学者的论断，本研究倾向于将心理弹性定义为个体良好适应不利环境及在遭遇挫折和逆境打击后迅速恢复的能力。

心理弹性的研究发轫于20世纪50年代，Werner和Smith于这一时期开展了对夏威夷Kauai岛高风险儿童发展问题长达多年的纵向研究，逐渐发现青少年在逆境危险环境下的发展并非会出现预想中的确定性结果。一些处于危险或高压力环境下的儿童仍然具有良好的适应功能[1]。这与早期人们确信逆境对儿童发展的不利影响的思维惯性相悖。这一研究推动人们开始探究这一情况的原因，从而使得个体内在的积极特征后来称为心理弹性的理论受到关注。

心理弹性研究范式聚焦于个体内外部积极资源研究模式是在20世纪70~80年代开始形成并初步发展，以定性为主的弹性研究识别了诸多心理弹性特质，这些特质定义了那些帮助逆境中的儿童从创伤中"弹回"的能力。在20世纪80年代末至90年代，有关心理弹性的理论纷呈，并根据这些理论创制了测量心理弹性的问卷或量表，心理弹性进入量化的阶段。国外心理弹性的研究者根据心理弹性的不同定义，编制了不同的心理弹性测量量表。主要有Bartone、Ursano、Wright等人于1989年编制用于测量耐受力的Hardiness人格倾向自我心理弹性量表，由Wagnild & Young（1993）编制的（RS）心理弹性量表，由Connor和Davidson（2003）编制主要用于测量对压力的成功应对能力的弹性量表（CD-RISC）。由Friborg等人（2003）编制用于测量促进成人心理弹性的保护性因素的成人心理弹性量表（RSA），以

---

[1] Masten AS. Ordinary magic: Resilience processes indevelopment. American Psychologist, 2002, 56 (3): 227-238.

及由 Oshio，Kaneko，Nagamine 等人（2003）编制的青少年心理弹性量表（ARS）[①]。

进入20世纪90年代以后，西方学者开始研究心理弹性的干预和反思。一些基于心理弹性理论框架的实践方案和工程开始提出，如西雅图社会性发展工程，致力于防止和减少青少年危险行为、违法违纪等行为。国家弹性发展法案，旨在提请国家政府在"9·11"后，通过多种措施保护和增进公众心理健康。这些工程或发展都是基于弹性理论和相关研究成果而制定的，实质上就是对这些心理弹性理论进行现场化的实验检验，以促进干预的效果和理论的进一步完善[②]。

国内心理弹性的研究还处于引入与起步阶段，文献多以理论综述为主，绝大多数是对西方研究的阐述与评价，立足于本土文化的弹性研究还没有得到充分开展，但也有不少学者取得了一定的进展。如台湾学者萧文（1998）研究归纳提出了七种弹性内在保护因子[③]。

心理弹性的量化、实证研究开始逐步展开。在量表的开发上，国内学者针对我国传统文化背景下的心理弹性测量工具也做了一些开创性的研究，修订编制了适合我国国情的心理弹性量表，主要有陈会昌，胆增寿，陈建绩（1995）青少年心理适应性量表（APAS）；胡月琴，甘怡群（2008）青少年心理弹性量表（RSCA）；李海垒，张文新，张金宝（2008）修订的青少年心理弹性量表（HKRA）；甘媛源，余嘉元（2011）中国青少年心理弹性量表。

本次研究采用胡月琴、甘怡群编制的青少年心理弹性量表（the Resilience Scale for Chinese Adolescent，RSCA）。在心理弹性的内在保护因素方面，着重研究人格与心理弹性的关系，研究采用艾森克人格问卷简式量表中国版（EPQ-RSC），外在的保护因子方面着重研究家庭抚养方式对心理弹性的影响，研究采用父母养育方式量表（PBI）中文版。

---

① 孟召敏：《青少年心理弹性及其与父母教养方式、归因风格的关系》，硕士论文，2010。
② 胡寒春：《青少年核心心理弹性的结构及其特征研究》，博士论文，2009。
③ 夏蕾：《大学生心理弹性现状调查及教育对策研究》，硕士论文，2012。

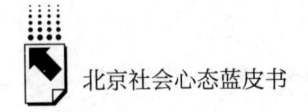

研究对象为北京市青少年，以初中生、高中生和大学生的平均年龄段为基准，分为青少年早期（10~14岁）、青少年中期（15~18岁）和青少年后期（19~24岁）。

研究方法包括文献研究法、问卷调查法和深度访谈法。问卷调查法采用随机抽样的方法，对在京的中学生与大学生进行调查，共获得样本1145份，其中有效问卷为1076份，有效率为94%。

本次样本，在性别上，男女分别占57%和43%；在年龄段上，青少年早期、中期和晚期分别占34%、26%和40%；户籍上，本地户籍和外地户籍各占70.4%和29.6%，城乡户籍各占60.7%和39.3%。

一 北京市青少年心理弹性总体现状

经数据分析，北京市青少年心理弹性总体平均得3.50分，处于一般向较好的区间。其中个人力与支持力两维度各平均得3.27和3.55分，个人力方面的目标专注、情绪控制、积极认知三个因子各平均得2.90、3.40和3.54分，支持力方面的家庭支持和人际协助两因子各平均得3.69和3.27分，五个因子中仅专注力位于一般之下。

进一步分析，我们得出：

1. 男女青少年在心理弹性整体上不存在显著差异，但在家庭支持和人际协助两因子的评价上，女性的评价显著高于男性

表1 男女青少年在支持力两因子的评价情况

单位：%

性别	家庭支持			人际协助		
	高	中	低	高	中	低
男	16.0	44.0	40.0	16.9	32.7	30.3
女	32.4	42.3	25.4	44.2	48.7	7.1

尽管重男轻女的现象仍然存在，但女性青少年对家庭支持的评价仍然要高于男性青少年，这与后期的深度访谈中男性青少年将来自家庭的支持视为理所当然，对习以为常的东西反而不会具有感恩和习察之心可能存在一定的相关性，而女性青少年因为感情的细腻性等特点使其能敏锐地察觉到家庭对其的支持。当然，也因为女性本身柔弱的特点，使得家庭对其的照顾要明显高于男性，这样的情况同样也表现在人际协助因子上。

2. 在年龄段上，年龄处于青少年中期的青少年对来自家庭支持的评价得分最高

数据显示，各年龄段的青少年除了在对家庭支持这一因子上的得分有显著差异之外，在心理弹性整体上及其他各五个因子上的得分差异性并不显著。这与青少年早期的叛逆、晚期的自我独立、思维成熟相关。初中期的青少年处于青春期、叛逆性较强，对家庭的支持视为一种干预。而青少年晚期的青少年，刚好上大学或有的已经工作，离开父母去远方而独立生活，经济独立能力加强，与父母的接触也越来越少，自然也不再像以前一样需要父母的全面支持。

表2 各年龄段青少年在家庭支持因子的评价情况

单位：%

年龄段	家庭支持		
	高	中	低
青少年早期	9.7	45.2	45.2
青少年中期	32.3	41.8	25.9
青少年晚期	—	66.7	33.3

3. 城镇青少年心理弹性在各方面都要显著好于农村户籍的青少年

为更好地发掘户籍对青少年心理弹性的影响，课题组特地将户籍分为本外地和城乡两类户籍进行对比。结果发现青少年心理弹性在本外地户籍上，各方面的差异性并不明显，但城乡的差异性还是非常显著。

一般来说，城镇青少年家庭在京还具有较为体面的工作，这包括外地来京的城镇青少年家庭，特别是外地来京的农村青少年的家庭在京从事的大多为重体力劳动，经济条件也较为一般，这些青少年因为心智还不太完善，与

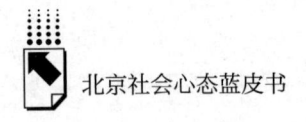

周围的对比之心还较重，融入周围环境的压力较大，这对其心理弹性的影响较大。同时，城镇青少年家庭往往有更好的经济条件和陪伴条件，能对其子女倾注全部的时间与精力，这些也是农村青少年不可比拟的，有的农村青少年还有可能背井离乡来京求学，所以心理弹性要低于城镇青少年。

表3 城乡青少年在心理弹性方面的表现情况

单位：%

性别	心理弹性整体			目标专注		
	高	中	低	高	中	低
城镇	36.5	44.4	19.1	14.6	74.6	10.8
农村	12.7	44.4	42.9	4.5	77.3	18.2
	积极认知			家庭支持		
	高	中	低	高	中	低
城镇	46.4	39.6	14.0	33.3	45.4	21.3
农村	23.2	58.0	18.8	13.7	35.3	51.0
	人际协助					
	高	中	低			
城镇	35.3	48.7	16.0			
农村	14.8	42.3	43.0			

二 家庭对青少年心理弹性的影响

（一）家庭教养方式对青少年心理弹性的影响

1. 父亲教养方式对青少年心理弹性的影响

父母养育方式量表（PBI）将父母亲的教养方式分为权威型、专制型、民主型和放任型四类，其具体的指标如表4。

表4 父母养育方式量表具体指标

权威型：高关爱、高控制	专制型：低关爱、高控制
民主型：高关爱、低控制	放任型：低关爱、低控制

在对父亲的评价上,当关爱维度的得分大于 27.17 为高关爱,小于 15.71 为低关爱;控制维度的得分大于 7.62 为高控制,小于 1.38 为低控制。在对母亲的评价上,当关爱维度的得分大于 29.62 为高关爱,小于 19.12 为低关爱;控制维度的得分大于 8.64 为高控制,小于 1.98 为低控制。

本次数据显示绝大多数的北京市青少年认为其父亲的教养方式要么为权威型,要么就为专制型,民主型的少,放任型的最少,各为 93.2%、88.8%、28.3% 和 2.4%,比较符合当前的社会现实。

父亲不同的教养方式对其子女的心理弹性的影响较为显著。一般说来,具有以下的几点影响:

(1) 父亲权威型的教养方式有助于其青少年子女的目标专注力的培养,其子女的目标专注力总体情况要好于非权威型父亲。但数据也显示,权威型父亲子女在高目标专注力上的比例要低于非权威型父亲子女。一般来说,青少年的自制性还比较差,权威型父亲的抚养方式还是有助于培养其目标专注力。

表5　权威型父亲对其青少年子女目标专注力的影响情况

单位:%

父亲	目标专注力		
	高	中	低
权威型	12.1	75.9	12.1
非权威型	15.4	46.2	38.5

(2) 父亲专制型的教养方式对其青少年子女的心理弹性整体性发展不利,对个人能力与社会支持力、情绪控制、家庭支持和人际协助三个因子也影响深刻。

数据显示,专制型父亲对其青少年子女的影响较大,其子女出现心理弹性的整体表现较差、个人能力发展较差特别是情绪控制较差、社会支持力的评价较低(包括家庭支持和人际协助两因子)的比例较大。尽管专制型与权威型教养方式都有高控制,但关爱的程度不一样,导致对其子女心理弹性

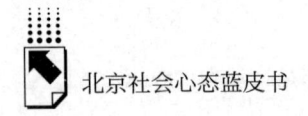

的影响差异性却较为明显，一般来说，父亲权威型的教养方式对其子女的不利影响不显著，而专制型的教养方式带来的不利影响却较为明显。

表6　专制型父亲对其青少年子女心理弹性的影响情况

单位：%

父亲	心理弹性整体			情绪控制		
	高	中	低	高	中	低
专制	25.5	45.1	29.3	29.1	57.7	13.1
非专制	60.9	30.4	8.7	56.5	30.4	13.0

父亲	家庭支持			人际协助		
	高	中	低	高	中	低
专制	20.8	46.1	33.1	24.3	57.2	18.5
非专制	71.4	23.8	4.8	61.9	23.8	14.3

父亲	个人力			支持力		
	高	中	低	高	中	低
专制	22.6	48.9	28.4	23.2	45.2	31.6
非专制	63.6	18.2	18.2	63.6	18.2	18.2

（3）父亲民主型的教养方式对其青少年子女的整体心理弹性的培养，有助于其子女个人能力培养和社会支持力的获得。

父亲民主型的教养方式因为高关爱，所以其子女在家庭支持的评价上要显著高于非民主的教养方式，其青少年子女的个人能力与社会支持力方面的评价也要好于非民主的教养方式，所以整体心理弹性也较好。

表7　民主型父亲对其青少年子女心理弹性的影响情况

单位：%

父亲	心理弹性整体			家庭支持		
	高	中	低	高	中	低
民主	44.8	36.2	19.0	55.1	28.6	16.3
非民主	23.9	47.2	28.9	16.7	49.2	34.2

父亲	个人力			支持力		
	高	中	低	高	中	低
民主	39.0	35.6	25.4	51.1	29.8	19.1
非民主	21.9	50.0	28.1	20.5	47.5	32.0

2. 母亲教养方式对其青少年子女心理弹性的影响

本次数据显示北京青少年对其母亲教养方式的评价也集中于权威型、专制型和民主型，而放任型很少，仅为1.8%。

如父亲教养方式的不同一样，母亲教养方式的不同对其子女心理弹性的影响也较为显著，数据得出以下几点影响：

（1）母亲权威型的教养方式有助于其子女目标专注力的提升。

表8　权威型母亲对其青少年子女心理弹性的影响情况

母亲	目标专注力		
	高	中	低
权威型	12.2	76.7	11.1
非权威型	13.0	56.5	30.4

（2）母亲专制型的教养方式对其青少年子女的心理弹性发展不利，与父亲专制型不同在于，其影响青少年子女的积极认知而非情绪控制。

表9　专制型母亲对其青少年子女心理弹性的影响情况

母亲	心理弹性整体			家庭支持		
	高	中	低	高	中	低
专制	25.1	43.7	31.1	21.6	46.0	32.4
非专制	51.5	39.4	9.1	56.7	33.3	10.0

母亲	积极认知			人际协助		
	高	中	低	高	中	低
专制	35.3	46.8	17.9	23.4	57.6	19.0
非专制	58.8	32.4	8.8	51.5	36.4	12.1

母亲	个人力			支持力		
	高	中	低	高	中	低
专制	23.4	46.2	30.4	23.4	43.3	33.3
非专制	45.5	33.3	21.2	56.7	30.0	13.3

（3）母亲民主型的教养方式对其青少年子女心理弹性的积极影响更深。与父亲民主型的教育方式不同在于，其在子女个人能力维度的情绪控制和积极认知两因子上都有积极意义。

表10 民主型母亲对其青少年子女心理弹性的影响情况

单位：%

母亲	心理弹性整体			情绪控制		
	高	中	低	高	中	低
民主	65.2	28.3	6.5	51.1	34.0	14.9
非民主	20.3	49.0	30.8	26.5	60.3	13.2

母亲	积极认知			家庭支持		
	高	中	低	高	中	低
民主	62.5	29.2	8.3	64.1	28.2	7.7
非民主	34.5	46.6	18.9	18.7	49.6	31.7

母亲	人际协助					
	高	中	低			
民主	56.8	29.5	13.6			
非民主	20.7	59.3	20.0			

母亲	个人力			支持力		
	高	中	低	高	中	低
民主	59.6	25.5	14.9	68.3	17.1	14.6
非民主	18.5	50.7	30.8	17.9	49.6	32.5

3. 虎妈猫爸和狼爸猫妈等组合对青少年子女心理弹性的影响

当前我们孩子教育方面都强调"一个唱红脸一个唱白脸"，并且随着社会"虎妈猫爸"现象的增多，其对子女心理弹性的影响如何也是本课题组尤为关心的一个重点。数据发现：

（1）虎妈猫爸：权威型的虎妈和民主型的猫爸对其青少年子女的心理弹性影响不显著，仅仅有助于提升其子女的目标专注力。

表11 虎妈猫爸对青少年子女心理弹性的影响情况

单位：%

虎妈猫爸	目标专注力		
	高	中	低
权威型	12.2	76.6	11.2
非权威型	11.1	50.0	38.9

虎妈猫爸	积极认知		
	高	中	低
专制型	37.7	44.2	18.1
非专制型	71.4	28.6	—

而专制型的虎妈和民主型的猫爸反而不利于其青少年子女的积极认知的发展，容易适得其反。而权威型和专制型虎妈猫爸的区别也仅仅在于其母亲关爱孩子的力度大小。

（2）狼爸猫妈：权威型的狼爸猫妈也是在一定程度上有助于对其青少年子女的专注力的提升，而专制型的狼爸猫妈各方面的影响并不显著。

表12　狼爸猫妈对青少年子女心理弹性的影响情况

单位：%

狼爸猫妈	目标专注力		
	高	中	低
权威型	12.1	75.7	12.1
非权威型	11.1	44.4	44.4

（二）父母的教育理念经常矛盾的话，不利于孩子心理弹性的培养，对个人能力维度及维度下的情绪控制和积极社会认知的发展不利，对社会支持维度及维度下的家庭支持因子发展不利

所以说父母亲教育孩子，"一个唱红脸，一个唱白脸"并不是两人唱对手戏，而是为了同一个目标而一个斗争一个怀柔而已。但此数据并不代表双方观点的偶尔不一致也会得出不利于其青少年子女心理弹性发展的结论。

表13　双方教育理念经常矛盾对其青少年子女心理弹性的影响

单位：%

项目	心理弹性整体			情绪控制		
	高	中	低	高	中	低
矛盾	11.3	49.3	39.4	26.4	51.4	22.2
非矛盾	38.3	42.2	19.5	36.4	53.8	9.8

项目	积极认知			家庭支持		
	高	中	低	高	中	低
矛盾	43.7	46.2	10.1	13.3	36.7	50.0
非矛盾	30.7	42.7	26.7	34.8	45.5	19.7

续表

项目	个人力			支持力		
	高	中	低	高	中	低
矛盾	12.3	46.6	41.1	11.3	45.2	43.5
非矛盾	35.0	44.6	20.4	38.5	40.0	21.5

（三）家庭社会地位对青少年子女心理弹性的影响。如青少年子女对其家庭在当地处于中下及最底社会地位时，对其心理弹性的发展不利，尤其是对个人能力维度及维度下的目标专注力和积极认知两因子发展不利

表14 家庭社会地位对其青少年子女心理弹性的影响

单位：%

家庭社会地位	心理弹性整体			目标专注力		
	高	中	低	高	中	低
上层	22.6	58.1	19.4	10.0	76.7	13.3
中层	32.0	51.0	17.0	14.0	80.0	6.0
中下	35.6	33.9	30.5	6.7	81.7	11.7
最底	20.0	31.4	48.6	14.7	50.0	35.3

家庭社会地位	积极认知			个人力		
	高	中	低	高	中	低
上层	40.6	46.9	12.5	28.1	56.3	15.6
中层	37.9	52.4	9.7	27.5	52.0	20.6
中下	50.0	35.5	14.5	31.7	40.0	28.3
最底	25.0	38.9	36.1	22.2	25.0	52.8

（四）课题组原来假设家庭居住空间与父母亲婚姻状态将对青少年心理弹性发展带来不利影响的假设没有取得有效的数据支持。居住空间和父母亲婚姻状态对青少年子女心理弹性及各维度的影响并不显著

三　个人人格对青少年心理弹性的影响

本次研究使用了艾森克人格问卷简式量表中国版（EPQ-RSC），该量表有P、E、N、L四个维度，本次研究主要利用其中E和N（也就是常说的内外倾和性格的稳定性）两个维度对青少年的心理弹性影响进行分析。根据量表中国常模E量表大概以15分为标准、N量表14分为标准的划分，北京市青少年人格在E和N两维度的情况表现为以下几点。

表15　北京青少年人格情况

单位：%

项目	低于	标准	高于
E	45.4	10.6	44.0
N	12.4	7.7	89.8

1. E维度（内外向）对青少年心理弹性的影响

数据显示内向的青少年其心理弹性反而要好于外向的青少年，可能主要是来自其对家庭支持因子的评价高于外向青少年的原因。

表16　北京青少年人格情况

单位：%

E	心理弹性整体			家庭支持		
	高	中	低	高	中	低
内向	38.1	31.7	30.2	34.5	53.4	12.1
标准	13.3	53.3	33.3	23.1	76.9	—
外向	14.8	52.5	32.8	16.4	47.3	36.4

2. P维度（稳定性）对青少年心理弹性的影响

一般来说，情绪越稳定的人格特质其心理弹性越强。

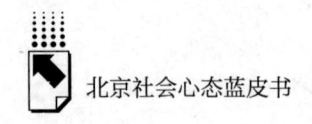

表 17　北京青少年人格情况

单位：%

项目	心理弹性整体			情绪控制		
	高	中	低	高	中	低
稳定	18.5%	27.8%	69.0	36.0	57.6	6.4
标准	27.6%	72.2%	44.4%	—	42.9	57.1
不稳定	3.4%	—	37.1%	31.0	31.0	37.9

项目	积极认知			家庭支持		
	高	中	低	高	中	低
稳定	43.5	45.7	10.8	31.8	44.8	23.4
标准	33.3	44.4	22.2	12.5	56.3	31.3
不稳定	17.2	41.4	41.4	13.6	18.2	68.2

项目	个人力			支持力		
	高	中	低	高	中	低
稳定	34.4	46.4	19.1	35.3	38.6	26.1
标准	—	72.2	27.8	7.7	46.2	46.2
不稳定	3.4	20.7	75.9	7.7	57.7	34.6

四　关于提升青少年心理弹性的建议

理论界已经将青少年心理弹性的影响因素分为内部保护因子和外部保护因子，内部保护因子主要包括个人特质如人格、社会交往能力和自我认识。外部保护因子主要包括学校、家庭和社会三个因子。本次研究在内部保护因子上主要讨论了人格，外部保护因子上主要是讨论了家庭对青少年心理弹性的影响，而人格特质是比较稳定较难改变，内外向和情绪稳定性尽管对青少年心理弹性有一定的影响，但对人的发展还是有利有弊，无法以对错来衡量。所以，本次研究就提升青少年心理弹性的建议主要还是集中于家庭环境的改善，课题组认为显著提高青少年心理弹性应该注意以下几点。

1. 关爱孩子要掌握分寸

父母教养方式中关爱因子对青少年的心理弹性的影响较大，从文中可以看出，高关爱有利于孩子心理弹性的提升。关爱孩子是一种作为父母的本能,但这种本能如何释放,如何表现,很多父母却做得不恰当。通过辅助性访谈,我们发现,当前不少父母对孩子的爱要么是体现在物质上与生活上无微不至的照料,要么体现在以功课来紧紧相逼的虎妈狼爸的拔苗助长的方式上,以至于在孩子面前,父母的人格极为分裂,在权威型和专制型之间不断轮换角色,觉得孩子可爱时就孩子千般好,百依百顺,觉得孩子"淘气"时往往又表现得极为没有耐心、声色俱厉、"破罐子破摔"、放任不管。我们认为对孩子的爱,首先要尊重孩子,这就是要把孩子看作有自己独立人格的个体。一个人的人格的形成和心智的觉醒从其一出生就开始了,所以我们要从小就尊重孩子的独立人格。但同时也要注意,尊重孩子的独立人格不等于溺爱孩子,不等于百依百顺,而是把孩子作为对等的谈判对象,通过多种模式做好奖惩措施,让孩子建立起独立人格能够对自己的行为负责,有明确的责任意识,知道什么样的选择带来什么样的后果。同时也不能高估了孩子的选择能力,任由其选择,要清晰地认识到,培养选择能力不等于完全听从其选择。其次要表率,父母要学会爱自己双方的父母、爱自己所爱的人,给孩子以示范,黑格尔说:"通过对孩子的爱,母亲爱她的丈夫,父亲爱他的妻子,双方都在孩子身上使各自的爱得以客观化。"爱本身即为一种付出,爱的客观化的本质就是爱的习惯化或者付出的习惯化。通过爱的传递培养孩子"有付出才有收获"的思维惯性。再次,学会尊重和欣赏孩子的阶段性特点。孩子在成长的各阶段都会表现出一定的特质,这些特质是因为孩子的生理与心智成熟特点所决定的,而成长在不同的阶段的孩子是不可能像父母那样清晰地知道他当下的行为会带来什么样的后果。而父母作为过来人,却是上帝视角,碰到孩子纠结的问题时,会直截了当地做出结论和决定。而这种决定要么是拔苗助长,要么是生硬制止,效果往往不尽如人意、适得其反。

2. 规则培养要注重方法

父母教养方式中的控制因子对孩子的心理弹性的发展有一定的积极意义,特别是专制型父母对孩子目标专注力提升有着正向的意义。在辅助访谈中,我们发现,我们的父母对孩子的规则意识的培养方面经常不得要领。往往表现为专制型的高声指责，造成孩子的极大的逆反心理，特别是对正处在青春期的孩子，家长的简单粗暴同孩子的逆反心理相碰，如火上浇油，造成矛盾急剧恶化。

培养孩子规则意识，首先要抓住规则意识形成的关键期，心理学认为3~6岁是儿童规则意识培养的关键期。尽管本次课题组的调查对象不涉及10岁以下的儿童，但在调查10~14岁儿童时，我们依然能捕捉到其儿童时的经历。能感受到其儿童时期，父母的行为对其成长的影响。因此我们在强调青少年心理弹性时绕不开幼儿期这个关键点。其次要在这一时期抓住游戏这一种培养规则意识的重要方式。规则意识的形成不是放任的自然过程，更不是通过说教和硬性规定培养出来的，而是一个有意识的训练培养过程。培养规则意识需要了解儿童发展的基本规律，把握恰当时机和方法。游戏是建构规则的集大成者，甚至可以说，游戏本身就是规则的游戏，通过父母与儿童，儿童同儿童，儿童与器材之间游戏的交互体会，潜移默化地培养儿童的规则意识。正如前文结论"城镇青少年心理弹性在各方面都要显著好于农村户籍的青少年"，特别是人际协助上明显好于农村户籍的青少年。这在一定程度上说明，城里的青少年的游戏种类及其涉及规则种类要多于农村的青少年。在访谈和样本调查中我们还发现，人际协助得分较高的少年对规则敏感度高，其幼儿阶段获得的游戏体验也更好，甚至留下的记忆也更深刻。其青春期的过渡也相对平稳。其次，父母要身体力行做表率。模仿学习是幼儿良好习惯和行为养成的重要方式，需要成人的引领示范。"不准""不许""不能"等命令性的言语引导往往适得其反，父母的出尔反尔，不讲规则，满不在乎，甚至传统家长式的威胁强迫往往会带来青少年青春期的孤独、困惑以致叛逆。男女青少年在支持力两因子的评价情况的数据也印证了这一点。"女性青少年对家庭支持和人际协助的评价仍然要高于男性青少年"，这除了可能因为男女对家庭支持的敏感度不同外，课题组更倾向认为，女性对于规则的理解以及父母在女孩面前的表现会比在男孩面前更尊重规则。多数情况下，父母更容易被淘气顽皮的男孩激怒并表现得歇斯底里。

3. 挫折教育要明确方向

父母教养方式中的鼓励维度，对孩子提升心理弹性也具有一定的积极意义。调查中，父母的鼓励维度的内容集中在情绪控制分量表和积极认知分量表，鼓励特征明显的教养方式突出地表现在民主型父母家庭中。数据结果也的确表明，生活在民主型的父母亲家庭的青少年的心理弹性要显著好于其他类型，而且其情绪控制分量和积极认知分量的得分也显著高。访谈中发现，不少父母认可和强调挫折教育，但对挫折教育的认识具有偏差，认为让孩子吃苦磨炼就是对的。心理学所强调的是所谓的耐挫教育，既不是故意制造挫折让孩子吃苦，更不是时刻保护孩子而不让他经受挫折。而是在孩子面对生活中的挫折时，给孩子适当的鼓励和指导，帮助孩子体会通过努力克服困难战胜挫折的过程，让孩子明白战胜挫折是自己成长的一部分，面对挫折不气馁，不畏惧，困难总是可以克服的。而如果相反，任凭孩子独立面对困难的家庭往往会落入到放任型的家庭类型中，最终会打击孩子的自信心而自暴自弃。

4. 给予孩子空间要大度

父母教养方式中的低控制在一定的场合对提升孩子心理弹性具有较大的意义，数据分析表明，与高关爱相结合的民主型父母亲家庭的孩子社会支持力、情绪控制和积极认知等方面的心理弹性较好。后续的访谈中对于如何给予孩子空间，在访谈的54家民主型家庭也基本取得了一致性看法。一是在照顾到孩子安全的基础上，要给孩子独立的空间。从小培养"群己权界"的意识，在保证孩子的安全的情况下，鼓励孩子自由自在、任意发挥、信马由缰地活动、玩耍。父母不轻易去干预、打扰孩子的活动。二是给孩子以时间的自由，时间与空间是相连接的，孩子有充分的自由时间，有利于提高孩子生活的独立决断力并学会自主地、自省地安排活动，做出决定。三是给孩子自我判断、思考的机会。父母当然要当好孩子的参谋，但在孩子日常生活中，父母千万不要把自己的意愿强加给孩子，不要代替孩子选择，否则会失去孩子磨炼其心理弹性的机会。

Abstract

This book is the fifth annual report of Blue Book of Beijing social Mentality, conducted by Beijing social Mentality service promotion center, which is under the leadership of Beijing Municipal Social Work Committee. The scholars and researchers taking parting in the study of this project and the writing of the book are from the Chinese Academy of Sciences, Chinese Academy of Social Sciences, Beijing Academy of Social Sciences, universities, Beijing Social construction Research Bases, Beijing Social Psychological Work Association. The report of this book is based on a large number of empirical research methods, including questionnaire survey, Internet big data analysis, home interview and so on.

This book highlights the social mentality of "Mental health" research, From three angles of positive emotion, psychological symptom and negative emotion and cognitive function, the present situation and influencing factors of Beijing residents' mental health and the demands of Beijing residents' psychological health service were investigated, and some thoughts and suggestions were put forward to improve the mental health level.

Based on the research of social mentality, this book also combined with the actual needs of social capital construction and Beijing social psychological work of the work of the Federation of social and psychological construction work carried out investigation and experience, for a period of time in the future, social mentality cultivation, social construction and the construction of social psychology provides a reference.

Contents

I General Report

B. 1 A Survey on Beijing Residents' Mental Health

Shi Menglei / 001

Abstract: The article, based on data from 2460 Beijing residents, explored the status quo and the influential factors of Beijing residents' mental health, investigating Beijing residents' need for mental health services. The results obtained are as follows: (1) Most residents have good mental health; (2) Individual factors (gender, etc.), family factors (marriage etc.) and social factors (social support, etc.) have an influence on mental health; (3) The factors of Beijing residents' Mental distress from high to low are vocational development, study/work stress and children's education. Although 76.3% think mental health work is very important, but less residents want to seek help from professional organizations. The resources of mental assistance from high to low are self adjustment, talking with family members and friends' help, and hospitals.

Keywords: Mental Health; Mental Health Service

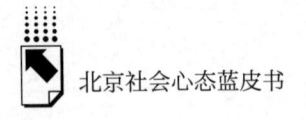

Ⅱ Related Factors

B.2 The Relationship between Self-rated Mental Health and Perceived Life Pressure, Core Self-evaluations and Coping Among Beijing Citizens　　*Chen Shan* / 023

Abstract: To investigate the relationship between self-rated mental health and life Stress, core self-evaluations and coping style among Beijing citizens, we conducted a sample survey of 2455 Beijing Citizens from 82 communities in 16 districts in Beijing. Results showed that the higher the perceived life stress of citizens, the lower the overall level of their self-rated mental health; The higher the core self-evaluations of citizens, the more positive the coping style, the higher the overall level of their mental health. Further analysis showed that the impact of core self-evaluations on mental health was moderated by life stress, and core self-evaluations partly influenced self-rated mental health through coping style. The report put forward some suggestions for improving citizens' mental health.

Keywords: Self-rated Mental Health; Perceived Life Stress; Core Self-evaluations

B.3 Investigation and Study on the Relationship between the Body Image and Mental Health of Beijing Residents　　*Qu Jianwei* / 042

Abstract: Body image refers to an individual's understanding of his own image, especially the appearance and the view of its sexual attraction. It has a certain influence on the mental health of the individual and affects the behavior of the individual. In this study, 2460 residents, aged 18 - 70, in the city were investigated by sampling. The results of the survey showed that the residents of the city were more satisfied with their own body image. Among them, the marital status, age, and the daily average of the Internet had a significant impact on the body image. Meanwhile, the correlation analysis between body image and mental health showed that the two showed a significant correlation. After a simple linear regression analysis, it was found that the interpretation of body image on mental health can reach 18%. According to the survey results, it is suggested that we should further improve residents' mental health level by training residents' good media mastery, shaping multiple social aesthetic standards, and promoting residents' sense of self acceptance through the popularization of psychological knowledge.

Keywords: Body Image; Psychological Health; Beijing

B.4　The Present Situation of Beijing Residents' Job Involvement, Influencing Factors and the Impact on Mental Health

Wang Hui / 055

Abstract: In order to analyze job involvement situation of the Beijing residents and the influence factors and its influence on mental health, we conducted a sampling survey in the city's 16 districts, 1626 valid samples were collected, the survey found that Job involvement of Beijing residents is in the average level, different social roles, working conditions, psychological capital and life pressure has an impact on the job involvement of the Beijing residents, job involvement has a positive impact on mental health. Finally, according to the survey data, to promote the job involvement of Beijing residents from the point of view of the government, the enterprise and the individual. The corresponding countermeasures and suggestions are put forward to improve the level of occupational health.

Keywords: Job Involvement; Mental Health; Mental Capital

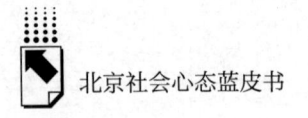

B. 5　Research on the Relationship between Community Residents'
　　　Resilience and Mental Health　　　　　　　*Liu Shixiang* / 071

Abstract: Objective To investigate the basic condition of community residents' resilience, as well as the relationship between their resilience, negative life events and the mental health of them. Methods The cluster sampling method was used to select 603 community residents in Beijing. The investigation was performed with questionnaires, including the Resident Resilience Scale (RRS), General Health Questionaire -20 (GHQ -20) and Life Event Scale (LES). Results The residents show a high level of resilience, but there are significant differences in gender, marital status and degree of education. Family life problems, social problems and other problems in negative life events are important factors that affect residents' resilience. Their resilience has a significantly negative correlation with negative life events, but a significantly positive correlation with the mental health of them. Resilience plays a moderating role in negative life events and mental health. Conclusion Cultivating the resilience level of community residents is helpful to improve their mental health level.

Keywords: Community Residents; Resilience; Mental Health; Moderating Effect

B. 6　Characteristics and Influencing Factors of Residents' Policy
　　　Affective Forecasting in Beijing
　　　　　　　　Xin Zhiyong, *Du Xiaopeng*, *Li Shengyang*,
　　　　　　　　Liu Jing, *Li Bingyue and Wang Danni* / 084

Abstract: The policy affective forecasting refers to the individual's prediction of the future affective response about the implementation of government's newly enacted policy, and their affective forecasting will affect individuals' cognition, evaluation, identification, satisfaction and the policy's implementation, The direction and intensity of policy affective forecasting will also be influenced by many factors. This study compiled a policy affective forecasting questionnaire based on the 13th Five-Year Plan for Economic and Social Development of the People's Republic of China (the 13th Five-Year Plan), and randomly selected 673 residents in Beijing to investigate their characteristics of Policy Affective Forecasting in the next five years. The results show that the Beijing residents' policy affective forecasting about the 13th Five-Year Plan is positive. These policy categories ranking based on scores from high to low are: ecological environment policy, resident living policy, urban function policy and urban construction policy. In addition, managers, private owners, individual businesses, agricultural laborer and other groups, whose annual income is 15000 - 30000 yuan and educational level is low, have relatively low scores for their policy affective predictions. The results of the study on the influencing factors of the policy affective prediction show that the basic psychological needs of the individual have a direct impact on the policy affective prediction, through the mediating factors such as the association between policy and self, future confidence, subjective well-being and et al. The satisfaction of individual basic psychological needs can enhance individual's perception of the association between policy and self, improve the individual's confidence in the future development and promote individual's subjective well-being, In turn, it will enhance individual's positive policy affective prediction. The study also discusses strategies and recommendations for Improving the positive policy affective forecasting of Beijing residents.

Keywords: Beijing Residents; Affective Forecasting; Policy Affective Forecasting

B.7 The Influence of Mental Health Level of Beijing Citizens on Their Social Trust and the Intervention Study

Dong Yan, Yu Xiaoqi and Fang Yuan / 115

Abstract: This study explored characteristics of Beijing citizens' mental health based on the survey from 2000 Beijing citizens. The results indicated that the mental health level of Beijing citizens is needed to be improved, especially, the mental health of low SES citizens are needed more concerned by government. The differences on gender, inhabitation year, income, education level, marital status, occupation are significant among the Beijing citizen's mental health. They have correctly attitude for the mental health and hope to have the mental health service for them. Through the intervention of three months, the mental health of Beijing citizens improved. The mental health of Beijing residents was analyses and some suggestions were put forward for government.

Keywords: Beijing Residents; Mental Health; Psychological Resilience; Sense of Security; Subject-Wellbeing

III Special Research

B. 8 The Current Situation and Effect of Basic Psychological Needs Satisfaction of Beijing Residents

Jiang Jiang, Zhang Yue / 153

Abstract: To get to know the status quo of Beijing residents' psychological health better, the current survey, based on self-determination theory, investigated the extent of how Beijing residents' three basic psychological needs (autonomy, competence and relatedness) had been satisfied and its influence on these residents' well-being, psychological health and prosocial tendency, with a sample of 1584 Beijing residents aging 18 to 83. Results showed that: 1) In general, basic psychological needs of Beijing residents had been moderately satisfied. 2) Different group (such as different gender, marriage, objective/subjective socioeconomic status) had different extent of basic psychological needs satisfaction; specifically, female was more satisfied on autonomy need; basic psychological needs of widowed or divorced individual should be more satisfied; comparing with individuals of high objective/subjective socioeconomic status, autonomy need and competence need of individuals with low objective/subjective socioeconomic status had been less satisfied. 3) Basic psychological needs satisfaction was strongly correlated with well-being, psychological health and prosocial tendency; specifically, among three types of basic needs, autonomy need positively predicted a biggest amount of unique variance in life satisfaction, and negatively predicted a biggest amount of unique variance in depression and anxiety; competence need negatively predicted a biggest amount of unique variance in aggression behaviors; relatedness need positively predicted a biggest amount of unique variance in flourishing and prosocial behaviors, and negatively predicted a biggest amount of unique variance in loneliness. According to above results, we put forward some constructive suggestions in order to improve basic psychological needs satisfaction and further promote psychological health.

Keywords: Basic Psychological Needs; Well-Being; Psychological Health; Prosocial Tendency

B. 9 Beijing Residents' Harmony Report 2017

Ren Xiaopeng, Xiang Yuanyuan, Ma Xinran and Wang Zijie / 209

Abstract: the aim is to explore Beijing residents' harmony by stratified sample of 1055 residents of different communities of 16 districts. It was found that Beijing residents feel harmonious in general. Compared to 2013 survey, social harmony and interpersonal harmony increases while self-harmony decreases. And that older the residents feel more harmonious and more educated residents feel more harmonious. More family income the residents feel more harmonious when it was no more than 50,000. Women scored higher than men. Devoiced residents score lower than married and single ones. At the community level, residents in well-equipped community score higher than its counterparts. Residents inside the 5TH Ring Road score higher than those outside. Social and Psychological service platform is suggested to be established to enhance residents' psychological harmony by providing many services in easily accepted way.

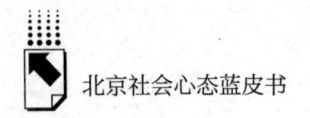

Keywords: Self Harmony; Family Harmony; Interpersonal Harmony; Social Harmony; Environmental Harmony

B.10　Investigation Report on Mental Health Literacy of Beijing Residents　　　　　　　　　　　　　*Zhang Guoli* / 230

Abstract: This study conducted a large sample survey of the mental health literacy of Beijing residents. The survey of 1820 people in 16 districts in Beijing was conducted by using revised mental health literacy scales (MHLS) compiled by O'Connor and Casey (2015), mental health literacy cases, positive mental health scales, and mental health service needs questionnaires. And there are 1656 valid questionnaires in total. The results showed: (a) The residents' mental health related knowledge was relatively lacking, they were lack of the ability to identify psychological problems, cautious and friendly towards people with psychological problems; (b) In the four dimensions of mental health literacy and total literacy, gender, age and education background have different degrees of influence; (c) The level of mental health of residents is positively correlated with mental health literacy; (d) The demand for mental health services among residents is becoming stronger, and the demand become diversified while services become more convenient. It is suggested that the government should establish the favorable conditions to escort the residents' mental health literacy, and residents should also study mental health-related knowledge actively, as well as improve mental health literacy to help promoting healthy China.

Keywords: Mental Health Literacy; Mental Health; Mental Services; Beijing Residents

Ⅳ Special Groups

B. 11 A Survey on the Functional Cognition and Participation of Parents of Primary School Students in Beijing

Wang Yanli, Li Bin, Zhang Juling, Wang Xin,

Wang Qichen and Geng Shengnan / 272

Abstract: In this study, from the perspective of the aesthetic education of academic research and policy studies, using self-made questionnaire for parents functional cognition and participation of aesthetic education, analyze the factors influencing parents cognition and participation, the results show that the parents of positive aesthetic education function of the basic cognition, the participation of parents for aesthetic education degree is higher, there are differences between the parent's perception of aesthetic education and participation, and from strengthening the construction of school aesthetic education curriculum, meet the demand of family, attaches great importance to the aesthetic education social function of play, promote art education of aesthetic education, education departments to increase support for the work of aesthetic education, etc, to strengthen aesthetic education function integration, and promote the aesthetic education work.

Keywords: Aesthetic Education; Parents of Primary School Students; Functional Cognition; Participation

B. 12 Study on the Relationship Between Psychological Strain, Depression and Suicidal Behaviors among Urban Employees

Zhang Jie, Liu Yanzheng / 295

Abstract: Background With the acceleration of society, the employees'

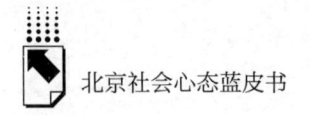

work stress and mental health problems have been paid too much attention. The previous theoretical models of relationship between stress, depression and suicidal behaviors have limitations. Objectives This study was to further test the psychological strains (conflicting values, unrealized aspiration, relative deprivation and deficient coping) were significant predictors for depression and suicidal behaviors among urban employees. Psychological strains can directly as well as through the role of depression lead to suicide. Methods Random sampling method was used to collect socio-demographics, strains, social support, depression and well-being using self-administrated questionnaire through "Questionnaire Star". A total of 1051 employee from Beijing were recruited. Results Psychological strains were positively related to depression. Aspiration strain, value strain, coping strain were significant risk factors for life suicide ideation, past 12-month suicide ideation, and life suicide plan, respectively. Strain can lead to suicide, and depression played a mediating role between them. Concussion The strain theory was applicable to the workplace and provided a reference for the measures to reduce psychological strains and improve mental health among employees.

Keywords: Psychological Strain; Depression; Suicide; Work Stress; Occupation Health

B.13 The Relationship Between Residential Mobility and the
       Building of Interpersonal Trust   *Zhao Na* / 346

Abstract: As a fast developing city, Beijing attracted a large number of people from the other city, which researchers paid more attentions to the trust building focused on the population. The present study explore the relationship of the two and the mechanism both by survey and experimental. Study one showed that there is a significant negative relationship of residential mobility and trust building, $r = -0.37$, $p < .05$. The study of the experimental design showed that the intention of trust building of the mobility group is significant lower than the stability group, $t(67) = 3.46$, $p < 0.01$. The third study further found that ambiguous has a partly mediation among the relationship.

Keywords: Residential Mobility; Ambiguous; Interpersonal Trust

B. 14 A Study on Combining the Social Work and Psychological Treatment of Criminal Juveniles *Cai Xin, Guo Yahang* / 360

Abstract: Juvenile delinquency is the result of the interaction of various factors, including psychological and emotional effects. This study uses the basic methods of social work, draws on psychological methods and tools, focuses on case work and group work, and conducts psychological services for several minors involved in crimes as cases. This study has promoted the working mechanism of advancing the psychological counseling of criminal minors, and has contributed to promoting the joint work of social work and psychological counseling on criminal minors. This study also investigated more than 100 minors who committed crimes in Beijing in 2017 and concluded that the main causes of their criminal activities were poor family environment, school and peers, adverse social influence, and personal reasons. At the end of the article, relevant suggestions are proposed. To prevent crimes and ensure the healthy growth of minors, family education and family education should be vigorously promoted.

Keywords: Minors Involved in Crimes; Social Work; Psychological Counseling; Education to Family

B. 15 Investigation on the Influence of Work Pressure, Mental Health and Medical Reform in Medical Workers in Beijing
Wang Chuyuan, Zhang Limei, Wei Junping,
Wang Jian and Wang Weidong / 372

Abstract: To investigate the working pressure, mental health of medical workers in Beijing and the impact of medical reform on stress and mental health. METHODS: A self-made questionnaire was used to design a pressure questionnaire for medical workers. A questionnaire survey was conducted on more than 2,000 medical workers in more than 30 medical institutions in Beijing. The results of the survey were cross-tabulated by X^2 in SPSS 20.0 software to examine the respondents' work stress status, mental health level, and the impact of health care reform. Results: In this study, a total of 1,937 valid respondent data were collected. 43.2% of respondents indicated that they were under great work pressure, 27.7% had depression, 29.6% had anxiety, and 79.9% Respondents had forced examinations, and 89.9% of respondents had physical discomfort. Since the start of the health care reform, 55.8% of medical workers reported no significant change in income, and 49.5% of medical workers reported an increase in workload, and 55.8% of Medical workers report that work pressure has increased. Conclusion: At present, medical workers have high work pressure and low mental health, affecting their work efficiency and quality of life to a certain extent. At present, there is no significant improvement in the work pressure and mental health of medical workers in the process of medical reform.

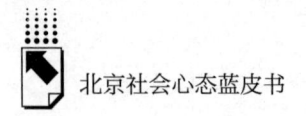

Keywords: Medical Workers; Work Stress; Mental Health; Healthcare Reform

B.16 Related Research between Interpersonal Communication Skills and Mental Health of Beijing Adolescent

Guan Ruiyuan, Pang Fangfang, Zhang Yawen,

Gan Wei and Zhao Yating / 411

Abstract: Objective: To understand the adolescent interpersonal communication skills, interpersonal relationship quality, and mental health in Beijing, and the relationship between them, Providing more scientific evidence for the provision of mental health services for young school students. Methods: A questionnaire survey was conducted among 1200 Beijing adolescent students using

IRAS, IRI－C, EQ－22, AQ－10, and GHQ－12. Result: among young students, male students are lower than female students in the quality of interpersonal communication, and the empathy ability is lower than that of female students. The quality of interpersonal communication among rural people is lower than that of urban people, and empathy ability is lower than urban population. The quality of inter－personal communication between non－exclusive sons is lower than that of only－children, and empathy is lower than that of only-children. Conclusion: There is a correlation between the interpersonal communication ability of adolescents in Beijing and the quality of interpersonal relationship and mental health.

Keywords: Adolescent; Interpersonal Communication Skills; Interpersonal Relationship Quality; Mental Health

B. 17 A Survey of Mental Elasticity of Teenagers in Beijing

Tang Yingrui, Yang Caipin and Li Yong / 429

Abstract: Mental Elasticity refers to the ability of individuals to adapt well to adverse environment and recover quickly after suffering setbacks or adversity. We take the teenagers (10 to 24 years old) in Beijing as the sample to evaluate the Mental Elasticity. The research turns out that the mental elasticity of Beijing teenagers is overall good. The factors like gender or age range have no influence to mental elasticity. But the teenagers from city get better mental elasticity compared to those from urban. In addition, different family model, such as family nurture, education concept, family social status, do has great influence on the mental elasticity of teenagers. Thus, we hope to find best family model and personality education method. Research has found that parents need to know how to take care of their children, pay attention to methods to make rules, set a clear direction for frustration, and give them more space, which will help improve their teenagers mental elasticity.

Keywords: Mental Elasticity; Teenagers in Beijing; Family Factors; Personality

权威报告・一手数据・特色资源

皮书数据库
ANNUAL REPORT(YEARBOOK) DATABASE

当代中国经济与社会发展高端智库平台

所获荣誉

- 2016年，入选"'十三五'国家重点电子出版物出版规划骨干工程"
- 2015年，荣获"搜索中国正能量 点赞2015""创新中国科技创新奖"
- 2013年，荣获"中国出版政府奖·网络出版物奖"提名奖
- 连续多年荣获中国数字出版博览会"数字出版·优秀品牌"奖

成为会员

通过网址www.pishu.com.cn访问皮书数据库网站或下载皮书数据库APP，进行手机号码验证或邮箱验证即可成为皮书数据库会员。

会员福利

- 使用手机号码首次注册的会员，账号自动充值100元体验金，可直接购买和查看数据库内容（仅限PC端）。
- 已注册用户购书后可免费获赠100元皮书数据库充值卡。刮开充值卡涂层获取充值密码，登录并进入"会员中心"—"在线充值"—"充值卡充值"，充值成功后即可购买和查看数据库内容（仅限PC端）。
- 会员福利最终解释权归社会科学文献出版社所有。

卡号：789317288325
密码：

数据库服务热线：400-008-6695
数据库服务QQ：2475522410
数据库服务邮箱：database@ssap.cn
图书销售热线：010-59367070/7028
图书服务QQ：1265056568
图书服务邮箱：duzhe@ssap.cn

S 基本子库
SUB DATABASE

中国社会发展数据库（下设 12 个子库）

全面整合国内外中国社会发展研究成果，汇聚独家统计数据、深度分析报告，涉及社会、人口、政治、教育、法律等 12 个领域，为了解中国社会发展动态、跟踪社会核心热点、分析社会发展趋势提供一站式资源搜索和数据分析与挖掘服务。

中国经济发展数据库（下设 12 个子库）

基于"皮书系列"中涉及中国经济发展的研究资料构建，内容涵盖宏观经济、农业经济、工业经济、产业经济等 12 个重点经济领域，为实时掌控经济运行态势、把握经济发展规律、洞察经济形势、进行经济决策提供参考和依据。

中国行业发展数据库（下设 17 个子库）

以中国国民经济行业分类为依据，覆盖金融业、旅游、医疗卫生、交通运输、能源矿产等 100 多个行业，跟踪分析国民经济相关行业市场运行状况和政策导向，汇集行业发展前沿资讯，为投资、从业及各种经济决策提供理论基础和实践指导。

中国区域发展数据库（下设 6 个子库）

对中国特定区域内的经济、社会、文化等领域现状与发展情况进行深度分析和预测，研究层级至县及县以下行政区，涉及地区、区域经济体、城市、农村等不同维度。为地方经济社会宏观态势研究、发展经验研究、案例分析提供数据服务。

中国文化传媒数据库（下设 18 个子库）

汇聚文化传媒领域专家观点、热点资讯，梳理国内外中国文化发展相关学术研究成果、一手统计数据，涵盖文化产业、新闻传播、电影娱乐、文学艺术、群众文化等 18 个重点研究领域。为文化传媒研究提供相关数据、研究报告和综合分析服务。

世界经济与国际关系数据库（下设 6 个子库）

立足"皮书系列"世界经济、国际关系相关学术资源，整合世界经济、国际政治、世界文化与科技、全球性问题、国际组织与国际法、区域研究 6 大领域研究成果，为世界经济与国际关系研究提供全方位数据分析，为决策和形势研判提供参考。

法律声明

"皮书系列"（含蓝皮书、绿皮书、黄皮书）之品牌由社会科学文献出版社最早使用并持续至今，现已被中国图书市场所熟知。"皮书系列"的相关商标已在中华人民共和国国家工商行政管理总局商标局注册，如LOGO（ ）、皮书、Pishu、经济蓝皮书、社会蓝皮书等。"皮书系列"图书的注册商标专用权及封面设计、版式设计的著作权均为社会科学文献出版社所有。未经社会科学文献出版社书面授权许可，任何使用与"皮书系列"图书注册商标、封面设计、版式设计相同或者近似的文字、图形或其组合的行为均系侵权行为。

经作者授权，本书的专有出版权及信息网络传播权等为社会科学文献出版社享有。未经社会科学文献出版社书面授权许可，任何就本书内容的复制、发行或以数字形式进行网络传播的行为均系侵权行为。

社会科学文献出版社将通过法律途径追究上述侵权行为的法律责任，维护自身合法权益。

欢迎社会各界人士对侵犯社会科学文献出版社上述权利的侵权行为进行举报。电话：010-59367121，电子邮箱：fawubu@ssap.cn。

社会科学文献出版社